글로벌 비즈니스 협상

Dance with the Tiger

Myths Surrounding Global Negotiating :
Dance with the Tiger

―

김미정 · 박문서 공저

PREFACE

글로벌 비즈니스 환경은 끊임없이 변한다. '변하지 않는 것은 아무 것도 없다'라는 말만 변하지 않을 뿐 이 세상에서 변하지 않는 것이란 아무 것도 없다. 2020년은 그러한 '변화'의 중심에 서 있는 한 해가 되었다. 그 변화는 코로나 이전의 시대(Before Corona, BC)와 이후의 시대(After Disease, AD)로 구분하는 새로운 기원, 즉 신기원의 획을 하나 그었다는 의미를 담고 있다. 한 번도 경험해보지 못한 코로나19와의 전쟁, 이 책이 출간되는 8월의 폭염 속이자 가을의 문턱에서도 그 끝은 전혀 예측되지 않고 있다.

코로나19 사태가 왜 전쟁인가? 4차 산업혁명이 이끄는 폭풍우 변화 속에서 코로나19까지 가세함으로써 기존의 경제사회 질서를 무너트리고 신질서 재편의 길을 걷게 하였으며, 많은 부문에서 의사소통의 방식을 바꾸어 놓았기 때문에 감히 전쟁의 표현이 적절할 것이다. 특히 '경제'와 '방역'이라는 두 요인에 있어서 균형점을 구하라는 가장 어려운 과제를 던졌으며, 여기에 협상의 여지라고는 조금도 개입할 수 없는 상황을 만들었다. 이른바 새로운 일상(new normal, next normal)의 변화를 강제 수용하도록 채찍질함과 동시에 경제 뒷걸음질로 인해 우리 사회를 우울하게 만들었다는 점에서 전쟁 그 이상의 표현이 적절할 것이다.

2020년의 글로벌 비즈니스 환경은 이렇게 '변화'라는 키워드로 요약되며 결과는 '침체'와 '우울'이 내포된 신냉전 질서로 나타나고 말았다. 우리는 아침에 눈을 뜨면서 저녁 잠자리에 들기까지 수많은 의사결정을 하기 위해 협상을 한다. 코로나19로 인하여 사회가 '우울' 모드에 직면하였다고 하여 끊임없이 마주해야 하는 협상들을 침울한 분위기로 일관할 수는 없다.

협상은 가장 어려운 파트너를 상대해서 윈윈의 균형점을 찾는 것이므로 그 해법의 과정들은 난해할 수밖에 없다. 이렇게 어려운 것을 우울 모드로 임하는 협상은 어리석은 행동에 불과하다. 그러나 어려움을 당연한 것으로 인식하고 즐겁고 신나게 협상에 임한다면 긍정의 효과에 시너지 효과는 저절로 불어나게 된다. 호랑이는 가장 두려운 동물 중 하나로서 내 말을 고분고분 따르며 들어줄 리 없고 아무런 일도 시킬 수 없는 상대이다.

본래 협상의 상대는 바로 이러한 호랑이에 비유될 수 있다. 그러나 호랑이를 싸워 이겨야 할 상대가 아니라 나의 소중한 '파트너'라고 인식해보면 호랑이와 함께 춤을 출 수도 재미있게 놀 수도 있다. 그것도 더 신나게 춤출 수 있다. 협상에 임하는 기본자세는 바로 호랑이와도 춤출 수 있듯 협상에서 신나게 춤추는 파트너로 인식하는 일이다.

이 책은 전체 15개의 장을 3부로 나누어 구성하였다. 우선 이 책이 의도하는 글로벌 비즈니스 협상의 지식과 기법들을 일관성 있게 체계적으로 전달하기 위함이고 독자들의 가독성을 높이려는 의도에서 3개의 부로 나누었다. 제1부는 이 책의 전체 흐름을 서론으로 이해하도록 엮었고, 제2부에서는 협상요인 등 세부 지식을 정리하였다. 제3부는 앞에서 학습한 지식들을 누구든지 협상 현장에 효과적으로 활용할 수 있도록 관리 및 전략에 초점을 맞추어 구성하였다. 또한 전체적인 이해를 돕기 위해 프롤로그 부분과 에필로그 부분을 보충 구성하였다. 이로써 누구나 협상에 임하게 되면 호랑이와 함께 신나게 춤출 수 있는 자신감을 체득하여 윈윈의 결과를 만들어 낼 수 있게 될 것이다.

저자들의 의도를 담아 이 책을 마무리한다고는 하였으나 여전히 부족한 점들은 남아 있다. 글로벌 비즈니스 협상에 관한 교과서인 만큼 글로벌 비즈니스 현장에서 전개되는 '변화'의 요인들을 많이는 반영하지 못하였다는 점과, 글로벌 비즈니스 프로세스에 관한 섬세한 실무 지식들을 압축하여 협상기술을 드높일 수 있도록, 의도는 있었으나 결과로 못 만들었다는 점이 아쉬운 부분으로 남는다.

아무쪼록 이 책이 글로벌 비즈니스 협상의 기회가 주어지는 사람 누구에게든 윈윈의 협상 결과를 만들어 내는 데 자신감을 불어넣고 협상에서 간과하기 쉬운 요인들을 놓치지 않도록 도움이 되기를 바라는, 그 바람이 크다는 점을 독자 여러분께 감히 말씀드린다. 끝으로 폭우가 겹친 폭염에도 불구하고 본서가 출간될 수 있도록 도움을 주신 도서출판 책연 대표를 비롯한 임직원 여러분께 고마운 마음으로 깊이 감사드린다.

2020. 8. 저자

CONTENTS

프롤로그 : 호랑이와 함께 춤을!   7

제1부
협상의 이상한 힘, 시너지효과

제1장 협상과 생활   13
1. 왜 협상을 하는가?   13
2. 언제 어디서 무엇이 협상인가?   16
3. 협상의 이상한 힘, 시너지 효과   18

제2장 협상이란 무엇인가?   22
1. 협상은 과정이다.   27
2. 협상은 정보의 교환이다.   31

제3장 협상의 유형   34
1. 협상 당사자의 유형   37
2. 협상의 다양한 형태   40

제2부
성공을 위한 협상요인의 이해

제1장 커뮤니케이션   49
1. 커뮤니케이션의 의의   50
2. 커뮤니케이션 모델   52
3. 커뮤니케이션 유형   55
4. 공식적·비공식적 커뮤니케이션   57
5. 효과적인 커뮤니케이션 관리   60
6. 커뮤니케이션의 8가지 비밀   62

제2장 의사결정   65
1. 의사결정의 의의   65
2. 의사결정의 유형   66
3. 의사결정 모형   68
4. 개인 및 집단 의사결정   74

제3장 협상과 인식   86
1. 인식과정(cognitive process)   87
2. 협상에서 상황 평가에 대한 인식의 오류   89
3. 인지적 편견을 어떻게 다룰 것인가   98

제4장 갈등관리   100
1. 갈등이란?   101
2. 갈등의 유형   103
3. 갈등의 지적 전통   104
4. 갈등과정   107
5. 협상을 통한 갈등 전략   113
6. 타인에 의해 갈등을 관리하는 방법   116

제5장 게임이론   118
1. 게임이론은?   121
2. 게임의 요소 및 분류   122
3. 죄수의 딜레마(Prisoner's Dilemma)   124
4. 사회적 비용이론(Social Cost Theory)   125
5. 반복적인 협력과 배신의 게임   126
6. 재판은 항상 Zero-Sum 게임인가?   127
7. 경제적 합리성과 심리적 합리성   128
8. 치킨게임   129

제6장 이문화와 글로벌 협상   131
1. 글로벌 협상에 영향을 주는 요인   133
2. 문화요인의 이해   139
3. 협상을 위한 이문화의 가치   145
4. 글로벌 협상과 문화적 접근모형   154
5. 문화적 차이 극복 방안   175

제3부
협상과정 관리 및 전략

제1장 협상의 목표확인   187
   1. Win-Win 협상을 창조   187
   2. 협상 목표와 기대치 설정   194

제2장 협상성공을 위한 준비   203
   1. 완벽한 준비   203
   2. 관계형성   219
   3. 적극적 경청   230
   4. 협상스타일 이해   238

제3장 협상과정 관리   244
   1. 협상과정 관리의 목표   244
   2. 전술의 유지 및 지침 요약   249
   3. 확립된 기준과 일관성 유지   251

제4장 협상의 기법   255
   1. 이익에 포커스   255
   2. 문제로부터 사람을 분리하라   262
   3. 창의력 발휘   266
   4. 상대방의 이익 확인   270
   5. 고유한 BATNA 개발   272
   6. 휴식의 타이밍 활용   279

제5장 협상의 기본전략   282
   1. 전략과 전술   282
   2. BATNA 개발   285
   3. 이익 가치 강조   288
   4. Pause Button 누르기   294
   5. 까다로운 협상 다루기   296

제6장 협상전술과 피드백   307
   1. 협상의 7가지 전술   307
   2. 협상평가와 기준   310

에필로그 : 호랑이와 함께 춤을! 더 신나게!   312

참고문헌   317

색인(Index)   323

프롤로그
호랑이와 함께 춤을!

자신감을 가져라!

헤라클레스는 마구간을 청소하는 데 강 두 개의 물을 써야 했다. 세계를 바꾸는 데는 무엇이 얼마나 들까? 수십억의 영혼을 갉아먹고 있는 빈곤의 문제는 열강의 지도자들이 수년간 머리를 맞대고 논의해 왔지만 쉽게 해결되지 않고 있다. 국제연합(UN)보다 더 큰 우주연합 같은 것이 필요한 것일까? 뉴욕타임즈 신문의 칼럼니스트인 니콜라스 크리스토프는 이 글에서 세계를 바꾸고 있는 이름 없는 개인들을 소개하고 있다.

이 특별한 개인들은 사실 전혀 특별하지 않다. 이들에게는 나라 하나쯤은 하루 만에 파괴할 수 있는 군사력이나 제주도나 여의도 같은 땅덩어리 수십 개쯤 쉽게 사버릴 수 있는 재력도 없다. 대신 이들에게는 세계가 변화되어야 한다는 분노와, 세계를 바꿀 수 있다는 이상, 그리고 그 세계로 뛰어드는 열정이 있다.

요컨대 분야에 상관없이 대단히 성공한 사람들은 굳건한 결의를 보였고 이는 두 가지 특성으로 나타났다. 첫째, 그들은 대단히 회복력이 강하고 근면했다. 둘째, 자신이 원하는 바가 무엇인지 매우 깊이 이해하고 있었다. 그들은 결단력이 있을 뿐 아니라 나아갈 방향도 알고 있었다. 성공한 사람들이 갖는 특별한 점은 열정과 결합된 끈기였다. 한 마디로 그들에게는 자신감이 있었다.

비록 비판을 잘 받아들이는 것은 좋으나, 다른 사람들의 의견 때문에 당신이 추구하는 꿈을 멈추게 하지는 말아야 할 것이다. 자신감과 열정은 새로운 성공신화를 만든다.

자료 : GRIT과 인간의 가치탐색에서 재구성

당신의 삶은 왜 매혹적일까?

　인간의 삶이 매혹적인 것은 불예측성과 불가역성 하에서의 의사결정으로 여러 가지 변수들에 의하여 결과가 바뀔 수 있기 때문이다. 여기서 그 과정을 어떻게 관리할 것인가는 협상에 의하여 이루어진다. 그러므로 협상을 공부하면서 찾게 되는 지식을 가지고 자기만의 효과적인 협상스타일을 위한 기초를 확립해야 할 것이다.

　협상기술을 향상시키기 위해서는 자신의 삶을 "실험실(Laboratory)"로 생각하고 경험과 자신감을 쌓아야 할 것이다. 그렇다면 모든 협상에서 심지어는 호랑이와 춤을 출 수 있을 만큼 협상을 즐긴다면 불안을 떨치게 될 것이며 협상이야말로 즐겁고, 유익하고, 도전적이라는 것을 알게 될 것이다.

　협상이란 마음에 들지 않는 사람과도 함께 추는 춤이다. 협상은 상대적이다. 협상이 어려운 여러 이유 중에서 하나는 바로 상대방이 있다는 것이다. 협상에 필요한 기술을 익히면 아무리 어려운 상대와 협상할 때라도 협상의 성공 가능성은 높아진다. 협상에는 상대방이 있기 때문에 상대방과 나 사이의 관계를 제대로 설정할 필요가 있다.

　협상은 상대방과 내가 둘 다 이기는 것이다. 상대방과 나와의 관계를 제대로 설정하지 못하면 상대방이 끌어당기고자 할 때 절대로 끌려가지 않으려고 안간힘을 쓰게 된다. 협상은 상대방과 함께 추는 춤이다. 협상이라는 춤과 진짜 춤의 차이점은 진짜 춤은 내가 원하는 사람과 춤을 추는 것이고, 비즈니스의 춤은 마음에 들지 않는 사람과도 춤을 추어야 하는 것이다.

　삶은 선택의 연속적인 과정이다. 그렇게 때문에 그 선택을 위해서는 늘 협상을 해야 한다. 상대방 또는 내 속에 있는 나와 말이다. 이렇게 협상은 나를 떠나지 않는다. 전 세계적으로 가장 인기 있는 협상교과서의 하나인 『Negotiation』의 저자 로이 J. 레위카는 "희소성 때문에 다이아몬드는 물보다 비싸다. 그러나 다이아몬드 없이는 살아도 물 없이는 못 산다. 협상도 물과 같아서 삶의 필수요소로 협상을 할 줄 모르면 삶이 힘들어진다."고 협상의 중요성을 강조하였다.

　협상기법을 알면 가정이나 직장에서 그리고 사회생활에서 우리의 삶을 안전하고 쾌적하게 지킬 수 있다. 모두가 행복하게 사는 사회를 만드는 데 있어서 당신도 유능한 "윈-윈(Win-Win)" 협상가가 될 수 있다.

　협상은 우리가 원하는 어떤 것을 갖고자 할 때 시작된다. 그렇다고 무엇인가를 원한다는 이유만으로 무턱대고 협상을 할 수는 없다. 협상이란 상대가 가지고 있는 무언가를 포기할 준비가 되어 있고, 나도 가지고 있는 무언가를 포기할 때 비로소 성공할 수 있기 때문이다. 이렇게 보면 협상의 클라이맥스는 제안과 역제안 과정에서 양보를 통한 협상이라고 할 수 있다.

　이러한 과정은 단순하게 이루어지지 않는다. 물론 생각했던 것보다 간단하고 유연한 합의가 이루어질 수도 있겠지만, 대개는 지루하고 힘겨운 싸움을 벌여야 할 뿐만 아니라, 합의가 되었다 하더라도 성공적인 결과였는지에 대해서는 자신할 수 없는 경우가 대부분이다.

　호랑이와 함께 춤을 추는 것을 상상해 보았는가? 그대가 상상하는 호랑이는 어떤 호랑이인가? 백수의 왕? 힘과 용맹과 권력을 모두 가지고 있는 원하는 대로 변신이 가능한 만물의 제왕? 아니면 한국에서 전설로 내려오는 곶감을 두려워하는 어리석은 호랑이? 인간의 거짓말에 속아서 본인의 평생도 모자라 새끼에게까지 나무꾼 신세를 가업으로 넘겨버린 효자 아닌 효자 호랑이?

협상을 위해 만나야 하는 상대방은 어쩌면 당신이 가정한 그 호랑이가 맞을 수도 있고 아닐 수도 있다. 지금 당신 앞에 서 있는 그 호랑이는, 당신이 춤을 추어야 하는 그 호랑이는…

따라서 협상을 게임처럼 즐기려면 내가 가정한 그 호랑이가 어떤 호랑이든지 자신감을 가지고 즐겁게 리드해야 한다. 마음에 들지 않는 파트너일 수 있지만 함께 살아갈 방안을 찾아야 할 정글북 속 동물들 중 하나이다.

01

제1부
협상의 이상한 힘, 시너지효과

제1장 협상과 생활
제2장 협상이란 무엇인가?
제3장 협상의 유형

Dance with the Tiger

제1장
협상과 생활

01 왜 협상을 하는가?

연봉협상

회사 측의 연봉 협상가는 협상의 달인이라고 해도 과언이 아니다. 직장 연봉이나 동종 업계의 연봉은 각 개인도 알고 있기에 회사는 훨씬 더 정확한 사실을 알고 있을 것이라 예상된다. 만약 협상에서 근거 없이 이야기한다면 자칫 협상의 주도권을 빼앗긴 체 이리저리 끌려 다니다가 회사가 원하는 연봉으로 협상이 진행되는 곤혹스런 상황을 맞을 수도 있다.

그러므로 연봉의 협상에 있어서도 목표 수준이나 실적에 관한 데이터 정리가 어느 정도 되어 있어야지 개인이 원하는 연봉 협상에 이르게 된다. 하지만 어느 정도 배짱도 없이 움츠러들게 된다면 일반 평균적으로 받을 수 있는 연봉조차도 최저로 떨어질 수 있기 때문에 끝까지 건방지지 않은 '당당함과 떳떳한 겸손함'이 마지막 사인하는 과정까지 유지될 수 있어야 할 것이다.

(사진출처 : 네이버 이미지)

왜 협상을 하는가? 공동의 이익 아니면 갈등관리?
우리는 왜 협상을 할까? 아마도 두 가지 이유 중에 하나 때문일 것이다.
첫째, 공동의 이익
둘째, 상충되는 이슈
협상을 성공적으로 달성하려면 협상의 목표를 정해야 한다. 상대방도 이기고 나도 이기는 것이 협상의 기본 목표이다. 내가 원하는 것만을 달성하는 것은 협상이라고 보기 어렵다. 회사의 궁극적인 목표는 무엇인가? 고객만족? 이익? 결국 여기서 말하는 고객만족은 회사의 궁극적 목표인 이익을 얻기 위한 수단일 수 있다.

협상을 잘하기 위해서는 정보를 얻어야 한다. 협상에는 힘이 있어야 하고 기술이 있어야 한다. 그러나 힘과 기술은 수단일 뿐이다. 가장 중요한 것은 준비이다. 원하는 목적을 달성하기 위해서는 협상을 잘해야 하고 이를 위해서는 사전 준비를 철저히 해야 한다. 준비 중에서 가장 중요한 부분은 정보를 통한 목표 설정이다. 협상에는 다음의 5가지 준비단계가 있다.

- 의제를 명확하게 하는 준비
- 각 의제의 목표 설정을 위한 정보 수집
- 팀의 내부 협상과 정보 분석
- 상대방 팀의 분석
- 협상의 전략과 전술의 준비

협상 목표는 단기적인 것과 장기적인 것의 조합이라고 할 수 있다. 상대방과의 장기적인 관계가 중요한 비즈니스 협상에서는 구체적인 목표를 설정해야 한다. 구체적인 목표란 단순히 수치로 계산하는 것이 아니라 체계적이고 논리적인 과정을 거쳐서 만들어진 것을 의미한다.

누군가와 함께 일하기 위해서는 협상의 기본과정을 이해하는 것이 필수적이다. 우리는 무수히 많은 일에서 협상을 하고 있고, 또 그 필요성을 절감하기 때문에 협상을 배우려 한다.

"왜 많은 사람들이 협상에서 실패할까?"

그 이유는 협상을 해야 할 때와 하지 말아야 할 때를 구분하지 못하기 때문이다. 즉, 자신이 처한 협상 상황을 제대로 파악하지 못하기 때문에 바라는 목적을 이루지 못하게 되는 것이다. 더욱이 협상을 해야 할 때를 정확히 인식하고 협상에 나서더라도, 효과적으로 협상을 하지 못해서 실패하는 경우도 많다. 이는 기술 부족에서 온 실패라고 할 수 있다. 결국 협상을 잘하기 위해서는 철저한 준비와 기술이 필요하다.

현실에서 직면하게 되는 협상 상황은 매우 다양하다. 생활 속 다양한 상황들이 모두 협상의 상황인 것이다. 하지만 국가와 국가 사이의 국제관계 협상이든, 기업 간의 비즈니스 협상이든, 일상생활에서 맞부딪히게 되는 협상이든 간에 모든 협상은 근본적으로 똑같은 특징을 갖고 있다. 바로 아래와 같은 특징들이다.

- 둘 이상의 당사자가 존재한다.
- 둘 혹은 그 이상의 당사자 사이에 이해관계의 갈등이 존재한다.
- 더 좋은 결과를 기대한다.
- 자신만의 해결책을 기대한다.
- 주고받기를 기대한다.
- 유형의 문제뿐 아니라 무형의 문제를 협상한다.

구매자는 판매자가 없으면 물건을 살 수가 없고, 판매자는 구매자가 없으면 물건을 팔 수 없다. 이처럼 협상에서 당사자들은 서로를 필요로 한다. 이렇게 서로 의지하고 영향을 주고받는 상황을 "상호의존성"이라고 한다.

상호의존 관계는 매우 복잡하다. 어느 한 쪽이 상대와 독립적인 관계에 있거나 단순히 의존적인 관계에 있는 것보다 훨씬 더 복잡하다. 상대와 독립적인 관계에 있다면, 상대와 거리를 두거나 무관심하며 서로 상관없다고 생각하면 된다. 그러나 상대에게 의존하고 있는 상황이라면, 상대의 요구와 특이한 버릇까지도 인정해 주고 받아들여야 할 것이다.

고용을 예로 들어 보자. 만약 직원이 사장에게 전적으로 의존하고 있다면, 그는 일을 계속하기 위해서 사장의 말을 잘 듣고 따라야 한다. 그러나 만약 이들이 상호의존 관계라면 어떻게 될까? 서로 영향을 주고받을 수 있을 뿐만 아니라 여러 가지 옵션도 갖게 된다. 그러나 상호의존 관계가 너무나 복잡해서 이런 옵션들을 다루고 처리하는 일이 쉽지는 않을 것이다. 상호의존 관계는 각자가 세워놓은 목표가 서로 맞물려 있는 특징이 있다. 각자의 목표를 달성하기 위해서는 서로를 필요로 한다는 것을 알아야 한다.

따라서 협상을 할 때 상호의존적 목표를 갖는 것은 매우 중요하다. 협상가들 사이의 상호의존 구조에 따라 합의가 어디까지 가능한지 그 범위가 결정되고, 어떤 전략과 전술을 사용할지도 결정되기 때문이다.

협상에서 상호의존의 대표적인 상황 두 가지를 예로 들어보자.

첫째, "**승-패**(Win-Lose)" 상황이다. 이 상황에서는 한 쪽이 더 많이 가져가는 만큼 다른 쪽은 그만큼 잃게 되기 때문에, 협상에서 고정된 결과물을 어떻게 나눌 것인가에 초점을 맞춘다. 이러한 유형의 협상 상황은 상품의 가격을 결정할 때 자주 나타난다.

둘째, "**윈-윈**(Win-Win)" 상황이다. 이 상황에서 협상가들은 서로 만족할 수 있는 해결책을 찾기 위해 노력한다. 이러한 유형의 협상은 공동으로 합작 투자한 양쪽 회사의 관계에서 그 특징을 살펴볼 수 있다.

이처럼 협상가 사이의 상호의존 상황에 따라서 협상가는 어떤 해결방안이 가능한지 그리고 어떤 전략을 사용할지 결정지을 수 있다.

피셔, 유리, 그리고 패튼이 공저한 『예스를 이끌어 내는 협상법 : 양보 대신 협상을 통한 합의 - Getting to Yes : Negotiating Agreement without Giving In』에서도 상호의존의 성격을 이해하는 것이 얼마나 중요한지 강조하고 있다. 이들은 협상에서 상대와 합의에 도달하기 위해 창조적인 옵션을 잘 알고 있거나 이를 개발하는 것이 무척 중요하다고 지적한다. "협상에서 상대의 제안에 합의할 것인지 아니면 거절할 것인지 결정하는 기준은 당신이 사용할 수 있는 최선의 대안에 달렸다."

이들은 이 개념을 배트나(BATNA; Best Alternative To a Negotiated Agreement), 즉 '합의를 도출하기 위한 최선의 대안'이라고 부른다. 피셔는 협상할 때 모든 협상가는 반드시 자신과 상대의 BATNA를 이해하고 파악해 둘 필요가 있다고 충고한다.

BATNA는 자신의 최종적인 목표에 미치지 못하는 협상결과라면 어떤 해결방안도 받아들이지 않도록 해주고, 동시에 상대의 제안과 자신의 BATNA 중에서 어떤 것이 자신의 이해관계를 더 만족시켜줄 수 있는지 비교할 수 있는 기준이 된다. 동시에 협상가 사이의 상호의존 상황에 따라서도 영향을 받는다.

02 언제 어디서 무엇이 협상인가?

협상이 없는 사회생활을 보자면 어느 일방에게는 강압적이거나 자칫 '갑질'의 상황으로 비추어질 수 있으며, 다른 일방에게는 불만을 야기하는 요인으로 작용하여 쌍방 간의 거래 또는 사회적 관계를 단절시키게 된다. 과거 계층적 조직구조와 가부장적 가족제도 하에서는 상의하달식의 일방적 의사결정 구조나 커뮤니케이션 체계를 가진 문화에 익숙해 있었을 것이고 이때 과연 협상의 여지가 존재하는 사회였던가라는 의문에는 쉽게 답을 찾을 수 있을 것이다.

강원국의 말같은 말 : 세상의 80%는 협상이다

세상의 80%가 협상이다. 미국 지미 카터와 로널드 레이건 대통령의 자문을 맡았던 허브 코헨의 말입니다. 맞습니다. 주고받는 모든 것은 협상입니다. 대화, 타협, 협의 이 모든 것은 협상이죠. 세상은 거대한 협상테이블이고 우리의 일상은 협상의 연속입니다. 친구와 만나 무엇을 먹을지 결정하는 것도, 아내와 TV 채널을 놓고 다투는 것도 협상입니다.

협상을 잘하기 위해서는 어떻게 해야 할까요? 먼저 상대를 잘 파악해야 합니다. 상대가 어떤 사람이고 무슨 대화가 오갈지 예상해 보아야 합니다. 가상시나리오를 작성해 보는 것도 좋습니다. 상대가 A, B, 또는 C로 반응하는 경우를 가정해서 각각에 맞는 대응방안을 생각해둘 필요가 있습니다.

하지만 대화의 주도권을 잡을 필요는 없습니다. 주도권을 잡으려고 하면 할수록 상대는 더 멀리 도망갑니다. 상대의 기를 꺾기보다는 체면을 세워줘야 합니다. 먼저 듣고 나중에 말하고, 많이 듣고 적게 말하는 것이 전략적으로 유리합니다. 상대의 생각을 안 뒤에 말할 수 있고 상대로부터 더 많은 정보를 얻을 수 있기 때문입니다. 포커페이스로 임해라. 예스를 받아내려면 노를 연발하라. 양파껍질을 벗기듯 하나씩 내놓아라. 이런 주문에는 동의하기 어렵습니다.

즐겁게 협상합시다. 협상은 이기고 지는 승부가 아닙니다. 거래를 통해 함께 성공하려고 해야 합니다. 독식 말고 교환을 해야 합니다. 모 아니면 도가 아니라 차선책을 찾는 유연함이 있어야 합니다. 조크와 아부를 준비하는 것도 좋습니다. 물과 친해져야 고기를 잡을 수 있습니다. 협상을 시작할 때 혹은 협상이 지나치게 과열될 때 유머를 던져 봅시다. 뒤이어 상대가 나도 한마디 하겠다고 조크를 받으면 절반은 성공한 것이나 다름없습니다.

> 협상은 재래시장에서 벌이는 흥정 같은 것입니다. 사랑하는 연인의 마음을 얻기 위해 벌이는 밀당 같은 것입니다. 자 이제 우리 앞에 펼쳐진 협상의 바다로 나가 파도타기를 즐겨보면 어떨까요? "끝도 없이 밀려오는 협상의 파도 위에서 즐길 준비 되셨나요? 그럼 오늘도 성공하세요."
>
> 자료 : KBS 라디오, 강원국의 말같은 말, "Ep.60. 세상의 80%는 협상이다", 2020. 6. 22 방송
> (https://audioclip.naver.com/channels/3770/clips/67)

허브 코헨(Herb Cohen)은 협상이란 비즈니스 세계의 회의 테이블이나 테러리스트를 상대로 한 드라마틱한 상황에서만 이루어지는 것이 아니라 냉장고를 구입할 때, 남의 도움을 구할 때, 아이들을 대할 때, 까다로운 상사를 대할 때 등 우리 생활의 대부분이 협상에 해당하는 일이라고 주장한다.

누구나 하루의 일과 중 상대방과 대화하면서 자신의 행동 하나하나를 결정해야 하는 순간들이 많은데, 만약 이때 '내 마음대로' 행동만 하게 된다면 우리의 사회질서는 혼란으로 치닫게 될 것이 자명하다. 협상은 바로 '내 마음대로'의 행동을 할 수 없도록 해주는 과정이라 할 수 있다. 상대방을 배려하고 더불어 살아갈 수 있도록 협의하고 동의 내지 합의를 구하는 일련의 행동 모두가 우리의 사회생활이므로 협상이야말로 '세상만사의 80%' 그 이상이 될 것임에 틀림없다.

우리의 생활은 협상의 연속이다. 협상이 없는 사회생활은 질서 유지에 치명적이고 사람들의 삶을 고통스럽게 만들 수 있다. 협상이 전개되는 사회적 공간이 가정이거나 지역사회이거나 또는 국내외 비즈니스 현장인지에 따라서 협상의 목표나 기법은 달라질지언정 그 과정은 건전한 사회질서 유지에 기여하게 된다.

협상의 기본목표이자 궁극적 지향점인 상호 원원의 결론에 도달하는 과정은 난해한 선택의 문제이고, 양보와 배려의 문제이며, 협력과 상생의 문제로 연결된다. 이러한 협상의 과정을 일방적인 의사결정의 일환으로 인식하고 강압적이거나 얼굴 붉히면서 화를 내면서 임한다면, 더욱이 자신의 이익만을 위해서 결론에 도달한다면 협상결과는 잘 해야 일회성에 불과할 뿐 그 다음은 '단절'의 끝을 보게 되어 있다.

협상은 우리 생활의 연속이므로 어느 때가 협상의 순간이고, 어디에서 협상이 이루어지는지, 어떤 행위들을 협상으로 간주할 것인지에 대한 답은 불필요한 것으로 보아야 할 것이다. 누가 언제 어디서 무엇을 어떻게 왜 하는 것이 협상인가라는 질문은 협상이란 무엇인가에 대한 답을 구할 수 없다. 우리 삶 중 가정을 포함한 사회적 활동의 전 과정이 '협상'이기 때문이다.

03 협상의 이상한 힘, 시너지 효과

일본 '포켓몬 고'와 '맥도날드'가 만든 시너지 효과는?

2016년 7월 일본에서 '포켓몬 GO'가 출시되면서 일본의 온 거리는 스마트폰을 들여다보며 걷는 사람으로 넘쳐났습니다. 지난 기사에 〈포켓몬 GO! 일본 출시 2일 만에 페이스북 사용자 넘어서〉에서도 전해드렸다시피 그 초반 기세가 대단하였습니다. 이번 기사에는 '맥도날드'와 특별 콜라보레이션을 함께 진행하여 세간의 관심을 한 몸에 받았던 '포켓몬 GO'의 시너지 효과를 분석했습니다.

할인 쿠폰을 비롯하여 맥도날드에 관련된 유익한 정보가 가득한 '맥도날드 공식 앱'은 일본 앱 마켓에서도 꾸준히 상위권을 유지할 정도로 인기 있는 앱입니다. "오늘은 맥도날드에 가볼까?" 생각하는 사람이라면 가기 전에 꼭 한번 열어보는 앱으로 그 사용 추이를 확인하면 실제 얼마나 많은 사람들이 맥도날드 방문을 고려했었는지 예측할 수 있습니다. '포켓몬 GO'가 일본에서 출시된 다음날인 7월 23일의 '맥도널드 공식 앱'의 HAU(Hourly Active Users)를 보시면 그 영향이 얼마나 컸는지 쉽게 알 수 있었습니다.

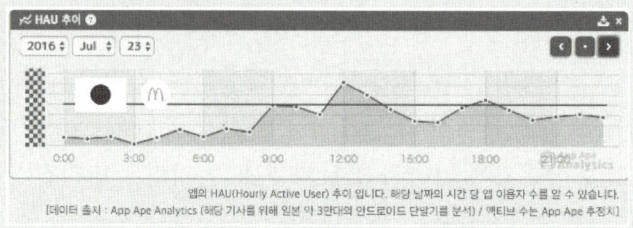

앱의 HAU(Hourly Active User) 추이 입니다. 해당 날짜의 시간 당 앱 이용자 수를 알 수 있습니다.
[데이터 출처 : App Ape Analytics (해당 기사를 위해 일본 약 3만대의 안드로이드 단말기를 분석) / 액티브 수는 App Ape 추정치]

위 그래프의 이해를 돕기 위하여 추가로 설명을 드리자면 빨간 선이 지난 한 달 동안의 시간 당 이용자 수(HAU) 최고치입니다. 이 빨간 선과 함께 '7월 23일 HAU 그래프'를 보시면 12시 무렵에는 지난달 최고치를 갱신하며 기록적인 액티브 수를 보인 것을 확인할 수 있습니다. '포켓몬 GO'와 큰 연관성이 없어 보이는 '맥도날드 공식 앱'도 이런 기록적인 영향이 있었다는 것이 흥미롭지 않을 수 없습니다. 다음으로 그 원인을 보다 상세하게 들여다보도록 하겠습니다.

일본 맥도날드와 포켓몬의 콜라보 기획

기사 처음 부분에서도 말씀드렸다시피 일본의 '맥도널드 공식 앱'의 활성화 율이 상승한 데에는 '포켓몬 GO'와의 콜라보레이션 기획이 한 몫 하였습니다. '포켓몬 GO'가 일본에서 정식으로 출시되기 직전에 콜라보레이션 기획 정보가 유출되어 일본 맥도널드사의 웹 사이트에는 이를 설명하는 공지가 올라왔습니다(「Pokémon GO」와의 콜라보레이션 실시에 관한 공지). 이 이후에 '포켓몬 GO'의 정식 출시와 함께 일본 맥도날드사도 콜라보레이션 기획을 정식으로 발표했죠(「Pokémon GO」& 일본 맥도날드 단독 론칭 파트너십 체결).

콜라보레이션의 주요 내용은 일본의 맥도날드 약 2,900개 매장이 '체육관'이나 '포켓스톱'으로 변신한다는 것이었습니다. 매장에 손님을 유치하기 효과적인 콜라보레이션으로 '포켓몬 GO'

유저에게 '맥도날드에 가면 뭔가 즐거운 일이 있을 것 같다'라고 즐거운 상상을 만들어 주기에 충분했습니다.

결과적으로 맥도날드는 '포켓몬 GO'의 영향으로 매장 방문 고객 수가 크게 증가했고, '포켓몬 GO' 또한 맥도날드가 기존 인프라로 확보하고 있는 고객들을 도미노처럼 '포켓몬 GO'로 유입하는 것에 성공했습니다. 최근 일본 시장에서 진행된 다양한 마케팅 기획 중에 감히 최고의 사례라고 할 수 있겠습니다.

그리고 한 가지 재미있는 점을 발견했는데요. 일본 맥도날드가 서비스 중인 '라이브 배경화면 by 맥도날드'라는 앱도 '포켓몬 GO'의 출시일(7월 22일)에는 DAU가 훌쩍 올라간 것을 확인했습니다.

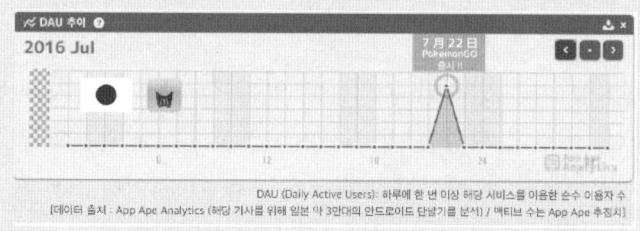

설마 배경화면 앱까지 '포켓몬 GO'가 영향을 끼친 것일까요? 정말 무서운 '포켓몬 GO' 효과입니다.

가장 먼저 콜라보레이션에 성공한 맥도날드는 유리!?

'포켓몬 GO'와 누구보다도 빨리 손을 잡은 일본 맥도날드는 선견지명을 갖고 있었던 것 같습니다. 앞으로 '체육관'이나 '포켓스톱' 매장뿐 아니라 상품과의 콜라보레이션도 선보이지 않을까요? 또 어떤 움직임이 있을지 참 기대됩니다.

이번 기사에 바탕한 App Ape Analytics에서는 앱별로 성별, 연령대 비율, MAU, DAU, 시간대별 액티브율 외에도 동시 소지 앱, HAU, 평균 실행 횟수 등을 조사하실 수 있습니다. 무료판도 있으니 한번 시험해 보세요! 또한, 자세한 데이터에 흥미가 있으시다면 아래 연락처로 문의주세요.
service@appa.pe

자료: http://lab.appa.pe/ko/2016-09/pokemongo-mcdonald.html

상호의존성이 가져오는 근본적인 협력의 작용은 무엇일까?

상호의존성의 가장 근본적인 강력한 효과는 시너지이다. 시너지(synergy) 또는 협력작용 혹은 상승효과는 일반적으로 두 개 이상의 것이 하나가 되어, 독립적으로만 얻을 수 있는 것 이상의 결과를 내는 작용이다. 시너지라는 용어는 "함께 일하다"라는 뜻의 그리스어 syn-ergos, συνεργός에서 나왔다.

시너지는 어떤 단위의 산출물이 다른 단위의 투입물로 사용될 때나 두 조직이 상호보완성이 있거나 전문지식을 공동으로 이용할 때 그 효과를 발휘할 수 있다. 이러한 관계는 비용을 절감하고 수익을 발생시킬 수 있도록 한다. 정보기술을 사용하면 분리된 사업 단위들의 운영을 하나로 묶어 그 단위들이 총체적으로 운영될 수 있도록 하여 시너지 효과를 창출할 수 있다.

시너지 효과의 사례는 비즈니스 분야에서는 물론, 비정부기구(NGO)의 활동이나 개인적인 차원에서도 수 없이 찾아볼 수 있다. 제약회사들은 컨소시엄을 형성해서 공동으로 연구 작업을 한다. 각 회사가 개별적으로 연구할 때보다 비용을 줄일 수 있고, 그 성과 또한 높게 나타나는 것이 보통이다. 자연보호나 세계화의 반대 등을 주장하는 수많은 단체도 이러한 방법을 사용한다. 모두 연합해서 시위를 벌이면 그 효과는 개별적으로 움직일 때보다 훨씬 커지기 때문이다.

협상에서 시너지 효과를 보기 위해서는 협상 상대방이 가지고 있는 관심의 차이, 위험의 정도, 시간 선호도와 미래예측의 차이 등에 대하여 준비하고 연구해야 한다.

■ **관심의 차이** : 협상을 하는 양측이 논의하고 있는 각 논제의 가치를 완전히 동일하게 평가하는 일은 거의 없다. 예컨대 회사를 매각하려는 경영자는 직원들의 급여지출이 많다는 사실보다는 회사가 이윤을 내고 있다는 점을 강조하려고 할 것이다. TV 홈 쇼핑회사는 단순한 시청률보다는 실제 판매율에 더 많은 관심을 기울일 것이다.

다시 말하자면 동일한 대상을 놓고도 사람에 따라 가치 판단의 기준이 다르다. 또한 미래의 가치에 대한 평가도 다를 수밖에 없다. 가령 집 근처에 조그만 땅이 매물로 나왔다고 가정하자. 하지만 수입은 적고 예금도 거의 없다. 이때 무리를 해서라도 사두면 좋은 투자가 되겠는가? 아니면 좀 더 여유가 있을 때를 기다리는 편이 현명한가? 어떤 사람들은 모든 측면에서 미래의 가치를 따져보는 반면, 다른 사람들은 절대로 땅값이 상승할 이유가 없는 토지 일부만을 본다. 부동산 중개업자는 앞으로 땅값이 오를 가능성이 크지만 현재의 주인이 이를 깨닫지 못하고 있는 토지를 찾아내려 노력한다.

■ **위험의 정도** : 사람마다 스스로 감당할 수 있는 위험의 양은 다르다. 자녀가 없는 중년의 맞벌이 부부는 아이가 둘이고 남편 혼자 돈을 버는 젊은 부부에 비해 더 많은 위험을 견딜 수 있다. 현금회수에 문제가 있는 회사는 금고에 가용현금이 많은 회사보다 다양한 위험에 처할 수밖에 없다.

■ **시간 선호도** : 시간 역시 협상에 많은 영향을 끼치는 요소 중 하나다. 협상을 하고 있는 양측에게 주어진 시간은 다르다. 한쪽은 참을성 있게 인내할 수 있지만, 다른 쪽은 빠른 타결을 희망할 것이다. 또한 당장 100만 원을 손에 쥐느냐, 혹은 한 달 후에 110만 원을 받느냐를 선택하는 문제도 각자의 사정에 따라 다를 수밖에 없다. 시간선호도라는 측면에서 이러한 차이들은 협상을 통해 가치를 창조할 가능성을 지닌다.

자동차 영업사원을 예로 들면, 그 영업사원은 월말 전에 구매가 완료되길 원할 것이다. 회사에서 주는 인센티브를 받기 위해서다. 그러나 자동차를 사려고 그를 찾은 고객은 다음 달까지는 반드시 자동차가 필요하지 않다. 시장의 과일장수는 저녁 무렵이 되면 떨이를 한다. 내일까지 놔두면 제품의 가치가 큰 폭으로 떨어지기 때문이다. 하지만 손님은 지금 당장 과일이 꼭 필요한 것은 아니므로 오히려 가격을 더 깎으려고 한다. 모두 시간적 차이와 가치의 변화 사이에서 협상가들이 고민할 수밖에 없는 현상들이다.

■ **미래예측의 차이** : 미래 환경의 불확실성 및 복잡성이 증가함에 따라 변화 속도의 증가는 장기 전략의 유효성은 떨어지지만, 역설적이게도 미래 대비의 필요성을 반증한다. 미래에 대한 단선적인 예측보다는 미래 상황에 대한 유연한 대응이 가능한 새로운 의미의 전략 수립을 가능하게 하는 것이 미래예측의 목적이다.

기업에서는 미래예측 활동을 'corporate foresight'라고 하는데, 대표적으로는 1970년대 초반 Shell에서 성공적으로 활용한 시나리오 연구가 있다. 실제로 글로벌기업 등은 40-50년 전부터 미래 연구조직을 운영하여 중장기 경영전략수립에 활용하고 있다. 또한 1990년 후반부터 다시 일기 시작한 공공부문의 미래예측 활동은 이해당사자 참여의 개방성, 결과의 공개 및 정책에의 반영 등을 이유로 상대적으로 일반 시민에 많이 알려져 있으나 민간기업은 그 속성상 내용이 기밀로 분류되어 일부를 제외하고는 외부에 공개하지 않는 경우가 많다.

따라서 협상을 하는 데 있어서는 협상상대가 어떻게 미래를 예측하는가의 차이에 의해서 서로의 시너지 효과가 가능하다.

이상에서 살펴보았듯이 협상테이블에 앉은 양측 입장의 차이는 협상을 'Win-Win'으로 이끄는데 중요하게 이용될 수 있다. 그러나 양측이 비슷한 생각을 공유한 상태에서 적절한 조정을 통해 가치를 창조하는 일 또한 가능하다.

예컨대 휴가계획을 짜면서 서로 양보심이 부족해 언쟁과 싸움을 벌이는 커플들이 많다. 그러나 기분 좋은 대화를 통해 이를 해결하는 커플은 관심의 차이를 극복하고 새롭게 생성된 공통된 토대를 바탕으로 긍정적인 가치창조를 이룬 것이라 볼 수 있다.

기업은 필요에 의해서 컨소시엄을 구성하고 공동으로 투자를 한다. 각각의 개별적 회사로서는 감당하기 어려운 과업을 달성하기 위한 상호의존 작업이라고 볼 수 있다. 예를 들어서 거대한 석유회사는 많은 돈이 들어가는 장기 프로젝트를 공동으로 발주한다. 캐나다 앨버타 주는 타르가 포함된 모래를 개발하는 사업에 여러 기업과 함께 10억 달러 이상을 투자한 사례 등이 좋은 본보기다. 제약회사도 역시 막대한 연구비를 쏟아 부어 신약을 개발하는 과정에서 자본과 인력을 공동 투자한다.

제2장
협상이란 무엇인가?

매도인의 동기부터 파악해야...

　은퇴를 전후해 많은 사람들이 은퇴 후의 삶을 위한 부동산 매입에 관심을 가진다. 노후 삶을 좌우하는 대형 이슈여서 무턱대고 거래를 하면 안 된다. 이럴 때 협상 전략을 활용해 보라. 조금만 신경 써도 골치 아픈 부동산 문제가 술술 풀린다.
　얼마 전 수익형 부동산 인기가 치솟을 때 다가구 주택 매매 협상을 컨설팅해 주었다. 공인중개사를 통해 매도인이 생각하는 매도 희망가격을 알아보니, 주위 시세보다 평당 300만 원 이상 높았다. 60평 정도의 대지로 전체 금액은 약 2억 원 정도 차이가 났다.
　매도인은 '앵커링 효과(Anchoring Effect)'를 노렸다. 가격 기준을 선점하려는 전략으로, 매매 협상에서 자주 사용된다. 즉, 배가 닻(Anchor)을 내리면 그 주위를 맴돌다가 닻을 내린 곳에서 크게 벗어나지 않는 지점에 정박하게 되는 것과 같다. 첫 제안을 과감하게 제안하여 가격 기준을 선점함으로써 실제 매매가를 최초로 제안한 금액에서 크게 벗어나지 않게 하려는 의도다. 매도인의 공격적인 제안에 대응하기 위해 필자는 세 가지 측면에서 접근했다.
　우선 매도인 측 의사결정권자가 누구인지 파악했다. 부동산 등기 사항 증명서에는 60대 여성 분이 소유자로 명시되어 있었다. 하지만 공인중개사에 따르면 그의 아들이 부동산 관리를 도맡아 해왔다고 한다.
　최근 아들이 캐나다로 투자 이민을 가기로 결정하여 어머니 소유 부동산 2개 중 임대용인 다가구 주택을 급하게 매도하기로 했다고 귀띔해주었다. 여기서 협상을 위한 소중한 정보를 얻었다. 협상을 통해 설득을 해야 할 상대방은 부동산 명의자가 아니라 그의 아들이다. 아들은 투자이민을 앞두고 가급적 빠른 시간 내 부동산을 처분해야 하는 강력한 동기가 있었다.
　다음으로 상대방의 첫 제안에 대한 우리 측 기준을 마련하기 위해 국토교통부 실거래가 공개시스템에 접속해보았다. 실거래가격 공개시스템에 접속하면 각 지역 부동산의 유형별 거래금액이 시기별로 정확히 기재돼 있다. 부동산 가격 협상에 활용할 수 있는 좋은 자료다.
　서울 ○○구 XX동 일대 다가구 주택들의 최근 1년간 거래가격을 상세 조회해 보았다. 예상대로 비슷한 시기에 건축된 다가구 주택 가운데 최근 1년 동안 매도인이 제시한 가격보다 높게 거래된 물건은 없었다. 평당 거래 단가도 점차 하락하는 추세였다.
　마지막으로 매도가격 조정을 유도할 수 있는 추가요인을 찾기 위해 건축물대장을 열람해 보았다. 그 결과, 생각지도 못한 사실이 확인됐다. 4층에 번듯하게 지어진 옥탑 방이 불법 건축물이었다. 2년 전부터 관할구청에서 6개월에 한 번씩 이행강제금을 부과하고 있었다. 매도인 입장에서는 경제적으로나 심리적으로 이것이 상당한 부담으로 작용했을 것이다.

하지만 매수인은 어차피 건물 전체를 리모델링할 생각이었기에 대수롭지 않은 일이었다. 필자는 이 부분을 적극 공략해 보기로 했다. 공인중개사에 부탁해 매도인 측의 실질적 의사결정권자인 아들과 직접 만나 건물 매도 건에 대해 이야기를 나눴다. 예상한 대로 매도인은 시세보다 상당히 높은 첫 제안 가격을 고수했다.

실거래가 공개시스템을 통해 취합한 지난 1년간 동일 지역 내 다가구주택 매매가 자료를 제시했다. 매도인이 제시한 평당 가격으로 거래된 예가 지난 1년간 단 한 번도 없었고, 그마저도 하락추세에 있다는 사실을 지적했다.

상대방의 표정이 급격하게 어두워졌다. 건축물대장을 확인해 본 결과 옥탑 방에 반기마다 이행강제금이 부과되고 있는데 이 사실을 알고 있냐고 물었다. 그는 소유자인 어머니한테 확인해 봐야겠다고 이야기했다.

협상에 들어가기 전 충분한 준비를 통해 상대방의 첫 제안이 무모한 것이라고 인식시키는 데 성공한 것이다. 이제는 어떻게 상대를 설득해 거래를 성사시킬지를 생각해야 한다.

『어떻게 원하는 것을 얻는가』의 저자 스튜어트 다이아몬드 교수는 '협상에서 가장 중요한 자는 상대방이고 협상에서 가장 덜 중요한 자는 바로 자기 자신'이라고 했다. 이번 협상에서 상대방이 가장 원하는 것이 무엇일지 생각해 봤다. 캐나다 투자이민을 앞두고 현금을 가급적 빨리 확보하는 것이 아닐까.

다행히 매수인은 현금을 동원할 여력이 있었다. 두 번째 미팅에서 소유자 아들에게 "매매가를 매수인이 제시하는 수준으로 조정해주면, 계약금으로 매매가의 10%가 아닌 30%를 지급해줄 수 있으며, 잔금은 계약일자로부터 한 달 이내에 곧바로 전액 지급해드릴 수 있다"고 제안했다. 이와 함께 불법 건축물 부분은 매수인 측 비용부담으로 원상복구 시키겠다고 했다.

두세 차례 추가 조정을 거쳐 거래가 성사됐다. 매수인이 희망한 가격을 매도인이 그대로 받아들이지는 않았다. 그러나 매도인의 첫 제안에 비해 상당히 낮은 금액으로 매매가 이루어졌다. 매수인도, 매도인도 만족한 거래였다.

부동산 매매는 일상에서 협상을 경험할 수 있는 대표적인 사례. 매도인의 강력한 첫 제안에 대응하기 위해 필자는 실질적인 의사결정권자가 누구인지 파악했고, 면밀한 준비 끝에 새로운 기준을 제시하면서 추가적인 가격 조정의 근거를 댔다. 그리고 투자이민을 앞둔 상대의 상황에 맞는 매력적인 역제안을 함으로써 결국 성공적인 딜을 이끌 수 있었다.

자료 : "류재언의 실전협상스쿨(1) : 상대의 매도동기부터 파악해야", http://blog.daum.net/whatayun/6999889

세기의 이혼, 브렉시트 협상 어디로...

세기의 이혼, 역사상 가장 복잡한 이혼절차 등의 수식어가 붙은 브렉시트 협상을 둘러싸고 영국과 유럽연합(EU)의 줄다리기가 본격화되고 있다. 2017년 7월에 진행된 2차 브렉시트 협상은 양측의 첨예한 대립 속에 서로의 입장차만 확인한 채 끝났다.

당초 EU측이 브렉시트 협상의 전제조건이라고 못 박은 세 가지 안건, 즉 첫째, 영국의 탈퇴정산금 문제, 둘째, 상대국에 체재하는 시민들의 지위 보장. 그리고 셋째, 아일랜드와 북아일랜드

간 국경협상에 대한 이견차가 생각보다 컸기 때문이다. 탈퇴정산금만 하더라도 최소 400억 유로부터 최대 1,000억 유로까지 차이가 엄청나다. 양국 시민의 지위 보장 문제는 영국에 거주하는 EU 시민 300만 명과 EU에 거주하는 영국 국민 100만 명에 대한 영주권 보장 등 시민들의 피부에 와 닿는 민감한 사안이다. 마지막으로 브렉시트 이후 EU 회원국인 아일랜드와 영국령인 북아일랜드간의 국경 통제, 세관 검사 부활 등에 EU의 반대도 만만찮다.

영국과 EU는 리스본 조약 50조에 따라 2019년 3월까지 협상을 완료해야 하는데 영국과 EU 의회는 물론이고 EU 회원국들의 비준절차까지 끝내려면 2018년 10월에는 협상이 마무리돼야 한다. 하지만 영국과 EU 간 초기 협상에서 돌파구를 찾지 못하게 됨에 따라 15개월 남짓한 협상시한 내에 탈퇴협상은 물론이고 새로운 무역협정에 대한 합의까지 도출하기는 쉽지 않은 셈이다. 브렉시트 이후에도 최소 2년 이상 현 상태가 유지되는 과도기가 필요하고 따라서 잠정 협정 체결이 불가피하다는 현실론이 고개를 드는 이유다.

협상의 전제조건으로 내건 세 가지를 제외하고도 브렉시트 협상은 당초 예상보다 더 불확실하고 복잡한 길을 예고하고 있다. 우선 조기 총선에서 영국 보수당의 과반수 확보 실패로 메이 총리의 공약이었던 'EU 단일시장은 물론이고 관세동맹으로부터도 완전히 탈퇴하겠다'는 이른바 하드 브렉시트의 동력이 약화된 것도 한 요인으로 보인다. 공식 협상이 시작된 지금도 영국의 EU 잔류에 대한 희망을 내비치는 발언들이 적지 않아 혼란은 더욱 가중되고 있다. 빈스 케이블 전직 기업부장관의 "브렉시트는 일어나지 않을 수도 있다"는 발언이나 도날트 투스크 EU 정상회의 상임의장의 "EU의 문은 여전히 열려 있다"는 입장 표명이 그런 예다. 심지어 얼마 전 영국내 여론조사에 따르면 브렉시트에 찬성표를 던진 유권자들 중 60%는 비용을 지불하더라도 EU 시민권을 잃고 싶지 않다고 응답하는 등 여론의 풍향 변화도 주시하지 않을 수 없다.

7월 영국경영인협회가 주요 영국기업들을 대상으로 조사한 바에 따르면 응답자의 대부분이 브렉시트 협상을 예의 주시하고 있다고 밝혔다. 하지만 막상 조치를 실행 중이라고 응답한 기업은 11%에 그친 것으로 나타났다. 기업들이 영국정부의 브렉시트 협상에 대한 불신과 함께 브렉시트의 미래에 대해 여전히 의구심을 갖고 있다는 것을 방증하고 있다. 브렉시트 협상에 관여하고 있는 한 EU 관리는 사석에서 브렉시트 협상의 진짜 문제는 얼마나 많은 쟁점들이 빙산 밑에 잠복해 있는지 현재로서는 알 수 없는 상황이라는 점을 털어놨다.

현지에 진출한 우리 기업 입장에서도 당장 큰 문제는 불확실성의 지속으로 금융시장의 불안과 경기침체 가능성이라고 입을 모은다. 따라서 브렉시트 협상에 대한 면밀한 모니터링을 통해 리스크를 최소화할 필요가 있다. 아울러 반세계화와 자국우선주의 흐름에 유연하게 대처할 수 있도록 글로벌 공급망(Supply Chain)의 효율적 배치 등 글로벌 전략을 재점검하는 지혜가 필요한 시점이다.

자료 : 심상비, 한국무역협회 브뤼셀지부장, 아시아경제, 2017.8.4.

협상이란 무엇인가?

협상이나 협상하기란 친밀도를 높이면서 서로의 이익을 극대화하는 공동의사결정 과정이다. 사전적 의미로는 타결 의사를 가진 2인 또는 그 이상의 당사자 사이에 양방향 의사소통을 통하여 상호 만족할 만한 수준으로 합의(agreement)에 이르는 과정이라고도 정의한다.

이러한 협상은 협상당사자의 입장에서 보면 상대방과의 결합적 의사결정 행위(jointly decided action)를 통한 자신의 본질적 이해를 증진시킬 수 있는 수단이라고 이해된다. 협상은 흥정과 구분된다. 물론 흥정도 개인과 개인사이의 매매 등과 같은 상호작용을 가리키지만, 협상은 기업, 국가 등 복합적인 사회 작위 간의 다수 의제에 대한 상호작용이다. 그러나 실제로는 구분 없이 사용하고 있다.

이처럼 사전상의 정의는 간단한 것처럼 보인다. 협상이란 사람 또는 조직이 공평한 조건에서의 교환이다. 협상을 한다는 것은 '흥정하다, 합의하다, 해결하다' 등을 의미한다고 한다. 그러나 협상은 효과적인 정보의 교환과 획득을 통해 합의에 이르는 결합적 의사결정 행위의 예술이라고 할 수 있다.

이외에도 협상에 대한 여러 학자의 정의를 보면 다음과 같다. Ginny Pearson Barnes는 "협상은 특정한 관계의 당사자들이 공평한 조건의 환경 하에서 교환을 이용한 논쟁의 해결책이다. 이것은 아이디어와 정보를 공유하고 상호 간에 수락할 수 있는 결과를 추구하는 것이다"라고 하였으며, Steven Cohen은 "둘 혹은 그 이상의 당사자가 하나 혹은 더 많은 이슈나 거래 같은 여러 가지 비즈니스에서 함께 일할 때 상호 간에 받아들일 수 있는 해결책에 도달하는 과정"이라고 하였다.

또한 Ronald M. Shapiro and Mark A. Jankowski는 협상이란 '궁극적인 이익을 위한 정보의 교역'이라고 정의하면서 정보의 중요성을 강조하였다. 우선 정보를 거래하는 데 있어서, 즉 증권거래소, 상점, 노점상인 등을 대상으로 거래를 할 때에 여기에서 차이점은 '물건 대 물건'이나 '화폐 대 화폐'를 교환하는 것이 아니라 필요한 것을 획득하기 위하여 알고 있는 정보를 거래하는 것이다.

협상이라는 시장에서는 정보가 상품이다. 그리고 협상에서는 평화를 만들기 위해 노력하는 두 나라, 합병하려는 두 회사, 사무실의 가십거리를 교환하는 두 직원, 야구경기 입장권을 교환하는 두 아이 등에서 가장 중요한 가치는 정보이다.

협상은 비록 사람들이 거래(deal), 무역(trading), 매매계약(bargaining), 물물교환(dickering), 또는 가격 협상의 경우 흥정(haggling)을 위한 성사의 용어로 사용되기는 하지만, 공동의사결정의 다양한 이름 중의 하나라고 볼 수 있다.

성공적인 협상은 그들이 도달한 합의를 수행하기 위해 당사자 상호 간에 약속을 이행하여 임무를 완수한 때를 말한다. 공명정대(fairness)는 협상과정을 성공적으로 만드는 데 중요한 요소이다. 어떤 사람들은 협상의 가장 중요한 목적이 다른 당사자를 이용하는 것처럼 협상에 임한다. 이것은 자멸이다. 만약 협상파트너나 관계자가 불공평한 대우를 받았다고 느낀다면,

그는 아마 부당함을 느끼고 마음을 닫고 협상 테이블에서 떠날지도 모른다.

협상을 생각하는 한 가지 방법으로 뜨개질과 방직을 비교할 수 있다. 뜨개질은 털실 한 가닥을 이용한다. 물론 뜨개질한 작품이 다양한 색깔과 짜임새를 가지고 있을 수도 있지만, 우리는 쉽게 그 모양을 변형시킬 수도 있다. 그러나 방직은 날실과 씨실로 적어도 두 개의 가닥으로 직물이 만들어진다. 방직으로 짠 직물은 뜨개질로 된 직물보다 더 큰 강도와 내구성을 가지는 경향이 있다.

협상은 방직에 더욱 가깝다고 할 수 있다. 그 과정은 다양한 당사자의 기여를 필요로 한다. 방직과 뜨개질이 한 사람의 기술과 관련되어 있을 수도 있지만 훌륭한 작품을 만들기 위해서는 둘 또는 그 이상의 기여를 요구한다. 좋은 협상과정은 지식과 기술, 그리고 여러 관계자의 투입을 활용하여, 당사자가 함께 노력함으로써 튼튼하고 견고한 계약을 만드는 것이다.

그러나 만약에 사장의 명령에 의해서 그의 명령을 수행한다면 그것은 협상이라고 볼 수 없다. 또한, 외부로부터 선임된 사람이 중재를 이용해 당사자 사이에서 결정을 내리게 된다면 당사자는 중재인의 결정을 따라야 할 법적인 의무가 있다. 그것도 역시 협상이 아니다. 당사자들이 합의에 도달하기 위해 같이 노력하지 않는다면, 협상은 일어나지 않는다.

협상은 경쟁적인 스포츠가 아니라는 것도 명심할 필요가 있다. 협상당사자들이 경기를 하듯이 경쟁을 벌이는 경우도 있다. 그러나 협상에 임할 때 상대방을 확실하게 궤멸시킬 목적으로 경쟁을 하지는 않는다. 오히려 협상에 임할 때에는 할 수 있는 한 서로에게 최선을 다하는 것을 목표로 삼고 있다. 이런 의미에서 우리는 경쟁을 목표로 하는 스포츠보다는 우리 자신들을 돌보는 데 더 관심을 갖는다고 할 수 있다. 즉, 협상은 자신을 위해서 잘하고 싶은 것이지, 상대를 이기기 위해서 경쟁을 하는 것이 아니다. 효과적인 협상이란 이익을 추구하기 위한 메커니즘으로 그 형성된 환경 안에서 유지되는 것이다.

고객, 공급업자, 이웃 그리고 친척 등과 거래를 할 때에 경쟁적인 거래로 보여서는 안 된다. 협상은 가능하다면 여러 당사자들이 이익을 나눌 수 있는 합의에 도달하는 것이다. 협상의 기본적인 의무는 상대방이 자신의 이익에 이르도록 최선을 다하게 하고, 나 또한 나의 이익을 추구하는 것이기 때문이다.

그러나 만약 협상 당사자가 결과만이 아니라 협상 과정에 만족을 못한다면, 합의를 구성하고 있는 계약의 유리한 조건들은 실현되기 어렵다. 협상은 각 관계자의 이익을 극대화 시키는 과정이므로 나의 이익만큼 상대방의 이익에 서로의 마음과 계획을 열어 달라고 요구한다. 협상의 정의는 당사자들이 어떤 가치를 가지고 어떻게 세련된 도구로써 거래하는지를 설명하는 것으로 그 함의가 넓어질 수 있다.

일반적으로 사람들은 협상을 대립적이거나 협조적이라고 생각한다. 협상을 대립으로 바라보는 사람들은 그 과정을 이길 수 있는, 그리고 그들이 승자가 되기를 원하는 유리한 협상카드의 한정된 수만을 이용하는 제로섬 게임(zero-sum game)으로 본다.

대립적 승자는 협상이 무엇에 관한 것이든 근시안적 견해를 가지고 편견적 접근방법을 취한다. 대립적 승자는 상대방을 이기고 나면 그 사람과 다시 거래하기를 원하지 않는다. 그리고 대립적 접근을 한 협상가가 이기면, 상대방도 역시 그 사람과 다시 거래하기를 원하지 않는다.

그러나 협조적 협상가는 이익에 기반을 두고 만족할 수 있는 넓은 범위에서 접근을 시도한다. 협상을 제로섬 게임이 아니라 관계 당사자 모두의 가치가 창조될 수 있는 것으로 이해한다. 협조적 협상가는 모든 이해관계자(stake-holders)가 어떤 것이든 관심을 가지고 이익을 얻어 가는 것이 중요하다고 본다. 또한 어떻게 장기적인 상호 이해관계를 쌓을 것인가에 관심을 가지고 있다.

협조적인 접근은 이익에 기반을 둔 협상으로 알려져 있다. 이익에 기반을 둔 협상은 다양성을 특징으로 하는 글로벌시장에서 특히 효과적이다. 글로벌비즈니스맨은 문화적으로, 민족적으로, 또는 경제적으로 다양한 사람들과 합의에 도달할 필요가 있다. 만약 우리가 그 차이점을 넘어서지 못한다면, 그들은 합의에 장애물을 만들어 낼 수 있다. 이러한 차이점을 넘어서기 위해서는 상대방과의 차이점 대신에 상대방의 이익에 초점을 맞출 필요가 있다. 그러한 이익은 합의에 기반을 둔 빌딩블록을 형성할 수 있다.

01 협상은 과정이다.

베니스의 상인

부유한 '베니스의 상인'인 안토니오에게 절친한 친구 바사니오가 보증을 부탁한다. 바사니오는 벨몬테에 사는 포샤를 사랑하게 되어 그녀에게 청혼을 하기 위해서 여비가 필요하였던 것이다. 그 둘은 약탈적 유대인 고리대금업자인 샤일록을 찾아가는데, 사실 안토니오는 그 동안 샤일록을 대놓고 비난하면서 그에게 돈을 빌렸다가 궁지에 몰렸던 사람들을 몇 차례 구제해 준 일이 있었다.

그런 안토니오에게 앙심을 품고 있던 샤일록은 3,000다카트를 빌려 주고 이자는 한 푼도 안 받는 대신에 다음과 같은 조건이 있다고 하였다. 샤일록은 안토니오에게 "만약 당신이 약속한 날짜와 시간까지 돈을 갚지 못하면 나는 당신의 그 곱디고운 살점 1파운드를 당신 몸 어디든지 내가 선택한 곳에서 잘라 낸 뒤 갖겠다."라고 하였다. 안토니오는 곧 상선들이 돌아오면 돈을 갚는 데에 아무런 문제가 없다고 생각하여 흔쾌히 조건을 승낙한다.

한편, 포샤는 돌아가신 아버지가 정해 놓은 조건에 따라서 신랑감을 맞아야 하는 형편이다. 각각 금, 은, 동으로 만든 궤를 골라 그 안에 적힌 지시대로 결혼 여부가 결정되는 것이다. 그동안 모든 구혼자들이 금이나 은으로 만든 궤를 골랐다가 실패하고 돌아갔다. 바사니오는 "겉과 속은 전혀 다를 수도 있다."라고 생각하며 동으로 만든 궤를 골라 그녀와 결혼을 할 수 있게 되고 증표로 그녀의 반지를 받는다.

그러나 빚을 갚지 못한 안토니오가 감옥에 갇혔다는 소식이 들려온다. 그의 상선들이 돌아오지 못했고, 샤일록은 계약 이행(살 1파운드)을 요구하고 있다는 것이다. 바사니오는 급히 베니스로 돌아온다. 그는 법정에서 포샤가 준비해 준 돈으로 빚을 갚겠다고 하지만 샤일록은 계약조건대로, 즉 안토니오의 살을 도려내겠다고 우긴다.

그때 법관으로 변장한 포샤가 등장한다. 그녀는 계약대로 살을 도려내라고 판결한다. 그러면서 다음과 같이 말한다. "그러나 계약서는 당신에게 피 한 방울도 주겠다고 하지 않았소. 명시된 문구는 살덩이 일 파운드만을 요구하고 있소. 그러니 계약대로 살덩이 일 파운드 가지시오. 하나 그걸 잘라 낼 때 안토니오의 핏물이 한 방울만 흘려도 당신 땅과 재물은 베니스 국법에 의하여 베니스 정부로 몰수될 것이오. (중략) 피를 흘리지 말 것이며, 정확히 일 파운드 이상도 이하도 자르지 마시오. (중략) 만약 저울이 머리카락 한 올의 무게만큼만 기울어도 당신을 사형시킬 것이고 재산은 다 몰수되오."라고 덧붙임으로서 안토니오를 구해 낸다.

그리고 친구를 살려 준 대가를 치르려는 바사니오에게 결혼반지를 요구한다. 포샤는 바사니오와 안토니오 일행보다 일찍 집으로 돌아와 그들을 기다린다. 그리고 바사니오에게 결혼반지를 보여 달라고 해 그를 당황하게 한다. 마침내 그녀는 자신이 한 일을 모두 밝히고 그들과 함께 기뻐한다.

훌륭한 협상가가 되고 싶다면 협상의 과정을 잘 관리하여 이익을 키워야 한다. 협상은 두 사람이 샅바를 잡고 벌이는 끈질긴 씨름보다 훨씬 더 미묘하다. 협상은 사람과 사람 간에 이루어지는 커뮤니케이션의 첫 번째 형식이다.

협상이란 우리의 요구와 욕망과 기대가 무엇인지를 상대에게 전달하는 방식의 차이이면서 타인의 요구와 욕망과 기대가 무엇인지를 받아들이는 방식 모두를 일컫는다. 따라서 협상은 과정이며 그 과정에서 파이를 키우는 협상력을 발휘하여야 한다.

일반적으로 협상과정은 협상준비 및 전략수립, 협상개시 및 정보교류, 협상전개 및 해결방안 모색, 합의도출 및 실행의 4단계를 통해서 이루어진다([그림 Ⅰ-1] 참조).

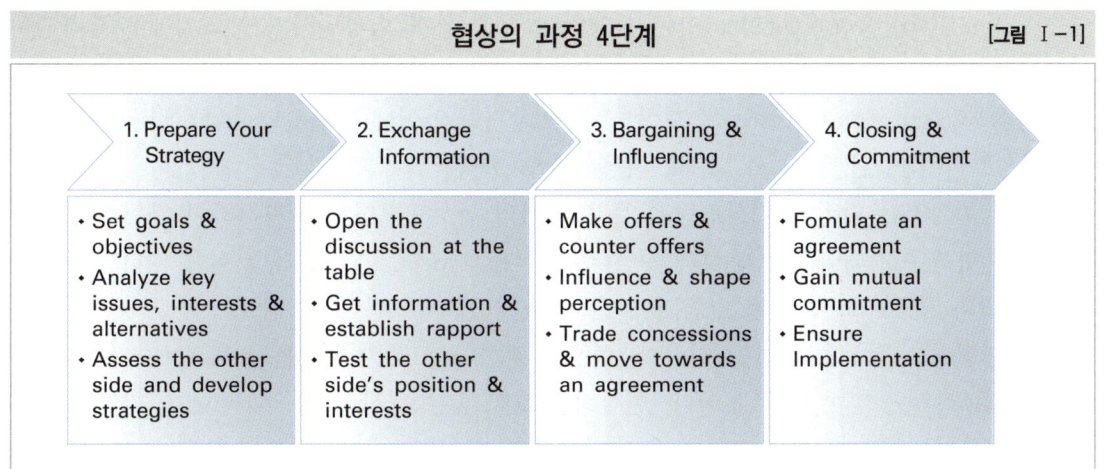

자료 : Hiltrop & Udall, *Essence of Negotiation*, Pearson Education, 1995.

　이렇게 협상을 한다는 것은 1단계, 협상의 준비단계로 협상의 목적과 목표를 세우고 협상의 이익, 이슈를 분석하고 대안을 개발하면서 상대의 전략을 분석하고 발전시키며, 제2단계로는 정보를 교환하면서 파트너와 친밀한 관계를 형성 및 유지하고 주장할 협상 포지션과 이익을 토론하고, 3단계에서는 전략에 의한 다양한 전술을 수단으로 제안과 역제안을 통해 합의를 이끌어 내고, 4단계에서는 협상의 성과를 상호보증하고 이행하는 등의 전 과정을 효율적·효과적으로 운영하는 것이다.

　협상목적(goal)은 협상포지션(negotiation position)을 통하여 협상성과를 높이려는 협상전략과 협상이익(negotiation interest)을 극대화할 때 협상의 목적에 다다를 수 있다. 어쩌면 협상의 목적은 협상자가 얻고자 하는 것(what I want to have)으로 협상의 이익(negotiation interest)과 밀접하다. 따라서 협상목적은 협상자가 협상포지션인 명목적 요구들을 전략과 전술을 통하여 기대하는 협상성과(desired negotiation outcome)를 키우고, 협상의 이익을 통하여 협상의 목적이 극대화 될 수 있도록 관리하여야 한다([그림 Ⅰ-2] 참조).

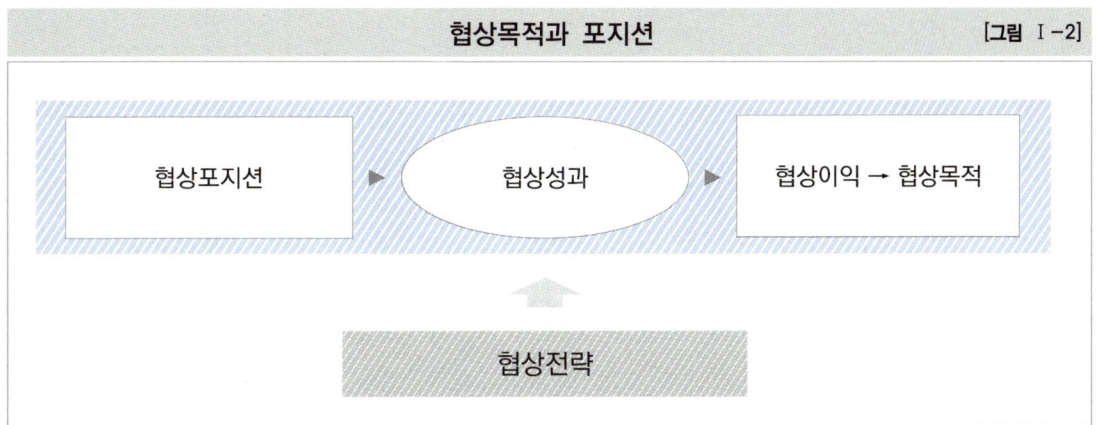

자료 : Lewiki, *Negotiations*, McGraw-Hill, 2009.

협상포지션(negotiation position)이란 상대와 협상을 하며 협상당사자가 초기에 주장하거나 내세우는 요구(statement of what the negotiation will demand)라고 할 수 있다.

협상성과(negotiation outcome)는 협상을 통해 실제로 얻어낸 소득(acquired outcome)을 말한다. 협상결과, 산출물 등의 표현으로 사용되기도 한다.

따라서 협상자는 다양한 협상전략을 통해 초기의 협상포지션에서 시작하여 가능하다면 협상목적에 가까운 최대한의 협상성과를 얻어야 한다. Lewicki, Shell 등의 분석에 의하면 협상성과와 협상의 5대 요소 간에는 다음과 같은 관계가 있다([그림 Ⅰ-3] 참조).

모든 협상자는 협상을 잘하길 원한다. 협상을 잘한다는 것은 협상을 통해 상대로부터 가능한 한 많은 성과를 얻어 내는 것이다. 현실적으로 이 같은 협상성과는 여러 가지 다양한 요인에 의해 영향을 받는다. 협상성과에 중요한 영향을 미치는 5대 요소에 대해 알아보면 다음과 같다([그림 Ⅰ-3] 참조).

- **협상목표 설정(Goal Setting)** : 협상목표를 높게 설정할수록 높은 협상성과를 얻을 수 있다.
- **협상력(Bargaining Power)** : 협상력이 강하면 높은 협상성과를 얻을 수 있다.
- **관계(Relationship)** : 협상상대와의 관계가 좋으면 보다 나은 성과를 얻을 수 있다.
- **BATNA(대안)** : 협상에 실패하더라도 의존할 수 있는 대안(BATNA)이 있으면 보다 나은 성과를 얻을 수 있다.
- **정보(Information)** : 상대보다 유리한 정보를 많이 가지고 있다면 보다 좋은 협상성과를 얻을 수 있다.

자료 : Shell, *Bargaining for Advantage : Negotiation Strategies for Reasonable People*, 2/e, Penguin USA, 2006.

02 협상은 정보의 교환이다.

정보 공유와 채널

정보 "공유"의 중요성

현대전의 승패는 네트워크 중심(Network Centric) 개념을 얼마나 잘 이해하고 실전에 적용하느냐에 달려있다. 이 개념은 전쟁터에서 벌어지는 모든 상황을 입체적으로 한 눈에 파악할 수 있는 데이터 링크시스템이다. 이 개념을 국가운영에도 적용시켜 경쟁국의 동태를 꿰뚫어 봐야 국제경쟁에서 살아남을 수 있다. 결론부터 말하면, 국내 모든 SNS계정, 연구기관, 언론사, 정부기관, 그리고 기업이 통합된 정보 활용 시스템을 구축해서 활용하자는 것이다.

자연과학에서 연구의 중요성은 두 말할 필요도 없다. 우리나라 사회과학에서의 연구와 조사 기능은 재정적·운영관리 측면에서 자연과학수준에 못 미치고 있다. 특히, 국제문제를 연구하는 연구소들은 정부출연 연구소거나, 기업 내 연구소, 그리고 대학 내 부설 연구소들이지만 서로 독립성이 강한 나머지, 유사분야에 대한 연구조차 서로 공유하고 있지 않는 실정이다.

같은 주제를 각기 연구소별로 다루는 경우도 있다. 연구결과물은 연구원의 상급자에게만 보고될 뿐, 다른 연구소와는 연구결과물을 나누지 않는 경우도 허다하다. 결국 중복투자로 인해 비효율적으로 정보를 만들어 내고 제대로 공유하여 사용하지도 못하는 실정이다.

예를 들어, 북한 문제를 모니터하는 곳은 국내에 여러 군데가 있다. 군을 포함한 정부기관들, 대학 내 연구소들, 언론사내 북한팀들, 그리고 독립된 연구소들이 있다. 문제는 각기 다른 목적으로 존재하기 때문에 라이벌 의식으로 서로가 하는 일을 외부로 공개하지 않는다.

갖고 있는 정보를 공유시키지 않는 데는 두 가지 이유가 있다. 우선은 정보를 나누면 가치가 떨어진다는 정보 독점욕과 또 다른 이유는 갖고 있는 정보가 저평가될 수도 있다는 피해의식에서이다. 이것은 '우물 안 개구리식 발상'이다.

세계무대에서 경쟁해야 하는 판국에 알력과 라이벌 의식은 경쟁력을 떨어뜨린다. 연구를 통해서 얻어진 지식이 정보로서 제대로 활용되기 위해서는 걸러져야 한다. 정보란 여러 채널을 통해서 걸러질수록 쓸모 있는 정보가 되는 것이다.

로스차일드 가문이 일찌감치 간파했듯이, 정보를 지배하면 돈과 영향력은 따라오게 마련이다. 신기술 개발과 더불어, 세계를 움직이는 손들과 자금의 흐름을 들여다 볼 줄 아는 국가만이 앞서 갈 수 있다. 모든 채널을 통한 정보의 수집과 활용이 이것을 가능하게 해 준다.

국내 정부 및 민간 연구기관, 언론기관, 정부기관, 그리고 기업체가 통합된 정보활용시스템을 네트워크 중심으로 묶는 작업을 정부차원에서 착수해야 한다. '일찍 일어난 새가 먼저 벌레를 잡는다'는 속담처럼 먼저 네트워크 중심적 정보망을 구축하고 잘 운영해야 한국이 세계무대에서 선두주자로 남을 수 있다.

정보수집 채널의 다양화

우리는 '정보의 대양(Information Ocean)'에 살고 있다. 문제는 떠다니는 수많은 정보를 어떤 맥락에서 소화하고 필요한 정보로서 활용하느냐이다. 신문과 방송국의 뉴스를 통해서 세계

정치·경제의 추이를 파악하고 전망하는 수준인 기존의 틀에서 벗어나야 한다. 한 단계 더 나아가 세계경제와 국제관계를 다루는 연구소들과 잘 연계해서 그들의 연구결과물을 신속히 입수하고 지식으로 만들어 정보화해야 한다. '누가 먼저 아느냐'라는 정보의 신속성에 따라서 정보의 가치가 달라진다.

이를 위해서 국제 전문가들과의 개인적인 친분을 갖는 것은 깊이 있는 견해를 들을 수 있을 뿐만 아니라, 연구결과가 공식적으로 출판되기 전에 읽어 볼 수 있는 기회를 제공해 주기도 한다. 이런 점에서 외국 전문가와 개인적인 친분관계를 트고 그 관계를 유지하는 데 투자해야 한다.

동시에 국제 정기간행물을 분야별로 면밀히 모아 데이터베이스화 해야 한다. 영국의 제인스 인포메이션 그룹(Janes Information Group)은 이 부문에서 선도적 위치에 있다. 제인스의 고객 중에는 미국 국방성과 일본 국방성도 있다는 사실은 시사하는 바가 있다. 즉, 군사 안보관련 정보력에서 타의 추종을 불허하는 두 나라의 정부기관도 필요에 따라서 전문성을 요하는 연구는 제인스 같은 컨설팅회사에 아웃소싱을 하고 있는 것이다.

이들 정부기관과 같은 수준에 오르려면 우리나라의 가장 보수적인 정부부처 중에 하나인 국방부도 '모든 일은 내부적으로 해야 된다' 또는 '내부적으로 다 할 수 있다'는 고정관념을 버려야 한다.

자료 : '3개의 축' 조명진, 새로운 제안

1) 설득의 비밀코드는 어디에서?

협상에서 상대를 잘 설득할 수 있는 비밀코드는 몇 가지로 요약될 수 있다. 의외성(incongruity), 단순성(simplicity), 이익의 확신(perceived self-interest), 자신감(confidence), 공감능력(empathy)이다. 이러한 비밀코드는 상대의 정보를 잘 분석하여 협상전략에 사용된다면 보다 나은 성과를 얻을 수 있다. 어떤 의미에서는 협상과정은 정보수집과 정보교환을 통한 비밀코드의 완성으로 정보교환의 연속이라고 해도 과언이 아니다. 정확한 정보를 바탕으로 협상테이블에서 상대에게 효율적인 요구를 할 수 있다. 일반적으로 전 협상과정을 통하여 수집해야 할 기본적 정보는 다음과 같다.

- 상대의 협상목적(What they want)
- 상대의 약점과 강점
- 상대의 협상전략과 BATNA
- 상대의 내부 이해관계자 간의 갈등(내부협상전략)
- 상대의 시간제약(Time pressure)
- 상대 협상대표의 개인적 정보(조직 내 위치, 사생활 등)

2) 협상에서 정보의 3원칙?

■ 정보의 양 - 가능한 한 많은 정보수집

다양한 방법과 수단을 통해 가능한 한 많은 정보를 수집하는 것이 필요하다. 이때 과거의 유사한 협상 전례 그리고 협상상대의 과거 협상사례를 수집하는 것도 중요하다.

■ 정보의 질 - 신뢰할만한 정보

잘못되거나 정확하지 않은 정보는 오히려 협상에 방해가 될 수 있다. 예를 들어 한미 통상협상에서 미국정부가 "한국정부는 대규모 국책사업을 발주하면서 GE가 외국기업이라는 이유로 입찰에서 배제하였다."고 항의했다고 하자. 이 때 사실을 확인해보니 GE가 배제된 것은 외국기업이기 때문이 아니라 입찰요건을 충족하지 못했기 때문이었다. 입찰자격을 충족한 다른 유럽기업은 입찰에 이미 참여하고 있다는 사실이 드러났다. 이렇게 되면 미국정부는 잘못된 정보 때문에 오히려 체면을 손상당하는 꼴이 된다. 따라서 수집된 정보의 진위를 판단해 신뢰할 수 있는 정보만을 협상에 활용해야 한다.

■ 정보의 교환 - 정보의 흐름은 양 방향

많은 협상가가 가장 흔히 범하는 실수는 상대의 정보는 수집하면서 자신의 정보는 주지 않으려 하는 점이다. 정보의 흐름은 양방향이다. 즉, 자신의 정보를 주어야 상대도 정보를 제공한다. 이러한 의미에서 협상에서의 정보 수집은 정보교환이라 말하는 것이 정확할 것이다.

이와 같은 정보 수집을 통하여 정보를 분석함으로써 보다 효과적인 협상을 추구할 수 있다. 아무리 좋은 정보를 많이 가져도 이를 협상전략으로 활용하지 못하면 아무 소용이 없다. 어떤 정보든지 이를 분석하여 자신에게 유리한 방향으로 협상을 이끌어 갈 수 있도록 노력해야 한다.

제3장
협상의 유형

파이를 키운 후에 나누어야 한다.

협상을 잘하려고 노력하는 우리를 혼란에 빠뜨리는 것은 교과서에서 가르치는 것과 현실의 차이다. 서로가 함께 이기는 윈윈(Win-Win) 협상의 중요성을 강조하는 학자들은 상호 신뢰를 구축하고, 정보를 공유하고, 함께 머리를 맞대어 공통 관심사에 초점을 맞추도록 조언한다. 그러나 우리가 맞이하는 상대방은 내 이야기를 들으려고 하지 않는다. 끝까지 자기주장을 하면서 나를 코너로 몰아넣고 자신이 원하는 것만을 얻어내기 위해 협상을 진행한다.

이런 상대방에게 나만 일방적으로 솔직하게 사정을 드러내고 협상을 진행한다면 협상이 타결된다 할지라도 결국 패자의 모습으로 협상테이블을 떠날 수밖에 없다.

또 다른 문제는 우리가 과거 경험해 온 협상 방법을 적용할 때 나타난다. 협상이란 상대방과 내가 경쟁을 하는 과정이기 때문에 한쪽이 이기면 다른 한쪽이 질 수밖에 없다는 것이 우리가 갖고 있는 협상에 대한 이해다. 이러한 전통적 방법으로 협상을 진행할 때 협상가는 경쟁에서 이기기 위해서 수단, 방법을 가리지 않고 상대방으로부터 많은 양보를 얻어내기 위한 방법을 택하지 않을 수 없다. 이러한 협상방법의 단점은 내가 원하는 것을 얻어낸 것처럼 보이지만 상대방과 장기적인 관계를 훼손함으로써 장래의 커다란 이익을 당장 눈앞의 작은 이익을 위해 희생한다는 것이다.

협상과정에서 서로의 파이를 키울 수 있는 윈-윈의 방법을 택하자니 공격적인 상대방의 희생물이 될 가능성이 있다. 또 상대방을 제압하는 경쟁적 모습을 택하자니 협상과정에서 창조될 수 있는 이익은 물론 향후 좋은 관계를 유지할 때 얻어낼 수 있는 것을 포기해야 하는 것이 문제다. 성공적 협상결과를 추구하는 과정에서 이러한 딜레마에 빠진 우리는 어떻게 대처해야 할까.

가장 먼저 윈-윈의 협상방법과 경쟁적 협상방법이 서로 배타적 방법이라는 생각을 바꾸어야 한다. 효과적인 협상방법은 두 가지 방법을 보완적인 도구로 이해하고 함께 사용하는 것이다. 이익극대화를 추구해야 하는 성공적 협상가라면 파이를 키우기도 전에 누가 먼저 많이 가져가야 할 것인가에 대해서 다투지 말아야 한다.

작은 것을 놓고 다투기보다 커다란 것을 만들어 놓고 나누는 방법을 택할 때 많은 양보를 했음에도 불구하고 협상을 통해 얻어내는 절대적 크기가 커질 가능성이 생긴다. 그러나 우리가 인정해야 하는 냉정한 비즈니스 사회의 특징은 언제나 더 많은 결과를 얻어내기 위해 서로 경쟁해야 한다는 것이다. 따라서 파이를 크게 만든 후에는 더 많은 부분을 얻어내기 위해 경쟁해야 하는 모습에서 이길 수 있는 협상방법을 적용하지 않을 수 없다. 이렇게 협상을 이해할 때 우리가 택할 수 있는 가장 현명한 협상에 대한 접근방법은 먼저 파이를 키우는 것이다. 그리고 키워진 파이를 더 많이 가져가기 위한 경쟁에서 이기는 것이다.

배타적인 것처럼 보이는 윈-윈 협상전략과 경쟁적 협상전략을 상호보완적인 것으로 사용할 수 있도록 하기 위해 우리는 몇 가지 원칙을 기억할 필요가 있다.

가장 중요한 원칙은 '준비하지 않고는 협상테이블에 나가지 않는다'는 것이다. 파이를 키우는 가장 효과적인 방법은 나에게 덜 중요하고 상대방에게 더 중요한 것을 양보하고 반대의 것을 얻어내는 것이다. 철저하게 준비하지 않으면 나와 상대방의 중요도 우선순위를 정확하게 파악해 파이를 키우는 제안을 할 수 없다. 커져버린 파이를 나누는 협상과정이 작은 파이를 가지고 다투는 과정보다 훨씬 수월한 것이다.

'언제나 좋은 관계는 협상에 도움을 준다'는 거시적 시각을 유지하는 것이다. 고객만족을 위해 많은 비용을 투자하는 기업이 경쟁자들을 물리치고 장기적으로 성장하는 이유는, 눈앞의 이익만을 추구하는 것이 아니라 거시적 시각으로 접근하기 때문이다. 성공적 협상가가 되기 위해서는 아무리 마음에 들지 않는 상대방이라 할지라도 너무 쉽게 포기하지 말고 좋은 관계를 유지하기 위해 노력해야 한다.

'긍정적 태도는 언제나 보상을 가져다 준다'는 것을 명심해야 한다. 긍정적 태도는 두 가지 효과를 가지고 있다. 협상결과로 도출될 수 있는 긍정적 결과에 초점이 맞추어질 때 상대방을 쉽게 설득할 수 있다. 또 모든 협상은 내가 원하는 것 이상을 얻어내면서도 상대방과 좋은 결과를 유지할 수 있는 다른 종류의 게임이라는 긍정적 태도가 성공적 협상을 중도에 포기하지 않게 한다.

인간적으로 상대방의 마음을 사로잡아라

'욕금고종(欲擒姑縱)'의 전술은 상대를 제압하고자 하는 경우, 상대를 물리적으로 제압하는 것이 능사가 아니라 상대가 스스로 무릎을 꿇게 만드는 것이 보다 고도의 전략이라는 것이다. '욕금고종'의 전술을 말할 때 많은 사람들이 삼국지에 나오는 제갈량과 맹획의 이야기를 떠올릴 것이다. 제갈량이 압도적으로 우세한 군사력으로 맹획을 패퇴시키기는 너무나 쉬운 일이었을 것이다. 그러나 제갈량이 진정으로 원했던 것은 단순한 군사적 승리 이상의 것이었다. 맹획을 가슴으로부터 감동시킴으로써 촉과 남만의 항구적인 평화체제의 구축을 목적으로 했던 것이다.

일반적으로 사람들은 자동차를 구매한다거나 할 때 여러 영업소를 돌아다니면서 가격이나 부대조건 등을 비교해 보고 최종적으로 결정을 내리곤 한다. 이럴 때 종종 영업사원의 태도나 친절함에 호감을 느껴 몇 만 원정도의 가격 차이는 감수하면서라도 친절한 곳에서 구매하게 된다. 이렇듯이 협상에 있어서는 눈에 보이지 않는 협상당사자 간의 관계형성이 매우 중요하다.

어떻게 상대방이 자신에게 호감을 가지도록 하는가가 눈에 보이는 사안들 못지않게 협상의 성공을 보장하는 열쇠가 되는 것이다.

경제가 어려워지면서 임대료를 내지 못하는 사람들이 늘어나고 있다. 임대료를 제 때 지불하지 못하는 입주자를 내보내기 위하여 건물주는 두 가지 유형으로 협상을 한다.

하나는 건물주가 가지고 있는 당연한 법적 권리를 주장하며 언제까지 임대료를 지급하지 않으면 법적인 소송을 시작하겠다는 통고를 하는 '권리주장형'이다.

둘째 유형은 자신이 법으로 보장된 권리를 가지고 있음에도 불구하고 세입자에게 건물주로서 어려움을 설명하고 스스로 올바른 결정을 하도록 유도하는 '사정설명형'이다. 건물주가 만약 두 가지 중 하나를 택해야 한다면 반드시 먼저 '사정설명형'을 택하도록 권고한다. 건물주는 법으로 보장된 권리를 가지고 있다. 그러나 임대료를 내지 않는 사람이 스스로 나가지 않아 쫓아내야 하는 경우에는 건물주는 많은 경제적, 심리적, 시간적 고통을 감수해야 하기 때문이다. 자신이 확실한 힘의 우위에 있음에도 불구하고 상대방을 인간적으로 감복시킬 수 있는 사람이 훌륭한 협상가다.

협상은 왜 하는가? 협상을 통하여 유익한 것을 얻어내기 위해서다. 자신의 비용을 최소화하며 무엇인가 얻어내기 위해서는 협상을 진행하면서 힘의 우위를 이용하여 굴복시키거나 상대방을 기만하기보다는 상대방에게 믿음을 심어 주어 마음을 사로잡는 것이 중요하다.

'서촌 궁중족발사건' 원인과 입법과제

허강무 전북대 공공인재학부 교수

최근 서울 서촌에서 '궁중족발' 음식점을 운영하던 세입자가 월세를 300만원에서 1,200만원으로 4배 인상요구 등 문제로 갈등을 빚어온 건물주에게 둔기를 휘둘러 상해를 입힌 '궁중족발사건'은 우리사회에 큰 충격을 주었다. 이 사건은 현행 상가건물임대차보호법이 계약기간 5년이 넘으면 건물주가 임대료를 몇 배씩 올리거나 재계약을 거부해도 임차상인을 보호하지 못 하는 한계가 빚은 불행한 사건이다.

임차인에게 5년의 임차기간 범위 내에서 계약갱신요구권을 부여하고 있는 상가건물임대차보호법 제도의 도입취지는 임대차계약을 통하여 상가건물을 영업장으로 확보하고 영업을 시작하는 상인들의 경우, 영업초기의 투자비용이나 시설비용이 과대함에도 불구하고 임대차기간의 만료로 인하여 영업장을 옮겨야 할 경우 그 초기비용을 회수하지 못하는 손실을 입게 되므로, 상가건물 임차인에게 영업개시일로부터 최소한의 임차기간을 보장함으로써 투자비용회수를 용이하게 하려는 데 있었다.

그러나 통계청에 따르면 우리나라의 전체 근로자 중 자영업자의 비율은 2013년 기준 27.4%로 경제협력개발기구(OECD) 평균인 16.1%(2011년)보다 높은 상황으로 상권내 경쟁이 과도한 실정이다. 상가건물의 임차인인 경우가 대부분인 자영업자들은 보증금과 월차임의 지속적인 상승, 대형유통점의 골목상권 진출 확대, 온라인 전자상거래 시장 확대 등 2003년 법제정 당시와 달리 급격한 경제·사회적 환경변화로 초기투자비용 회수를 5년에 이루기에는 사실상 불가능한 상황이다.

또한 도시 환경이 변하여 중·상류층이 도심의 낙후지역으로 유입되면서 그 지역의 주거 환경이 개선되고 이에 따른 지가 및 임대료가 상승됨에 따라 기존에 거주하던 원주민과 지역상인들이 다른 곳으로 이주하게 되는 소위 '젠트리피케이션(gentrification) 현상'이 지역상권을 중심으로 발생하고 있다. 이로 인해 특색 있는 상권 형성에 공헌한 기존 상인, 수공업자, 예술인들이 임대료 급상승으로 기존 삶의 터전을 잃게 되고, 획일화된 대기업 매장과 대규모 프랜차이즈 업체의 입점으로 기존 상권이 갖는 고유의 특색이 사라지게 됨으로써 오히려 상권이 축소되어 임대인, 임차인, 사업자 등 지역공동체 당사자 모두에게 좋지 않은 결과를 초래하고 있다. 이는 전주한옥마을, 홍대 상권, 북촌한옥마을 등 전국적으로 발생하고 있다.

이러한 이유로 경제적 약자인 임차인을 보호하고 그들의 경제생활 안정과 경제민주화를 도모하는 차원에서 계약갱신 요구기간을 5년에서 10년으로 연장하는 입법정책은 임차인의 안정적인 영업활동 보장이라는 공익적 요청에 부합한다는 점에서 최우선으로 추진되어야 할 것이다. 우리나라 헌법상의 경제 질서는 사유재산제를 바탕으로 하고 자유경쟁을 존중하는 자유시장 경제질서를 기본으로 하면서도 이에 수반되는 갖가지 모순을 제거하고 사회복지·사회정의를 실현하기 위하여 국가적 규제와 조정을 용인하는 사회적 시장경제질서로서의 성격을 띠고 있다. 아울러 계약자유의 원칙 내지 경제상의 자유는 절대적인 것이 아니라 약자보호, 독점방지, 실질적 평등, 경제정의 등의 관점에서 법률상 제한될 수 있다는 것이 헌법재판소의 입장이다.

다만 계약갱신기간의 10년 연장에 따른 부작용을 최소화할 수 있도록 '임대인 재산권 제한 완화를 위한 인센티브 방안'추진이나 계약체결 후 5년이 경과된 임대차의 경우로 제한하여 5년간 '한시적 임대소득 조세감면'경과 규정 도입에 대해서도 임대인의 피해를 최소화하고 법익의 균형성을 유지한다는 측면에서 국회와 관계부처의 꼼꼼한 입법정책적 배려가 요청된다. 끝으로 국회는 방치된 총 23건의 상가임대차보호법 개정안 처리에 적극적으로 나서지 않는다면 '서촌 궁중족발사건'같은 불행은 반복될 것이고, 나아가 '영세상인 소작쟁의'로 확대될 수 있다는 점을 명심해야 할 것이다.

자료 : 전라일보, 오피니언, 2018.6.28.

01 협상 당사자의 유형

협상가도 사람이다. 이점은 중요한 사실임에도 불구하고 자주 간과된다. 협상가는 기계나 컴퓨터가 아니다. 결국 사람의 수만큼이나 협상가의 협상방식도 매우 다양하다. 이렇게 각양각색을 지닌 협상가들의 유형을 큰 범주로 분류해 보자.

우선 자신의 이익을 강조하는지, 파트너의 이익을 강조하는지에 따라 루빈(Rubin)의 5가지 협상 기본유형을 살펴보면 순응형 협상가(Accommodator), 문제해결형 협상가(Problem Solver), 타협형 협상가(Compromiser), 회피형 협상가(Avoider), 경쟁형 협상가(Competitor)로 다음과 같이 정리할 수 있다([그림 Ⅰ-4] 참조).

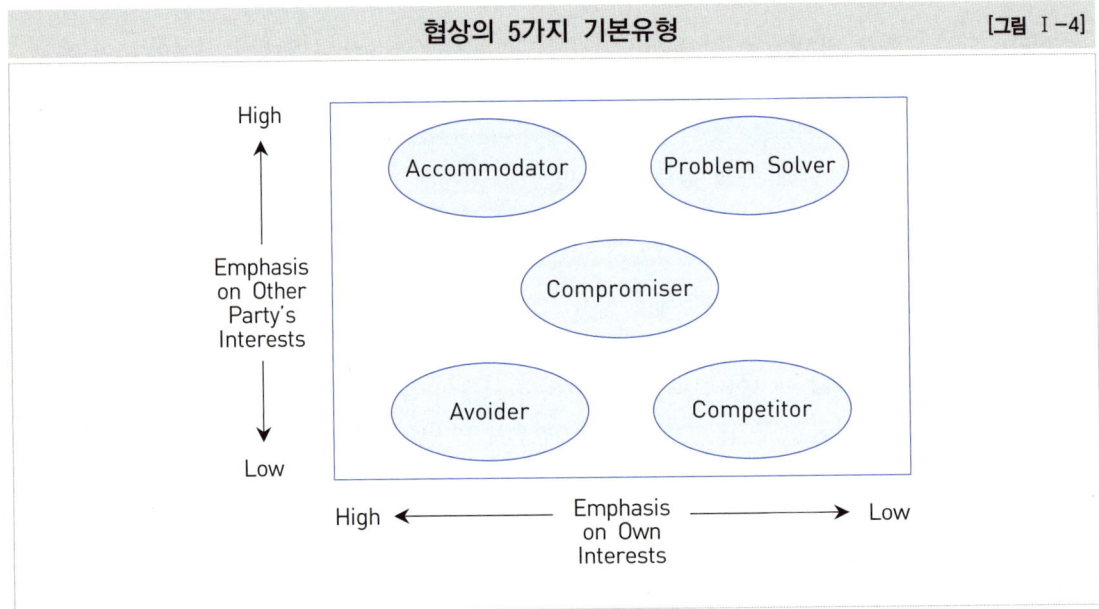

자료 : Rubin, *Social Conflict*, McGraw-Hill, 1994.

로져 피셔와 윌리암 유리는 협상가들의 협상유형을 강경한 협상가, 온건한 협상가, 분석가형 협상가와 조화추구형 협상가로 분류하고 그 특징을 다음과 같이 설명한다.

■ **강경한 협상가**

강경한 협상가는 다음과 같은 특징이 있다.
- 어떠한 대가를 치루더라도 이기려 한다.
- 상대방에게 양보를 요구한다.
- 자신의 입장을 정해 놓고 좀처럼 타협하지 않는다.
- 다른 사람의 말은 무조건 믿지 않는다.

■ **온건한 협상가**

협상 상대와 친구가 되기를 원하는 온건한 협상가는 다음과 같은 특징이 있다.
- 정면 대결을 피한다.
- 상호우호의 관계를 도모하기 위해 양보한다.
- 생각을 쉽게 바꾼다.
- 상대방의 말을 액면 그대로 받아들인다.

■ **분석가형 협상가**

협상 과정을 통제하고 싶어 하는 분석가형 협상가는 다음과 같은 특징이 있다.

- 모든 진술에 대해 그 근거가 되는 사실과 수치를 요구한다.
- 협상을 일종의 체스 게임으로 여긴다.
- 가차 없이 논리와 합리성을 적용한다.

■ 조화추구형 협상가

로저 피셔와 윌리엄 유리가 공저한 『YES를 이끌어내는 협상법 Getting to yes』에서 제시한 '원칙에 따른 협상'(Principled Negotiation)을 수행하는 조화추구형 협상가는 다음과 같은 특징이 있다.

- 서로 신뢰하는 관계를 구축한다.
- 모두에게 만족스러운 합의를 이끌어 낸다.
- 상대방의 말을 경청한다.
- 표면적 입장이 아닌 실제의 이해관계에 초점을 맞춘다.

강경한 협상가와 온건한 협상가는 서로 상극 관계라고 볼 수 있다. 분석가형은 강경한 유형처럼 경직되어 있지는 않지만 공격적 유형에 가깝다. 조화 추구형은 순응형만큼 포용적이지는 않지만 유연한 협상가의 유형에 속한다.

만약 이 모든 유형의 협상가를 한 회의실에 모아 놓으면 어떠한 상황이 벌어질까? 아마 서로 다른 유형사이에서 충돌이 일어날 것이다. 강경한 유형은 온건한 유형과 충돌이 일어날 것이다. 강경한 유형은 온건한 유형의 지나친 친절한 태도에 금세 질려버릴 것이고, 조화추구형은 분석가형의 고집스럽고 일차원적인 협상방식에 좌절감을 느낄 것이다. 이러한 충돌로 인해 하나의 안건을 제대로 토의해 보기도 전에 협상이 결렬될 수도 있다.

인간의 본성과 협상하는 방식이 복합적으로 얽히게 되면 협상자체에 방해가 될 수 있다. 따라서 협상에 있어서 이 두요소를 서로 분리하고, 협상을 성격이나 유형의 충돌로부터 서로에게 유익한 합의 도출의 장이 되도록 유도하는 능력이 필요하다.

우리는 앞에서 협상가의 여러 유형을 살펴보았다. 앞의 유형을 바탕으로 하여 자신의 협상방식은 어떤지 분석하고, 자신과 동료 그리고 협상상대의 유형은 어디에 속하는지 정보를 수집할 필요가 있다. 이러한 과정을 통하여 그들의 행동방식은 어떤지, 그들의 협상 동기는 무엇인지, 그들의 생각을 바꾸게 하려면 어떻게 해야 할지에 대해 좀 더 잘 파악하여 준비할 수 있어야 한다.

협상을 시작하고 서로의 협상유형에 따른 충돌을 피하기 위해서는 특정한 협상유형만이 가장 강력하다는 생각을 버려야 한다. 아무것도 양보하지 않으면서 자신의 이익만을 추구하기 위해 일방적으로 상대방을 밀어 붙인다면 생산적인 대화와 협의는 불가능해진다. 이와 마찬가지로 상대방의 선의만을 믿고 따른 것도 최선의 방식은 아니다. 결국, 상황에 따라 자신의 협상유형을 다르게 조정할 수 있는 통제력이 있어야 한다. 협상에서는 반드시 이러한 유연성이 필요하다.

02 협상의 다양한 형태

1) 일반적 협상의 유형

협상의 유형은 그 내용 및 기간에 따라서 ① 거래계약(Deal Making), ② 관계구축(Relationship Building), ③ 분쟁해결(Dispute Resolution), ④ 갈등관리(Conflict Management)로 분류할 수 있다 ([그림 Ⅰ-5] 참조).

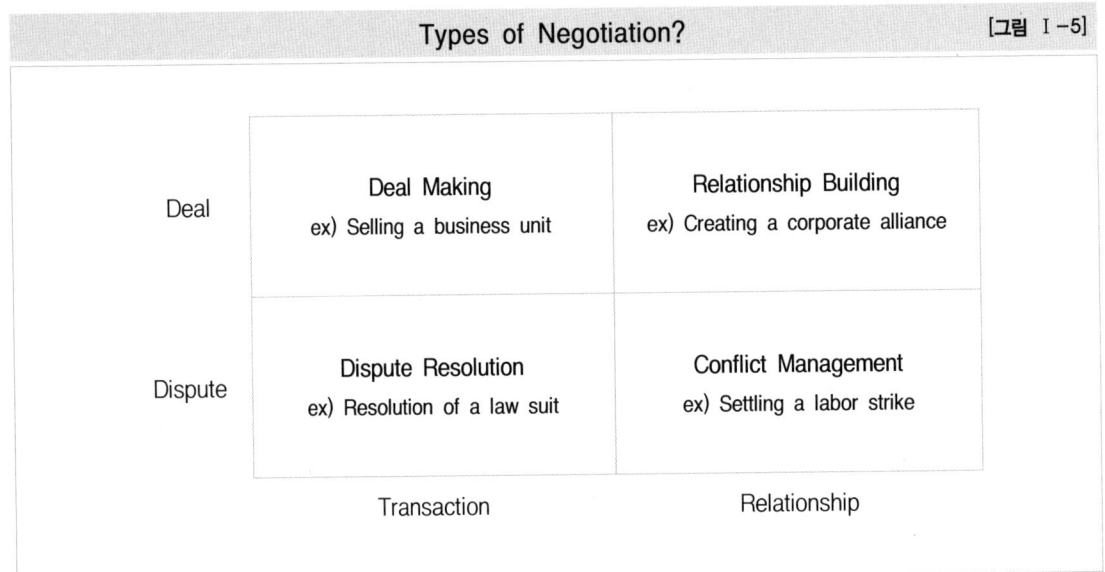

자료: Watkins, *Breakthrough Business Negotiation*, Jossey-Bass, 2002.

- 거래계약(Deal Making): 각 단위별 상품매매, 사업매각 협상 등과 같이 거래관계가 일회성으로 끝나고, 과거로부터의 분쟁이나 적대적 관계가 없는 경우라고 할 수 있다.
- 관계구축(Relationship Building): 전략적 제휴 협상과 같이 장기적인 관계가 예상되며 과거로부터 분쟁이나 적대적 관계가 없는 경우이다.
- 분쟁해결(Dispute Resolution): 법적 소송을 해결하는 경우와 같이, 과거로부터 적대적 관계가 있으며, 분쟁이 해결되면 더 이상의 상호작용이 없는 경우를 들 수 있다.
- 갈등관리(Conflict Management): 노사분쟁을 해결하는 경우와 같이 과거로부터 적대적 관계가 있으며, 분쟁해결 후에도 계속적인 상호작용이 있는 가장 어려운 협상의 유형이라고 볼 수 있다.

2) 다자간 협상[1]

협상에는 협상파트너가 한 사람인 경우와 다양한 이해관계자가 참여하는 다자간협상(Multi-Party Negotiation)인 경우가 있다. 다자간협상일 경우에는 협상의 진행순서를 정하는 것이 중요한 전략적 수립이다. 예를 들어, 쇼핑몰 개발업체인 A와 대형할인점인 B와의 협상이 이루어질 경우에는 다양한 이해관계자와 순차적 협상이 필요할 것이다. 그러므로 A는 B와의 협상을 유리하게 전개하기 위해서는 다음과 같은 순서로 협상을 진행하는 것이 효과적이다([그림 I-6] 참조).

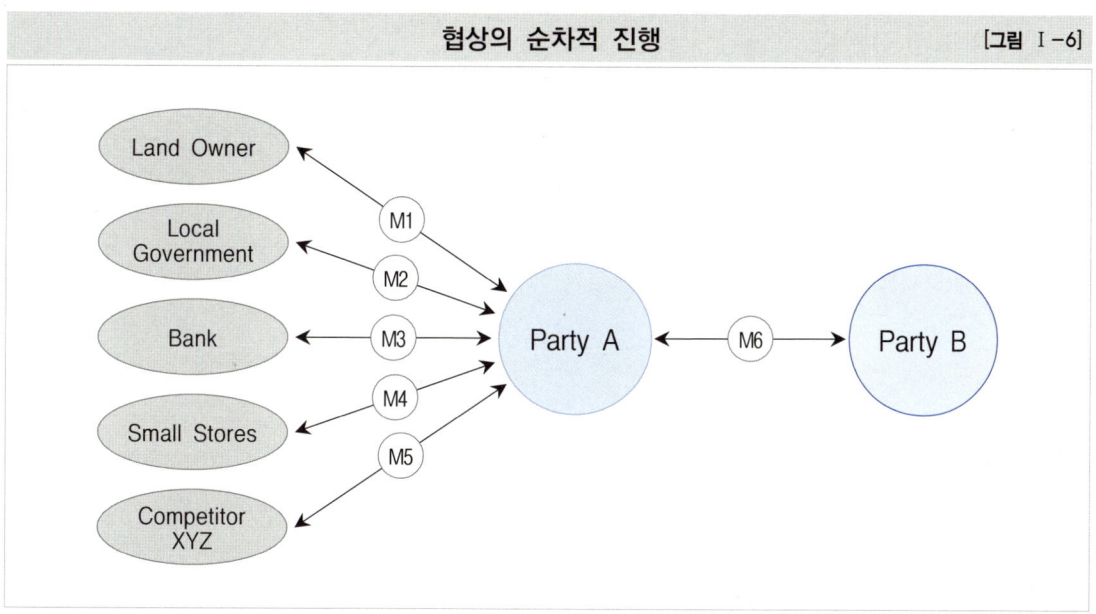

[그림 I-6] 협상의 순차적 진행

자료 : Watkins, *Breakthrough Business Negotiation*, Jossey-Bass, 2002.

- M1 : 토지 소유자와의 협상을 통해 쇼핑몰 부지를 확보한다.
- M2 : 지방정부와의 협상을 통해 주변도로 및 인프라개발을 위한 재정지원을 얻어낸다.
- M3 : 은행과의 협상을 통해 시설투자 및 운영자금에 대한 융자를 받는다.
- M4 : 소규모 영세업체들과의 협상을 통해 입주조건·시기 등에 대해 원칙적인 합의를 본다.
- M5 : 대형할인점 B의 경쟁업체인 XYZ와의 초기접촉을 통해 입주가능성 및 조건에 대해 논의한다.
- M6 : 대형할인점 B와 입주조건·시기 등에 대해 최종합의를 본다. 합의가 이루어지지 않을 경우 경쟁사 XYZ와 협상을 시작한다.

---

[1] 이승주, 「전략적 리더쉽」, 시그마인사이트컴, 1998, p.168.

3) 국제협상과 국내협상의 유형

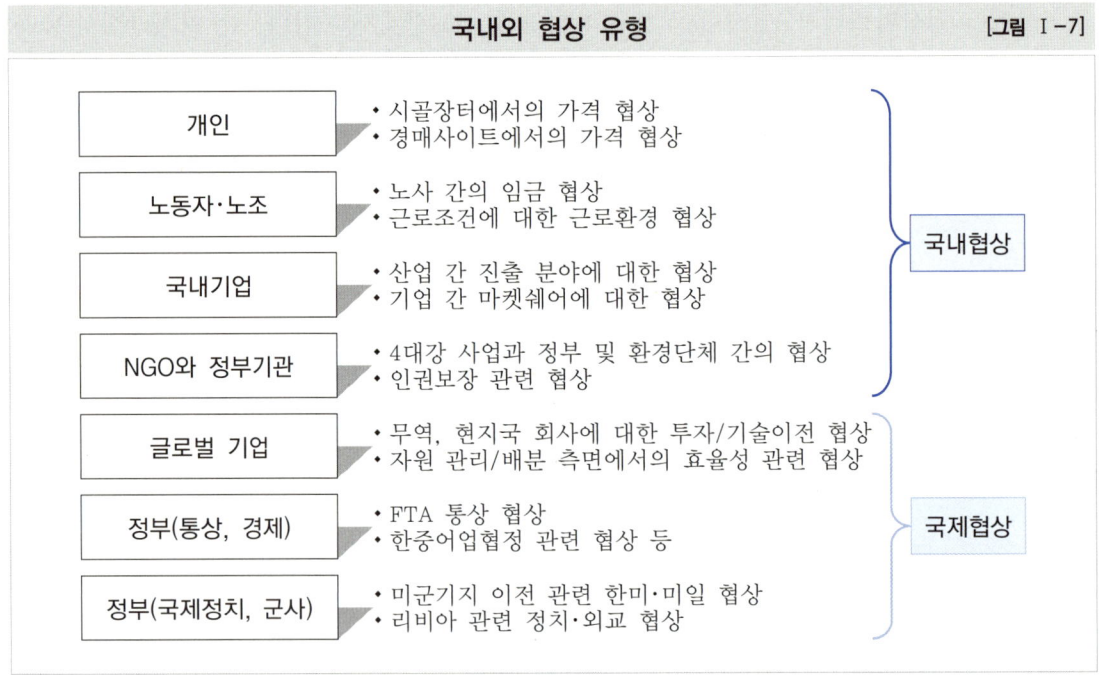

4) 투쟁적 협상과 호혜적 협상

(1) 투쟁적 협상

투쟁적 협상이란 일방의 협상팀이 얻은 만큼 다른 협상팀은 손해를 보는 협상을 뜻한다. 투쟁적 협상 상황은 협상가 양쪽의 목표가 직접적인 갈등상태에 있는 것을 말한다. 자원이 제한되어 있는 투쟁적 상황에서 협상가들은 자신들이 얻을 수 있는 몫을 극대화하려고 한다. 결국 당사자 모두 최대한의 이익을 얻기 위한 전략을 사용하게 된다.

투쟁적 협상상황에서 채택되는 대표적인 전략 가운데 하나는 상대에게 제공되는 정보를 적절하게 통제하는 것이다. 자신에게 이득이 보장되는 정보만을 상대가 접할 수 있도록 전략적으로 정보제공 과정을 통제하는 것이다. 그 대신 상대로부터는 필요한 정보를 최대한 유도하여 협상력을 높이려고 한다.

이렇듯 투쟁적 협상은 기본적으로 제한된 자원(흔히 돈)을 최대한 얻어 내려는 사람들 간의 경쟁과정이다. 서로의 목적을 이룰 수 있는가는 이들이 어떤 전략과 전술을 사용할 것인가와 관계가 있다.

대다수의 경우 투쟁적 협상의 전략과 전술은 우리가 보통 경험하게 되는 협상에 대한 모든 것이라고 해도 과언이 아니다. 어떤 사람들은 이런 경쟁적인 협상 장면에 매력을 느끼고, 강성의 협상 기술을 배우고 싶어 할 것이다. 반면에 어떤 사람들은 투쟁적 협상에 염증을 느껴서 이런 자세로 협상하느니 차라리 협상을 포기해 버리겠다고 할 것이다. 이들은 투쟁적 협상이 구식이고 남성우월주의적이며, 파괴적이라고 주장한다.

그러면 왜 모든 협상가들이 투쟁적 협상에 익숙하고 이를 잘 알고 있을까? 두 가지 이유가 있다.

첫째, 협상가들이 경험하는 대부분의 상호의존적 상황이 투쟁적이기 때문이다. 이런 상황에서 협상을 잘하려면 투쟁적 상호의존적 상황이 어떻게 진행되는지를 이해할 수 있어야 한다.

둘째, 대부분의 사람들이 투쟁적 협상 전략과 전술을 사용하기 때문이다. 따라서 협상가들은 상대의 전략과 전술에 대응하는 법을 아는 것이 중요하다.

사실 투쟁적 협상전략과 전술은 매우 유용한 측면이 있지만, 비생산적이고 비용이 많이 드는 측면도 부정할 수 없다. 투쟁적 협상 상황에서 협상가들은 상대와의 공통점에 주목하면서도 좀 더 상대와의 차이점을 부각시키는 전략을 사용한다. 이런 부정적 측면이 있음에도 불구하고 투쟁적 전략은 다음 상황에서 매우 유용하다.

- 일회성 거래에서 얻을 수 있는 가치를 극대화할 때
- 상대와 관계가 중요하지 않을 때

이런 투쟁적 전략과 전술을 확실하게 이해한다면, 투쟁적 협상에 익숙하지 못한 협상가들이라도 그런 상황에 처할 경우 부드럽게 대처할 수 있게 될 것이다. 투쟁적 협상과 호혜적 협상을 비교하면 〈표 Ⅰ-1〉과 같다.

투쟁적 협상과 호혜적 협상의 비교 〈표 Ⅰ-1〉

구분	투쟁적 협상	호혜적 협상
협상상황	직접적인 갈등 상황	공동 목표 달성을 위한 필요와 관심 제고
협상목표	제한된 자원의 최대한 획득 (Win-Lose)	파이의 확대를 통해 필요를 충족시키고 공동 이익을 추구(Win-Win)
자기주장 방식	자기 입장을 주장	차이보다는 공통점에 노력
협상결과	제로섬 게임(Zero-Sum)	비제로섬, 변동합 게임(Variable-Sum)
정보의 이용	정보를 숨기고 선택적으로 활용함	정보를 개방적으로 공유함
커뮤니케이션절차	통제 유일 대변인 밀실 간부회의 활용	공개 복수 발언권의 허용 하부위원회 활용
인간관계	낮은 신뢰 일회성 관계	높은 신뢰 장기적 관계를 고려

(2) 호혜적 협상

비록 훌륭한 협상가라 하더라도 다음 세 가지 실수 중 한 가지 이상을 종종 범하게 된다.
첫째, 반드시 성공해야 할 때 협상에 실패하거나,
둘째, 반드시 하지 말아야 할 때 협상을 하거나,
셋째, 반드시 필요할 때 협상을 하지만 부적절한 전략을 선택하는 경우이다.

호혜적 협상은 스스로의 이득은 물론 상대의 이득에도 관심을 기울이는 것이 문제를 해결할 수 있는 적절한 전략이 된다. 많은 협상에서 승자와 패자가 반드시 구분될 필요는 없다. 모두가 이득을 얻을 수 있으면 된다. 협상가들은 모든 협상에서 반드시 승패가 갈린다는 고정관념에서 벗어나 'Win-Win'전략으로 눈을 돌려야 한다. 그리고 보통은 그 방법을 찾을 수 있다. 호혜적 협상은 협동전략, 협력협상, 윈-윈 협상, 상호이득 등 그 어느 이름으로 불러도 무방하다.

위에서 살펴본 투쟁적 협상은 모든 참여자의 목표가 다르거나 최소한 그렇게 보인다. 반대로 호혜적 협상에서는 모든 참여자의 목표가 상호배타적이지 않다. 한쪽이 자신의 목표를 이루게 되더라도 다른 한 쪽이 지는 것은 아니기 때문이다.

호혜적인 협상의 기본적 구조는 양측 모두의 목표 달성을 허락하는 것이다. 비록 협상의 논쟁은 처음에 승패 구도로 나타나겠지만, 토론과 상호 발견을 통해 보통 '윈-윈'이라는 대안을 찾을 수 있다.

아래의 요소들은 협상을 호혜적으로 이끌어 나가는 데 가장 기본이 되는 필수 불가결한 요소이다.

- 차이보다는 공통점에 초점을 맞춘다.
- 양측의 강점과 약점이 아닌, 필요와 관심에 관해 논의한다.
- 모든 참여자의 필요를 충족시키려 노력한다.
- 정보와 생각을 교환한다.
- 서로 이득이 될 수 있는 길을 찾으려고 노력한다.
- 모든 참여자가 동의할 수 있는 객관적인 기준과 척도를 사용한다.

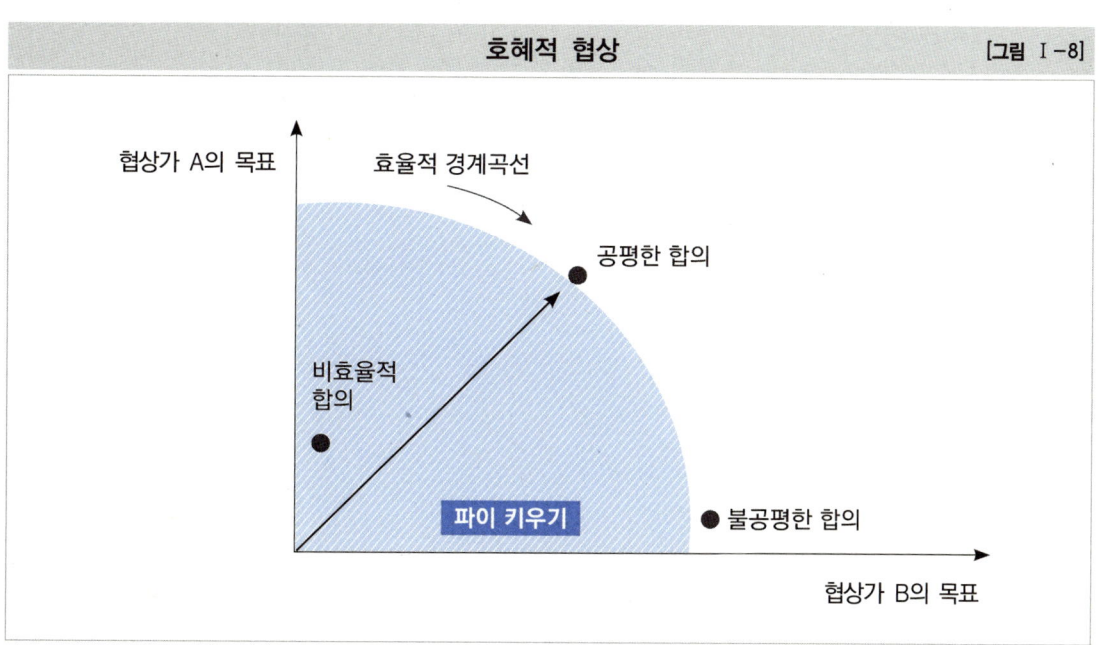

02

제2부
성공을 위한
협상요인의 이해

제1장 커뮤니케이션
제2장 의사결정
제3장 협상과 인식
제4장 갈등관리
제5장 게임이론
제6장 이문화와 글로벌 협상

Dance with the Tiger

제1장
커뮤니케이션

말이 전부가 아니다, 넌버벌 커뮤니케이션

넌버벌 커뮤니케이션이란 몸짓, 자세, 시선, 눈빛, 표정, 제스처, 분위기, 의상 등과 같이 언어 외 수단을 이용한 모든 소통 행위를 의미한다. '말이 전부가 아니다, 넌버벌 커뮤니케이션'은 목적에 따라 어떤 방식으로 넌버벌 커뮤니케이션을 활용해야 하는지 알려준다.

언어 외 모든 소통 행위를 비언어적 의사소통, 즉 '넌버벌 커뮤니케이션'이라고 한다. 넌버벌 커뮤니케이션이 가장 확연하게 드러나는 것을 꼽으라면, 바로 대통령 선거의 TV토론이다. 국민들의 지지를 얻기 위해 후보들 간의 말싸움이 압권이다. 하지만 설득해야 할 대상은 상대방 후보가 아니라, TV를 시청하고 있는 국민들이다. 국민들에게 어떤 콘텐츠를 기억하게 하는가가 아니라, 어떤 인상으로 남느냐다. 호감을 주지 못하면 말싸움에서 이겨도 진 것이 된다. 그 호감은 말 이외의 93%를 차지하는 넌버벌 커뮤니케이션으로 결정된다. 넌버벌 커뮤니케이션이 '시각 정보를 통해 전달되는 과정은 한 순간이다!'

지지하는 특정 후보가 없어, 누구를 선택해야 할지 갈등된다면 이렇게 해보라. TV를 무음으로 해놓고, 후보들을 찬찬히 관찰하라. 그러면 지금까지 보지 못했던 후보들의 다양한 표정들을 볼 수 있다. 또한 그들에게서 나타나는 조바심, 초조, 짜증, 안타까움, 진지, 배려, 당당함, 여유로움 등 다양한 느낌을 받는다. 그 느낌은 말보다 더 오래도록 당신의 뇌리에 강하게 남는다. 그래서 자연스럽게 어떤 사람이 대통령다운가를 느낌으로 알게 된다. 이렇듯 넌버벌 커뮤니케이션은 우리가 '상상하는 것 이상으로 큰 힘을 발휘한다!'

자료 : CBS노컷뉴스(김영태 기자), "말이 전부가 아니다, 넌버벌 커뮤니케이션", 2017. 5. 28.
원문보기 : http://www.nocutnews.co.kr/news/4790868#csidx6db4ff5e6c92d9484dec6a2fa21a29f

01 커뮤니케이션의 의의

1) 커뮤니케이션 정의

커뮤니케이션(communication)이란, 원래 라틴어의 'commūnicāre'에서 유래한 것으로 '같이 이야기하다', '협의하다', '대담하다', '상담하다'란 뜻을 가진다. 우리말로 '의사소통'으로 번역하기도 한다. 커뮤니케이션은 "전달자와 수신자 사이의 정보의 전환, 개인을 포함한 집단 간의 의미 전달"이라고 정의되기도 하고, "일반적인 상징을 통한 정보나 의사의 전달"이라고 정의하기도 한다. 즉, 의사나 정보를 갖고 있는 자가 그것을 받아들이려는 타인에게 전달하는 언어적인 것과 비언어적인 것이 해석되는 모든 과정을 의미한다.

휴먼 커뮤니케이션(human communication, anthroposemiotics)은 사람의 의사나 감정의 소통으로 '가지고 있는 생각이나 뜻이 서로 통함'이라는 의미를 지니고 있으며, 인간이 사회생활을 영위하기 위해서 가장 필수적으로 가지고 있어야 하는 능력이다.

상호 간 소통을 위해 사용되는 매체로는 구어(口語)와 문어(文語)는 물론 몸짓, 자세, 표정, 억양, 노래, 춤 등과 같은 비언어적 요소들까지 포함된다. 위와 같은 행동으로 의사소통이 불가능한 사람들을 위해 많은 도구와 치료법이 개발되어 있으며 일반적인 소통을 하는 데에는 거의 문제가 없다. 언어적 능력이 발달하지 않은 동물들의 경우 호르몬이나 변뇨의 냄새 또는 울음소리로 의사소통을 한다.

최근에는 인터넷의 발달로 직접적인 소통 외에도 네이버, 다음, 구글과 같은 포털 사이트, 페이스북, 트위터와 같은 소셜 네트워크 서비스로도 불특정 다수와 의사소통을 이룰 수 있다. 즉, 커뮤니케이션은 인간이 생존과 바람직한 사회생활을 영위하기 위해 외부적으로 나타내는 의사표시라고 할 수 있다.

이러한 커뮤니케이션은 전달과 수용, 또는 반응을 행하는 2개의 주체와 그러한 교류작용을 연결하는 매개물을 필요로 한다. 이 매개물에는 먼저 무엇을 표시하거나 행동을 촉구하는 신호(Signal)가 있다. 신호가 외부적인 의미를 전달하는 것이라면(예를 들어 도와달라고 소리를 치는 것), 기호는 어떤 내재적인 의미를 가지고 있다(예를 들어 경찰관의 배지). 인간은 징조나 신호에 의해 뜻을 교환할 뿐만 아니라 인위적인 약속에 의해 어떤 표식이 무엇을 나타내는지 인지한다. 이렇게 약속된 표식을 상징이라고 한다. 인간의 상징은 언어를 비롯해 몸짓·표정·장식·냄새 등 다양한 형태가 있다. 상징은 복잡한 의미를 내포하고 있어 행위자간의 능동적인 해석과 상호작용이 요구된다.

또한 커뮤니케이션은 전달자와 피전달자의 채널에 의해 직접적인 접촉으로 행해지는 대인 커뮤니케이션, 매스 미디어(매체)를 통해 익명성의 대중에게 전달되는 매스 커뮤니케이션으로 나뉜다. 이러한 분류법은 어느 정도 임의적인 것으로, 커뮤니케이션은 인간의 사회적 성격을 반영하는 인지적 상호작용이기 때문에 사회적 상호작용이 맺어지는 형식에 따라 다양한 형태의 커뮤니케이션이 존재할 수 있다.

　커뮤니케이션은 사회적인 행위의 양식이다. 비록 커뮤니케이션이 개인의 생활과정 내부에서 진행된다 하더라도 이러한 인식과정 내부에서 활용되는 다양한 인식과제들은 충분히 사회적인 것이다. 예컨대 인간이 어떻게 인식하든 이는 기존에 사회화되어 있는 언어나 기타 매체의 도움을 불가결하게 요구한다.

　상징적 상호작용주의는 인간행위의 특징으로 상징적 행위를 가장 중요하게 부각시킴으로써 인간심리의 사회성을 강조한다. 상징을 통한 상호작용이라는 개념은 바로 커뮤니케이션 행위라고 할 수 있다. 상징적 상호작용론에 따르면, 개인은 커뮤니케이션을 통해 자신의 외부에 존재하는 사회의 규범을 습득하고 또 이에 적응하게 된다. 즉 상징적 과정을 통해 남과 의미를 공유하고 다양한 기호에 내재되어 있는 사회적 규범과 원리를 체득함으로써 심리적 주체인 자아와 사회적 객체인 역할을 형성하며, 이때의 자아와 역할이 커뮤니케이션 행위를 조절한다.

　의사소통에는 다음과 같은 영역이 있다.
- 자신과의 내재적 의사소통
- 다른 사람과의 인적 교류
- 그룹 내에서의 단체 행동
- 조직 내에서의 조직 내 교류
- 문화를 초월한 문화 간 교류

2) 조직 내 커뮤니케이션 정의

　Rogers & Kincaid에 의하면 조직이란 "두 사람 이상이 모여 공통의 목적을 달성하기 위해 상호작용하는 사회적 단위"라고 정의할 수 있다. 조직 내의 상호작용은 커뮤니케이션을 통해 이루어진다. 여기서 커뮤니케이션이란 상호이해를 위해 어떠한 집단, 조직, 또는 사회의 사람들이 정보를 생산하고 공유하여 공동목표를 추구할 수 있게 하는 일련의 모든 과정을 의미한다. 즉, 사회에서 필수적인 요소이고, 개인이나 집단의 가장 기초적인 기반이자 성과를 결정하는 핵심 수단이라고 할 수 있다.

　Nicholson은 조직 커뮤니케이션이란 사회체계나 조직을 이해하는 데 가장 기본적인 과정이며, 조직과 그 구성원들은 커뮤니케이션을 통해 정보교환, 공동의 이해형성, 활동조정, 영향력 행사, 사회화, 신념체계와 상징체계의 형성과 유지 등을 할 수 있다. 조직의 입장에서 본 '조직 커뮤니케이션'은 둘 이상의 개인이 공동의 목표를 위하여 일련의 활동 체계를 형성하고 유지하기 위해 메시지를 주고받는 것이라고 정의할 수 있으며, 조직 커뮤니케이션은 조직구조에서 관리자, 종업원, 동료들 상호 간 또는 집단 간에 정보전달의 발전된 기술이나 메시지를 통하여 메시지, 관념, 태도를 공유하는 것이라고 정의하였다. 따라서 조직 커뮤니케이션은 조직 내 구성원들의 의사전달 및 정보교환을 바탕으로 조직의 목표달성과 구성원들 상호간의 응집력을 높인다.

02 커뮤니케이션 모델

커뮤니케이션 모형은 인간의 커뮤니케이션 과정을 설명하기 위한 개념모델이다. 커뮤니케이션의 중요한 최초의 모델은 1949년 Bell 연구소의 Claude Elwood Shannon과 Warren Weaver가 고안했다. 의사소통은 메시지의 발신과 수신, 혹은 정보를 한 곳에서 다른 곳으로 전송하는 것을 기본개념으로 한다.

1) 샤넌-웨버의 커뮤니케이션 모델

새로운 모형은 전파와 전화 기술을 반영하도록 설계되었다. 그들의 초기모델은 발신자, 채널, 수신자 세 주요 부분으로 이루어져 있다. 발신자는 사람이 말하는 전화기의 부분이고, 채널은 전화 그 자체이며, 수신자는 다른 사람이 듣는 전화기의 부분이다. 또한 Shannon과 Weaver는 전화를 들을 때 종종 방해를 일으키는 것을 잡음으로 간주하였다. 잡음은 신호의 결핍(끊어짐) 또한 포함한다. 커뮤니케이션의 일반적인 관점에서 거론되는 간단한 모델에서는 정보나 내용물은 특정한 형태로(언어로 말해지는 것과 같은) 화자나 부호기로부터 목적지, 청자, 해독기로 보내어진다. 이러한 일반적인 커뮤니케이션의 개념은 커뮤니케이션 자체를 정보를 송신하고 수신하는 수단으로 본다.

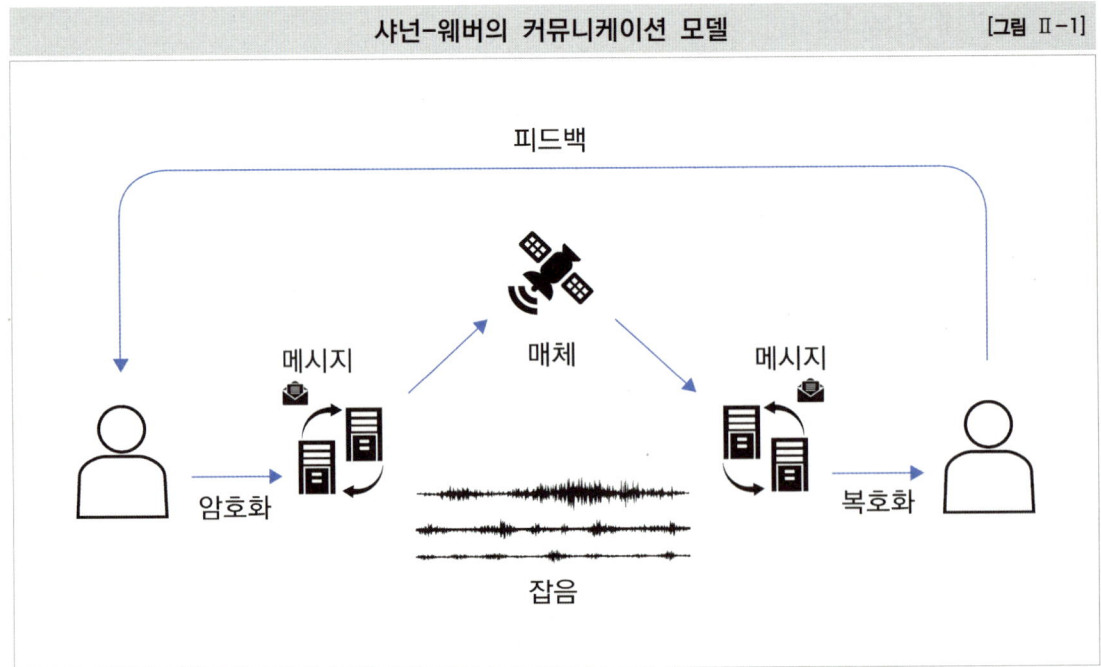

[그림 Ⅱ-1] 샤넌-웨버의 커뮤니케이션 모델

자료 : https://ko.wikipedia.org/wiki/

이 모형의 강점은 단순성, 일반성, 정량화 가능성이다. 수학자인 Shannon과 Weaver는 이 모델을 기반으로 다음과 같은 요소들을 구축하였다
- 메시지를 생산하는 정보의 근원지
- 메시지를 신호로 바꾸는 발신기
- 메시지 전송에 적합하도록 조정된 채널
- 신호를 메시지로 해독(복원)하는 수신기
- 메시지가 도착하는 목적지

Shannon과 Weaver는 이 커뮤니케이션에 관한 개념에 다음 세 단계의 문제가 있다고 주장했다.
- 기술적 문제 : 메시지가 얼마나 정확하게 전송될 수 있는가?
- 의미상 문제 : 그 의미가 얼마나 정확하게 전달될 수 있는가?
- 유효성 문제 : 전달된 의미가 얼마나 효과적으로 행동에 영향을 줄 것인가?

Daniel Chandler는 전송 모델을 다음과 같이 비판하였다.
- 전달자를 고립되어 있는 개인으로 가정하였다.
- 상이한 목적을 감안하지 않는다.
- 상이한 해석을 감안하지 않는다.
- 동등하지 않은 세력관계를 감안하지 않는다.

2) 벨로(Berlo)의 SMCR 모델

David Berlo는 Shannon과 Weaver의 1949년 선형 커뮤니케이션 모델을 확장하였고, 송신자(Sender) - 메시지(Message) - 채널(Channel) - 수신자(Receiver) 형태의 SMCR 커뮤니케이션 모델을 만들었다. SMCR 커뮤니케이션 모델은 기존의 커뮤니케이션 모델을 명확한 부분으로 분리하였고, 다른 학자들에 의하여 확장되었다.

벨로의 SMCR 모형 [그림 Ⅱ-2]

Sender	**M**essage	**C**hannel	**R**eceiver
커뮤니케이션 스킬 태도 지식 사회 시스템 문화	컨텐츠 성분 처리 구조 규칙	청각 시각 촉각 후각 미각	커뮤니케이션 스킬 태도 지식 사회 시스템 문화

벨로는 커뮤니케이션이 제대로 이루어지기 위해서는 발신자와 수신자가 있어야 하고, 메시지가 있어야 하고, 발신자와 수신자 사이의 의사소통 통로가 있어야 한다고 강조하고 있다. 이러한 네 가지 요인 외에도 의사소통 현상을 구성하는 요인에는 공통의 생활공간, 의사소통의 효과, 의사소통 맥락 등이 있다. 따라서 SMCR 모형의 특징은 인간의 오감을 통신과정의 분석영역으로 제시하고 있으며, 수신자에게 영향을 미치는 요소들은 세분화하였고, 메시지를 구성하는 세부요소를 제시하였으며, 통신과정을 종합화한 이론이라고 볼 수 있다.

커뮤니케이션은 일반적으로 몇 가지 중요한 차원으로 설명된다.
- 메시지(커뮤니케이션 하고자 하는 내용이)
- 근원지/발신자/부호기(누구에 의해)
- 형태(어떤 형태로)
- 채널(어떤 매체를 통하여)
- 목적지/수신자/대상/복호기(누구에게)

Wilbur Schramm은 "우리는 메시지가 대상에 미치는 영향에 대해서도 조사해야 한다"고 지적했다. 커뮤니케이션은 당사자 간 지식과 경험을 부여하는 행동, 조언하고 명령하는 행동, 질문하는 행동을 포함한다. 이러한 행동은 다양한 커뮤니케이션 수단에 의해 많은 형태를 갖는다. 그 형태는 조직 커뮤니케이션 능력에 따라 달라질 수 있으며, 커뮤니케이션 하는 내용물과 그 형태가 목적지를 향해 보내는 메시지를 함께 만들어낸다. 그 대상은 자기 자신이 될 수도 있고, 다른 사람이나 존재, 혹은 또 다른 독립적인 개체(기업이나 조직 등)가 될 수도 있다.

커뮤니케이션의 정보 전송 과정은 세 단계의 기호학적 규칙으로 볼 수 있다.
- 통사적 (기호와 상징의 형식적 특성)
- 실용적 (기호/표현과 그것을 사용하는 사용자 사이의 관계와 연관)
- 의미론적 (기호와 상징 사이의 관계와 그것들이 대표하는 것에 관한 연구)

따라서 커뮤니케이션은 상호작용하는 최소한 둘 이상의 개체 혹은 집단이 일반적인 기호와 기호 규칙을 공유하는 사회적 상호작용이다. 어떤 의미에서 이 일반적인 규칙은 일기나 혼잣말을 통한 개인 내에서의 커뮤니케이션이나 사회에서 상호작용을 통하여 얻어지는 커뮤니케이션의 능숙도 같은 부가적 현상을 무시하기도 한다.

이러한 약점을 감안하여, 반런드(Barnlund)는 교환적 커뮤니케이션 모형을 제안했다. 교환적 커뮤니케이션 모형은 메시지의 발신과 수신이 동시에 관여하는 것을 전제로 한다. 발신자와 수신자는 조금 더 복잡한 형태로 상호 연결되어 있다. 구성요소 모형이나 구성주의 관점과 관련한 이 커뮤니케이션에 대한 두 번째 견해는 개인들이 커뮤니케이션을 주고받을 때 메시지가 해석되는 방식을 결정하는 요소에 집중한다.

커뮤니케이션은 도관(道觀; 정보가 한 개인으로부터 다른 개인에게 이동하고 이 정보가 커뮤니케이션 그 자체로부터 분리되는 통로)으로 간주된다. 특정한 어떤 커뮤니케이션의 사례는 발화행위로 불린다. 발신자의 개인적인 필터와 수신자의 개인적인 필터는 서로 다른 지역적 전통, 문화, 성별(기타 메시지 내용이 가진 의미를 바꿀 수 있는 것들)에 따라 달라진다. 발화행위는 내용의 수신과 해독을 불완전하게 할 수 있는 "커뮤니케이션 잡음"이 있는 상황에서는 원하는 효과를 성취할 수 없게 한다.

공동규제이론에서는 커뮤니케이션을 정보의 개별적인 교환보다는 창조적이고 역동적인 공정의 연속이라고 설명한다. 캐나다의 미디어학자 Harold Innis는 사람들은 커뮤니케이션할 때 서로 다른 형태의 매체를 사용하고 그들이 사용하기로 정한 방식이 사회의 형태와 그 사회의 내구성에 영향을 미칠 가능성이 있다는 이론을 갖고 있었다(Wark, McKenzie 1997). 그가 든 유명한 예시로는 고대 이집트인들과 그들이 돌과 파피루스를 매체로 만든 방식이 있다. 그는 파피루스를 "공간 결속"이라고 표현했다. 파피루스는 기록된 명령이 공간과 제국영토를 뛰어 넘어 원거리에서 군사 작전과 식민지 관리의 전개를 가능하게 했다. 또 다른 하나인 돌은 "시간 결속"으로써 사원과 피라미드를 건설하여 대대로 그들의 권위를 이어가게 하였고, 그들 사회에서의 커뮤니케이션 형태를 형성하고 변화시킬 수 있도록 하였다.

03 커뮤니케이션 유형

집단에서의 커뮤니케이션 유형은 집단 구성원 간에 이루어지는 정보교환의 흐름에 따라 다음 [그림 Ⅱ-3]과 같이 5가지 모형으로 구분된다.

1) 수레바퀴형

수레바퀴형은 정보의 전달과 의사결정이 신속하여 실생활에 적합하지만, 복잡하고 많은 정보가 필요한 신중한 의사결정에는 적합하지 않다. 구성원이 한 사람의 감독자에게만 보고하는 작업집단에서 이루어지는 커뮤니케이션 유형이기 때문이다. 가운데 사람이 커뮤니케이션의 중심인물이며 다른 구성원은 중심인물을 통해서만 커뮤니케이션이 가능하기 때문이다([그림 Ⅱ-3] 참조).

이는 집단 내에 특정한 리더가 있을 때 발생한다. 특정의 리더에 의해서 모든 정보의 전달이 이루어지기 때문에 정보가 특정 리더에게 집중되는 현상을 보인다. 작업장의 근로자들이 한 감독자에게 보고를 하고 그에게 기술을 전수 받는 형태가 이에 속한다. 이 방법은 힘이 한 곳에 집중되어 구성원들 간의 정보 공유가 안 된다는 단점을 가지고 있다.

2) 사슬/연쇄형

연쇄형에서는 커뮤니케이션이 위에서 아래로만 이루어지는 공식적인 명령계통이 여기에 해당된다. 이는 공식적인 계통과 수직적인 경로를 통해서 의사전달이 이루어지는 형태이다. 그러므로 명령과 권한의 체계가 명확한 공식적인 조직에서 사용되는 커뮤니케이션 네트워크라고 할 수 있다. 조직의 라인이 가장 대표적인 예라고 할 수 있다.

일원화되어 있는 계통을 통해서 최고경영자의 의사가 말단 일선 작업자에게까지 전달되며 그 반대의 경우도 똑같은 명령사슬을 통하게 된다. 대표가 직접 과장에게 지시하는 것이 아닌 담당임원→부장→과장→대리→사원 등과 같이 연쇄적으로 지시가 전달된다. 관료적 조직이나 공식화가 진행된 조직에서 이러한 네트워크 형태를 쉽게 발견할 수 있으며 사슬이 길수록 정보왜곡의 가능성은 커진다. 오늘날에는 이러한 유형의 네트워크가 갖는 비효율을 타파하기 위하여 팀, 그룹제 등이 많이 사용된다([그림 Ⅱ-3] 참조).

3) Y형

Y형은 연쇄형과 바퀴형이 혼합된 형태의 네트워크이다. 연쇄형과 같이 연속적 커뮤니케이션과 바퀴형의 중심인물을 중심으로 커뮤니케이션이 이루어진다. 이 형태는 수레바퀴형과는 달리 집단 내에 특정한 리더가 있는 것은 아니지만, 비교적 집단을 대표할 수 있는 인물이 있는 경우에 나타난다. 특히 라인과 스텝의 혼합집단에서 찾아볼 수 있으며 단순한 문제를 해결하는 데 있어서 정확도가 비교적 높다.

아래의 그림[2-3]에서 볼 수 있듯이 조정역할을 하는 중심의 사람을 통해야만 전체 커뮤니케이션이 이루어지게 된다. 즉, 서로 다른 집단(라인과 스텝)에 속한 사람들 간의 커뮤니케이션에 있어 조정역할을 필요로 할 때 사용될 수 있다.

4) 원형

구성원 간의 상호작용이 집중되어 있지 않고 널리 분산되어 있는 커뮤니케이션 네트워크이다. 그러므로 커뮤니케이션의 의사전달속도가 비교적 느리다. 자신의 정보가 모두에게 전달되며, 어느 정도 피드백까지 받기 때문에 만족감이 높다. 태스크포스(task force)나 위원회조직에서 나타나는 유형으로 수평적 네트워크를 형성한다.

이러한 유형은 권력의 집중도 없고, 지위의 상하고하도 없는 조직에서 특정 문제해결을 위해 나타난다. 물론 이 방법에서는 문제해결 과정이 상당히 민주적이라고 할 수는 있지만 집단사고의 문제점이나, 차선의 결정을 내릴 위험이 크다.

5) 개방/스타형/전채널형

포도넝쿨(grapevine)과 같은 비공식적 커뮤니케이션 네트워크에 해당한다. 사슬형보다는 정보전달이 느리지만, 원형이나 바퀴형보다는 비교적 빠르다. 이 유형에서는 공식적 및 비공식적 리더가 없이 구성원 누구나 커뮤니케이션을 할 수 있는 유형이다. 이는 위에서 말한 비공식적인 커뮤니케이션 방법으로서 구성원 전체가 서로의 의견이나 정보를 자유의지에 따라 교환하는 형태이다.

이 형태는 오늘날 조직에서 많이 나타나고 있는 형태이다. 일정한 규칙 없이 자유롭게 의견 교환이 이루어지다 보면 창의적이고 참신한 아이디어 산출이 가능해진다. 광고 문안을 만들거나, 새로운 대안을 찾아내려 할 때나 브레인스토밍 과정에서 사용된다.

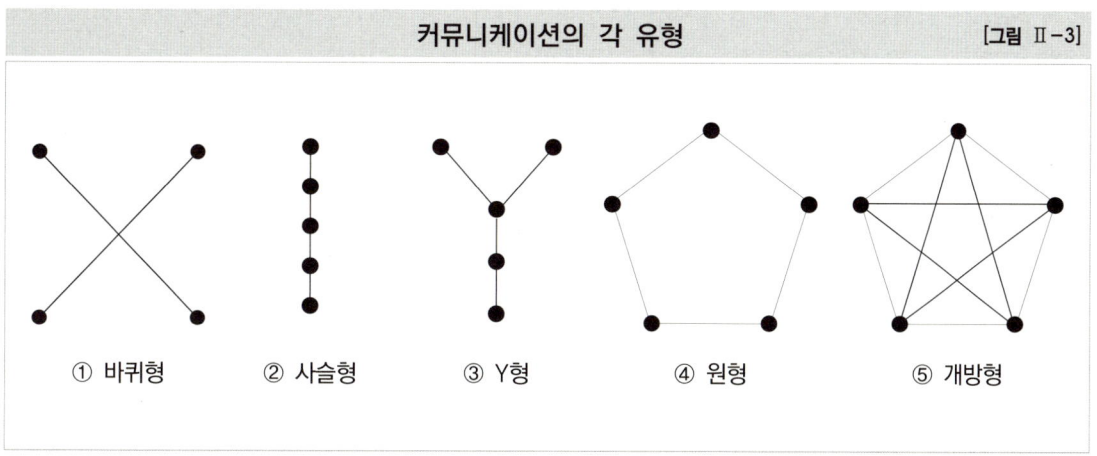

[그림 Ⅱ-3] 커뮤니케이션의 각 유형
① 바퀴형 ② 사슬형 ③ Y형 ④ 원형 ⑤ 개방형

04 공식적·비공식적 커뮤니케이션

1) 공식적 커뮤니케이션

공식적 커뮤니케이션은 권한의 체계와 절차적 관계가 분명한 상태에서 이루어지는 커뮤니케이션을 의미한다. 권한 체계와 관계가 명확한 상태에서 이루어지기 때문에 상급자가 업무처리에서의 변동사항이나 공지사항을 부하직원들과 상의하며 적시에 공지하는 커뮤니케이션 채널을 중시하는 경향이 있다(Churden & Sherman). 일반적으로 조직 내에서 이루어지는 결재행위나 문서 전달, 공식회의, 보고 등의 행위에서 나타나며, 커뮤니케이션을 둘러싼 권한을 중심으로 다시 상향식, 하향식, 수평식 커뮤니케이션 형태로 분류된다.

(1) 상향적 커뮤니케이션

상향적 커뮤니케이션은 조직의 하층에서 상층으로 올라가는 커뮤니케이션이다. 특히 이는 조직 구성원의 참여의식이 강한 경우 나타나는 커뮤니케이션 유형으로 이를 통해 관리자가 얻을 수 있는 것은 종업원의 참여를 통한 직무관여, 조직 및 직무몰입을 이끌어 낼 수 있다는 것이다. 즉, 조직원 간의 효과적인 커뮤니케이션과 내부 결속력을 강화할 수 있다. 명령계통을 대응하는 불만처리절차, 보고, 내부결재, 제안제도, 상담 하급자의 태도 및 고충 등 조직의 업무와 관련된 내용에서 개인적인 부분까지 정보의 흐름이 일어나는 것이 이에 해당한다.

조직 내 상급자와 하급자 사이에 쌍방향 커뮤니케이션을 가능하게 한다는 점에서 중요하지만, 대부분의 조직이 위계질서 체계를 가지고 있는 관료적인 구조로 되어 있기 때문에 상향적 커뮤니케이션이 활발히 이루어지기 위해서는 하급자의 적극적인 태도와 상급자의 개방적·포용적 태도가 필요하다. 또, 하급자에서 상급자로 의사가 전달되는 과정에서 정보의 선택과 여과를 통해 초기정보가 그대로 전달되지 않는다는 문제점이 있다.

(2) 하향적 커뮤니케이션

하향적 커뮤니케이션은 일반적으로 조직의 명령계통을 통해서 위로부터 아래로 전달되는 명령이나 지시 등을 포함하는 커뮤니케이션이다. 이런 하향식 커뮤니케이션은 '관리적 커뮤니케이션' 또는 '상의하달 커뮤니케이션'이라고도 하는데, 하향적 커뮤니케이션을 적절히 활용하기 위해서는 하급자가 이해할 수 있도록 내용이 명확해야 하며, 아래에서의 수용가능성이 매우 높아야 하고 일관성과 적시성도 있어야 한다.

명령, 게시판, 사내신문, 서신, 팜플렛 등 조직에서 조직 구성원에게 필요한 정보나 조직의 목표, 가치, 비전 등을 전달하는 것들이 하향식 커뮤니케이션에 해당된다. 하향적 커뮤니케이션은 업무에 관련된 정보, 조직의 정책과 실행방법 그리고 사명감을 고취시키기 위한 관리직의 의도와 정보 등을 적시적으로 명확하게 구성원들에게 전달함으로써 조직 전체의 효율성을 향상시키는 주요한 커뮤니케이션 루트로서 그 중요성을 갖는다(Katz & Kahn).

그러나 하향적 커뮤니케이션은 조직 내 커뮤니케이션 분위기가 권위적이고 위계적인 경우가 많기 때문에 정보의 전달 과정에서 불필요한 정보가 전달될 우려가 있다. 또, Scannel에 의하면, 하향식 커뮤니케이션이 여러 계층이나 사람을 거치면서 초기정보의 80%가 손실 혹은 왜곡되어 신뢰성의 문제가 발생하게 된다고 한다.

(3) 수평적 커뮤니케이션

수평적 커뮤니케이션은 횡적 커뮤니케이션이라고도 하며 조직의 위계 수준이 같은 구성원 간 또는 부서 간의 커뮤니케이션을 일컫는다. 위계적이지 않고 개방적이며, 자유로운 커뮤니케이션으로 조직 내 구성원과 부서간 사이에 조절의 기능을 수행하는 협력적인 성격을 보여준다.

조직의 부서 간 혹은 구성원 간의 협조를 통해 공통된 목표달성을 가능하게 하고, 업무 수행 과정에서 발생하는 위기와 문제를 해결한다. 또한 다양한 구성원들의 정보공유를 통해 유기적 상호작용이 가능하기 때문에 정보 분담의 기능을 한다. 이와 같이 조직 내 수평적 커뮤니케이션은 서로 다른 부서 간 발생할 수 있는 갈등과 문제점을 유연하게 대처하고 해결을 촉진시킬 수 있으며, 적절한 수평적 커뮤니케이션은 동료 간의 업무협조를 증진시킬 뿐만 아니라 상사와 부하 사이에 수직적 커뮤니케이션도 원활하게 해주는 중요한 특징을 갖는다. 수평적 커뮤니케이션에는 사전 협의, 위원회, 회람, 각종 회의 등이 해당된다.

2) 비공식적 커뮤니케이션

비공식적 커뮤니케이션은 딱딱한 권위관계를 파괴한 커뮤니케이션으로서 직무 이외에 개인적 혹은 사회적 친분으로서 조직구성원의 욕구에 따라 자발적으로 이루어지는 커뮤니케이션을 말한다.

이러한 비공식적 커뮤니케이션을 'Grapevine;포도넝쿨'이라고도 하는데 이는 공식적 커뮤니케이션 채널인 전선이나 전화선에 포도 넝쿨이 어지럽게 얽혀 있음을 비유한 말로서 메시지가 오도되어 사실과 다른 정보나 소문과 같은 의미로 사용된다. 과거에는 주로 이러한 비공식적 커뮤니케이션이 조직이나 조직정책에 불만이나 불평을 초래하고, 특히 한국처럼 혈연, 지연 혹은 학연을 강조하는 사회에서 집단 간의 벽을 높이고 분화의식을 조장하여 조직 내 분위기를 해친다는 우려가 있었다.

반면 최근의 연구들은 비공식적 커뮤니케이션이 공식적 커뮤니케이션 채널보다 정보의 전달속도가 빠르고 그 영향력이 강하기 때문에 조직에 대한 타인들의 긍정적인 의사를 전달하는 경우 오히려 조직에 긍정적인 역할을 수행할 수도 있으며 공식적 커뮤니케이션으로는 부적절한 정보를 대신 전달함으로써 공식적 커뮤니케이션을 보완하는 기능을 수행하는 커뮤니케이션으로 인정하려는 경향이 두드러지고 있다.

3) 현대 사회에서의 비공식적 커뮤니케이션 이슈(SNS, 메신저 등)

SNS는 온라인상에서 친구, 동료 등 지인과 인간관계를 강화하거나 새로운 인맥을 형성함으로써 폭넓은 인적 네트워크를 형성할 수 있게 해 주는 서비스다. 스마트폰 보급으로 이용자 수가 급증하면서, SNS는 사회전반에 걸쳐 활용되고 있다. 그리고 공동체적 관계와 교류를 유지하기 위해 SNS는 개인, 사회적 커뮤니케이션에 중요한 수단으로 자리 잡아가고 있다.

인스턴트 메시지는 인터넷상에서 e메일과 채팅, 다자간 동시 통화 기능을 합쳐 놓은 개념이라고 할 수 있다. 각각의 메시지들은 차이점이 존재하는데 이메일의 경우 사용자가 보낸 메시지는 상대방이 보기 전까지는 내용이 전달되지 않지만, 인스턴트 메시지는 보내는 즉시 상대방의 화면에 내용이 표시된다. 따라서 실시간 커뮤니케이션 채팅이 가능해지는 것이다. 또한 인스턴트 메시지는 초기의 경우 일대일 대화만 가능했지만, 최근에는 다자간 동시 채팅도 가능해졌다.

최근 SNS 및 인스턴트 메시지들 간 경계가 모호해지고 있으며, 상호 기능 공유 등으로 영역이 확장되고 있다. SNS는 온라인 특성상 직접 만나지 않고도 타인과 커뮤니케이션을 할 수 있기 때문에 현대인들의 새로운 인맥관리 수단으로 중시되고 있고, 집단적 관계 유지를 위한 수단으로도 사용된다. 인스턴트 메시지는 조직 내에서 비공식적인 커뮤니케이션 수단으로 활용될 수 있다.

본래 조직에서는 오프라인에서 티타임으로 불리는 비공식적 커뮤니케이션 수단이 존재했었다. 조직구성원들은 차나 커피를 마시는 과정에서 자연스럽게 커뮤니케이션을 하게 되는데, 이는 곧 다양한 관계형성의 밑거름이 되었다. 현대에 들어와서 등장한 인스턴트 메시지는 온라인상에 존재하는 티타임과 같다고 할 수 있다. 즉, 온라인 상 비공식적 커뮤니케이션 수단이 될 수 있는 것이다. 비공식적 커뮤니케이션에 대한 연구에 의하면 티타임이나 커피 브레이크와 같은 커뮤니케이션 시간은 조직 업무 성과에 긍정적인 영향을 주기도 한다.

05 효과적인 커뮤니케이션 관리

커뮤니케이션은 누구에게나 쉬운 듯하지만, 사실은 조직의 여러 문제들 가운데 60%는 커뮤니케이션의 잘못으로 야기된다. 우리는 주로 시행착오를 거쳐 커뮤니케이션에 관한 다음의 4가지 기본원칙을 알게 된다(피터 드러커, 프로페셔널의 조건).

- 커뮤니케이션은 지각(perception)이다.
- 커뮤니케이션은 기대(expectation)이다.
- 커뮤니케이션은 요구(demand)를 한다.
- 커뮤니케이션과 정보는 서로 상이한 것이다. 그리고 대체로 대립관계에 있지만 상호의존적이다.

첫째, 커뮤니케이션은 지각활동이다. 예로부터 불교의 스님들이 하는 선문답이 있다. "아무도 듣는 사람이 없는 숲 속에서 나무가 쓰러질 때 소리가 나는가?" 이 문제의 정답은 "아니다"이다. 물론 음파는 발생한다. 그러나 그 장소에 누군가가 있어 그 음파를 지각하지 않는다면 단연코 소리 나지 않은 것이나 마찬가지이다. 소리는 지각이 되어야만 소리가 된다. 이는 커뮤니케이션 행위를 하는 사람은 바로 그것을 받아들이는 사람이라는 것을 의미한다. 커뮤니케이터, 즉 커뮤니케이션을 전달하는 사람이 커뮤니케이션 행위를 하는 것이 아니다. 경영자가 외친다고 하자. 그것을 듣는 부하가 없다면 커뮤니케이션은 없는 것이다. 단지 소리만 있을 뿐이다.

수사학에 관한 현존하는 가장 오래된 문헌 가운데 하나인 플라톤의 페이돈(Phaedon)에 따르면 소크라테스는 "사람은 다른 사람과 말을 할 때 듣는 사람의 경험에 맞추어 말해야만 한다. 예를 들어 목수에게 이야기할 때는 목수가 사용하는 말을 써야 한다"고 했다. 이는 듣는 사람의 언어로, 그리고 그가 사용하는 용어로 말할 때에 효과적인 대화를 할 수 있다는 말이다.

둘째, 커뮤니케이션은 기대이다. 우리는 원칙적으로 우리가 지각하기를 기대하는 것만 지각하고, 보고자 하는 것만 보며, 듣고자 하는 것만 듣는다. 기대하지 않았던 것이 일어나면 적개심을 일으키거나 대체로 전혀 받아들이지 않는다. 사람의 마음은 자신이 접한 자극을 '본인 기대의 틀' 안에 맞추려고 시도한다.

셋째, 커뮤니케이션은 언제나 무엇을 요구한다. 그것은 언제나 수신자들이 어떤 사람이 되기를, 무엇을 하기를, 또는 무엇을 믿기를 요구한다. 그것은 항상 마음에 호소한다. 만약 커뮤니케이션이 수신자의 야망, 가치관, 또는 그의 목적에 부합되면, 그것은 강력한 힘을 발휘한다. 반대로 어떤 사람의 마음을 바꾸려고 하는 시도에 대해서는 적극적으로 반발하게 된다.

성경에 의하면 하느님은 사울(Saul)을 사도 바울(Paul)로 바꾸기 위해서 먼저 사울의 눈이 멀도록 내리쳐야 했다. 마음의 진정한 전향을 노리는 커뮤니케이션은 굴복을 요구한다. 따라서 커뮤니케이션의 요구가 수신자의 가치관과 부합되지 않으면 커뮤니케이션은 이루어질 수 없다.

넷째, 커뮤니케이션과 정보는 다른 것이지만 이들은 상호의존 관계에 있다. 커뮤니케이션은 지각(perception)인 반면, 정보는 논리(logic)이다. 정보는 완전히 공식적이고 그 자체는 인간적인 속성이라고 할 수 있는 정서, 가치관, 기대, 그리고 지각과 같은 것으로부터 해방되면 될수록 정보로서의 타당성과 신뢰성은 더욱 높아진다.

그러나 정보는 커뮤니케이션을 전제로 한다. 정보의 이용은 말할 것도 없고, 정보를 입수하기 위해서라도 수신자는 커뮤니케이션의 암호를 알고 해독할 수 있어야 한다. 그것은 사전 약속된 지각이 있어야 한다는 의미이다. 즉, 커뮤니케이션은 정보에 의존하는 것이 아닐지도 모른다. 가장 완벽한 커뮤니케이션은 순수한 "경험의 공유"(shared experience)일지도 모른다. 어떤 논리도 필요 없이 말이다.

수세기 동안 우리는 상의하달식 커뮤니케이션을 시도해 왔다. 그러나 이것은 우리가 아무리 강력하게 그리고 아무리 현명하게 시도한다 하더라도 효과를 발휘할 수 없다. 그 이유는 '말하고 싶어 하는 자'에 초점을 두고 있기 때문이다.

그러나 '듣는 것'도 효과가 없기는 마찬가지이다. 앨튼 메이요(Elton Mayo)를 비롯한 인간관계학파는 이미 오래 전에 커뮤니케이션에 대한 전통적인 접근방식이 실패했다는 것을 깨달았다. 그들이 내놓은 처방은 경청하도록 하는 것이었다. 물론 경청은 커뮤니케이션의 전제조건이다. 그러나 그것만으로는 효과를 발휘할 수가 없다. 왜냐하면 듣는 자가 말하는 자보다 잘못된 커뮤니케이션을 할 확률이 훨씬 낮다고 확신할 이유가 없기 때문이다.

다시 말하면 커뮤니케이션은 '경험의 공유'를 필요로 한다. 커뮤니케이션은 오직 '우리들' 중의 한 사람으로부터 다른 사람에게 지식, 경험, 그리고 정보가 전달됨으로써 성립되는 것이다. 조직내부의 커뮤니케이션은 조직의 '수단'이 아니다. 그것은 조직의 존재양식이다.

결론적으로 말해 과거에는 소수의 그리고 대체로 그 책임이 분명한 고위계층의 경영자가 조직구성원에게 일방적으로 그리고 하향적으로 했던 커뮤니케이션이 지식사회에서는 모든 지식근로자의 통상적인 과업이 되고 있다.

06 커뮤니케이션의 8가지 비밀

커뮤니케이션에 관해 우리는 스스로 잘한다고 생각한다. 그러나 사실 능숙한 커뮤니케이터 조차 우리가 생각한 만큼 커뮤니케이션을 잘하지는 않는다. 커뮤니케이션에 대한 우리 능력의 과대평가는 우리가 잘 알고 있는 사람과 커뮤니케이션을 할 때 더 잘 드러난다.

한 연구 결과에 의하면. 교류에 의해 서로를 잘 안다고 생각한 사람이 이전에 전혀 만난 적이 없던 사람보다 더 깊은 이해를 할 수 있는 것은 아니라는 사실이 발견되었다. 심지어 더 나쁠 수도 있다. 보통 잘 아는 사람과 커뮤니케이션을 할 때 그들이 이해하는 것에 관해 낯선 사람에게 조차 하지 않는 추정을 한다.

얼마나 커뮤니케이션을 잘 하는지에 대한 과대평가는 심리학자들이 '친밀한 커뮤니케이션의 편견'(closeness-communication bias)이라고 이름을 지을 정도로 널리 알려져 있다. Kenneth Savitsky는 '내가 아는 것이 당신이 아는 것과는 다르다'는 이해의 전제가 효과적인 커뮤니케이션의 필수요소라고 말한다.

커뮤니케이션은 리더십의 실제 행동이다. 심플하게 당신이 좋은 커뮤니케이터가 될 때까지는 좋은 리더가 될 수 없다. 훌륭한 커뮤니케이터는 사람들을 움직인다. 그들은 진실되고, 감정적인, 그리고 개인적인 연결을 만들고, 사람들의 이해와 그들이 들을 준비가 된 상황에서 그들의 필요를 직접적으로 말하는 능력을 통해 훌륭한 리더십을 이룬다.

커뮤니케이션을 잘하기 위한 8가지 비밀은 다음과 같다(https://www.entrepreneur.com/article/270631).

■ 개인과 대화 하듯이 집단에게 이야기하라

리더로서 당신은 자주 팀원들과 대화를 해야만 한다. 작은 팀의 미팅이든지 또는 회사 전체 단위의 미팅이든지 간에 당신은 회의실 안에 있는 각자에게 마치 그 사람과만 직접 바로 앞에서 말하는 것 같은 접근 방식으로 친밀감을 높일 필요가 있다. 요령은 집단 장애물을 제거하는 것이다. 그래야 당신의 메시지를 개인에게 이야기하는 것처럼 전달할 수 있다. 당신은 팀원들과 감정적으로 진솔하고, 동일한 감정, 에너지 및 관심 등 일 대 일의 상황을 만들어 나가야 한다.

■ 이야기하라. 사람들이 경청할 것이다

좋은 리더는 준비가 되지 않은 메시지로 청중의 시간을 낭비하지 않는다. 청중을 주의 깊게 읽어라. '이야기하라. 사람들이 경청할 것이다.'는 당신이 청중과 함께 실시간으로 상황에 맞게 당신의 메시지를 조정하라는 의미이다.

당신이 전달하려는 의도를 사람들에게 확신시키기 위해서는 단조롭게 일방적으로 설명하는 것보다는 생각을 교환하는 의미 있는 대화를 나누는 것이 효과적이다. 당신의 이야기가 사람들에게 좋은 질문을 이끌어 낼 때 당신은 훌륭한 커뮤니케이션을 하고 있는 것이다.

■ 경청해라. 사람들이 이야기할 것이다.

리더에게 비참한 유혹 중의 하나는 커뮤니케이션을 일방향으로 진행하는 것이다. 커뮤니케이션을 할 때에는 사람들이 자신의 생각을 이야기하도록 충분한 기회를 주어야만 한다. 대화 중 마지막 단어를 반복해 사용하고 있다면 경청이 필요한 것이다.

경청은 말을 듣는 것만이 아니다. 목소리 톤, 속도, 소리의 크기 등을 듣는 것이다. 말한 것이 무엇인가? 말하지 않은 것은? 겉에 보이는 것 아래 숨겨진 메시지는 무엇인가? 누군가 당신에게 이야기할 때 모든 것을 잠시 멈추고 상대방이 이야기를 끝낼 때까지 주의 깊게 들어라.

■ 감정적으로 연결하라

Maya Angelou는 "사람들은 당신이 말한 것과 내용을 잊을 것이다. 그러나 그들은 당신이 어떻게 자신들을 느끼고 있었는지는 결코 잊을 수 없을 것이다."고 말했다. 만약 청중이 감정적으로 당신과 연결되지 않았다면 리더로서 당신의 커뮤니케이션은 문제가 있다. 그러나 많은 리더가 잘 해내는 것은 어렵다. 왜냐하면 리더들은 특정한 인물을 투사할 필요가 있다고 느끼기 때문이다. 사람들과 감정적으로 연결하기 위해서는 솔직할 필요가 있다. 인간적인 모습을 보여라. 그들에게 무엇이 당신을 움직이도록 하고, 당신이 걱정하는 것이 무엇이며, 무엇이 당신을 아침에 침대 바깥으로 나오게 하는 지 등을 말해 주어라. 이러한 감정을 오픈해서 표현하라. 그러면 당신은 사람들과 감정적인 연결을 만들 수 있다.

■ 바디랭귀지를 읽어라

리더인 당신이 팀원과 정말 좋은 관계를 가지고 있어도 당신의 권한 때문에 사람들이 진정으로 그들의 마음에 있는 것을 표현하는 것은 어렵다. 만약 당신의 팀원들이 동료들에게 대하는 것처럼 당신에게 마음을 열고 있다고 생각한다면 웃기는 일이다.

당신은 그들이 말하지 않은 메시지를 이해하는 데 숙달되어야만 한다. 좋은 정보를 많이 갖고 있는 것은 사람들의 바디랭귀지이다. 멈추지 않는 바디랭귀지에 정보가 가득하다. 의도적으로 미팅 도중에 바디랭귀지를 살펴보고 가벼운 대화를 하라. 일단 당신이 바디랭귀지에 집중하면, 메시지는 더욱 많아지고 명확해질 것이다. 말한 것보다 말하지 않은 것에 더 많은 정보가 있다. 그리고 당신은 그들이 의도하지 않았지만 표현된 진실과 의견을 발견할 것이다.

■ 당신의 계획을 준비하라

대화를 위한 약간의 준비는 당신이 원하는 방향으로 갈 수 있도록 할 것이다. 그리고 의도한 효과를 가져 오는 대화를 하게 된다. 연설만을 준비하지 마라. 목표에 어떻게 달성할 것인지 계획에 따른 커뮤니케이션에 집중할 수 있도록 필요한 이해의 폭을 넓혀라. 이렇게 사전에 계획을 준비할 때 당신이 의도한대로 커뮤니케이션은 더욱 설득력을 갖게 된다.

■ 전문용어는 스킵(skip)하라

비즈니스 세계에서의 커뮤니케이션은 불편한 전문용어와 메타포로 가득 차 있다. 문제는 비즈니스 대화에서 대부분의 리더가 전문용어를 너무 많이 사용함으로 인해 고객과 직원으로부터 멀어지게 된다. 만약 사람들과 연결되기를 원한다면 전문용어를 아껴서 써라. 그렇지 않으면 당신은 불성실한 인상을 줄 것이다.

■ 적극적으로 경청하기를 연습하라

적극적으로 경청하기는 사람들이 자신의 이야기를 잘 이해하고 있다는 것을 느끼게 하는 간단한 전술이며, 좋은 커뮤니케이션의 필수요소이다.

- 말하기보다 듣기에 더 많은 시간을 소비하라
- 질문에 질문으로 대답하지 마라
- 파트너의 말을 끊지 마라
- 자기 자신보다 파트너에게 더 집중하라
- 파트너의 이익보다, 지금 말하는 것에 집중하라
- 파트너가 말한 내용을 재구성하여 확인하라
- 파트너가 말하는 동안이 아니라 말이 끝난 후, 어떤 말을 할지 생각하라
- 수많은 질문을 하라
- 절대 끼어들지 마라

제2장
의사결정

리더의 핵심 "의사결정"

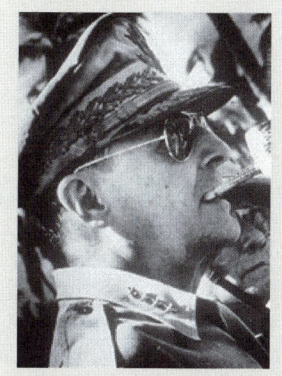

조직에서 리더의 역할은 말로 헤아릴 수 없을 정도로 다양하며, 그 영향력 또한 절대적이다. 리더의 수많은 역할 중에서도 "의사결정"은 단연 리더의 핵심기능으로 뽑을 수 있다. 리더가 어떤 의사결정을 내리느냐에 따라 조직의 방향, 목표, 성과 등의 결과들이 전혀 다르게 구현되기 때문이다.

그렇다면 의사결정의 정확한 개념은 무엇인가? 많은 정의 가운데에서도 의사결정은 "불확실한 미래에 대한 도박"이라 정의 내릴 수 있다. 1950년 한국전쟁 당시, 맥아더 장군은 미육군총장, 합참의장, 대통령의 극심한 반대에도 불구하고 자신의 모든 것을 걸고 인천상륙작전을 감행하였다. 그리고 마침내 인천상륙작전을 대성공으로 이끌었으며, 이후 맥아더 장군의 지휘에 대하여 아무도 제지를 가할 수 없었다.

맥아더 장군의 작전은 아무도 지지하지 않았다. 즉, 작전의 성공을 아무도 믿지 않은 것이다. 이 작전은 "불확실한 미래" 그 자체이었기 때문이다. 여기서 맥아더는 자신의 모든 것을 걸었다. 그리고 이 작전을 끝내 관철시켰다. 모든 것을 올인한 '도박'을 한 것이다. 전쟁역사에 길이 남을 인천상륙작전은 바로 맥아더 장군의 "의사결정"(불확실한 미래에 대한 도박)에 의해 탄생한 것이다.

리더가 모두의 반대에도 불구하고 옳다고 믿는 의사결정을 했을 때 그는 모든 것을 걸어야 하며, 성공을 위해 치밀하게 준비하고 추진해야 한다. 마침내 성공했을 때 그의 리더십은 크게 강화되며, 이른 바 "지휘의 신비(Mistique of command)" 효과가 일어난다.

이처럼 리더의 의사결정은 리더십 파워에 절대적 영향을 끼친다. 그러므로 리더는 작은 일이든 큰일이든 제때에 단호한 "의사결정"을 꾸준히 실행해야 한다. 현실을 회피하거나 남의 눈치를 보며 우물쭈물대는 자세는 리더십을 약화시킬 뿐이다. 단호한 의사결정을 자주 함으로써 "의사 결정의 성공 확률"을 계속 높여가는 것, 그것이 바로 리더가 해야 할 의무인 것이다.

자료 : 김준봉, "닻을 올리기 전에", 꿈을 찾는 부엉이들의 학습 공간 (네이버 카페)

01 의사결정의 의의

의사결정(decision making)은 여러 대안을 상호평가하여 가장 유리하고 실행 가능한 대안을 선택하는 행동과정으로 정신적 지각활동이다. 즉, 의사결정은 미래에 대한 불확실성과 과거로의 회귀의 불가역성 하에서 "이용 가능한 대체안중에서 선택하는 과정(process of selecting among available alternative)"으로 정의되며, 특히 복잡한 환경 하에서 협상을 하고 비즈니스를 해야 하는 국제경영에 있어서는 매우 중요한 행위라고 할 수 있다.

1) 의사결정의 특성
① 의사결정은 문제해결의 과정이다.
② 의사결정은 대안 중 선택적인 행위과정이다.
③ 의사결정은 연속적으로 이루어진다.
④ 의사결정은 여러 가지 변수로부터 영향을 받는다.
⑤ 의사결정은 불확실성 하에서 이루어진다.
⑥ 의사결정은 불가역성을 가지고 있다.
⑦ 의사결정은 편향성을 가지고 있다.

2) 의사결정 과정
의사결정의 과정이 합리적으로 이루어지기 위해서는 의사결정자가 문제를 정확히 인식하여 이를 체계화하고 문제해결에 필요한 정보를 수집·분석하여 대안을 개발·평가하고 최종안을 선택하는 단계를 거쳐야 한다([그림 Ⅱ-4] 참조).

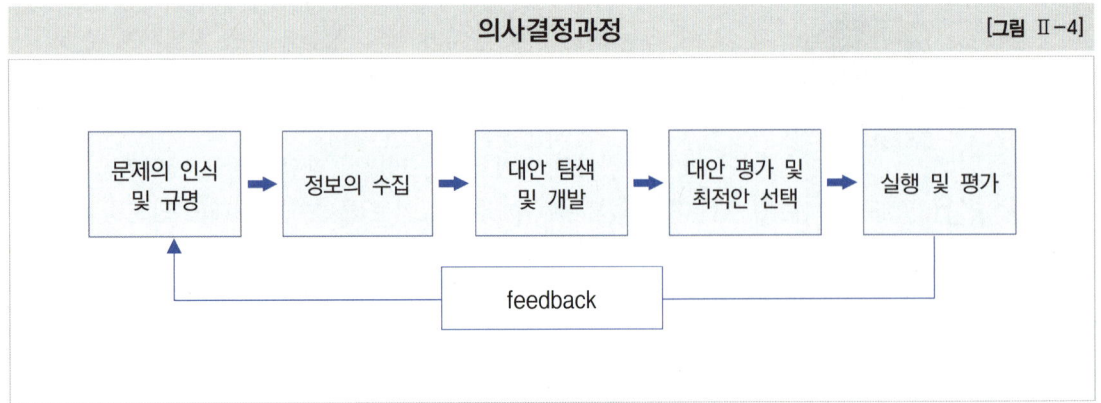

(1) 문제의 인식 및 규명

의사결정과정에서 협상가가 가장 먼저 해야 할 일은 문제를 면밀히 파악하고 인식하는 것이다. 문제의 규명단계는 확인된 문제의 양상과 본질을 평가하는 과정이다. 따라서 협상가는 문제의 상황을 합리적으로 평가하고, 표면으로 노출된 현상 이상의 실제적인 문제를 파악하여야 한다.

(2) 정보수집

문제를 인식하고 규명한 이후에 의사결정이 필요할 것이다. 그러므로 대안을 탐색·개발하는 데 필요한 각종 정보를 수집하여야 한다.

(3) 대안의 탐색 및 개발

규명된 문제의 원인분석결과를 바탕으로 실제상황과 이상적인 상황 간의 차이를 해소시킬 수 있는 행위나 조치, 즉 대안을 탐색·개발하는 단계이다. 대안의 포괄적인 탐색 및 개발을 위해서는 창의성이 특히 중요하며, 이를 위하여 브레인스토밍(brainstorming) 기법 등과 같은 창의적 의사결정 기법을 활용하기도 한다.

(4) 각 대안의 평가 및 최적안 선택

탐색된 대안들 중에서 어떤 것이 가장 좋은 대안인가를 평가하고 선택하는 단계이다. 대안의 평가 및 선택은 의사결정 문제와 목적에 따라 그 기준이 달라진다. 어떠한 의사결정 기준 혹은 의사결정 모형을 사용하는가에 따라서 선정되는 대안이 달라질 수 있다. 협상가는 각 대안의 결과를 추정하고 비교·평가하여 선택하게 되는데, 각 대안을 비교·평가할 때 고려해야 할 사항은 다음과 같다.

① **대안의 효과** : 대안이 조직의 목표와 자원에 대하여 어느 정도 실제적이며, 문제해결에 기여할 수 있는가를 고려해야 한다.
② **대안의 수행 가능성** : 대안의 수행 가능성 여부를 평가하여야 한다. 선택된 대안의 궁극적인 성공은 실현 가능성에 달려 있기 때문이다.
③ **대안의 조직에 대한 영향** : 그 대안이 조직에 불필요한 문제점들을 해소시킬 수 있는지를 검토해야 한다.

(5) 최적안의 실행

문제해결을 위한 대안이 최종적으로 선택이 되어 결정되면 이의 실행을 위한 구체적인 행동계획을 수립하여야 한다. 왜냐하면 선택된 대안의 궁극적인 성공은 실행 여부에 달려 있기 때문이다.

(6) 실행안의 평가

의사결정의 마지막 단계로 실행된 대안의 결과를 평가하는 것이다. 실행 결과의 평가는 실행방법 및 목표달성에 있어 선택된 대안과 그 수행이 효율적이었는가에 대한 관련 정보를 수집하여 검토함으로써 이루어진다. 또한, 실행결과의 평가에서는 대안의 긍정적인 측면과 부정적인 측면이 모두 고려되어야 한다.

02 의사결정의 유형

1) 문제의 구조화 정도에 따른 유형

(1) 정형적 의사결정(programmed decision)

정형적 의사결정은 구조화된 의사결정으로, 사건이 반복해서 일어나므로 의사결정을 하는 데 있어서 절차·규정·방침을 사전에 만들어 놓은 일상적이고 표준화된 의사결정이다. 이러한 의사결정은 단순하고 일상적인 과업으로 과거로부터 지침을 얻을 수 있을 만큼 정적이고 확실한 상황에 적용되며 컴퓨터에 의해 프로그램으로 자동화할 수 있는 의사결정이다.

(2) 비정형적 의사결정(non programmed decision)

지금까지 의사결정이 없었던 비일상적이고 비반복적인 업무상황에서 이루어지는 비구조적 의사결정을 말한다. 이러한 의사결정은 일회적이고 동태적이며, 불확실한 상황에서 충분한 자료가 없는 가운데 개인의 능력과 고도의 판단, 경험, 창의성에 의해 이루어지는 창조적·혁신적 의사결정이므로 프로그램으로 자동화할 수 없다.

2) 결과예측의 가능성에 따른 유형

(1) 확실성 하의 의사결정

의사결정에 필요한 정보를 충분히 활용하여 각 대안의 발생결과를 확실하게 예측할 수 있는 경우를 말한다. 따라서 문제와 해결대안이 알려져 있고, 그 대안을 채택하게 될 경우 해결될 결과도 알려져 있어 최적해의 선택이 가능한 경우이다.

(2) 위험 하의 의사결정

위험(risk) 하의 의사결정은 협상가가 의사결정 결과에 관한 약간의 정보를 가지고 있으나 모두를 알고 있지는 못한 상황을 가리킨다. 문제가 무엇이고 대안은 어떤 것들이 있는가를 알면서도 각 대안의 미래결과가 우연에 의존할 수 있는 상황이다.

(3) 불확실성 하의 의사결정

그 결과가 상황에 따라 변화하게 되며, 어떤 결과에 대한 객관적 확률도 그리고 어떤 정보나 지식도 또한 없는 경우이다. 이러한 의사결정은 직관이나 경험 및 숙련이 필요하게 되어 주관적 확률이나 또는 게임이론이 효과적일 때가 많다.

3) 문제의 적용수준에 따른 유형

(1) 전략적 의사결정

주로 최고경영층에서 수행하는 기업전체에 영향을 미치는 장기적인 의사결정으로서 목표달성을 위해 최대한 능력을 발휘할 수 있도록 자원을 배분한다.

(2) 전술적 의사결정

조직의 중간관리층에서 수행하는 중·단기적 계획과 관련되는 의사결정으로서 과업능력을 최대한 발휘하기 위해 기업의 자원을 조직화하는 과정에서 조직기구의 관리에 관한 결정과 자원의 조달 및 개발에 관한 결정을 하는 것이다.

(3) 운영적 의사결정

조직의 비교적 하위계층에서 단기적인 업무수행과 성과달성에 필요한 관리행동에 관하여 의사결정을 내리는 것으로서 현행 업무의 수익성을 극대화하는 것을 목적으로 한다.

03 의사결정 모형

1) 합리모형(Rational Model)

의사결정 행위의 고전적 접근방법으로 인간과 조직의 완전한 합리성, 합리적 경제인, 완전한 정보 환경을 전제로 하여 합리적인 의사결정 행동을 모형화한 것이다. 즉, 모든 충분조건하에서 합리적 인간이 최대의 효과를 얻을 수 있는 의사결정을 하는 것이다.

① 의사결정자는 많은 문제에 직면하여도 완전한 정보를 가지고 상호 비교·분석할 수 있다.
② 의사결정자가 추구하는 목적은 가치와 중요도에 따라 분류되고 서열화 된다.
③ 문제해결을 위한 대안은 모두 인지할 수 있으며, 각 대안을 모두 탐색할 수 있다.
④ 각 대안으로부터 나타날 결과를 포괄적으로 분석할 수 있다.
⑤ 각 대안을 선택할 때에 영향을 줄 수 있는 비합리적 요인은 통제되고 목표나 가치를 극대화시켜 줄 수 있는 최적의 대안을 선택하게 된다.

2) 만족모형(Satisfying Model)

합리적 모형에서 제시되는 합리성이 현실에서의 의사결정을 하는데 현실성이 없음을 비판하면서 March & Simon이 합리적 모형을 수정한 만족모형을 제시하였다. 이모형은 인간이 제한된 정보에 의해 한정된 능력만을 발휘할 수 있다는 의미에서 인간의 합리성을 제한된 합리성(bounded rationality)으로 규정한다. 효용극대화를 위한 최대의 가능한 만족을 어느 정도 희생하여 일정정도 수준에서 만족할 수 있는 의사결정을 한다는 것이다〈표 Ⅱ-1〉참조).

① 의사결정자는 자신의 외부환경에서 일어나는 모든 문제를 완전히 이해하는 것이 불가능하므로 이것을 간소화시켜 인식하게 되며, 여러 가지 목표나 문제 중에서도 관심이 있거나 관련성이 있는 일부분만을 대상으로 삼게 된다. 즉, 인간은 합리적이 되고자 노력할 뿐이며, 대안의 분석에서도 완벽을 기하려고 노력할 뿐이다.
② 대안탐색에서도 모든 대안을 고려할 수 없으며, 주위에서 쉽게 얻을 수 있는 정보에 의거한 대안을 우선적으로 검토하게 된다.
③ 대안의 선택에 있어서도 심리적으로 만족할 만한 수준에서 선택을 하게 되며, 최소한의 만족을 유지하지 못하는 경우가 계속되더라도 그에 맞추어 대안의 선택기준을 낮추게 된다. 이는 의사결정을 하는 사람의 가치관 등 심리적 성향에 의하여 형성되는 주관적 합리성이 의사결정의 기준이 된다는 것을 의미한다.

합리모형과 만족모형 비교 〈표 Ⅱ-1〉

합리모형	만족모형
최적 의사결정(효용극대화)	만족 의사결정
완전한 합리성	제한된 합리성
객관적 합리성	주관적 합리성
합리적 경제인에 기반한 의사결정자	주관적 합리성에 기반한 의사결정자

3) 점증모형(Incremental Model)

점증모형은 실제 의사결정에 있어서 모든 대안과 상황이 고려되는 것이 아니라 단지 현재와 비교하여 약간 향상된 대안을 선택하게 된다. 의사결정을 할 때에 이모형은 현재의 상황을 바탕으로 기존의 정책이나 결점을 점증적으로 수정해 나갈 수 있는 대안을 선택함으로 그 결정에 만족하는 모형으로 정치적 합리성을 추구한다.

이런 점에서 합리모형은 나무의 뿌리부터 재검토하는 방법이므로 근본적 접근방법(root method)이라고 할 수 있고, 점증주의는 나무의 뿌리는 건드리지 않고 가지치기만 하는 지엽적 방법(branch method)이라고 할 수 있다. 점증적 모형을 제시한 Lindblom은 정부조직을 준거 집단으로 하여 몇 가지 가정을 제시했다.

① 제한된 합리성과 정치적 합리성
- 부분적 최적화로 관련된 모든 대안을 총체적으로 평가·분석하기 보다는 현상을 유지하는 것도 하나의 대안
- 문제의 현실적·부분적·제한적·불완전한 해결을 중시

② 목표와 수단의 분석 곤란
- 목표에 따라 수단이 결정될 수도 있지만 수단에 따라 목표가 바뀔 수도 있음.
- 목표와 수단의 상호의존 및 연쇄관계를 인정

③ 정책대안의 비교와 선택은 순차적·점증적으로 연속됨.
- 부분 최적화, 소폭적 변화, 당파적 상호조절(다양한 이해관계의 조정)

④ 어떤 정책 또는 수단의 평가는 합의 내용에 의존
- 목표에 대한 합의가 없더라도 수단의 선택에 합의가 있을 수 있음.

⑤ 의사결정의 단순화를 위해 고려요인을 의식적이고 체계적으로 축소
- 압력·영향력이 큰 사람에게 유리함.

점증모형의 효용은 합리모형의 비현실성이나 복잡성을 덜어 주고 현실의 정책결정 과정을 잘 설명한다고 볼 수 있으며, 의사결정을 위한 분석은 비용을 수반한다는 점을 명확히 하였다. 어쩌면 정치적 합리성이나 정치적 실현 가능성 등을 고려할 때 현실적으로 가장 합리적인 모형일수도 있으며 사회가 안정되고 다원화되어 있는 경우에 적합하다.

4) 최적모형(Optimal Model)

최적모형은 Dror이 주장한 모형으로 질적으로 보다 나은 정책을 산출하기 위한 개인적 차원이나 합리적 의사결정에 대한 운영과정에 초점을 두고 있다. 특히 정책결정의 최적화를 위해서는 합리성뿐만 아니라 직관, 판단, 창의성과 같은 초합리적 요인을 동시에 고려하고 있다. 즉, Dror은 인간의 완전한 합리성을 비판하고, 점증적 모형에서 제시하는 인간의 비합리성을 전제로 하였으나 미래에 대한 예측 능력은 인정하면서 절충모형을 제시한 것이다. 규범적 최적모형은 계량적 측면과 질적인 측면을 구분하여 검토한 다음 이를 결합시키는 질적 모형이며, 합리적 요인과 초합리적 요인을 함께 고려한 모형이라고 할 수 있다. 그 내용은 다음과 같다.

① 조직의 목표, 가치기준, 결정기준 등을 어느 정도 분명하게 규정하며 새로운 대안을 고려할 수 있도록 의식적으로 노력하고 개발을 촉진해야 한다.
② 여러 대안이 가져올 결과를 자세히 분석하여 전략을 결정해야 한다.
③ 최적정책의 결정기준은 의사결정에 참석하는 사람들의 충분한 토론을 거친 후 합의하여 결정해야 한다.
④ 이론과 경험, 합리적 방법과 초합리적 방법을 병행하여 사용해야 한다.
⑤ 정책결정의 질을 높일 수 있는 장치를 만들어 주어야 한다. 즉, 의사결정에 구성원이 모두 참석할 수 있다든지, 다양한 자원을 확충하여 정보를 충분하게 제공해 줄 수 있는 방법을 제시해야 한다.

여기서 최적치는 순수하게 계량적인 것으로 표시할 수 있는 것이 아니라 동태적인 의사결정과정의 질적 적정화를 기반으로 하여야 한다. 따라서 인간의 지적(知的)인 합리성보다도 직관, 판단, 창의와 같은 초합리적인 요소(extra-rational factor)를 더 중시하게 되며 특히, 선례가 없는 비정형적인 의사결정을 내려야 할 경우에는 그 중요성이 더 커지게 된다.

이러한 최적모형은 의사결정에 있어서 초합리성이란 개념을 도입함으로써 급변하는 환경변화에 있어서 혁신적인 의사결정이 거시적으로 정당화될 수 있는 이론적 근거를 제시하였다는 점에서 공헌한 바가 매우 크다. 그러나 의사결정에 있어서 구체적인 달성방법이 없는 초합리성의 제시는 지나치게 이상적인 것으로 결국 합리모형의 틀을 벗어나지 못하고 있다는 비판을 받는다.

5) 쓰레기통 모형(Garbage Can Model)

쓰레기통 모형은 조직 상황이 다소 복잡하고 무질서한 상태에 있을 때, 즉 '조직화한 무정부 상태(organized anarchy)'에서 의사결정에 필요한 모형으로 개발된 집합모형이라고도 불리는 모델이다. 의사결정이 일정한 규칙에 따라 이루어지는 것이 아니라 문제, 해결책, 선택기회 및 참여자의 네 요소가 쓰레기통 같이 뒤죽박죽 움직이다가 어떤 계기로 교차하면서 우연히 결정되는 모형이다.

■ **3가지 전제조건**
① **선호의 불명확성(problematic preferences)**: 의사결정에 참여하는 구성원 간에 무엇을 선택하는 것이 바람직한지에 대한 합의가 없으며, 참여자 개인들은 자신의 선호가 무엇인지도 모르는 상태에서 의사결정에 참여하게 된다.
② **불명확한 기술(unclear technologies)**: 목표를 달성하기 위한 수단이 무엇인지에 대하여 잘 알지 못하며, 시행착오를 통하여 조직에 관련되는 문제들을 해결하는 방법을 학습하게 된다는 것이다.

③ **일시적 참여자(part-time participants)** : 결정과정에 참여하는 사람들은 그 자신의 시간적 제약 때문에 결정과정 전체에 참여하지 못하고 극히 일시적으로 참여하게 되며, 이는 개개인으로 볼 때 결정 전체에서 극히 부분적으로만 관여한다.

■ **4가지 구성요소**
① **결정해야 할 문제** : 현재의 활동이나 성과가 불만족한 부분
② **잠재적 해결책** : 문제를 해결할 아이디어로 조직의 대안적 해결안의 흐름 형성
③ **참여자** : 의사결정에 참여할 수 있는 지위에 있거나 회의 등에 참여하기로 되어 있는 사람들로 문제의 인식, 경험, 가치관 및 훈련 정도가 다양함.
④ **의사결정의 기회** : 정책결정권자 개인이 결정할 경우는 그 결정의 순간을 의미하고, 집단적 결정의 경우에는 회의 등을 의사결정 기회로 간주함.

■ **4가지 결과**
① 문제가 없는 경우에도 해결책이 제안될 수 있다.
② 선택된 해결책이 문제를 해결하지 못할 수도 있다.
③ 문제가 해결되지 않고 지속된다.
④ 일부 문제는 해결된다.

조직의 의사결정은 논리적 과정에 따른 결과가 아니라 무질서하게 이루어지며 조직은 이러한 흐름이 꼬여 있는 거대한 쓰레기통과 같다.

■ **쓰레기통 모형의 시사점**
① 많은 의사결정이 정상적 과정이 아닌 운, 우연, 자의로 이루어진다.
② 어떠한 대안이 결정되어도 상관없으므로 의사결정자가 정치적 동기를 가지고 참가할 수 있다.
③ 급하지 않아도 이슈가 될 만한 중요한 문제가 먼저 결정될 확률이 높다.
④ 문제마다 해결안을 찾는 데 시간이 걸리므로 문제가 많으면 문제가 그냥 남는다.

04 개인 및 집단 의사결정

1) 개인 의사결정

개인 의사결정(individual decision-making)이란 개인이나 경영자가 수집한 자료, 정보, 그리고 자신의 경험, 판단, 선택에 의해 혼자 의사결정을 내리는 과정이다. 개인의 의사결정은 합리적 모형과 제한적 합리성 모형으로 설명할 수 있다.

(1) 합리적 의사결정
① 경제학의 합리성에 근간
② 완벽하고 합리적 선택(최적안 선택)
- 완전한 합리성
- 완전한 정보
- 최적안 선택
- 규범적 요소 등

(2) 제한적 합리성 모형
① 제한적 합리성에 근간
- 정보
- 시간
- 자원 등

② 최초의 수용 가능한 대안 선택
- 만족 희생적 전략
- 만족스러운 대안
- 자원절약, 질적 저하 : 단순화 의사결정, 부적합한 의사결정 모형 사용

(3) 개인 의사결정의 장애요인
① 인지적 오류 : 정보처리 과정에서 발생
② 문제형태에 따른 오류(framing)
③ 단순화 경향(heuristics)
④ 몰입 에스컬레이션

(4) 개인 의사결정 장단점

① 개인 의사결정의 장점
- 시간이 적게 걸린다.
- 자신의 의견을 제대로 반영할 수 있다.
- 개인의 능력이 보통의 능력집단 구성원들보다 우수하다면, 그 집단의 집단적 의사결정보다 나은 결과를 가져온다.

② 개인 의사결정의 단점
- 잘못된 의사결정에 대한 보완이 불가능하다.
- 대체로 집단의사결정보다 정확도 면에서 떨어진다.
- 어려운 문제해결 시 활용할 다른 재원이 없다.

의사결정을 할 때에 복잡한 많은 문제를 합리적으로 해결하는 데는 제한적일 수밖에 없다. 많은 경우 무엇인가를 선택하여야 할 상황에서 정보나 시간의 제약으로 인하여 직관적으로 마음에 드는 것을 선택하게 된다. 의사결정에 제약을 주는 요소들은 문제의 복잡성 이외에도 애매모호한 상황, 필요한 사회적 지원, 문제에 대한 접근 시각의 일치성 여부 및 구성원의 합의 등이 해당된다.

이렇게 제한된 합리적 관점은 직관적인 의사결정 과정과 연계된다. 직관적인 의사결정에서는 논리적인 과정이나 명백한 추론보다는 경험과 판단이 작용한다. 직관은 잠재의식 속에 쌓여 있는 오래된 실제 경험에서 비롯되는 것이기 때문에 모든 의사결정이 독단적이거나 불합리적인 것은 아니다. 따라서 조직에서 제기된 문제에 대해 오랜 경험을 바탕으로 직관을 활용하게 되는 경우에, 오히려 문제를 더 빠르게 감지하고 이해할 뿐만 아니라 본능적인 느낌과 예감으로 대안을 설정하여 의사결정 과정을 신속하게 처리하기도 한다.

2) 집단 의사결정

집단 의사결정(group decision making)은 의사결정의 주체가 각 개인이 아닌 집단이 하는 것이다. 대부분의 조직은 비즈니스를 수행하는 데 있어서 개인의 결정보다는 집단의 힘을 모아서 의사결정을 한다. 집단에 의해 문제가 정의되고, 대안이 제시되며, 각 개인이 가지고 있는 정보의 공유 및 교환과정을 통하여 최종 해결책이 도출된다. 즉, 조직의 공동목표, 연대감, 상호작용 등과 같은 집단의 특성을 중시하며 의사결정 방법은 구성원 간의 다수결, 설득, 참여 등을 통하여 상호합의에 의하여 이루어지는 의사결정이다.

(1) 집단 의사결정의 특징
   ① 집단 의사결정은 문제해결에 이르는 시간은 길지만 정확도가 높다.
   ② 어려운 문제를 해결할 때에 집단 내의 구성원이 가지고 있는 모든 자원을 활용할 수 있다.
   ③ 집단 내 구성원의 능력이 상당히 우수한 경우에 이들은 서로 자원을 공유하려 하지 않는 경향이 있다.
   ④ 구성원 간의 상호작용을 통하여 의사결정과정에 언어적·비언어적 의사소통이나 접촉을 할 수 있다.

(2) 집단 의사결정의 장점
   ① **더 많은 지식과 정보** : 한 사람이 얻을 수 있는 지식과 정보보다는 집단이 얻을 수 있는 지식과 정보가 더 많음은 당연하다. 아무리 경력이 많은 의사결정자라고 하여도 오류를 범할 수 있으며, 의사결정 과정은 상당한 양의 정보를 고려해야 하기 때문에 중요한 정보를 망각할 수도 있다. 따라서 개인의 편견, 망각이나 무지로 발생하는 오류를 최소화할 수 있어 집단 의사결정은 이전보다 더 개선되고 정확한 정보를 활용할 수 있다.
   ② **문제에 대한 다양한 접근** : 다양한 집단구성원이 갖고 있는 능력은 각기 다르며 각자에게 다른 시각으로 문제를 연구하게 함으로써 다양한 견해를 제공받을 수 있다. 이렇게 다양한 관점에서 새로운 정보를 창출하고 그로 인한 시너지 효과가 나타날 수 있다.
   ③ **최종 의사결정 수용성 원활** : 많은 의사결정은 최종적인 의사결정이 이루어졌음에도 불구하고 실패하는 경우가 있는데, 그 이유는 사람들이 그 해결책에 대하여 납득하지 못하고 수용하려 하지 않기 때문이다. 그러나 그 결정을 직접적으로 실행하는 사람들과 그 결정에 의해 영향을 받게 되는 사람들이 의사결정 과정에 참여한다면 그 결정을 수용하는 것이 수월해진다.
   ④ **합법성의 증가** : 집단 의사결정에 참여하면 서로 의사소통이 활발히 이루어지고, 다수의 의사소통을 거쳐 합의에 의해 도출된 최종해결안은 개인이 결정한 솔루션보다 더 정당성이 있고 합법적인 것으로 인정하여 여러 문제를 감소시킬 수 있다.

(3) 집단 의사결정의 단점
   ① 의사결정의 전제가 되는 집단구성원 간의 갈등으로 인한 감정조정에 많은 시간과 자원의 낭비를 초래한다.
   ② 가능한 대안들에 대해 면밀한 검토를 하지 못하고 성급한 의사결정을 하게 된다.
   ③ 문제해결 과정에서 집단구성원들의 완전한 참여가 아닌 형식적인 참여가 될 수 있다.
   ④ 동조현상(conformity)에 의한 최적의 의사결정이 아닌 구성원 간의 타협에 의한 결정이 될 우려가 있다.

⑤ 집단극화(group polarization) 현상으로 의사결정 과정에서 구성원 간 의견불일치로 인해 양극화 또는 마찰의 소지가 있다.

(4) 기타 집단 의사결정의 문제점

① **과도한 모험 선택** : 사람들은 혼자 있을 때보다 그룹으로 회의석상에 섰을 때, 보다 모험적으로 변한다. 고전에서도 집단으로부터 추대되는 인물은 안정적인 사람보다 모험적인 사상을 가진 의사결정자이다. 이는 개인 의사결정보다 집단 의사결정일 경우, 부정적 결과에 대한 책임이 분산될 것이라는 생각에서 나온 결과이기도 하다.

② **과도한 정당화** : 개인 의사결정의 경우에는 잘못이나 오류가 발견되는 즉시 번복이 가능하지만 집단 의사결정에 의한 선택은 더 좋은 대안이 발견되더라도 최초의 의사결정을 고수하려는 경향이 있다. 미국의 베트남 참전도 미국 각료들이 무능함을 감추기 위해 무리하게 지속하였고, 엄청난 손실을 발생시켰다.

③ **도덕적 환상** : 집단의 행위는 개인의 행위보다 더 도덕적일 것이라는 환상으로 인해 여러 집단들이 인륜적으로 잘못된 풍속을 집단의 이름으로 자행하는 경우가 흔하다.

④ **만장일치의 환상** : 동조압력에 의해 사람들은 잘못된 선택도 반대보다는 찬성하는 쪽으로 의견이 기운다. 만일, 개인이 보다 정확한 정보를 갖고 있더라도 조직의 유대감 형성에 저해될 것이라고 생각하면 침묵하거나 반대의견을 결정하게 된다. 따라서 조직 내에서 이루어지는 만장일치는 환상일 뿐이다.

3) 집단 의사결정 기법

(1) 브레인스토밍(brainstorming)

미국의 오스본(A. F. Osborn)에 의해 창안된 아이디어 창출기법이며, 두뇌에 폭풍을 일으킨다는 뜻으로 두뇌폭풍 또는 두뇌선풍이라고 한다. 이 브레인스토밍은 10여 명 이내의 사람들이 그룹을 만들어 10~60분 정도에 걸쳐 한 주제에 대하여 다각적인 토론을 벌인다. 토론은 자유자재로 공상과 연상 작용을 통해 아이디어를 발상하는 방법으로 창조적이고 독창적인 대량의 아이디어를 얻는 자유연상법의 전형적인 방법이다. 처음에는 광고 분야에서 창조적인 아이디어를 개발하기 위하여 사용되었으나 오늘날은 광고뿐만 아니라 신제품개발, 프로모션, 작업방법 개선 등 기타 모든 경영 문제해결 또는 아이디어 창출방법으로 널리 사용되고 있다.

■ <u>**브레인스토밍의 4대 원칙**</u>

① **자유분방(Free-wheeling is welcome)** : 아이디어 제안을 많이 할수록 좋다. 엉뚱한 아이디어, 재미있는 아이디어, 비현실적인 아이디어 등 색다른 시각으로 보는 모든 아이디어를 환영한다.

② **비판금지**(Criticism is not permitted) : 제안은 자유롭게 이루어져야 한다. 다른 구성원의 아이디어 제시를 평가하거나 비판하지 않는다.
③ **수량추구**(Quantity is required) : 아이디어의 수가 많을수록 훌륭한 아이디어가 나올 가능성이 높기 때문에 아이디어의 수를 중시한다.
④ **결합개선**(Combinations and improvements should be tried out) : 제안된 아이디어 간의 결합을 통한 아이디어 개선을 권장해야 한다.

■ 운영절차
① 6~12명으로 구성되는 참가자 집단을 정하고, 리더와 기록원을 선발한다.
② 리더는 구성원들이 잘 이해할 수 있도록 명확한 문제를 칠판에 제시한다.
③ 리더는 구성원에게 지켜야 할 원칙을 설명한다.
④ 아이디어를 제시하고 싶은 구성원은 손을 들고 한 번에 한 가지씩 제시한다.
⑤ 제안된 아이디어는 칠판에 기록하고 필요에 따라서는 새로운 아이디어를 자극하기 위해 기록한 아이디어를 다시 읽어주거나 처음 제시된 문제를 다시 설명해 준다.
⑥ 제시된 아이디어를 정리한다.

■ 장단점
① 장점
- 집단구성원 간의 의사표시는 자유롭고 창의성이 유발되며 소수의견 등이 무시되지 않는다.
- 다른 구성원의 아이디어를 통해 새로운 시각으로 자극 받고 학습할 기회가 생긴다.
- 단 기간 많은 양의 아이디어를 효율적으로 도출할 수 있다.
- 소수의 구성원에 의한 지배가 이루어지지 않는다.

② 단점
- 규칙을 엄수하는 등 자유로운 분위기를 조성하기 쉽지 않다.
- 때로는 올바른 대안을 도출하기보다 구성원의 합의를 이끌어 내는 데 중점을 둔다.
- 개별적인 아이디어를 구조화하기 어렵다.
- 문제를 이해하기 위한 시간적 여유가 없어 엉뚱한 아이디어를 제시할 가능성이 있다.
- 상대적으로 복잡한 문제를 깊이 있게 논의하는 데는 적합하지 못하다.

(2) 기재식 집단기법(nominal group technique)

기재식 집단기법은 브레인스토밍의 단점을 보완한 의사결정 기법으로 브레인스토밍 기법에 토론 및 투표를 거쳐 대안을 선택하는 창의적 기법이다. 'Nominal'은 모든 구성원이 의사결정에 동등하게 참여하고 영향을 미칠 수 있는 기회가 있다는 것을 의미한다. 특히 민감한 문제, 정보에 대한 평가를 할 때 또는 탐색한 문제해결책에 우려가 있을 때 사용되며, 많은 구성원이 참여하나 집단 내 구성원 각자의 자발적 노력이 있어야 하는 기법이다.

■ 운영절차

① 1단계 : 7~10명으로 이루어진 집단의 각 구성원이 제시된 문제에 대해 상호 간의 토의 없이 자신의 아이디어를 작성한다.
② 2단계 : 아이디어를 제출하게 되면 기록원으로 지정된 사람이 그것을 칠판이나 차트에 기록하고 누구의 것인지 모르게 한다.
③ 3단계 : 칠판이나 차트에 적힌 모든 아이디어에 대해 그것들의 장점, 타당성, 명료성 등 여러 가지 측면에 대해 토론한다.
④ 4단계 : 각 아이디어의 선호도에 대한 우선순위를 묻는 비밀투표를 실시하여 가장 많은 수를 얻은 것을 집단의사결정으로 한다.

■ 장단점

① 장점
- 브레인스토밍처럼 구성원 상호간의 갈등을 해소하고 소수 구성원의 지배가 배제된다.
- 아이디어의 도출과 평가 과정이 운영되어 창조적인 아이디어의 탐색 및 개방 가능성이 높다.
- 과업지향성과 사회감정적 측면이 동시에 고려되어 구성원의 만족도가 높다.
- 의견 불일치로 인한 논란이 적다.
- 하나의 아이디어에만 집착하는 경향이 낮다.
- 판단의 타당성과 신뢰성을 유지하기 위해 수치적인 표현에 의한 의사결정이 이루어진다.
- 최종선택에 대한 의사결정을 확실히 알 수 있다.

② 단점
- 의사결정 과정에 대한 경험이 있는 확실한 리더를 필요로 한다.
- 구성원이 자신의 아이디어를 서면으로 정확히 표현할 능력이 있어야 한다.
- 문제에 대한 사전 정보와 관련 자료들을 충분히 준비하여야 한다.
- 의사결정 과정이 구조화 되어 있어 융통성이 적기 때문에 한 번에 하나의 문제만 다룰 수 있다.
- 최종 의사결정을 내리는 과정이 일정한 형식에 의해서 이루어지므로 익숙하지 않은 참여자는 불편함을 느낄 수 있다.

(3) 델파이기법(delphi technique)

델파이기법은 한 나라의 연구수준이나 미래의 특정시점을 예측하는 경우, 특히 현재의 상태에 대한 일반화 및 표준화된 자료가 부족한 경우, 전문가적인 직관을 객관화하는 예측의 방법으로 많이 사용되어지는 기법이다.

다시 말하면 본 연구의 예측조사 방법으로 사용되는 델파이기법은 내용이 아직 알려지지 않거나 일정한 합의점에 달하지 못한 내용에 대해 다수의 전문가 의견을 자기기입식 질문조사방법이나 우편조사방법으로 수집한다. 그리고 표준화와 비표준화 도구를 활용하여 수차례에 걸쳐 피드백하고 그들의 의견을 수렴하여 합의된 내용을 얻는, 소위 전문 집단적 사고를 통하여 체계적으로 접근하는 일종의 예측에 의한 정책분석방법이라고 볼 수 있다. 델파이기법과 똑같지는 않지만 의도적인 면에서 비슷한 방법으로 이루어지는 브레인스토밍이 있다.

■ **특징**

델파이기법은 각 전문가들에게 개별적으로 설문서와 그 종합된 결과를 전달·회수하는 과정을 거듭함으로써 독립적이고 동등한 입장에서 의견접근을 해 나갈 수 있도록 하는 것이다. 따라서 질문지의 응답자는 철저하게 익명성이 보장되므로 외부적인 영향력으로 결론이 왜곡되거나 표현이 제한되는 경우는 매우 적다.

그리고 통제된 피드백 과정을 반복하기 때문에 주제에 대한 계속적인 관심과 사고의 촉진을 통한 종합된 의견 전달은 질문서에 대한 답을 집계하는 형식으로 이루어지게 된다. 따라서 통계적으로 의견을 처리하여 제시함으로써 그룹 내의 의견차이 정도를 보여주고, 강한 소수의견에 대해서도 내용을 파악할 수 있도록 해준다. 하지만 질문지에 의지하는 경향이 나타나므로 질문지 자체에 문제가 있으면 델파이조사 자체가 잘못될 수 있는 결정적인 문제점도 가지고 있다.

■ **종류**

① **전통적인 델파이기법** : 미래를 예측하는 미지의 값을 측정하기 위한 기법으로 특정 문제가 야기될 시점이나 그것의 성취가능성을 조사하기 위한 수량적 델파이기법이다. 이 기법은 문제에 대한 수량적 예측을 최대한 구체화시키는 것이다.

② **정책 델파이기법** : 정책문제 해결을 위하여 정책대안을 개발하고 정책대안의 결과를 예측하기 위해서 전문가나 정책결정자가 생각하지 못한 여러 가지 미비점과 주관적인 판단을 점검하는 방법이다. 특히 이 기법은 정책이나 의사결정을 위한 메커니즘이라기보다는 정책이슈를 분석하고, 의견을 확장시키기 위한 방법이다. 따라서 전통적인 델파이기법과는 차이가 있다.

③ **의사결정 델파이기법** : 어떤 정책의 실체를 확인하거나 예측하기 위한 것이 아니라 현실을 창조할 목적으로 이루어지는 의사결정 도구로써 활용되는 기법이다.

전통적 델파이기법과 정책 델파이기법의 차이 <표 Ⅱ-2>

구분	전통적 델파이기법	정책 델파이기법
개념	일반 문제에 대한 예측	일반 델파이를 정책문제에 도입한 것
대상자	일반 전문가를 대상자로 선정	정책전문가와 정책관계자를 대상자로 선정
익명성	철저한 격리성과 익명성 보장	선택적 익명성 보장(중간에 상호교차 토론)
분석방법	의견의 평균치(중간치) 중시	극단적이거나 대립된 견해도 존중하고 이를 유도

자료 : http://cfs1.tistory.com

■ **전문가의 선정기준**
① 전문가는 응답에 필요한 필수적 지식을 평균이상으로 갖고 있어야 한다.
② 조사에 참여하는 전문가들은 지리적으로 골고루 퍼져 있어야 한다.
③ 전문가들은 합리적이고 객관적이며 편향되지 않은 사고를 할 수 있어야 한다.
④ 전문가들은 조사에 열성적으로 참여하여야 한다.
⑤ 전문가들은 델파이 과정에 소요되는 수 주일간의 시간을 낼 수 있어야 한다.

■ **운영절차**
① **관련 분야 전문가 집단 구성** : 조사 내용에 대해 가장 잘 알고 있으리라고 믿어지는 전문가를 30명에서 최고 100명까지 선정하여 패널을 구성한다.
② **1차 질문** : 구성된 패널에게 개방형 질문을 통해 그들의 견해를 모두 나열하여 가능한 한 많은 자료를 수집·분석하여 항목을 구성한 후 폐쇄형 질문지를 만든다.
③ **2차 질문** : 이 폐쇄형 설문지를 동일 대상자에게 보내는 2차 질문을 실시한다. 이때는 문항에 점수를 주거나 중요도를 측정하여 일정 수의 주요 문항을 선택한다.
④ **3차 질문** : 수집된 결과를 항목별로 종합하여 전문가 전체의 항목별 도수, 평균, 또는 표준편차 등을 제시하고 다시 동일집단에게 보내 중요문항을 선택하게 한다.
⑤ **4차 질문·피드백** : 셋째 단계의 결과를 가지고 면담을 실시한다. 이와 같은 방법으로 전문가들 사이에 어떤 합의점을 찾을 때까지 여러 차례의 설문을 통하여 최종 결과를 얻는다.

■ **장단점**
① 장점
  • 1인에 의한 지배나 집단사고 현상이 제거된다.
  • 편향된 토론에 쏟는 시간과 노력의 낭비를 줄일 수 있다.

- 연구자에 의해 통제되기 때문에 초점에서 크게 빗나가지 않는다.
- 시간적·경제적으로 비용을 절약할 수 있다.
- 단계별로 추진되기 때문에 변화를 추적할 수 있다.
- 다수의 전문가 의견을 수렴하여 피드백 할 수 있다.
- 익명성과 독립성 때문에 자유롭고 솔직한 전문가의 의견을 들을 수 있다.
- 사회감정적 압력이 배제되고 인간관계보다는 문제에만 집중할 수 있다.

② 단점
- 질문지 조사방법 자체에 결함이 있을 수 있고 문제가 참여자에게 맡겨지므로 문제를 정확히 인식하기 어려울 수 있다.
- 다른 질문지와 마찬가지로 회수율이 높지 않다. 조사가 여러 횟수를 반복함에 따라 회수율이 점점 낮아지게 된다.
- 반복적 조사이기 때문에 조사를 끝내려면 장기간이 필요하다. 단시일에 끝내야 하는 조사로는 용이하지 않다.
- 문제와 처리 결과를 직접 주고받을 수 없다.
- 통계적 처리 결과에 무의식적으로 따라갈 수 있다.
- 현재성을 중시하는 현대인에게 미래 문제점은 무관심하게 나타날 수 있다.
- 한두 가지의 확신만을 가지고 미래를 볼 경우, 미래를 단순화할 수 있다.
- 전문가들이 과도한 확신으로 환상적이거나 체제 전체를 판단 못하게 할 수 있다.
- 조작적 가능성도 가지고 있다.
- 참여 전문가들이 설문에 대하여 신중하지 못할 수 있다.
- 델파이조사에 의한 예측 연구는 불확실한 상황을 연구대상으로 삼고 있다는 기본적인 한계를 가지고 있다.

(4) 지명반론자법(devil's advocate method)

집단 의사결정 방법 중 한 가지로 지명반론자법 또는 악마의 대변인(devil's advocate)은 천주교 성인추대 심사에서 추천된 후보의 성인추대 불가 이유를 실증적 자료에 근거하여 주장하도록 하는 공식적인 역할을 부여 받은 사람을 악마라고 부른 것에서 유래되었다.

이러한 지명반론자법은 집단을 둘로 나누어 한 집단이 제시한 의견에 대해서 반론자로 지명된 집단이 그 안에 대한 단점이나 약점에 대하여 의견을 제시하고 토론을 벌여 본래의 안을 수정하고 보완하는 일련의 과정을 거친 후 최종대안을 도출하는 방법이다. 지명반론자법을 통해 선택된 대안은 생각할 수 있는 여러 상황에 대한 대응방안까지를 포함하고 약점을 보완하게 되어 현실적용성이 높아진다.

■ 운영절차
① 결정한 사항이나 문제의 정의
② **지명반론자 임명** : 의사결정에 참여한 집단을 둘로 나누거나 집단구성원 중에서 문제의 사안을 명확히 이해하고 있는 몇 명을 지명반론자로 임명
③ **문제해결 및 대안 제시** : 집단의 문제해결이나 결정할 사안에 대하여 의견을 제시하고 최선의 2-3개 안으로 수렴
④ **지명반론자에게 설명** : 수렴된 의견을 지명반론자나 지명반론자 집단에게 이유와 효과를 설명
⑤ **지명반론자 반론 제시** : 지명반론자나 지명반론 집단은 제시된 이유와 효과에 대한 논리적 허점과 최악의 경우 얻을 수 있는 성과와 그에 따른 피해 등을 근거 자료를 가지고 반론을 제시
⑥ **최적의 대안** : 제시된 반론을 해결하거나 대비책을 세워 최선의 해결책을 찾을 수 있도록 대안을 찾을 때까지 반론을 진행
⑦ **최종안 결정** : 모든 반론을 감안한 최종안을 도출

■ 장단점
① 장점
- 발생가능한 모든 문제점을 고려하여 실행과 예측이 가능한 의사결정
- 내부자를 활용한 내부문제를 인식
- 참여자들이 문제를 대조적으로 쉽게 인식
- 집단사고 현상을 방지
② 단점
- 반대를 위한 반대를 고의적으로 지적
- 집단이 전문적이지 않을 경우 해결책이 모호할 수 있음.

(5) 시네틱스(synetics)

시네틱스는 '둘 이상의 것을 결합하거나 합성한다'는 의미로 언뜻 보기에는 연관이 없어 보이는 요소들을 유추를 통해 서로 결합시키는 발상법이다. 윌리엄 고든(William J. Gordon)은 천재나 대발명가를 대상으로 심리연구를 한 결과 그들의 공통적인 사고방식이 '유추'라는 것을 발견했다. 이를 기반으로 창안한 기법이 관련 없는 요소들의 결합이라는 의미를 지닌 시네틱스이다.

시네틱스는 유추를 통해 친숙한 것을 생소한 것으로, 생소한 것을 친숙한 것으로 보이도록 함으로써 새로운 시각을 갖기 어려운 상황에서 창의적인 사고를 도와주고 문제해결을 모색하도록 한다. 이때 사용되는 유추는 직접유추, 의인유추, 상징적 유추, 환상적 유추로 이를 통해 창의적인 아이디어를 도출하는 것이다.

■ **운영방법**
① **안건 및 의제선정** : 아이디어 도출을 위한 주제를 선정하고 리더는 참여자들에게 충분한 시간을 활용하여 아이디어를 도출할 수 있도록 적절한 의제를 선정한다.
② **회의장소 및 진행자 선출** : 회의의 효율을 높일 수 있도록 자유롭게 토의할 수 있는 장소 선정과 의견의 조합, 분석에 능통한 사람으로 진행자가 선출되도록 한다. 참여자들은 폭넓은 발상을 위하여 다양한 분야의 전문가들로 구성하는 것이 좋다.
③ **주제에 대한 배경설명** : 리더가 선정한 주제에 대하여 참여자들에게 사전에 배경설명을 한다. 회의 목적과 진행방식을 사전 공유하고, 회의 참여자들에게 그에 따른 필요한 준비를 하여 회의를 효율적으로 진행할 수 있게 한다.
④ **아이디어 도출 및 정리** : 참여자들은 직접유추, 의인유추, 상징유추, 환상유추 단계에 맞추어 아이디어를 제안한다. 참석자 모두에게서 아이디어가 나올 수 있도록 유도하며, 유추를 통해 나온 아이디어는 다시 한 번 주제와 결합하여 내용을 구체화하고, 지속적으로 아이디어를 발전, 확장하여 문제에 최적화된 아이디어를 선별한다.

- 직접유추(direct analogy) : 해결할 대상이 전혀 다른 대상과 유사한 면이 있다면 다른 속성도 유사할 것이라는 추측을 기반으로 직접적이고 객관적으로 비교·검토하는 방법
  예) 우산 → 낙하산, 체온보존 → 겨울철 동물, 비행기 → 새 등
- 의인유추(personal analogy); 자신이 해결할 문제의 일부가 되었다고 가정하거나 반대로 해결할 문제 혹은 물체를 사람으로 의인화해서 문제를 해결하는 방법
  예) 골프공을 잃어버렸다면 내가 골프공이라면 작지만 비교적 딱딱하고 무게가 있으므로 어디로 굴러 갔을까?하고 찾는 행위
- 상징유추(symbolic analogy) : 서로 반대되거나 모순되는 두 대상을 하나로 통합하여 새로운 의미를 만들어 내는 과정에서 특성이나 성질을 활용하는 방법
  예) 부드럽지만 강하다.
- 환상유추(fantasy analogy) : 비현실적인 유추를 통해 문제를 해결할 때 사용
  예) 막대기를 휘두르면 소원이 이루어진다.

(6) 변증법적 토의(dialectical discussion)

토론집단을 대립적인 두 개의 팀으로 나누어 토론을 진행하는 과정에서 합의를 형성해 내도록 하는 기법이다. 한 팀은 특정 대안에 대해 찬성하는 역할을 맡고, 다른 한 팀은 반대하는 역할을 맡는다. 두 팀이 자기역할에 충실한 토론을 하는 과정에서 특정 대안의 장점과 단점을 최대한 노출시킴으로써 의견수렴의 과정을 거치면 더욱 온전한 대안을 선택할 수 있다는 것이 변증법적 토론기법의 전제이다.

■ **변증법적 토의 5단계**

① 1단계 - 의사결정에 참여할 집단을 둘로 나눈다.
② 2단계 - 한 집단이 문제에 대하여 자신들의 대안을 제시한다.
③ 3단계 - 타 집단에서는 본래 대안의 가정을 정반대로 바꾸어 그에 기초한 대안을 마련한다.
④ 4단계 - 양 집단이 서로 토론을 한다.
⑤ 5단계 - 이 토론에서 살아남은 가정이나 자료를 가지고 의견을 종합하여 결정을 내린다.

(7) 캔미팅(can meeting)

일정 조직원들이 일상 업무장소를 떠나 외부와 단절된 상태에서 정해진 경영과제에 대해 격의 없이 자유토론하는 것이다.

SK그룹의 최종현 회장이 미국유학시절에 익혀 1984년부터 그룹에 도입하기 시작, 1986년에 전 계열사로 확대했고 최 회장이 전경련 회장에 선임된 후 전경련에도 도입한 바 있다.

처음에는 10여 명이 둘러앉아 캔 맥주를 마셔 가면서 사내에서 빚어지는 인간적 갈등이나 조직 내의 문제를 털어놓자는 뜻에서 업무관련 내용은 이야기하지 않았다.

결국, 캔미팅이라는 것은 일반적인 회의와는 달리 일상적인 업무는 물론 과제 등을 외부와는 차단된 장소에서 전 부서원이 부서장과 함께 격의 없고 허심탄회하게 논의하는 회의다. 여기서는 어떠한 의견도 자유롭게 개진할 수 있으며 회의를 마친 뒤에는 절대로 그 때 발언을 문제 삼지 못하게 되어 있다.

제3장
협상과 인식

일본과 독일이 과거사를 대하는 인식의 차이

2015년 6월 〈중국중앙텔레비전〉은 제2차 세계대전 승리 70주년을 기념하여 '진실과 부인-독일과 일본의 전후 속죄'라는 제목의 다큐멘터리를 방영했다. 이 다큐멘터리는 대규모의 잔혹한 전쟁범죄와 반인륜적 악행을 저지른 독일과 일본이 전쟁 이후 대외적으로 각기 어떤 태도를 취했으며, 그 상이한 태도의 배경이 무엇인지를 추적하는 내용이다.

흥미로운 것은, 이 기록영화가 메르켈 독일 총리의 연설로 시작되고 또 마무리되고 있는 점이다. 첫 장면은 2014년 베이징 방문 시 "독일인들은 전쟁 중에 자신들이 무엇을 하고 무엇을 하지 않았는지를 성찰해야 할 것"을 강조한 연설로, 마지막 장면은 2015년 도쿄 방문 시 "역사를 정직하게 대면해야 할 필요성"을 말한 메르켈의 연설로 채워져 있다. 중국인들이 다큐멘터리를 이렇게 구성한 이유는 명백하다. 즉, 식민지 지배와 전쟁범죄를 부인하고, 역사 교과서를 왜곡하고, 피해자들에게 사죄를 하기 보다는 끊임없이 모욕과 상처를 입혀 온 전후 일본(국가)의 태도를 부각시키려 한 것이다.

다 아는 얘기지만, 독일과 일본은 과거사를 대하는 기본자세에서 신기할 정도로 대조적이다. 독일은 흔쾌히 과오를 인정했다. 그런 자세 때문에 유럽연합이라는 공동체의 성립이 가능했고, 그 결과 지금 독일은 유럽의 중추국가로 중요한 역할을 하고 있다.

반면에 유태인 학살 못지않은 잔혹한 범죄와 악행을 저지른 일본은 단 한 번도 선선히 반성하고 사죄하지 않았다. 오히려 일본의 지배층과 그들에 의해 길들여진 젊은 세대 다수는 국제적 압력 하에서 정부 고위층이 마지못해 행한 형식적인 '사과'에 대해 국내외적으로 비난과 비판이 가해지면 "대체 언제까지 사과를 반복하란 말이냐?"라고 볼멘소리를 하기 일쑤였다.

과거사에 대한 두 나라의 이처럼 뚜렷한 차이는 물론 '민족성' 따위로 설명할 수 있는 것이 아니다. 그것은 매우 복합적인 요인과 배경에서 연유한다. 무엇보다 중요한 것은 두 나라가 처한 국제정치적 환경의 차이인지 모른다. 즉, 독일은 이웃 나라들과 화해를 하지 않으면 새로운 세계질서 속에서 국가·국민으로서 생존할 수 없다고 느꼈고, 일본은 자신들이 충실한 대미(對美) 의존 국가로 남아 있는 한, 동아시아 국가들과의 관계는 무시해도 좋다고 생각해 왔기 때문이다.

더욱이 전쟁이 끝나자 중국은 공산화되었고, 식민지에서 해방된 한반도는 둘로 쪼개져 서로 총부리를 겨누는 한심한 사회가 되어 버렸다. 원래 이들 '미개한' 민족·백성들을 그나마 '근대화' 시켜 준 것이 일본제국이었는데, 왜 사죄를 해야 한단 말인가? 게다가 히로시마와 나가사키에 투하된 원자폭탄 때문에 일본인의 의식은 가해자가 아니라 피해자의 그것으로 바뀌어 버렸다.

그 결과, 일본은 서양제국주의의 침략으로부터 아시아를 보호하기 위해 식민지를 확보하고, 전쟁을 하지 않을 수 없었다는 논리가 어느새 주류가 되어 버렸다.

또한 2014년 일본의 공영방송사 NHK의 회장 모미이 가쓰토(Momii Katsuto)가 위안부 문제와 관련해 "전쟁을 했던 어떤 나라에도 위안부는 있었고 독일과 프랑스에도 있었다"고 주장하며 일본군의 위안부 문제를 정당화하려고 했다. 실제로 베트남 전쟁 당시 프랑스도, 2차 세계 대전 당시 독일도 군내 성매매 조직이나 강제 성노예가 존재했을 수는 있다. 하지만 그것으로 인해 피식민지의 여성들을 강제동원한 일본군 위안부 문제가 정당화 될 수는 없다. 프랑스도 독일도 유사한 사례가 있는데 왜 일본만 문제 삼느냐는 식의 주장은 전형적인 피장파장의 오류라고 할 수 있다.

자료 : http://www.hani.co.kr/arti/opinion/column/725171.html

01 인식과정(cognitive process)

인지심리학에서 말하는 인식과정은 외부자극에서 오는 정보를 표상정보(mental representation)로 재구성하여 이루어지는 학습, 기억, 이해, 추리, 판단, 결정, 문제해결 등의 과정을 말한다. 인지과정에는 대상 정보의 본래적 속성(기본정보) 외에도 맥락 등 다양한 부가 정보들이 종합적으로 영향을 미친다. 즉, 인식에 영향을 미치는 요소를 분류하면 인식자(the perceiver), 대상(the target), 상황(the situation)이라고 볼 수 있다.

대체로 과거와 현재의 어떤 경험이나 행위를 통해 형성된 인식에 따라 협상가는 협상에 있어서 여러 가지 접근방법을 사용한다. 앞으로 어떤 결과가 나올지, 상대가 어떻게 행동할지에 대해서 예측하는 일은 많은 부분에 있어서 협상가의 직·간접적 경험과 관찰을 통해 얻은 인지적 정보에 기반을 둔다.

인식은 복잡한 물리적·심리적인 과정이다. '외부로부터의 자극을 걸러 내고 선택하여 해석하고 의미를 부여하는 과정'이다. 일종의 의미형성과정인 것이다. 사람들은 자신의 환경을 해석하고 이에 따라 적절한 반응을 할 수 있다([그림 Ⅱ-5] 참조).

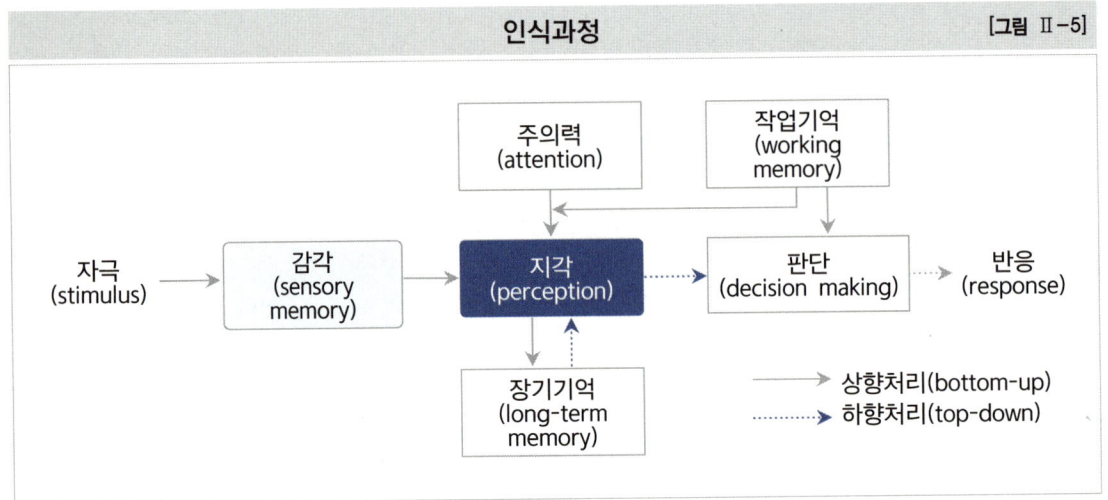

자료 : http://blog.daum.net/shin55145/412

　대부분의 환경은 매우 복잡하다. 이러한 복잡한 환경은 다양하고도 수많은 자극을 제공하고, 각각의 자극들은 크기, 색깔, 형태, 질감, 상대적인 참신성과 같이 서로 다른 속성들을 가지고 있다. 이러한 복잡한 환경 때문에 모든 활용 가능한 정보를 처리하는 것이 불가능해지고, 결국은 지각을 하는 상태에서 선별적으로 인식하게 되는 것이다([그림 Ⅱ-6] 참조).

　다시 말해서 어떤 자극에는 관심을 두지만 어떤 자극은 무시하게 된다. 결과적으로 자신이 정보를 쉽게 처리할 수 있는 몇 가지의 간단한 방법을 갖게 된다. 외부 환경으로부터의 자극이나 정보를 잘못 판단하거나 간단한 방법을 사용하여 왜곡하게 되면 인식의 오류라는 대가를 치르게 된다. 그러나 사람들은 그런 오류를 범했는지조차 알지 못한다.

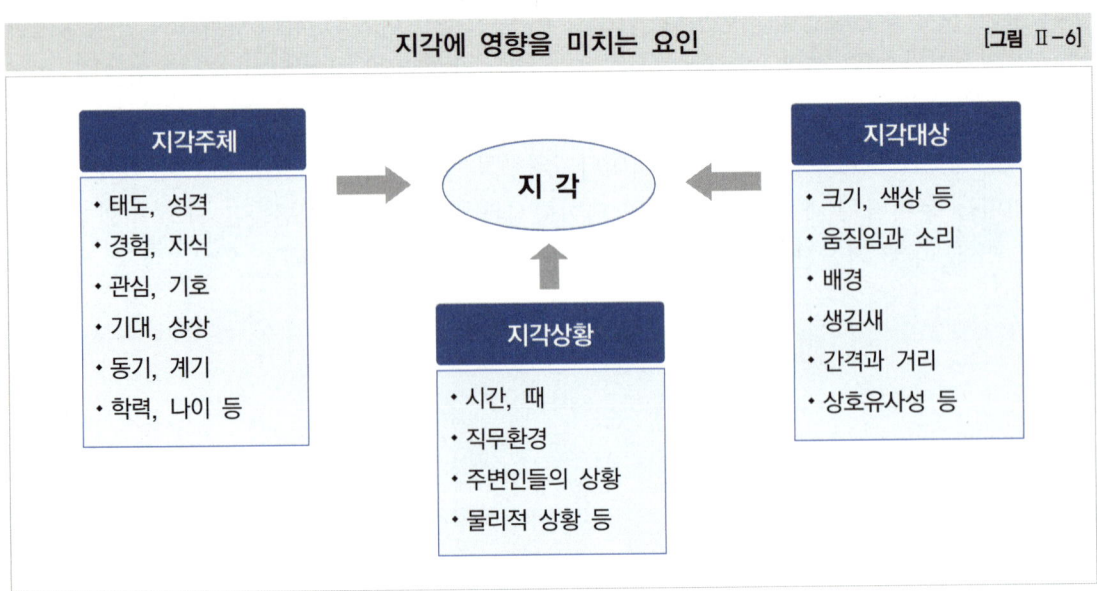

지각은 자신의 환경에 대한 의미를 부여하기 위하여 개인이 조직적으로 감지된 인상을 해석하는 과정이며, 인간의 행동은 현실 그자체가 아니라 현실이 어떠하다고 지각하는 데 근거를 두고 있으며, 지각된 내용은 행동적 차원에서 볼 때 매우 중요한 내용들이다.

특히 인간을 지각하는 데 있어서 특정한 행동에 부여하는 의미를 개인의 감정, 미래수행기대, 동기 등에 따라 다르게 판단하는 방식을 귀인이론이라고 한다. 어떠한 사람의 행동을 관찰할 때, 그 행동의 원인이 외재적인가 아니면 내재적인가를 결정하려는 노력을 말한다. 근본적인 귀인의 오류는 타인의 행동을 판단하는 데 있어서 외재적 요인은 과소평가하고, 내재적 요인의 영향을 과대평가하려는 경향 때문에 발생한다. 또한 본인 스스로의 성공에 대해서는 내재적 요인에 그 원인을 귀속시키고, 실패에 대한 비난은 외재적 요인에 귀속시키는 이기적인 편견에 의한 자기보호 오류가 강하다.

이러한 판단을 좌우하는 결정요소에는 다음 3가지 요소가 있다.

① **차별성**(distinctiveness) : 개인이 상황에 따라 다른 행동을 보이는 특성
② **합의성**(consensus) : 동일한 상황에서 동일한 행동을 보이는 특성
③ **일관성**(consistency) : 오랜 기간 동안 동일한 반응을 보이는 특성

02 협상에서 상황 평가에 대한 인식의 오류

어떤 협상에서든지 협상가는 자신의 요구사항, 바람, 동기, 개인적인 경험 때문에 상대방에 대해 선입견을 가지게 된다. 이러한 지각과정에서의 오류, 문화차이에 의한 지각 오류 등으로 인해 인식이나 의사소통 과정에서 편견과 오류를 초래하게 될 때 문제가 심각해진다.

아래에서는 주요한 인식의 오류인 고정관념, 후광효과, 선별적 인식, 주관의 객관화 등에 대해 설명할 것이다. 고정관념과 후광효과는 어떤 정형화에 따른 인식 상의 왜곡을 보여주는 예이다. 정보의 양이 부족한 상태에서 개인에 대한 전체적인 결론을 내릴 수 있기 때문이다.

이와는 반대로 선별적 인식과 주관의 객관화는 다른 사람의 어떤 특성과 자질을 예측할 때 나타나는 인식상의 왜곡을 보여주는 예이다. 여러 가지 인식의 오류에서 인식하는 사람은 어떤 일관된 관점에 도달하기 위해 정보를 거르거나 왜곡하게 된다([그림 Ⅱ-7] 참조).

인식과 의사소통에 대한 연구는 십여 년 전에 시작되었으나, 협상영역에서는 최근에서야 시작되었다. 현재 인식 상의 왜곡이 협상에서 어떤 영향을 주는지에 대한 연구는 많이 부족한 실정이다.

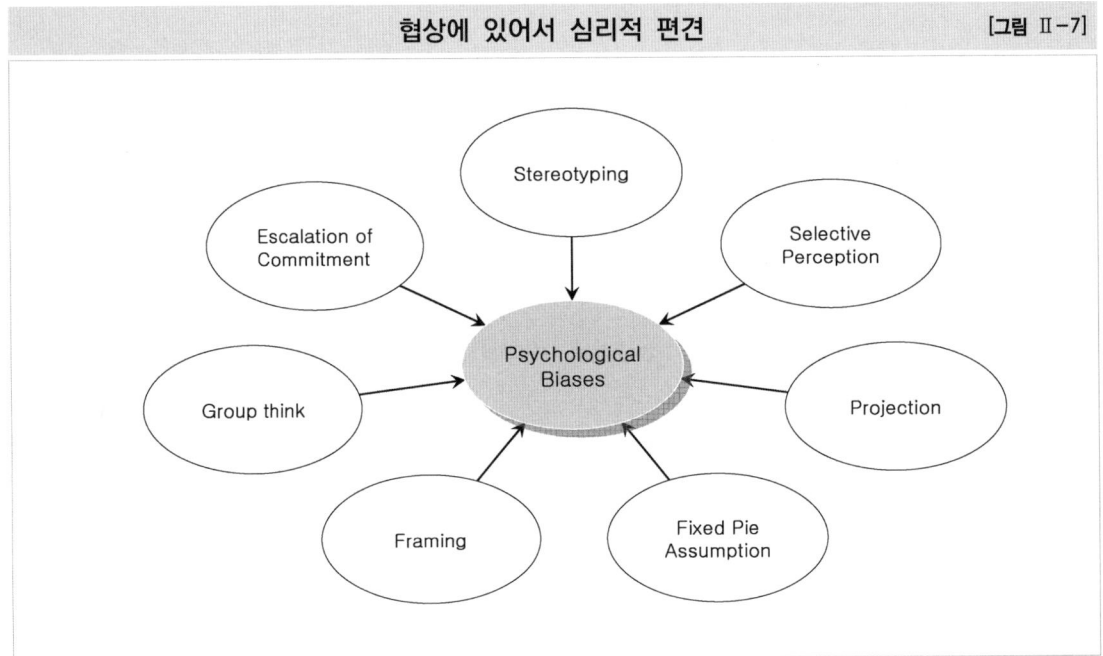

[그림 Ⅱ-7] 협상에 있어서 심리적 편견

자료 : Lewicki, Negotiation, McGraw-Hill, 1999.

1) 고정관념(Stereotyping)

스테레오타입핑은 상동효과라고도 하며, 원판(prototype)을 머릿속에 가지고 다니다가 한 요소라도 비슷한 사람이 생기면 그 사람에게 원판을 찍어 스테레오타입을 만들고 판단하는 것이다. 개인이 속하는 집단에 대한 특성에 근거하여 판단하는 오류이다. 인식과정에서 가장 일반적인 왜곡 현상은 경험이나 지식 등에 의해 오랫동안 굳어진 생각이다. 이는 부자들은 가난한 사람을 무시한다는 말처럼, 한 사람의 행위에 대한 설명을 다른 사람의 행위에도 적용하는 것을 말한다.

스테레오타입은 첫째, 한두 가지 특성이 일치하는 원판을 사용, 둘째, 원판의 특성과 상대의 특성을 연결하여 공통특성을 찾고, 셋째, 상대에 원판을 찍으면 복사판이 되는 세 단계를 거쳐서 왜곡하게 된다.

수많은 다양한 집단에 대해서도 고정관념이 만들어진다. 예컨대 젊은 세대, 남성이나 여성, 이탈리아인이나 독일인, 인종·종교 등이 고정관념으로 형성되어 있다. 이 모든 경우에서 고정관념은 동일한 방식으로 형성되는 경향이 있다.

사람들은 어떤 사람을 평가하는 데 하나의 정보를 바탕으로 특정 그룹에 포함시키는 경우가 있다. 그리고 바로 그 사람을 어떤 집단의 광범위한 특징을 통해 설명한다. 예를 들면 "나이 든 사람은 보수적이고, 젊은 사람은 무례하다." 그러나 나이가 들었다고 해서 보수적이라고 말할 증거는 없다. 단지 이 사람이 속해 있는 어떤 집단의 일반화된 특징에 근거하는 것일 뿐이다. 이처럼 다양한 특징을 한 개인에게 적용시키게 되는 큰 오류를 범하게 된다. 또한 한 번 형성된 고정관념은 쉽게 변하지도 않는다.

이 문제를 해결하기 위해 여러 조직에서 나이, 인종, 성별 등에 대한 고정관념을 고쳐 보려고 하지만, 여전히 해결되지 않고 있다. 고정관념을 깨뜨리지 않으면 개인과 집단을 구분하기 위해 단 하나의 기준만을 사용하여, 그룹의 구성원들은 자신들을 '우리'라고 부를 것이고 다른 나머지 그룹을 '그들'로 규정해 버린다. 마침내 '우리'와 '그들' 사이를 평가하고 비교하기 시작한다. 만약 그룹 사이에 자원을 놓고 경쟁을 하거나 가치나 이데올로기 갈등이 있을 때 고정관념은 한층 더 강화될 것이다.

2) 후광효과(Halo effect)

후광효과 또는 현혹효과라고도 하는데 어떤 대상으로부터 얻은 일부의 정보가 나머지 부분의 정보를 해석할 때 미치는 영향으로, 인상이나 외모 등 하나의 특성을 가지고 전체의 특성을 일반화하거나 인식하는 오류를 말한다.

우리는 어떤 사람에게 한 가지 좋은 점이 있으면 다른 점도 모두 좋게 보려는 경향이 있다. 이렇듯 사람의 첫 인상이 좋으면 성격도 집안도 학벌도 모두 좋을 것이라고 믿으려는 사람들의 성향을 후광효과라고 부른다.

만약 신약이 개발되었을 경우에 제약회사의 세일즈맨이 약효를 설명하는 것보다 그 분야의 전문가인 대학교수나 약학자의 의견을 소개하는 자료를 보이는 것이 효과적이다. 일종의 '권위자의 보증'이라고 할 수 있는데 미끼로 사용하는 권위자의 능력, 지명도, 직업, 인품, 상대와의 관계 등에 따라서 그 후광효과가 발휘되는 위력은 큰 차이가 있다.

세계 일주를 계획한 마젤란은 스페인 왕 카롤로스에게 협력을 요청할 때 이러한 후광효과를 사용해 성공을 거두었다. 당시에는 콜럼버스의 성공 이후 많은 사기꾼이나 허풍쟁이들이 스폰서를 구하기 위해 궁전을 방문하고 있었다. 그래서 마젤란은 자신이 그들 부류와는 다르다는 것을 보여주기 위해 왕을 알현하는 자리에 유명한 지리학자 루이 파레이로를 대동했다. 파레이로는 지구본을 앞에 두고 마젤란 항해의 정당성을 역설했는데 이것이 힘이 되어 스페인 왕 카롤로스를 설득하여 항해 허가를 얻어냈다.

그러나 마젤란의 항해 이후 그의 세계 지리에 대한 지식은 상당히 잘못된 것이었고 그가 계산한 경도와 위도도 많은 오차가 있다는 것이 판명되었다. 이렇게 보면 내용의 구체적인 팩트의 여부가 중요한 역할을 했다고 보기 힘들다. 즉, 왕은 '전문가의 의견'이라는 사실 하나만으로 그를 신뢰할 수 있었던 것이다.

이렇게 미소 짓는 것과 정직함 사이에는 아무런 관계가 없음에도 불구하고, 웃는 사람에 대해서는 인상이나 얼굴을 찡그리는 사람보다 정직하다고 생각한다. 후광효과는 긍정적일 수도 있고 부정적일 수도 있다. 부정적인 후광효과는 '소리굽쇠효과'라고 부르기도 한다. 만약 어떤 행위를 긍정적으로 설명하면 모든 사람의 행위는 긍정적으로 보이지만, 부정적으로 설명하면 그 반대로 보인다.

어떤 사람에 대하여 판단을 해야 할 때에 그 사람의 행동에 하나의 두드러진 특징이 있다면 이후에 그 사람에 대하여 얻게 되는 정보는 처음 그 사람을 판단했을 때의 관점을 뒷받침해 주기 위해 사용되는 경우가 많다. 후광효과는 다음과 같은 인식이 있을 때 발생할 수 있다.

- 어떤 사람에 대해 전혀 모를 경우 (이 경우 자신의 지식을 바탕으로 상대를 일반화)
- 상대가 유명인사인 경우
- 도덕적으로 매우 덕망 있는 사람인 경우

협상에서의 후광효과는 고정관념만큼이나 일반적으로 나타나는 현상이다. 협상가들은 제한된 최초의 정보로, 즉 외모, 소속집단 혹은 첫 발언 등을 갖고 상대를 너무 성급하게 판단하고, 이러한 판단을 계속 유지하려는 경향이 있다. 서로에 대해 조금씩 알아 가면서 알게 된 각 조각조각의 새로운 정보들을 최초의 판단에 맞도록 어떤 형태에 끼워 맞추기 때문이다.

3) 선택적 인식(Selective Perception)

선택적 인식은 모든 정보를 다 파악하여 인지하는 것이 아니라 특정 정보만 선택적으로 받아들여 인식하는 것이다. 인식하는 당사자의 흥미, 배경, 경험, 태도가 영향을 끼친다. 이미 기대하고 있던 것을 더욱 확인하고자 하는 경향이 있으며 그에 적합한 정보만 선택적으로 인식한다. 즉, 이전 자신의 경험에 비추어 어떤 생각을 뒷받침해주는 특정한 정보만을 골라내거나, 이전의 어떤 생각을 확인해주지 못했던 정보를 걸러 낼 때 발생한다. 결국, 이러한 선택적 인식은 고정관념이나 후광효과의 영향을 받는다. 따라서 협상가들은 제한된 정보와 잘못된 판단을 지적해 줄 수 있는 좋은 정보를 무시하며 상대에 대해 섣부른 판단을 내리는 경향이 있다.

만약 상대가 처음 만났을 때 미소를 지었다면 협상가는 상대를 정직한 사람으로 생각할 것이고, 상대가 투쟁적이고 공격적인 말을 하더라도 이를 중요하게 여기지 않는 경향이 있다. 그러나 상대가 똑같은 미소를 지었을 때 협상가가 상대를 가식적으로 인식했다면 상대가 아무리 협력적인 관계를 제안하더라도 이를 받아들이지 않을 것이다. 상대의 미소를 정직하거나 정직하지 않은 것으로 보는 선입견, 즉 편견은 상대의 행동을 인식하고 해석하는 데 많은 영향을 준다.

4) 투사(Projection)

투사(Projection)란 인간의 무의식적 충동, 감정, 사고 및 태도를 다른 대상에 투사시킴으로써 자신의 긴장을 해소하려는 일종의 방어기제이다. 다른 사람도 자신과 유사할 것이라고 판단하여 자신과 같은 생각이나 느낌 그리고 같은 특성을 지닌 것으로 가정하고 자신의 생각이나 판단을 타인에게 전가시킨다. 즉, 투사란 자기 자신이 문제의 원인인데도 불구하고 그것을 인정하지 않고 자기 자신을 방어하기 위해서 다른 외부의 대상에 원인이나 책임을 전가시키는 것이다.

예를 들면 A군이 B군에게 자기의 동료가 승진한 것을 보고 다른 사람에게 "그 사람 이번 승진, 그거 자기 실력으로 된 것 아니야. 뒤에서 누가 밀어준 거라더군"이라고 표현한다면 A군의 속마음은 "나도 승진하고 싶다구!!!"인 것이다. 사람들은 자신이 가지지 못한 것을 다른 사람이 가졌을 때 그에 대한 질투와 시기, 험담과 공격성을 나타내게 된다.

협상에서 협상상대가 자신과 똑같은 상황에 있었다면 그들 역시 완전히 자신과 같은 반응을 보일 것이라고 생각하는 경향이 있다. 예컨대 협상 상황이 불안하고 어려울 때 자신이 상대의 입장이라면 좌절했을 것이라고 느낀다면, 정말로 상대가 좌절하고 있다고 생각하고 의사결정을 할 가능성이 크다는 것이다.

그러나 사람들은 동일한 상황에서 다르게 대응하므로 자신의 감정과 생각을 다른 사람에게 적용하는 것은 바람직하지 않다. 만일 협상가가 협상을 지연시키는 일이 몹시 괴로웠지만 어쩔 수 없는 일이라고 상대에게 말한다고 가정해 보자. 이 협상가는 자신처럼 상대도 좌절감에 힘들어 할 것이라고 생각하지만, 오히려 상대방은 이를 어떤 프로젝트를 끝낼 수 있는 기회로 생각하면서 좋아할 수도 있다. 이러한 좌절감은 단지 본인의 입장에서 나온 생각일 뿐이며, 자신의 충동을 상대에게 투사시킨 것이다.

5) 프레이밍(Framing)

프레이밍이란 같은 사건을 두고 그 상황을 어떻게 바라보느냐에 따라 사람들의 판단과 선택이 달라진다는 것이다. 대부분은 프레이밍을 통해 상황을 이해하고 평가하며, 이후 적절한 후속 행동을 취한다. 프레이밍은 이 모든 것을 가능하게 해주는 주관적 메커니즘이다.

인식의 틀을 이야기하는데 중요한 것 중의 하나가 바로 '인지적 잠정추론'이다. 협상과정에서 정보를 판단해 결정을 내릴 때 체계적인 오류를 범하는 원인이 되기도 한다. 협상가들은 결정과정에서 빠른 판단을 위해 지금까지의 경험에 근거해 잠정추론을 한다. 이는 위험하다. 합리적 결론에 못 미치는 판단을 내리게 되는 경우가 자주 있기 때문이며, 심지어는 황당한 의사결정으로 이끌 수도 있다. 예컨대 결정을 내려야 할 상황에서 쉽게 접근할 수 있는 정보가 있다면 여기에만 의존하려하기 때문에 접근이나 이해가 어려운 추가 정보를 찾는 데는 실패한다. 따라서 상대에게 이득을 주는 방향에서 결정의 틀을 잡게 되는 것이다.

협상가는 정보를 완벽하게 처리하여 프레이밍을 만들었다고 생각하지만 오히려 체계적 오류를 범하게 되는 인지적 편견을 갖게 된다. 이러한 프레이밍에 영향을 미치는 인지적 편견들에 대해 알아보자.

(1) 협상상황에 매몰(Escalation of Commitment)

협상과정에서 협상이 합리적으로 흐르지 못함에도 불구하고, 그 상황을 끝내지 못하는 경우가 발생한다. 이것은 협상가의 편견이나 오류가 있기 때문이다. 대체로 어떤 일을 결정하고 나면 사람들은 이 일의 비합리적인 면을 무시하거나 찾지 못하고 오히려 결정사항을 뒷받침해 주는 정보와 증거를 찾는 경향이 있다.

최초의 의사결정에 발목이 묶여 최초의 행동을 합리화시키고 일관성을 유지할 수 있다는 아집으로 협상을 계속하게 된다. 다른 사람들 앞에서 체면을 유지하고 자신이 전문가이며 통제권을 갖고 있다는 인상을 주고 싶은 나머지 더욱 일관성을 지키려 하는 것이다. 이렇게 되면 어느 누구도 오류나 실수를 인정하고 싶지 않게 된다. 특히 이를 인정하는 것을 상대가 약한 모습으로 인식할 가능성이 있을 때는 더욱 포기할 수 없다.

(2) 협상 쟁점이 모두 고정된 파이라는 생각(Fixed Pie Assumption)

많은 협상가들은 나눌 수 있는 몫이 이미 한정되어 있어 어느 한 쪽이 이기면 다른 한 쪽은 반드시 진다는 식으로 생각한다. 호혜적 협상에서도 이처럼 제로섬 게임이나 승-패 대결처럼 경쟁적인 협상을 하는 경우가 많다. 이렇게 믿고 있는 협상가들은 호혜적인 협상이나 서로 이익이 될 수 있는 거래는 가능하지 않다고 생각하고 다 같이 이길 수 있는 윈-윈 협상방법을 찾아보려고 노력하지 않는다.

연봉협상을 예로 들어보면, 연봉만이 협상의 대상이라고 생각하는 취업지원자는 회사에서 3천만 원을 제안했을 때 3천 5백만 원을 요구할 것이다. 그러나 근무환경이나 이사비용과 일을 시작하는 날짜도 협상의 대상이 될 수 있다는 것을 알게 되면 양쪽의 협상가들은 연봉협상을 훨씬 수월하게 해결할 수 있다.

(3) 결정과정에서의 기준점 설정과 조정

기준점을 설정하고 이를 조정할 때도 인지적 편견이 나타나는데 기준점은 이러한 편견에 따라 달라진다. 이때 협상가는 이 기준점에 따라 이익을 보든 손해를 보든 계속 조정을 하게 된다. 어떤 기준점을 선택할 때 이를 잘못된 정보나 실수에 의해서 선택의 오류가 일어날 수 있다. 그러면 그 결과는 당연히 잘못된 방향으로 나가게 된다.

그러나 일단 어떤 기준을 정하고 나면 협상가들은 자신의 기준점이 상대의 제안을 조정해 나가는데 현실적이고 타당하다고 생각하는 경향이 있다. 마치 이 기준점을 어느 한쪽의 첫 제안의 범위와 같은 것으로 생각한다.

예컨대 부동산중개업자들은 집값을 감정할 때 집주인이 요구한 가격에 상당한 영향을 받는다. 요구가격은 그 집의 가치를 평가할 때 편리한 기준으로, 즉 배의 닻과 같은 역할을 하는 것이다. 협상에서 기준점은 닻의 기능을 한다.

이러한 닻은 공개된 시장가격이나 알려지지 않은 예측가격처럼 상대에게 보일 수도 있고 보이지 않을 수도 있다. 마찬가지로 이러한 닻을 갖고 있는 협상가도 이 점을 의식할 수도 있고 못할 수도 있다.

첫 제안 가격을 설정하고 이를 조정할 때 실수하지 않기 위해서는 철저한 준비를 해야 한다. 반대를 위한 반대를 하는 것처럼 일부러 반대해 보거나 실제 상황처럼 체크하는 방법이 도움이 된다.

(4) 쟁점과 문제의 틀 짜기

협상가들은 자신이 갖고 있는 어떤 고유한 본성에 의해 스스로를 구속시키거나 이를 통해 협상의 목표를 정하고 성과를 평가하는 기준을 만드는 데 이것을 틀 짜기라고 한다. 틀은 사람들이 정보를 모으고 문제를 해결할 때 사용하는 어떤 관점이나 시각이라고 정의한다. 사람들은 이 틀을 기준으로 어떤 행동을 무시하거나 간과하기도 하고, 어떤 행동을 일부러 과시하기로 한다.

여기서 가장 흥미로운 사실은 우리가 의사결정을 하거나 협상할 때 이 틀을 사용하면 어떤 위험성을 감수하거나 회피할 수도 있고 중립을 지킬 수 있다는 것이다. 이는 협상할 때 틀을 어떻게 잡는가에 따라서 협상가의 위험을 감수할 수도 있고 회피할 수도 있음을 의미한다. 예컨대 '어떤 것을 얻기 위한 협상'과 '어떤 것을 방어하기 위한 협상'은 협상의 자세와 협상에 대한 열의에 따라 달라진다.

협상가가 한 이슈의 틀을 어떻게 잡았느냐에 따라서 위험을 인식하고 위험에 대응하는 방식이 달라진다. 협상에서 위험성 회피와 관련해 협상가는 위험성에 대해 관심을 가져야 하지만 자신의 직감에 의해서만 행동해서는 안 된다. 즉, 협상가는 똑같은 상황에 대해서 이익을 볼 것으로 인식하면 좀 더 긍정적으로 행동하고, 손해를 볼 것으로 인식하면 직감적으로 과민반응을 보인다. 따라서 상대를 이해하는데 어떤 틀을 긍정적으로 잡았든, 부정적으로 잡았든 자신이 만든 틀에 자신을 가두어 버리는 함정에 빠져서는 안 된다.

협상가는 위험을 회피하려고 할 때 패하는 것을 두려워한 나머지 상대의 제안이 실행 가능하다면 어떤 것이라도 받아들이는 경향이 있다. 이와 반대로 위험을 기꺼이 감수하려고 할 때는 어떤 제안은 그냥 흘려버리면서 좀 더 좋은 제안이나 양보를 기다리는 경향이 있다. 위험성을 감수하든 아니면 회피하든 이런 성향은 제안과 양보를 판단하는 것과 대응되는 기준점에 기반을 둔다. 연봉협상에서는 다음과 같은 여러 가지 기준점을 제시할 수 있다.

- 당신의 현재 연봉(3천만 원)
- 회사가 제시하는 첫 제안가격(3천5백만 원)
- 당신이 받아들일 수 있는 최저연봉(3천8백만 원)
- 회사가 당신에게 제공할 수 있는 연봉의 최대 예상치(4천만 원)
- 당신의 최초 연봉 요구액(4천5백만 원)

위에서 제시한 각각의 기준점에서 협상의 틀(협상과정 및 협상의 성공여부를 평가하는 틀)은 긍정적인 틀에서 부정적인 틀로 변한다. 다시 말해서 3천5백만 원에서 연봉이 타결된다면 현재 연봉보다는 많지만 기준점을 볼 때 아래 순서로 내려갈수록 점차 손해를 보는 것으로 생각한다. 왜냐하면 3천5백만 원에 합의되었다고 하더라도 최초 요구액은 4천5백만 원과 비교하면 상당한 손해를 본 것이다.

이와 같이 긍정적 혹은 부정적 틀을 짜는 과정은 매우 중요하다. 어떤 결과에 대해 부정적으로 틀을 짤 경우에는 긍정적으로 틀을 짤 때보다 양보의 폭도 적고, 합의도 이루어질 가능성이 적으며, 협상 결과를 받아들일 때도 공정하지 못하다고 인식한다.

이를 개선하기 위한 방법으로는 충분한 정보, 철저한 분석, 현실에 대한 검토 등도 중요하고, 협상의 틀이 협상가의 가치관이나 신념과 긴밀하게 연결되어 있거나 혹은 찾기 어려운 또 다른 기준들과 연결될 때 등이다. 하지만 이를 찾아내는 일은 쉽지 않다.

(5) 승자의 저주(the Winner's Curse)

승자의 저주는 경쟁에서 승리를 했지만, 너무 많은 비용을 쏟아 부어서 결과적으로 오히려 위험에 빠지게 되거나 커다란 후유증을 겪는 상황을 뜻하는 말이다. 승자의 저주는 치열한 M&A 경쟁이나 경매 등에서 자주 볼 수 있는 것으로 협상 관계자들이 어떤 물건을 놓고 경매했을 때 예상했던 것보다 너무 어렵게 높은 가격으로 낙찰되거나, 너무 쉽게 낙찰된 후 갖게 되는 불안한 느낌을 말한다.

만약 처음 제시한 가격을 상대가 곧바로 받아들이면 당황스러워 하면서, '혹시 좀 더 싼 가격에 매수할 수 있지 않았을까' 또는 '낙찰한 물품에 하자가 있거나 옵션에 문제가 있는 것은 아닐까'하는 불안감이 들 수 있다.

협상가는 협상상대가 더 많은 정보를 갖고 있는 것은 아닌지, 혹은 어떤 보이지 않는 이익에 대한 통찰력을 갖고 있는 것은 아닌지 의문을 가질 수 있다. 그리고 협상가는 어떤 오류를 범한 것이 아닌가 하며 불안감을 느끼게 된다. '좀 더 나은 거래를 할 수 있었는데, 이는 잘못된 거래임에 틀림없어.'라고 느끼는 것이 승자의 저주이다.

승자의 저주에 대한 최선의 처방은 이러한 일이 발생하지 않도록 하는 것이다. 철저한 조사와 준비를 통해 적정 협상가격에 대한 정확한 정보를 획득하여야 하며, 또한 협상가들은 체결의 결과가 무엇인가 잘못된 것이 아니고, 결점이 없다는 점을 확실히 하기 위해 상대로부터 계약체결이나 품질에 대한 보증을 받아 내는 것도 좋은 방법이다.

(6) 이기적인 편견

협상가는 정보를 처리하고 지각하는 인지과정에서 편견을 갖게 된다. 우리는 어떤 사람의 행동을 개인의 탓(능력, 기분, 혹은 노력과 같은 내적 요인)으로 돌리기도 하고, 또는 어떤 상황의 탓(임무, 다른 사람, 혹은 운명과 같은 외적 요인)으로 돌리기도 한다. 이렇게 어떤 사람의 행동을 설명할 때 상황이나 환경적 요인은 과소평가하고 성격, 인격이나 태도 등 내적 요인에 대해서는 과대평가하는 경향이 있는데 이것을 '근본적 귀인오류(fundamental attribution error)'라고 부른다.

주체-관찰자 효과에 의한 인식의 오류는 좀 더 심해진다. 주체인 자신의 행동은 상황적인 탓으로 돌리고, 관찰자인 상대에 대한 오류는 개인적인 탓으로 돌린다. 즉, 내가 실패하면 운이 없었던 것이고, 다른 사람의 실패는 능력의 부족이라고 판단하는 것이다.

(7) 상대의 인지 무시

협상가는 상대의 인식과 생각에 대해 물어보려고 하지 않기 때문에 불완전한 정보만 갖고 협상에 나서게 되고 결국 원하지 않는 결과를 얻게 된다. 상대의 인지를 고려하지 못하면 협상가는 복잡한 협상과정을 단순화시키는 실수를 하게 된다. 이렇게 되면 협상가는 투쟁적인 전략을 사용하게 되고, 어떤 우발적인 행동이나 반응을 파악하지 못하게 된다.

이처럼 상대의 인지 방식을 고려하지 못하고 그 원인을 상대의 편견으로 돌리는 경향이 있다. 그러나 연구에 따르면 불확실한 상태에서의 어떤 결정을 내릴 때 상대의 편견으로 돌리면 좀 더 쉽게 의사결정을 할 수 있다고 한다. 이러한 함정을 인식하고 훈련을 받게 되면 상대의 인식과 생각의 방법을 파악할 수 있는 능력을 키울 수 있다. 상대의 이해관계, 목표, 관점을 정확하게 이해하면 협상력을 키울 수 있다.

(8) 반발적 평가절하

반발적 평가절하, 혹은 반발적 의견 무시는 상대가 제공한 양보의 의미를 작게 평가하기 때문이다. 그 원인은 감정이나 과거의 경험에서 나온다. 반발적 평가절하는 싫어하는 사람이 제공한 양보의 의미를 축소하고, 이에 상응하는 양보를 꺼려하고, 상대가 일단 양보할 경우 실질적이고 더 큰 양보를 요구한다.

여기에 대응할 수 있는 방법은 객관성을 유지하거나 한 사람을 지명해서 객관성을 유지할 수 있도록 임무를 주는 것이다. 다시 말해서 어떤 양보를 해주기 전에 옵션과 상대가 선호하는 것을 분명히 하거나, 제3자가 양보에 대한 평가나 중재를 하도록 한다.

03 인지적 편견을 어떻게 다룰 것인가

협상가들은 정보를 수집하고 처리하는 과정에서 의식적으로 자각하지 못한 채 자동적으로 오해와 인지적인 편견을 가질 수 있다. 이러한 부정적인 결과에 대해 어떻게 대응하는 것이 최선일까? 이에 답하기는 쉽지 않다. 한 가지 방법이 있다면 인식의 오류가 있을 수 있으며, 편견이 생길 수 있다는 것을 깨닫는 것이다.

그러나 깨닫는 것만으로는 충분하지 않다. 많은 연구에 따르면 순순히 오해와 인지적인 편견을 깨닫는 것과 실제로 어떤 대응을 하는 것은 별개의 문제이다. 한 협상전문가는 학생들에게 가상의 경매과정에서 '승자의 저주'를 피하도록 가르쳤다. 그는 학생들에게 4주 동안 128번이나 경매의 결과에 대해 설명했지만, 이것이 승자의 저주를 줄이는 데는 거의 아무런 효과가 없었음을 알게 되었다.

White와 Sebenius도 비슷한 주장을 하였다. 이 학자들은 첫 제안가격, 요구수준, 최대 양보가격 등을 정하는 법에 대하여 팀과 여러 번 논의하여 첫 제안가격을 결정하고 나면 이를 조정하는 데 별다른 영향을 주지 못한다는 것을 알아냈다.

따라서 협상과정에서 오해와 인지적 편견에 의한 부정적인 효과를 잘 다루기 위해서는 더 많은 연구가 이루어져야 한다. 현재 협상가들에게 해 줄 수 있는 충고는 부정적인 측면을 인식한 상황에서는 자기 팀과 그리고 상대와 함께 건설적인 태도로 논의하라는 것뿐이다.

협상가들은 동일한 협상에서 서로 다른 협상의 틀을 적용하는 경향이 있다. 협상당사자들이 서로 다르거나 적합하지 않은 협상의 틀을 적용하면 협상과정은 모호해지고 결국 협상은 실패하게 된다. 이런 상황에서 협상 틀을 체계적으로 재구성하고, 상대가 틀을 다시 짤 수 있도록 도와주어야 한다. 동시에 협상이 좀 더 생산적이 될 수 있도록 공동의 협상 틀을 짜는 것도 필요하다. 협상의 틀을 다시 짜는 방법은 여러 가지가 있다.

첫째, 어떤 측정결과를 손실로 인식하기보다 이윤을 남길 수 있는 기회로 보고 틀을 다시 잡는다. 주어진 상황에서 긍정적인 측면으로 좀 더 초점을 맞추어 틀을 다시 설계하는 것이다. 가령 어떤 회사가 입찰계약에서 손해를 보았다면 이때 회사구성원은 이 정보를 자신들의 비용구조를 재검토할 수 있는 기회로 활용할 수 있다.

둘째, 어떤 상황을 바라보는 시각을 서로 다른 방법이나 서로 다른 관점에서 인식하고 이해함으로써 협상의 틀을 다시 설계할 수 있다. 즉, 협상과정과 기획단계에서 좀 더 유연해질 필요가 있다. 또한 협상과정에서 여러 가지 우발적인 상황이 발생할 수 있기 때문에 이에 대비할 수 있도록 철저하게 기획을 해야 한다. 협상가가 협상의 모든 과정을 위해 시작단계에서 완벽하게 온갖 종류의 틀을 짜고 쟁점을 개발할 수는 없다. 그러나 논의 과정에서 성공적인 협상을 위한 준비를 할 필요는 있다.

코로나 맥주의 사례를 살펴보자. 멕시코의 코로나 맥주가 북미 시장에 진출한 것은 1980년대 말이다. 당시 미국 맥주업체들은 막강한 잠재 경쟁자의 출현으로 코로나의 행보를 예의 주시했다. 이런 가운데 330ml 유리병에 담긴 코로나 맥주의 양이 병마다 제각기 다르다는 점이 드러났다.

미국의 버드와이저는 이 틈을 노려 "맥주 양하나 못 맞추는 코로나는 전혀 위협거리가 되지 못한다"며 비아냥거렸다. 버드와이저의 비난은 흔히 사람들이 멕시코 하면 머릿속에 떠올리는 부정적인 연상, 즉 나태함, 게으름, 무절제. 마약, 공해 등의 이미지에 기댄 측면이 있다. 나태하고 게으르며 절도와 규범이라고는 찾아볼 수 없는 멕시코 회사이므로 맥주의 기본인 제조기술이 형편없을 것이라고 비방한 것이다. 버드와이저는 내심 코로나에 대한 소비자들의 불만이 들끓기를 기대했다.

그러나 여기서 재미있는 것은 코로나의 대응이다. 만약 코로나가 "당장 현대화된 공장을 건설해 맥주 양을 제대로 맞추겠다"고 발표했다면 소비자들은 버드와이저의 기대처럼 코로나 맥주에 대해 곱지 않은 시선을 보냈을 것이다. 하지만 코로나는 "병마다 맥주 양이 다른 것 자체가 멕시코의 여유와 낭만"이라고 응수했다. 코로나는 사람들 머릿속에 '여유와 낭만'이라는 코드를 심어준 것이다.

사람들이 멕시코와 관련해 부정적으로 생각하고 있는 그 모든 연상 이미지들이 실상은 무질서의 표출이 아니라 진정으로 삶을 즐길 수 있는 자세라고 점잖게 훈수한 것이다. 약점을 멋지게 강점으로 반전시킨 사례이자 분쟁의 본질을 '다시 틀 짜기(Reframing)'한 예라고 할 수 있다.

제4장
갈등관리

'여교사' 그녀의 이야기

영화 '여교사'는 사회에서 나타나는 갈등구조를 개인의 심리로 풀어낸 이야기라 할 수 있다. 영화의 주인공인 박효주는 사립고등학교의 정교사가 아닌 신분이 불안정한 기간제 교사이다. 기간제 교사는 계약기간이 만료될 때마다 계약이 연장될지의 여부를 걱정해야 하는 불안정한 계약직 교사이다.

그러던 어느 날 박효주와 같은 교과목에 그의 후배인 추혜영이 정교사로 새로 부임하게 된다. 박효주는 자신이 최선을 다하여 긴 시간 동안 열심히 일을 하였기 때문에 정교사로 임명될 기회가 주어질 것이라고 내심 기대하고 있었기 때문에 실망이 더욱 클 수밖에 없었다.

추혜영은 사학재단인 그 고등학교 이사장의 딸이었고, 박효주의 대학 후배이기도 하였다. 게다가 아름다운 외모에 사교적인 성격으로 교사들과 학생들 사이에서도 인기를 얻기 시작하였고, 박효주가 본능적으로 꺼려함에도 불구하고 같은 대학의 선배라는 이유로 박효주에게 더욱 친밀하게 다가왔.

박효주는 추혜영에 비하면 어려운 삶을 살아가고 있었다. 정교사가 아닌 기간제 교사로 시작한 교사생활은 언제나 계약기간이 만료되면 재계약에 대한 불안감이 엄습하였고, 재단 측에서는 기간제 교사들에게 재계약과 정교사라는 미끼로 정교사들이 꺼려하는 일들을 그들에게 맡겨 노동력과 기대감을 함부로 이용하였다. 또한 박효주는 추혜영이 이사장 딸이라는 것을 알고는 동료교사들은 추혜영에게 노골적으로 접근하여 친밀감을 표현할 때 배신감을 느껴야 했으며, 자신의 과목에서 정교사로 갈 수 있는 자리도 빼앗겨 버리고, 추혜영의 배경이 좋은 약혼자와의 행복한 공간에 자랑이라도 하듯이 박효주를 초대한 자리에서 극대화된 행복감을 보여주는 것을 지켜보아야만 했다.

박효주에게 있어서 추혜영은 그동안 열심히 살아온 자신의 자리를 빼앗아 가고 박효주의 남자친구와의 불행한 이별에 추혜영의 극대화된 행복한 모습은 내적인 갈등을 심화시키는 요인이 되고 있었으며, 추혜영의 예의바른 갑질과 박효주의 단단한 자기 방어기제는 개인과 학교라는 구조 안에서 내적·외적 갈등을 촉발하였다.

게다가 박효주의 반에는 심재하라는 무용특기생이 있었는데 그 학생은 여유롭지 못한 가정형편으로 사교육을 통한 레슨을 받기 힘들어 늘 학교에 늦도록 남아서 혼자 연습을 하면서 대학입시를 준비하고 있었다. 어느 날 박효주는 심재하에게 신경이 쓰여서 그를 보러 체육관에 들렀다가 사제지간인 추혜영과 심재하가 서로 사귀는 사이라는 것을 알게 되었다. 박효주는 금기를 이유로 추혜영을 협박하였으며, 심재하를 빼앗기 위한 작업을 하게 되고 이러한 과정에서 갈등은 점점 극으로 치닫게 된다.

정상적이고 보편적인 정신을 가지고 살아오던 박효주는 추혜영의 등장과 함께 질투와 경쟁의 갈등관리에 실패하고 괴물로 변하기 시작한다. 폐쇄적이고 점잖음으로 감추어진 학교라는 사회구조적 추잡함과 부조리의 공간 안에서 자존감이 떨어져 버리는 내면과, 절대적 우위를 가진 경쟁자를 대해야 하는 외면, 취약한 사회적 구조는 박효주를 점점 괴물로 만들기 시작하고 갈등관리의 부재가 어떠한 결말을 가져오는지를 너무나 잘 보여 준다.

01 갈등이란?

1) 갈등의 어원

갈등을 의미하는 영어의 conflict는 라틴어 confligere에 해당하는데 '함께 부딪히거나 충돌하는 것'을 의미한다. 두 막대기를 오랫동안 서로 부딪히면 불이 나는 형국을 의미한다고 한다. 이렇게 발생한 불은 꼭 부정적 의미를 갖는 것은 아니다(Kraybgill). 갈등은 한자로 葛藤이라고 쓰는데 칡이나 등나무처럼 얽혀 있다는 것을 의미한다. 갈등을 위기로 보는 시각도 있다. 즉, 갈등을 잘만 관리하면 발전 혹은 변화를 위한 기회로 삼을 수 있다.

이렇게 갈등은 의지를 지닌 두 성격의 대립현상이며, 그 성질에 따라 외적 갈등과 내적 갈등으로 크게 나눌 수 있다. 즉, 목표를 달성하는 데 서로 방해가 되거나 목표가 서로 일치하지 않는다고 생각하는 상호의존적인 사람들 간의 상호작용이라고 할 수 있다. 갈등의 원인은 실체적인 현상이기 보다는 당사자들의 마음속에 있는 욕구와 일치하지 않거나 오해가 생길 때, 혹은 몇 가지 보이지 않은 무형의 요소들 때문에 발생한다. 갈등은 두 당사자가 똑같은 목적이나 결과를 위해 함께 일할 때나 서로 완전히 다른 해결책을 원할 때도 일어날 수 있다.

협상은 갈등의 원인을 해결하는 데 중요한 역할을 한다. 사실 협상을 하게 되는 많은 이슈나 기회는 결국 갈등 때문에 주어진다. 따라서 갈등에 관한 정의 개념, 용어, 모델 등에 대해 개괄적으로 이해하는 것이 중요하다.

갈등에 대한 정의는 매우 다양하다. 사전적 정의에서 갈등은 '서로 다른 사상이나 이해관계 혹은 서로 다른 사람에 대한 적대적인 상태나 행동'이라고 정의한다. 갈등의 개념은 다음의 세 가지 사실에 초점을 맞추며 발전해 왔다.

첫째, 갈등이란 다소 적대적인 행동이다.

둘째, 갈등은 이해관계나 생각 등에 관한 첨예한 불일치나 반대와 같은 심리학적인 개념을 포함한다.

셋째, 갈등은 이해관계를 인식하는 차이, 혹은 서로의 현재 목표를 동시에 달성할 수 없다는 예측에 기초한다. 동시에 갈등은 '목표를 달성하는 데 있어서 서로 방해가 되거나 목표가 서로 일치하지 않는다고 생각하는 상호의존적인 사람들 간의 상호작용'이라고 말할 수 있다.

위와 같이 갈등은 인간 조건의 일부라고 할 수 있다. 인간이 사회를 이루고 살아가는 곳에서 갈등은 편재성과 필요성에 의하여 사회변동의 주요 핵심 역할을 한다고 볼 수 있다. 따라서 갈등을 생산적으로 관리하는 전략이 필요하다.

2) 갈등의 구성요소

갈등의 구성요소는 학자마다 다소 차이는 있지만 사람, 쟁점, 의사소통을 들 수 있다. 사람이란 1차적으로 갈등당사자를 의미하지만 2차적으로는 발생한 갈등에 관심을 갖는 사람들을 포함한다. 또한 이성으로서의 사람을 의미하기도 하지만 감정 주체로서의 사람을 의미하기도 한다.

쟁점이란 사람들 사이에 대립을 야기한 이슈와 문제를 의미한다. 의사소통이란 쟁점이 만들어지는 과정이나 쟁점을 둘러싸고 일어나는 사람간의 상호작용을 의미한다. 아래 [그림 Ⅱ-8]에서 시사하는 것처럼 이 세 요소가 서로 역동적으로 연계되면서 갈등을 증폭시키고 변형시킨다.

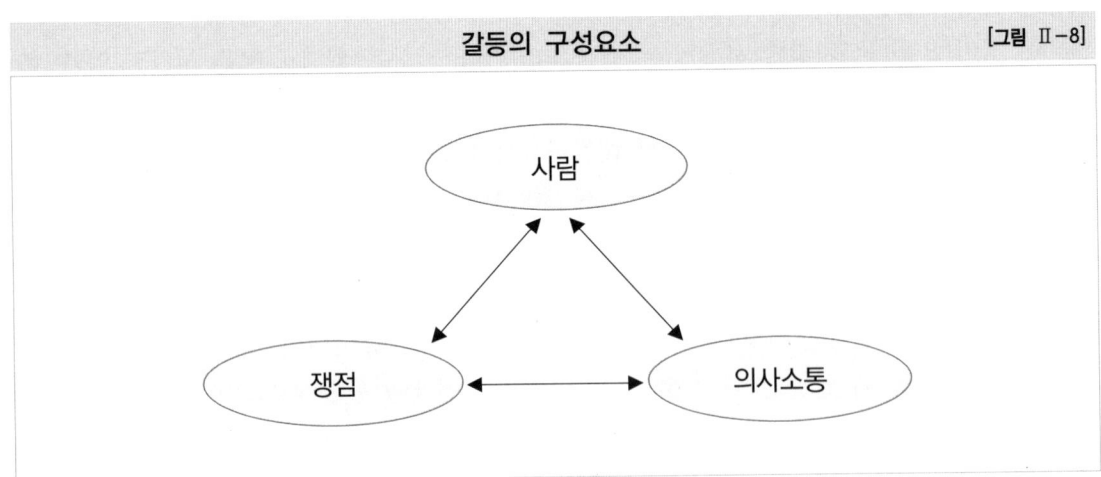

[그림 Ⅱ-8] 갈등의 구성요소

자료 : 동국대학교 갈등치유연구소, 「갈등치유론」, 2012, p. 13.

갈등은 갈등당사자의 외부환경과 내부환경의 상호작용에 의하여 그 모습이 결정되는데 외부환경이 갈등을 둘러싸고 있는 구조적 인자들을 지칭한다면 내부환경은 개인의 심리적 인자들을 의미한다. 갈등 구성에 관여하는 외부환경과 내부환경의 구체적 인자들을 보면 〈표 Ⅱ-3〉과 같이 나타낼 수 있다.

<표 Ⅱ-3>
갈등 구성의 환경인자

갈등구성요소	외부환경	내부환경
사람	집단, 문화, 정치, 경제	개인의 가치, 행태, 잠재의식
쟁점	구조, 사건, 요구, 이슈	경험, 편견, 기억
의사소통	이성과 논리의 상호작용	감정의 상호작용

자료 : 동게서, p.15.

02 갈등의 유형

1) 갈등 발생의 유형

크리스토퍼 무어(Christopher Moor)에 의하면 갈등 발생의 유형은 크게 5가지로 분류할 수 있다. 갈등유형을 이해하는 것은 갈등 해결 과정에서 분석적 기준을 갖는 데 도움을 준다.

첫째, 가치관 갈등(value conflict) : 가치관, 신념, 의지, 종교 및 문화의 차이에서 오는 갈등이다.

둘째, 구조적 갈등(structural conflict) : 사회구조와 왜곡된 제도 및 관행 등으로 인해 생기는 갈등이다.

셋째, 이해관계 갈등(interest conflict) : 한정된 자원이나 권력을 배분하는 과정에서 일어나는 갈등이다.

넷째, 사실관계 갈등(data conflict) : 사건, 자료, 언행 등에 대한 사실해석이나 인식에서 오는 차이의 갈등이다.

다섯째, 관계상의 갈등(relationship conflict) : 불신, 오해 등 상호관계의 이상으로 생긴 갈등이다.

이러한 갈등은 한 가지 유형으로만 나타나는 것이 아니라 두 가지 이상의 유형이 복합적으로 나타나기도 한다.

2) 갈등의 여러 유형

위와 같이 어디에서나 존재할 수 있는 갈등을 구분하면 다음과 같이 네 개의 수준으로 나누어 볼 수 있다.

(1) 개인의 내적 갈등

이는 한 개인 내면에서 일어나는 갈등이다. 갈등의 원인에는 갈등이 일어나도록 하는 사상, 생각, 감정, 가치, 성질, 혹은 본능적 요구 등이 포함될 수 있다. 우리는 아이스크림을 먹고 싶어도 마음속으로는 살찔 것을 걱정한다. 직장상사에게 화가 나면서도 그 감정을 쉽게 표현하지 못한다. 순종적이지 못하다는 이유로 해고당할 수 있다고 생각하기 때문이다.

(2) 개인 간의 갈등

이는 개인 사이에서 일어난다. 상사와 부하직원, 부부, 형제 혹은 방을 함께 사용하는 룸메이트 사이에서 일어나는 갈등 등이 개인 간의 갈등에 해당한다.

(3) 집단 내부의 갈등

이는 작은 집단에서 일어나는 갈등이다. 가족, 학급, 친목회, 직장과 같이 작은 집단 안에서 발생하는 갈등을 말한다. 우리는 작은 집단 내부에서 분쟁을 해결하는 데 갈등이 어떤 영향을 주는지, 이 집단이 추구하는 목표를 효율적으로 달성하는 데 어떤 영향을 주는지 분석하는 것이다.

(4) 집단 간의 갈등

노조와 경영자, 전쟁 중인 국가들, 반목적인 집단 간, 혹은 지역의 실력행사 단체들, 정부기관들 사이의 갈등을 말한다. 이 수준에서의 갈등은 이해하기에 대단히 어렵다. 많은 사람들이 얽혀 있을 뿐만 아니라 서로 상호작용이 가능하기 때문이다. 집단내부의 갈등과 집단 간의 갈등이 동시에 일어날 수도 있다. 이런 내부의 갈등도 대단히 중요하다.

03 갈등의 지적 전통

갈등이론은 인간이 소유하고자 하는 대상물은 제한되어 있고, 소유욕은 무한하여 그 욕구를 충족하기 위하여 사회를 개인 간 및 집단 간 세력다툼, 이해의 상충, 지배자와 피지배자간의 갈등 등이 있다고 본다. 따라서 사회는 끊임없이 경쟁과 갈등이 연속적으로 일어나며 지속적인 불안정과 변동을 초래하면서 변증법적 발전을 한다고 본다. 즉, 갈등이론은 사회 내에서 존재하는 갈등은 자연스러운 것이고 어느 사회나 존재한다는 필연성과 편재성을 가정하고 있으며, 등장배경은 지나치게 사회의 안정과 통합을 강조하는 파슨즈(Talcott Parsons)의 구조기능주의를 비판하면서 발전하기 시작하였다(〈표 Ⅱ-4〉 참조).

현대의 갈등이론은 막스(Marx)와 짐멜(Simmel)의 사상으로부터 유산을 받았다. 그러나 갈등주의 시각 자체는 마키아벨리(Machiavelli)나 홉스(Hobbs)까지 거슬러 올라 갈 수 있으므로 그 역사는 매우 깊다.

사회의 특성에 관한 기능주의와 갈등주의 <표 Ⅱ-4>

구분	기능주의	갈등주의
가정	• 사회적 구성요소들은 비교적 지속적이고 안정된 구조를 가진다. • 모든 사회는 각 요소들이 잘 통합되어 있는 구조이다. • 사회의 모든 요소는 각각의 기능을 가지고 있는데, 이것은 사회체제 유지에 공헌하고 있다. • 모든 사회구조는 그 구성원 간의 가치에 대한 합의에 토대를 두고 있다. • 합의이론, 질서이론, 균형이론 등	• 모든 사회는 변화과정을 겪고 이러한 사회적 변화는 도처에 편재해 있다. • 모든 사회는 이견과 갈등을 나타낸다. 즉, 사회갈등은 필연적이다. • 사회의 모든 요소는 사회의 와해와 변동에 기여한다. • 모든 사회는 구성원 일부가 다른 일부를 억압하는데 기반을 두고 있다. • 급진주의 이론, 종속이론, 저항이론, 사회재생산이론 등
사회 현상	• 사회의 모든 요소는 안정 지향적이다. • 사회의 각 요소들은 상호의존적이며, 통합적인 기능을 한다. • 사회변화는 점진적이고, 누적적으로 진행된다(점진적 개량주의적). • 사회체제 유지를 위해 사회구성원들의 공동체 의식을 강조한다. • 사회의 지위배분은 개인의 성취능력에 의해 달성된다. • 사회의 가치, 규범, 관습 등은 구성원들의 합의에 의한 것이며, 보편적이고 객관적인 성격을 지니고 있다.	• 모든 사회는 변화 지향적이다. • 모든 사회는 불일치와 갈등이 일어나고 있다. • 사회변화는 급진적이고 비약적으로 진행된다(급진적 개혁주의). • 사회의 각 집단은 경쟁적이며, 대립적인 관계를 가지고 있다(의식화 중시). • 일반적으로 사회가 선호하는 가치는 지배집단과 관련을 맺고 있다. • 사회의 각 기관들은 지배집단의 이익을 봉사하고 있다. • 사회 갈등의 원인은 재화의 희소성과 불평등한 분배에 기인한다.

자료 : http://noota.tistory.com/entry/

1) 막스(Marx)와 짐멜(Simmel)의 갈등이론

Marx와 Simmel은 사회적 세계의 본질에 대한 서로 다른 가정을 내세웠으며, 따라서 서로 대조적인 사회갈등이론을 발전시키게 되었다. 그러나 이 대조적인 이론들은 상호보완적인 성격을 드러내며 현대의 갈등이론들이 발전하는 계기가 되었다.

Marx는 유럽의 초기 산업화 환경 하에서 갈등의 기원을 연구하였다. 생산수단을 소유한 자본가에 의해 노동자가 고통을 받았기 때문에 사회변동의 시작 과정에 정당성을 부여하였다. 그의 지적 생애는 자본주의의 출현과 이를 움직이는 원리와 이 구조가 어떻게 붕괴하는가를 연구하는 데 바쳤다. 그러므로 Marx의 갈등이론은 어떻게 사회를 변혁시키고 실천하며, 자본주의를 붕괴시킬 수 있는가에 대한 이론이라고 할 수 있다([그림 Ⅱ-9] 참조).

Simmel의 지적 목표는 사회생활을 이해하고 고찰한다는 학문적 관점에서 시작되었다. 그는 정치에 관여하지 않았으며, 사회변동에 대한 커다란 열정도 없었다([그림 Ⅱ-9] 참조).

이 두 학자는 변증법 개념을 사용하여 사회적 상호작용과 조화의 법칙을 밝히려 했다. Marx는 추상적인 법칙들은 일시적이고, 특정한 역사적 시기 및 시대에만 작용한다고 생각하여 봉건사회, 자본주의사회 등은 그 나름의 법칙이 있고, 그래서 자본주의도 붕괴될 수 있다고 생각하고 자본주의의 경제적 생산양식의 운용법칙을 밝히려 했다.

그러나 Simmel은 시간과 공간적 차이를 초월하는 보편적 법칙들을 밝히려 했다. 그래서 그는 상호작용의 다양한 목표 및 맥락과 공통적인 추상적 속성을 밝히려 했다. 즉, Simmel은 다양한 상호작용에서 공통된 특징을 탐구하였으며, Marx는 한 시대의 독특한 법칙들을 밝히고 그 법칙의 종결을 위해 작용하는 것이었다. 이런 지적 목표의 차이점은 개인적 신념의 차이, 즉 서로 다른 사회적 갈등의 본질에 대해 서로 다른 개념을 강조했다.

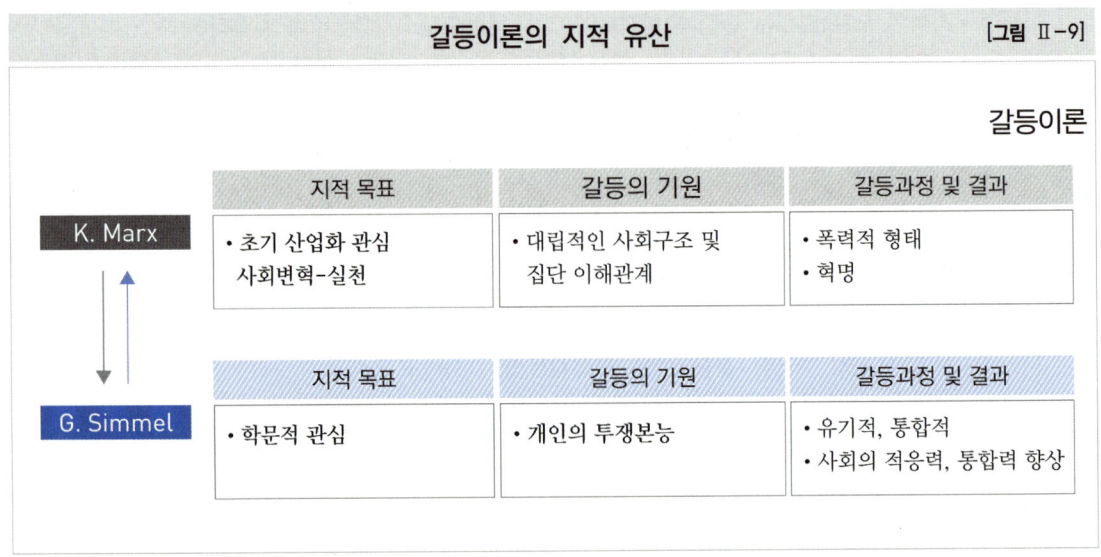

자료 : 동국대학교 갈등치유연구소, 「갈등치유론」, 2012, p. 13.

2) 갈등이론의 비판

갈등주의와 기능주의는 모두 사회현상에 대한 거시적 접근방법에 속한다. 갈등이론이 기능이론보다 개선된 점은 갈등의 편재성과 사회변동을 상대적으로 잘 설명한 것이다. 그러나 Marx의 재발견 이후 갈등이론에 관한 활발한 연구가 진행되고 있음에도 불구하고 논쟁은 여전히 지속되고 있다. 갈등주의에 대한 비판은 다음과 같다.

첫째, 갈등이론에 대한 경험적 검증이 어렵다는 비판이다. 경험적 연구의 검증이 어려운 이유는 전문적 용어에 의한 조작적 개념의 문제와 실제 상황의 은닉성이라고 할 수 있다. 따라서 갈등, 지배, 그리고 측정과 자료수집이 곤란하다.

둘째, 갈등연구자들은 세계를 갈등과 변동으로 파악하고자 하므로 문제를 왜곡시킨다는 비판을 받는다. 갈등이론에 의하면 사회체제는 지배집단과 종속집단 사이에 늘 상존하는 갈등상태로 상정되지만 사실 변화보다는 질서가 훨씬 더 실제 상황에 가깝다. 그것은 변화와 현상유지 등 어느 것이 더 편재적인가의 문제이다.

셋째, 분석 단위가 모호하다. 갈등집단에는 개인, 집단, 조직, 계급, 국가 등 여러 형태가 있다. 그런데 이론의 추상성이 높을수록 분석단위는 더욱 모호해지는 경향을 갖는다.

넷째, 갈등이론 내에 기능주의가 잠재적으로 내포되어 있다. 갈등의 원인과 결과를 모두 설명하는 듯하지만, 사회현상의 기능을 설명하다 보면 인과성 진술은 중도 폐지되는 경우가 있다. 즉, 갈등은 종속변수이면서 독립변수이기 때문에 그 구별이 용이하지 않다.

다섯째, 갈등주의의 대표적 이론이라 할 수 있는 막스에 대한 비판이다. 막스가 주장했던 인과관계의 논리가 과대 또는 단순화되었다는 점이다.

갈등이론은 필연성과 편재성을 가정하고 상이한 유형의 사회적 단위들 사이에서 상이한 형태의 갈등이 발생하는 것을 조심스럽게 분석한 것이다. 이런 이론은 사회조직의 이론이 아닌 갈등의 이론이다. 물론, 사회조직에는 갈등이 널리 퍼져 있으므로 사회조직의 이해에 도움이 될 수 있다. 따라서 이론으로서의 기여도를 살펴보면 갈등이론은 어떻게 사회조직의 유형이 생성되고 유지되며 변동하는가에 대한 문제제기와 더불어 갈등관리의 필요성을 제기했다.[2]

04 갈등과정

갈등과정은 잠재적 대립 혹은 상충, 인지와 개인화, 의도, 행동, 결과의 단계를 거치게 된다.

1) 1단계 : 갈등인지(잠재적 대립(potential opposition) 혹은 상충(incompatibility))

갈등과정에 있어서 첫 번째 단계는 갈등이 생길 기회를 제공하는 상황이 존재하는 것으로 상황이 직접적으로 갈등을 이끌어 내지 않을 수도 있으나 갈등이 표면화되려면 의사소통, 구조, 개인적 변수 등의 상황 중에 하나 또는 그 이상이 필요하다. 이러한 상황은 갈등의 원인이나 원천이 된다.

(1) 의사소통
- 의미의 난해함, 오해, 의사소통 경로에 있는 소음 등의 장애물이 의사소통의 문제를 발생시킬 수 있음.

---

2) https://m.blog.naver.com/PostView.nhn?blogId=hyunju1256&logNo

- 전문용어, 불충분한 정보교환 등도 의사소통을 저해하고 갈등을 불러일으키는 요인이 될 수 있음.
- 또한 의사소통이 너무 적거나 너무 많을 때에도 갈등이 생길 가능성이 높음.

(2) 구조
- 조직의 규모와 전문화 : 규모가 크고 업무가 전문화될수록 갈등 발생 가능성 높음.
- 책임소재의 불명확성 : 책임소재가 불분명할수록 갈등 발생 가능성이 높음.
- 관할 구역의 모호성 : 책임 및 관할구역이 모호할수록 집단 간 갈등이 높음.
- 보상체계 및 집단 간 상호의존성 : 한쪽의 이득이 다른 한쪽의 손실을 통해 이루어지는 경우 갈등이 높음.
- 근무기간 : 근무기간이 길수록 갈등 발생 가능성이 높음.

(3) 개인적 변수
- 개인의 성격, 가치관, 감정 등은 갈등 과정에서 중요한 역할을 함.
- 신경질적이면서 자기중심적인 사람은 자주 갈등을 겪으며, 갈등이 발생할 때 부정적으로 반응함.
- 부정적 감정을 지닌 사람은 갈등을 유발할 가능성이 높음.

2) 2단계 : 갈등심리의 자극(인지(cognition)와 개인화(personalization))

갈등에 있어서 인지는 필수 전제조건이 되며, 이것이 개인화되면 감정이입 단계로 넘어간다.

(1) 인지된 갈등(Perceived Conflict)
- 갈등을 유발할 소지가 있는 상황이 존재한다는 것에 대해 한 사람 혹은 여러 사람이 인지하는 것
- A가 자신과 B 사이에 심각한 의견 차이가 존재한다는 것을 인식하는 것

(2) 감지된 갈등(Felt Conflict)
- 감정이 적용되며 당사자들이 걱정, 긴장, 좌절, 적대감을 경험하게 되는 것(감정이입단계)
- A가 B와 심각한 의견 차이를 가진 것에 대해 긴장하거나 걱정하는 것

3) 3단계 : 갈등의지의 출현(의도(intention))

(1) 의도 : 어떤 방향으로 행동하기 위한 의사결정

- 의도는 사람들의 인식이나 감정, 그리고 외적으로 드러나는 행동 사이에서 작용함.
- 상대방의 행동에 대해 어떻게 반응할지를 알기 위해서는 그 사람의 의도를 추측해야 함.
- 그러나 태도가 항상 의도를 정확히 반영하는 것은 아님(둘 사이에 상당한 차이가 존재할 수 있음).
- 즉, 모든 의도가 행동으로 연결되는 것은 아님.

(2) 갈등처리 의도

협력과 자기주장의 두 가지 차원을 이용하여 5가지 갈등처리 의도를 구별하면 다음과 같다.
- 협력(Cooperative) : 한 당사자가 다른 쪽의 관심사를 만족하게 해 주려는 정도
- 자기주장(Assertiveness) : 한 당사자가 자신의 관심사를 만족시키려는 정도

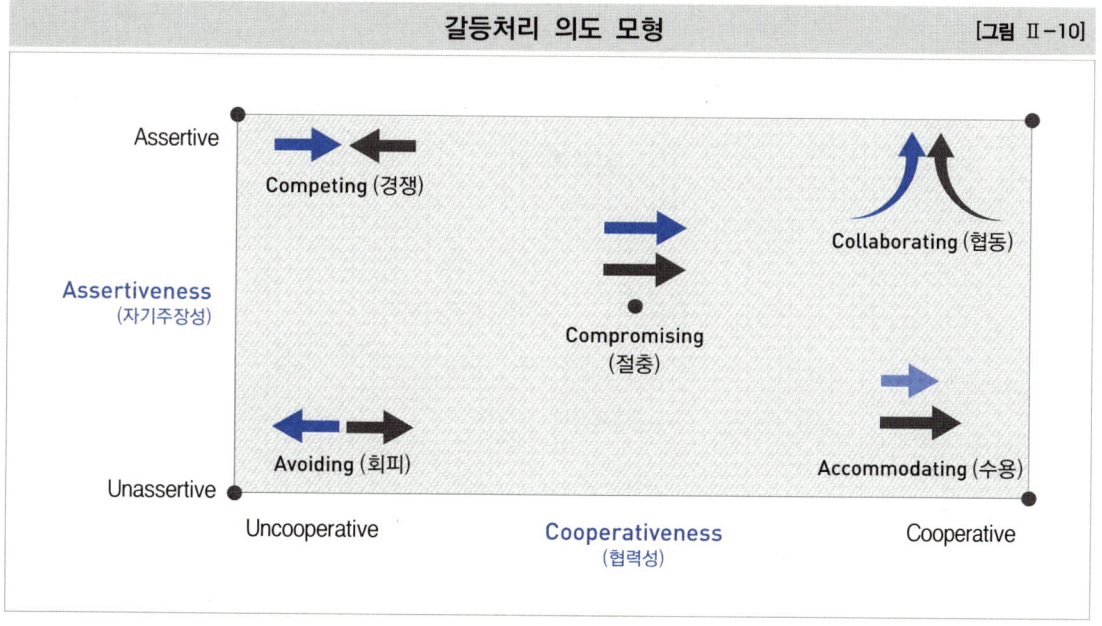

[그림 Ⅱ-10] 갈등처리 의도 모형

① **경쟁(Competing)** : 상대방이 받을 충격에 상관없이 자기 자신의 이익을 만족시키려고 하는 경우 (Zero-Sum 상황)
② **협동(Collaborating)** : 갈등 당사자가 서로 상대방의 관심사를 만족시키기 원하는 경우 (Win-Win 상황)
③ **회피(Avoiding)** : 갈등으로부터 철회하거나 갈등을 억누르려고 하는 경우 (갈등 이슈가 중요하지 않거나 혹은 중요하지 않다고 여겨질 때)

④ **수용(Accommodating)** : 상대방의 관심사를 자신의 관심사보다 우선시하는 경우 (갈등 이슈나 이익보다는 상대방과의 관계가 더 중요시 될 때)
⑤ **절충(Compromising)** : 갈등의 당사자들이 서로 적당한 수준의 타협을 추구하는 경우 (경쟁 상황에서 서로 이득을 보지 못할 경우로 노사 단체협상처럼 경쟁에서 절충으로의 상황 변화 등)

4) 4단계 : 행동(Behavior)

행동단계에서는 갈등이 가시화되며, 여기에는 갈등 당사자의 선언, 실행, 반응 등이 포함된다. 갈등행동은 각 당사자가 자신의 의도를 실행하기 위해 취하는 행동을 의미하는 것으로 이러한 갈등 행동은 오해나 미숙한 실행으로 인해 원래 의도와 다른 방향으로 가기도 한다.

(1) 갈등의 강도와 갈등 행동
- 갈등의 강도는 점점 고조되어 결국에는 파괴적으로 됨.
- 높은 수준의 갈등과 행동 등은 파업, 폭동, 전쟁으로 항상 역기능적이라고 할 수 있음.
- 반대로 기능적인 갈등은 건설적으로 하위의 범주에 제한적임.

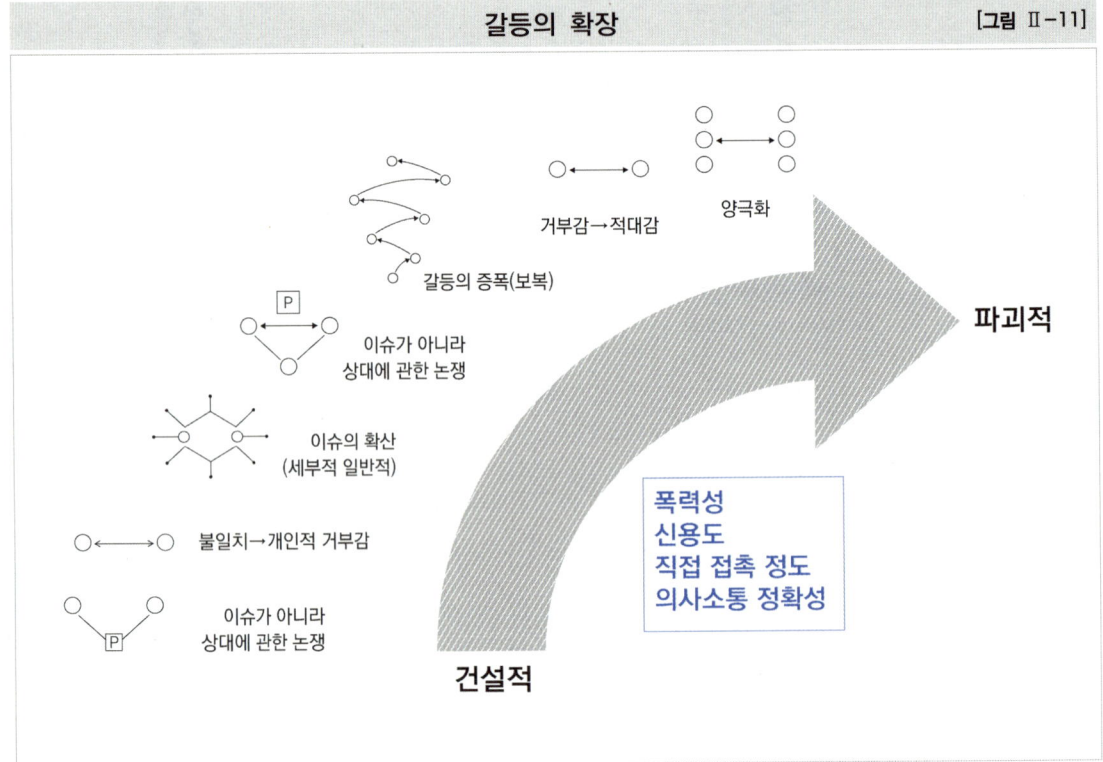

[그림 Ⅱ-11] 갈등의 확장

자료 : John Paul Ledrach, 1989.

(2) 갈등관리와 갈등해소 기법

갈등관리는 만족할 만한 갈등 수준에 도달하기 위해 갈등을 해소하거나 자극하는 기법을 사용하는 것으로 갈등해소 기법을 통해 〈표 Ⅱ-5〉와 같이 갈등을 관리할 수 있다.

갈등 해소 및 자극 기법 〈표 Ⅱ-5〉

갈등 해소 기법	회피	갈등을 피하거나 갈등을 억누르는 것
	완화	갈등 당사자 사이의 차이점은 축소시키고 공통 관심사를 강조하는 것
	절충	갈등의 각 당사자가 뭔가를 포기하는 것
	상위목표	상대방의 협조 없이는 달성이 불가능한 공동의 목표 설정
	자원의 증대	자원(돈, 자원, 사무실 공간 등)의 희소성으로 인해 갈등이 발생할 때, 자원의 증대는 윈-윈 상황을 가져올 수 있음.
	권위적 명령	경영진은 공식적인 권위를 갈등해결에 사용 자기가 원하는 것을 당사자에게 알려 줌.
갈등 자극 기법	인적변수의 변화	갈등을 일으키는 태도와 행동을 바꾸기 위해 대인관계 훈련 같은 행동변화 기법을 사용
	구조적 변수의 변화	공식적 조직구조와 갈등 당사자의 상호작용 패턴을 변화 (직무 재설계, 이동, 조정, 직위의 신설 등)
	대화	갈등 수준을 높이기 위해 모호하고 위협적인 메시지를 사용
	외부인의 유입	배경, 가치관, 태도, 관리 스타일 등이 기존과 다른 직원 그룹을 투입
	조직의 구조조정	현상에 혼란을 주기 위해 작업그룹의 재배치, 규칙과 규정의 수정, 상호 의존성의 증가, 그와 비슷한 구조적 변화를 줌.
	의도적 반대자 지정	그룹 대다수의 입장에 대해 반대하는 의견을 낼 사람을 임의적으로 지정

자료 : http://blog.naver.com/PostView.nhn?blogId=wistom90&logNo

(3) 갈등관리를 어렵게 만드는 요소들

갈등을 분석하고 진단하는 데 도움이 되는 기준에는 어떤 것들이 있을까? 갈등해결이 어려울지 쉽게 해결될지를 결정할 수 있는 기준은 무엇일까? 〈표 Ⅱ-6〉은 갈등관리를 어렵게 만드는 요소들이 무엇인지 설명해주고 있다.

갈등진단 모형 <표 Ⅱ-6>

갈등의 차원	해결하기 어려운 갈등	해결하기 쉬운 갈등
• 문제의 쟁점	• '원칙'의 문제 : 중요한 쟁점의 가치, 윤리 또는 선례	• 작은 부문이나 작은 단위로 쪼갤 수 있는 쟁점
• 걸려 있는 이해관계의 크기	• 크고 중대한 결과	• 작고 사소한 결과
• 당사자 간 상호 의존성 : 서로의 이익에 영향을 주는 정도	• 제로섬 상태 : 한 쪽이 승리하면 다른 쪽은 패배	• 윈-윈 상태 : 이익의 단순한 분배보다 더 잘 할 수 있다는 생각
• 상호작용의 연속성 여부 : 앞으로도 계속 협력할까?	• 단 1회의 거래관계 : 과거나 미래는 없다.	• 장기적 관계 : 앞으로 기대되는 협상가 간의 상호작용
• 협상 팀의 구성 : 협상 팀의 응집력 정도와 조직력 정도는?	• 비조직적 : 응집력이 떨어지고 약한 리더십을 보유	• 조직적 : 응집력이 있고 강한 리더십을 보유
• 제3자의 개입가능성 : 갈등 해결에 도움을 주기 위해 제3자가 개입할 수 있는가?	• 중립적인 제3자 부재	• 신뢰받고 강력하며 권위 있는 제3자가 있다.
• 갈등 상황 지속성에 대한 인식 : 균형적(동등한 이득과 손실)인가? 불균형적(동일하지 않은 이득과 손실)인가?	• 불균형적 : 한쪽이 더 큰 손해를 입었다고 느껴 복수를 원하고, 강한 상대자는 통제력을 유지할 때	• 균형적 : 양쪽이 똑같이 손해와 이득을 보는 것으로 인식하고, 이를 '운'으로 부를 때

5) 5단계 : 결과(Outcomes)

갈등당사자 간의 행동 및 반응에 의한 상호작용은 갈등의 결과를 가져오는데 그 결과는 성과를 향상시키는 건설적인 기능적 결과가 될 수도 있고, 반대로 역기능적으로 파괴적 결과가 될 수도 있다.

(1) 기능적인 결과(Functional Outcomes)
- 의사결정의 질 향상 : 갈등은 중요한 결정을 내릴 때 모든 관점을 고려하게 만들며, 특히 소수의견도 주장할 수 있게 함으로써 의사결정의 질을 향상시켜 준다.
- 창의력과 혁신 자극 : 갈등은 현재 상태에 대하여 도전할 수 있는 기회를 제공하여 새로운 생각을 촉진하고 집단의 목표와 활동을 재평가하여 집단이 변화에 반응할 수 있는 확률을 높인다.
- 구성원의 관심과 호기심을 유발

(2) 역기능적인 결과(Dysfunctional Outcomes)
- 집단 응집력의 약화
- 의사소통의 악화 혹은 마비

- 구성원들의 만족과 신뢰 감소
- 구성원 간의 대립으로 인한 집단 목표의 상실

(3) 기능적 갈등관리

- **갈등의 존재를 인정** : 무엇보다 먼저 갈등을 인식하고 인정하는 것이 갈등관리를 위한 전제조건
- **이해관계에 초점 맞추기** : 문제 자체나 이슈보다는 이해(Interest)관계에 초점을 맞추는 것이 좋음.
- **솔직하고 공개적인 토론** : 서로의 이해관계를 분석하여 좀 더 쉽게 타협점을 찾을 수 있도록 토론
- **공동의 관심사 강조** : 의견 차이가 심한 관심사는 갈등을 불러올 가능성이 높음.
- **집단의 목표인식 제고** : 전체 목표에 대한 인식이 확고한 집단일수록 갈등 해결이 효과적임.

05 협상을 통한 갈등 전략

갈등은 건설적인 면과 파괴적인 면이 있다. 따라서 우리는 협상을 통한 갈등관리 전략이 필요하다. 협상의 목적은 갈등을 제거하는 것이 아니라 갈등의 파괴적인 측면을 통제하고 생산적인 측면을 강조함으로써 갈등을 잘 관리하는 법을 배우는 것이다. 이런 측면에서 보면 협상을 이렇게 정리할 수 있다. "협상은 갈등을 생산적으로 관리하는 전략이다."

1) 갈등의 단점

대부분의 사람은 갈등을 해롭고 부정적인 것이라고 생각한다. 그 이유는 두 가지 측면에서 이해할 수 있다.

첫째, 갈등은 무엇인가 잘못되어 있거나 개선이 필요한 문제가 있다는 징조이기 때문이다.
둘째, 갈등은 대규모의 파괴적인 결과를 초래하기 때문이다.

여러 학자들이 갈등의 파괴적인 이미지를 생성하는 여러 요소들에 대해 수많은 연구를 해왔다. 핵심적인 내용을 요약하면 아래와 같은 여덟 가지로 나눌 수 있다.

(1) 경쟁과정

사람들은 자신이 세운 목표가 상대와 대치하거나 그 목적을 이룰 수 없다는 생각 때문에 경쟁한다(그러나 앞에서도 설명한 것처럼, 실제로 서로의 목표가 대치되지 않는다면 서로 경

쟁할 필요도 없을 것이다). 게다가 경쟁과정은 그 자체로서도 부작용이 따를 수도 있다. 따라서 경쟁을 불러일으키는 갈등은 더 나쁜 상태로 발전할 수 있다.

(2) 오인과 편견

갈등이 심화되면 인식이 왜곡된다. 갈등상황에서는 계속 자신의 관점에서만 사물을 판단하기 때문에 사람이나 어떤 중요한 일, 사건 등을 자기편과 다른 편으로 나누어 해석한다. 그런 과정에서 생각은 더욱 고정관념과 편견에 휩싸이게 된다.

갈등상태에 있는 당사자들은 자기를 지지해주는 사람이나 쟁점에 대해서는 바로 받아들이지만, 자신과 반대의 입장을 취하는 사람이나 쟁점에 대해서는 바로 거부감을 나타낸다.

(3) 감정

감정이 격해지거나 절망적일 때 혹은 좌절할 경우 갈등상황은 더욱 감정적으로 변하게 된다. 감정이 이성을 지배하는 경향으로 발전하면서 갈등이 증폭됨에 따라 더욱 감정적이고 비이성적으로 변하게 된다.

(4) 의사소통 폭의 감소

상대가 자신의 의견에 반대하면 의사소통의 폭이 줄어들고 찬성하면 그 폭이 늘어나게 된다. 분쟁 중인 당사자들이 의사소통을 하는 목적은 상대의 의견을 좌절시키고 품격을 떨어뜨리거나 자신의 주장이 중요하다는 사실을 부각시키기 위해, 혹은 상대의 견해 중 나쁜 점을 폭로하기 위해서다.

(5) 애매한 쟁점들

분쟁의 핵심적인 쟁점들이 애매하거나 정확히 정의되어 있지 않을 경우가 있다. 모든 것이 일반화되어 있는 상황에서 갈등은 쟁점과 관련된 주변의 무관심한 방관자들까지 끌어들이게 되면서 자연스럽게 전혀 무관한 새로운 쟁점들까지 가세되어 확산된다. 이렇게 되면 어떻게 논쟁을 시작하고, 무엇을 논쟁할 것이며, 문제해결을 위해 어떤 행동을 해야 할지가 모호해진다.

(6) 경직된 입장 표명

사람들은 각기 자기 나름대로의 입장에 봉착해 있다. 상대가 도전해 올 때 자기 집단의 관점에서 입장을 표명하게 된다. 동시에 체면을 잃거나 어리석게 보이지 않을까 두려워하여 자신들의 관점을 더욱 고수하게 된다. 이렇게 되면 생각하는 과정이 경직되기 때문에, 집단들은 쟁점을 복잡하고 다차원적인 문제로 보기보다는 단순히 '양자택일'의 문제로 인식하게 된다.

(7) 차이점의 극대화, 공통점의 최소화

자신의 명백한 입장에 발목이 잡히고 쟁점이 모호해지면 집단들은 상대를 반대편으로 인식하게 된다. 이렇게 되면 각 집단을 구분하고 나눌 수 있는 모든 요소들이 강조되고 부각된다. 동시에 모든 공통점들은 최소화되거나 지나치게 단순화된다. 이렇게 인식이 왜곡되면 집단들은 실제보다 더 큰 거리감을 느끼게 된다. 따라서 갈등상황에서 승리하기 위한 노력을 더하게 되고, 공통점을 찾는 노력은 덜하게 된다.

(8) 갈등의 악화

갈등상황이 악화되면 협상당사자들은 자신의 입장을 더욱 견고히 한다. 다시 말해 상대의 입장을 수용하는 데 인색해지면서 더욱 방어적인 상태로 변하게 된다. 이렇게 되면 의사소통의 길은 좁아지고 감정만 격분된 상황으로 치닫는다. 그리하여 양쪽 모두 일방적인 승리를 위해 자신의 입장만 강하게 주장하게 된다.

또한 어떻게 해서든지 이기려는 생각으로 수단과 방법을 가리지 않게 되고, 다급한 상황에서도 자신의 입장을 전혀 바꾸지 않는다. 조금만 더 많은 압력(자원, 헌신, 열정, 에너지 등)을 가하면 상대를 무찌르고 굴복시킬 수 있을 것으로 생각한다.

그러나 이러한 파괴적인 갈등은 결국 해결방안과 더욱 멀어지는 결과를 낳을 뿐이다. 승리를 위해 자기주장만 펼치게 되면 갈등의 수위는 더 높아진다. 이보다 더 심각한 상황이 되면 더 이상의 협상을 기대하기는 어렵다.

2) 갈등의 기능과 장점

위에서 설명한 갈등은 우리가 보통 경험하게 되는 과정이다. 그러나 이런 상황은 파괴적인 갈등일 때에 나타나는 특징들이다.

사실 갈등은 일부 전문가들이 제시한 것처럼 생산적일 수 있다. 따라서 갈등기능에서 장점은 갈등이 조직이나 개인의 문제에 관계자들의 관심을 갖게 하는 계기가 되어 변화를 초래할 수 있다는 것이다. 또한 갈등이 합리적으로 해결되면 쇄신이나 변동 및 발전에 의한 재통합의 계기가 될 수 있다. 이러한 갈등의 순기능에 대해 티요스볼드는 다음의 〈표 Ⅱ-7〉에서 보는 바와 같이 갈등에 생산적인 측면이 있음을 설명하고 있다. 그는 갈등을 단순히 이분법적으로 분리해 파괴적, 생산적으로 나눌 수 없다고 지적한다. 오히려 갈등은 협력과 경쟁이 섞인 상태, 즉 파괴적이면서 생산적이라고 주장한다.

<표 Ⅱ-7> 갈등의 기능과 장점

- 갈등에 대해서 논의를 하다 보면 조직구성원들은 문제를 더 잘 인식하고 해결할 수 있게 된다. 상대가 절망적인 상태에 있고 변화를 원한다는 사실을 알게 되면, 근본적인 문제를 해결해야겠다는 자극을 받게 되기 때문이다.
- 갈등은 조직이 변화되고 급변하는 환경에 잘 적응할 수 있도록 해준다. 갈등은 절차, 과제, 예산, 할당 그리고 기타 조직의 관행들이 변하도록 도와준다. 갈등이 발생하면 직원들을 좌절시키고 방해할 수도 있는 쟁점들에 대해 관심을 불러일으킬 수 있다.
- 갈등은 사기를 높이고 인간관계를 돈독히 해준다. 갈등을 통해 사람들은 자신을 화나게 하고 좌절하게 하고 두렵게 만드는 요소가 무엇인지, 그리고 자신에게 중요한 것이 무엇인지를 배우게 된다. 우리가 무엇을 위해 기꺼이 싸울 것인지를 아는 것은 우리 자신에게 많은 것을 시사해 준다. 자신과 동료들을 불행하게 만드는 것이 무엇인지를 아는 것도 주변을 이해하는 데 도움이 된다.
- 갈등을 통해 인성이 개발된다. 관리자들은 자신들의 스타일이 부하직원들에게 어떻게 영향을 미치는지를 갈등을 통해서 발견한다. 직원들은 자신을 한 단계 더 향상시키기 위해 어떤 대인관계의 기술이 필요한지를 배운다.
- 갈등은 사람들의 심리를 발달시켜 준다. 스스로를 평가함으로써 더욱 정교하고 현실적으로 변하게 된다. 갈등을 통해 사람들은 상대의 관점을 수용하고 보다 덜 자기중심적이 되며, 스스로 삶을 통제할 수 있는 능력과 힘이 있다고 생각하도록 도와준다. 단순히 적대감을 참고 좌절을 견딜 필요가 있는 것이 아니라, 자신들의 삶을 향상시키기 위해 행동할 수 있다.
- 갈등은 자극적이고 재미있다. 사람들은 갈등을 통해 흥분하고, 소속감과 생기를 느낀다. 동시에 갈등을 통해 안이함을 물리칠 수 있고, 직원들이 다른 관점을 가지게 되며 인간관계를 좀 더 정교하게 하도록 해준다.

자료 : Dean Tjosvold, *Group from Working Together to Get Things Done : Managing for Organizational Productivity*, Lexington Books, 1986.

06 타인에 의해 갈등을 관리하는 방법

앞에서 설명한 2차원적 설명의 틀과 다섯 가지 전략은 여러 가지 갈등상황에 있을 때 스스로 이를 해결하고 관리하기 위해서 어떻게 행동해야 하는지에 대해 잘 설명해 주고 있다.

그러나 갈등을 직접 해소하기 위한 당사자들의 내부나 외부의 노력이 실패했을 경우에는 어떻게 해야 할까? 그런 경우에는 갈등을 스스로 풀어 가는 전략보다 조금 넓은 개념의 두 가지 방법이 있다.

1) 제3자 개입시키기

협동 당사자들이 스스로 논쟁을 해결하지 못할 때, 이들은 바로 그 자리에서 제3자를 개입시킬 수 있다. 어떤 쟁점에 대해 의견이 다른 두 협상가는 모두 각자의 상사에게 도움을 청할 수 있다. 그리고 제3자는 두 협상가에게 갈등상황이 합리적인 선을 넘어서서 해결책이 없이 악화되고 있다고 판단되면 독립적으로 개입할 수 있다.

2) 갈등관리 시스템

이 방법은 앞에서 설명한 제3자라는 개인이 개입하는 방식과는 다르다. 즉, 갈등에 대해 경청해주고 이를 해결하기 위해 만들어진 시스템을 말한다. 우리 사회에서 갈등을 해결하는 데 가장 일방적이고 가시적인 형태로는 사법체계 방식으로 볼 수 있다.

이웃 간 사유재산 분쟁, 부부 간의 불화, 기업 간의 특허권 분쟁 등에 이르기까지 거의 모든 종류의 분쟁에 대해 당사자들은 변호사를 선임할 수 있다. 혹은 공정한 공청회나 문제를 해결할 수 있는 시스템을 통해 자신들의 문제를 다룰 수도 있다.

좀 더 간단한 방식으로 갈등이 해결되기를 바랄 때 그리고 사법시스템이 너무 관료적이거나 부담스럽고 더 이상 공정하지 못하다고 느끼는 상황에서는 좀 더 작은 규모의 갈등관리 시스템도 가능하다. 사실 이와 같은 많은 시스템들은 오랜 시간이 지나면서 제도화되고 합법화되었기 때문에 조직의 규칙이나 정책, 절차가 되어 버린 또 다른 제3자 개입방식이라고 부를 수도 있다.

제5장
게임이론

"아이를 둘로 나눠 저 여인들에게 주어라" 솔로몬 판결처럼...

'아이를 둘로 잘라 저 여인들에게 나눠주어라.' 솔로몬이 재판을 마치자 좀 전까지 자기 아이라고 주장하던 여인들 가운데 한 여인이 울면서 자신이 엄마가 아니라고 자백했다. 일반적인 재판이라면 죄를 자백한 범죄자가 처벌을 받아야겠지만 솔로몬은 오히려 끝까지 엄마라고 주장한 여인이 가짜 엄마라고 최종 판결을 한다. 이 이야기는 많은 사람들이 알고 있는 솔로몬의 판결이다.

친엄마라면 아이가 죽는 것보다는 아이를 키우지 못하더라도 포기할 것이라는, 어쩌면 상식적인 발상으로 친엄마를 찾아낸 솔로몬을 지혜의 왕이라고 평가하는 것은 너무 과하다고 생각할 수도 있다.

그러나 게임이론으로 두 여인이 처했던 상황과 선택들을 분석해보면 솔로몬이 얼마나 지혜로운 판결을 했는지 알 수 있다.

다시 왕국의 법정으로 돌아가 보자. 아이의 몸을 칼로 나누라는 왕의 판결 이후 두 여인은 다음과 같은 상황에 놓이게 된다. 여인들이 먼저 끝까지 자기가 아이 엄마라고 주장하는 행동을 선택했다고 가정해 보자. 이때 상대방 역시 끝까지 자기 아이라고 주장하면 아이는 죽게 된다. 그러나 상대방이 아이가 죽는 것을 안타깝게 생각해 자신의 아이가 아니라고 진술하면 아이를 얻을 수도 있다. 그런데 만일 자신이 아이 엄마가 아니라고 자백하면 왕에게 엄한 형벌을 받거나 죽을 수도 있다. 따라서 친엄마가 아닌 여자는 아이가 죽는 것보다는 자신이 형벌을 받는 것이 더 큰 위험임으로 끝까지 자기 아이라고 주장하는 것이 합리적인 선택이다. 그러나 친엄마는 상황이 다르다.

자신과 상대가 끝까지 엄마라고 주장해 아이가 죽는 것보다는 차라리 자기가 처벌을 받는 것이 낫다고 생각한다. 따라서 친엄마는 자기 아이가 아니라고 자백하는 선택을 한다. 솔로몬은 이와 같이 판결을 통해 자백을 하면 형벌을 받고, 그러지 않으면 아이가 죽는 상황을 설정했다. 이는 친엄마와 엄마가 아닌 여자가 각각 자신이 처한 상황에서 가장 유리한 선택을 하도록 하고 그 선택의 결과로 친엄마가 자명하게 드러나도록 게임의 상황을 설정한 것이다.

이처럼 게임이론이란 상대의 전략(행동)에 따라 내가 어떤 전략(행동)을 취할 수 있는지, 또 내가 어떤 전략(행동)을 선택했을 때 그 결과는 어떻게 나타날지를 미리 예상해보고 최선의 선택을 결정하는 것이다. 따라서 게임이론은 경쟁자 숫자가 소수이고, 경쟁자들과 나의 선택에 따라 앞으로 나타날 수 있는 결과를 충분히 예측할 수 있을 때 적용할 수 있다.

가령 수백 명이 함께 뛰는 마라톤 대회에서 게임이론을 적용하려면 모든 참가자들의 능력과 장단점을 분석해 전략을 세워야 한다. 따라서 전략을 세우는 것보다는 개인의 운동 능력을 키우는 것이 우승에 더 큰 도움이 될 것이다. 그런데 축구 경기에서 상대를 이기려면 우리 팀이 열심히 연습해 실력을 키우는 것도 중요하지만 상대가 어떤 스타일인지를 분석하고, 상대의 특성에 따라 이길 수 있는 전략을 세우는 것이 더 중요하다.

경제에서도 이 같은 게임이론을 적용하는 상황이 있다. 완전경쟁시장에 가까운 농산물시장이나 주식시장에서는 공급자가 많기 때문에 공급자들이 전략적으로 행동하기가 어렵다. 시장에 참여한 많은 사람들의 행동과 상황을 모두 분석하는 것이 어렵고, 각 사람의 행동이 전체 시장에 미치는 영향력이 미미하기 때문에 이들의 선택으로 나타날 시장 변화를 예측하는 것도 어려운 일이다.

예를 들어 어떤 농부가 올해 농사를 짓기 전 재배할 작물과 그 생산량을 결정할 때 다른 모든 농부들의 상황을 분석하고 대안을 마련하는 것은 불가능한 일이다. 그래서 농부들은 현재 시장에서 거래되고 있는 농작물의 시장 가격이 얼마인지, 자신이 농작물을 재배할 때 얻을 수 있는 이익은 얼마나 되는지를 계산해보고 재배할 작물의 종류와 수량을 결정한다.

그러나 소수의 생산자가 존재하는 과점시장에서 생산자들은 전략적인 행동을 한다. 우리나라에서는 이동통신, 자동차, 가전제품과 같은 산업이 대표적인 과점시장이다. 과점시장의 기업들은 가격이나 생산량 등을 결정할 때 다른 기업들은 현재 어떻게 행동하고 있는지를 면밀히 분석하고 고려한다. 즉 경쟁 기업이 가격을 인상하는지, 신제품을 출시하는지, 어떤 광고를 하는지를 먼저 파악하고 이에 따라 자신에게 가장 유리한 의사결정을 한다.

최근에 짬뽕라면이 인기를 얻자 다른 라면 제조사들도 연이어 짬뽕라면을 출시한 것, 특정 햄버거 업체가 햄버거 가격을 인하하자 다른 햄버거 업체들도 가격을 내렸다. 이는 과점 시장의 기업들이 상대 행동에 따라 전략적으로 대응한 사례라고 할 수 있다.

앞의 예처럼 과점 시장에서 기업들은 생산량을 증가시키거나 가격을 인하하는 경쟁적인 전략을 선택할 수도 있지만 반대로 서로 협조하는 전략을 취할 수도 있다.

즉, 기업들이 서로 합의해 생산량을 감소시키고, 가격을 인상해 이익을 얻으려고 할 수도 있다. 정부는 이와 같이 기업들이 의도적인 '담합'으로 가격을 인상하거나 생산량을 감소시키는 행동들을 불공정거래로 금지시키고 있다.

우리가 사용할 수 있는 시간과 자원은 많지 않다. 목표를 얻기 위해서는 고집불통 '마이웨이(my way)'보다는 주변 상황과 상대를 고려해 행동하는 융통성 있는 전략적 사고가 필요하다.

자료 : 최병일, 매경 경제경영연구소, 2016. 4. 7.

에릭 매스킨의 '제도설계이론(Mechanism Design Theory)'

에릭 매스킨은 2007년 노벨 경제학상을 수상한 경제학자이다. 그가 노벨경제학상을 받은 이론이 제도설계이론(Mechanism Design Theory)이다. 왜 이 이론에 주목을 했냐 하면, 제도설계이론은 시장실패를 방지하는 메커니즘에 초점을 맞추고 있기 때문이다. 아시다시피 최근 극심한 세계침체는 시장실패에서 비롯된 것이라 할 수 있다. 그렇기에 에릭 매스킨이 주창한 '제도설계이론'을 이 시점에서 한 번 살펴볼 필요가 있다는 것이다.

제도설계이론은 게임이론의 한 분야이다. 사적 이익을 추구하는 경제주체가 공적이익을 잘 달성하도록 하려면, 그에 걸맞은 구조적 장치를 마련해야 한다는 것이 이 이론의 핵심이다. 즉, 구조만 만들면 그 구조 속에서 경제주체가 활동하여 공적이익을 달성시킬 수 있다는 말이다.

이게 무슨 말인가? 그가 든 예를 한 번 살펴보자.

케이크가 하나 있다.

두 아이는 서로 케이크를 많이 먹으려 다툰다.

그러면 어머니는 어떻게 해야 할까?

한 아이(A)에게 케이크를 반으로 자르도록 한다.

그리고 반으로 잘려진 케이크 중 하나를 다른 아이(B)가 고르도록 한다.

그러면 A는 자신이 손해를 보지 않기 위해서 케이크를 정확하게 자를 수밖에 없으며, B 또한 자신이 직접 케이크를 자르지 않더라도 마지막 선택권이 있기 때문에 불만이 없다. 즉, 모두가 불만이 없는 분할이 가능해지는 것이다.

그렇다면 왜 어머니가 케이크를 직접 자르지 않는 것일까? 어머니(공적 주체)는 두 아이만큼 정보를 가지고 있지 않기 때문이다. 특정 경제 행위에 대해 가장 정보를 많이 가진 당사자는 바로 직접 경제행위를 하는 주체 A,B이지, 이 행위를 관장하는 어머니가 아니다.

경제를 제일 잘 아는 것은 시장이지, 정부가 아니란 말이다. 그렇기에 정부는 직접 시장행위를 하는 것보다 사적 경제 주체를 이용하여 시장행위를 하는 편이 훨씬 효율적이다(아마도 그래서 정부가 그렇게 민영화에 목매는 것일 테다). 그리고 정부가 시장 주체들이 공적 이익을 산출할 수 있도록 구조만 잘 설계한다면, 방금처럼 손에 크림 안 묻히고도 케이크를 정확하게 배분할 수 있다는 말이다.

에릭 매스킨의 제도설계이론은 시장실패가 극심한 지금 이 시점에 한 번 주목할 필요가 있다. 정부는 모든 것을 알지 못한다. 오히려 사적 경제 주체들이 경제 행위에 관한 지식을 더 많이 알 것이다. 그렇기에 정부는 이러한 사적 경제주체들을 이용할 수 있는 메카니즘 틀을 잘 디자인해낸다면, 시장의 취약점인 공적 이익 산출에 성공할 수 있을 것이다.

자료 : http://luckykgm.egloos.com/2974230

01 게임이론은?

1) 게임이론의 정의

　게임이론은 이해관계가 얽혀 있는 상황에서 합리적인 개인들이 어떠한 전략을 가지고 선택과 판단을 하는가를 연구하는 학문이다. 게임이론 분석에서 핵심적인 단계는 어떤 전략이 타인이 선택한 전략에 대한 한 개인의 최선의 반응인가를 발견하는 것으로 개인 또는 개별집단에 있어서 행동의 결과가 게임에서와 같이 참여자 자신의 행동에 의해서만 결정되는 것이 아니고 동시에 다른 참여자의 행동에 의해서도 결정되는 상황에서 '자기 자신에 최대의 이익이 되도록 행동하는 것을 분석하는 수리적 접근법'이다. 즉, 상충적이고 경쟁적인 조건에서의 경쟁자 간의 경쟁상태를 모형화하여 참여자의 행동을 분석함으로써 최적 전략을 선택하는 것을 이론화하는 것이다. 게임이론은 경제적 경쟁, 전쟁, 선거 등 우리가 통상 게임으로 생각하지 않는 많은 상호작용이 마치 게임처럼 취급되고 분석될 수 있다는 발상에 기초를 둔다.

　게임은 한마디로 정의하면 "다자간의 전략적 상호작용"으로 전략적 행위를 하는 경기자들의 상호작용이라고 할 수 있다. 게임이론은 "사회현상을 게임 상황으로 모형화하고 그 게임에서 경기자의 전략적 행동을 논리적으로 이해하는 틀"로, 인간상호관계에 있어서 어떻게 하는 것이 자신에게 가장 유리한가의 전략이라고 할 수 있다.

　게임이론은 1944년 폰 노이만(Johann Ludvig von Neumann)과 모르겐슈테른(O. Morgenstern)이 함께 『게임이론과 경제행위(Theory of Games and Economic Behavior)』라는 책을 저술하여 현대 게임이론의 이론적 기초를 확립하였다. 그 후에 John F. Nash는 1950년부터 1953년까지 비협조적 게임이론과 교섭(bargaining)이론에 관한 일련의 논문을 발표하였다.

　수학자인 Nash는 게임에서 각 경기자들이 어떤 특정한 전략을 선택하여 하나의 결과가 나타났을 때, 모든 경기자가 이에 만족하고 더 이상 전략을 변화시킬 의도가 없을 경우를 균형(equilibrium)이라고 하고, 이 중 상대방의 최적전략에 대해서만 최적인 전략을 찾아내서 균형의 개념을 정립하였는데, 이를 'Nash Equilibrium'이라고 한다. 즉, Nash Equilibrium은 상대방의 최적전략에 대한 본인의 최적전략이라는 성격을 갖는데, 이후 게임이론에서 해답을 찾는 중심 개념이 되었다(게임에 따라 복수의 내시 균형점이 존재할 수도 있고, 내시 균형점이 존재하지 않을 수도 있다).

02 게임의 요소 및 분류

앞에서 게임은 전략적 행위를 하는 경기자들의 상호작용이며, 게임이론은 사회현상을 게임 상황으로 모형화하고 그 게임에서 경기자의 전략적 행동을 논리적으로 이해하는 틀이라고 정의하였다.

1) 게임의 요소

- **경기자** : 2명 이상, 각 경기자의 합리성, 완비성, 이행성이 가정되고, 합리성이 주지의 사실이며 경기자 가운데는 자연법칙(nature)도 포함될 수 있다.

- **게임규칙** : 순서와 선택할 수 있는 대안 등을 제시, 의사결정 순서에 따라 동시게임(simultaneous game)과 순차게임(sequential game)으로 나누어진다.

- **경기자의 전략** : 게임에서 경기자가 직면하게 될 여러 상황에 따른 행동계획으로 상대방의 존재를 전제로 한다. 전개형 게임에서는 전략과 행동(action)이 확연히 구분된다.
  - 순수전략 : 일어날 개연성이 있는 모든 경우에 대해서 해당 경기자가 취할 행동의 완전한 계획(complete contingent plan)을 말한다.
  - 혼합전략 : 여러 개의 행동 가운데 하나를 선택하되 주어진 확률분포에 따라 임의로 선택한다.

- **정보에 대한 기술** : 경제학의 기본 패러다임 중 하나는 경제행위의 주체인 경제인이 합리적인 의사결정을 한다는 것이다. 합리성(rationality)이란 의사결정에 있어서 내적 일관성으로 정의되는데, 보편적으로 경제인의 선호가 완비성(completeness) 및 이행성(transitivity)의 두 성질을 만족하는 것으로 이해된다. 게임이론에서는 게임의 주체인 경기자의 합리성에 더 강한 추가적 가정을 필요로 하는데, 이는 모든 경기자의 합리성이 상식이라는 것이다.
  - 주지의 사실(common knowledge) : 무한명제와 대칭적 무한명제
  - 완전 정보게임(perfect information) : 자신이 전략을 선택할 때 상대방의 행동(action)을 알고 하게 되어 있는 게임
  - 완전회상(perfect recall) : 경기자가 자신의 과거 선택에 대해서는 완전히 알고 있다고 가정
  - 완비 정보게임(complete information) : 상대방의 특성(type)을 알고 하는 게임
  - 정보집합(information set) : 전개형 게임에서 정보집합이라는 개념을 사용하여 표시

- **경기자의 보수(payoff)**
  - **결과** : 규칙에 따라 게임을 수행할 때 얻어지는 최종적인 상태. 전개형 게임에서 결과를 보이는 것이 필요
  - **보수** : 게임에서 경기자가 궁극적으로 얻게 되는 금액 또는 효용. 폰 노이먼과 모르겐슈테른의 기대효용가설을 사용

2) 게임의 분류

- **경기자 수에 따른 분류** : n명 게임, 2명인 경우와 3명 이상의 게임 등의 양태는 달라짐. 내부담합(coalition)의 가능성이 있다.

- **경기자의 행동순서에 따른 분류**
  - 동시선택 게임(정적 게임) : 경기자가 자신의 전략을 선택할 순간에는 상대방이 어떤 전략을 선택했는지 알 수 없다.
  - 순차게임(동적 게임) : 선행자 이점, 후행자 이점

- **정보에 따른 분류**
  - 완전정보게임과 불완전정보게임 : 경기자가 대안을 선택해야 할 때 상대 경기자가 무슨 대안을 선택했는지를 알고 있느냐 혹은 모르고 있느냐에 따른 구분
  - 완비 게임과 불비(不備)게임 : 상대 경기자의 보수함수(또는 경기자의 유형)을 알고 있느냐에 따른 구분

- **분배되는 보수의 성격에 따른 분류** : 영합게임, 양합게임, 음합게임

- **게임의 반복여부에 따른 분류**
  - 일회게임
  - 반복게임 : 유한반복게임, 무한반복게임

- **협조게임과 비협조게임**

- **게임이 몇 단계로 나누어지는가에 따른 분류** : n-단계 게임

03 죄수의 딜레마(Prisoner's Dilemma)

죄수의 딜레마 게임은 두 당사자 사이에서 불완전한 정보를 가지고 두 전략 중 하나를 선택하는 기본형게임(normal form game)이다. 이 게임은 공범 A와 B가 체포되어 격리된 채 검사의 심문을 받는 상황을 가정한다. 각자는 자백을 하거나 부인하는 전략 중 하나를 선택할 수 있고 다른 공범도 두 전략 중 하나를 선택할 것이라는 것을 알고 있다. 죄인 A와 죄인 B가 선택할 수 있는 전략의 조합에 따른 결과는 다음과 같다고 하자([그림 Ⅱ-12] 참조).

이와 같은 상황에서 A와 B가 모두 부인할 경우 A와 B는 모두 1년 형을 받고, A와 B가 모두 자백을 할 경우에는 둘 다 5년형을 선고 받는다. 그러나 A가 자백을 하고 B가 부인을 하면 A는 석방이 되고, B는 20년을 선고받는다. 반대로 B가 자백을 하고 A가 부인을 하면 반대의 상황이 된다. 여기서 서로 최선의 선택은 둘 다 부인을 하여 1년씩 형을 살고 나오는 것이다.

그렇다면 어떻게 이 게임을 풀 것인가? 두 죄수가 모두 형량을 최소화하기를 원한다면 어떤 전략이 합리적인 것일까? A는 다음과 같이 추론할 수 있을 것이다. 두 가지 경우의 수가 생길 수 있다. 즉, B가 자백할 수도 있고 부인할 수도 있다. B가 자백을 한다고 가정하자. 그러면 A의 형량은 자백하지 않으면 20년, 자백하면 5년이 되므로 이 경우에는 자백하는 것이 최선이다.

반면, B도 같은 추론을 할 수 있고 또 그렇게 할 것이므로 이들은 모두 자백을 하고 각각 5년씩 형을 살면 된다. 만일 이들이 불합리하게 행동하여 침묵을 지킨다면 각각 1년 형만을 받을 수 있을 것이다. 이기적이고 합리적인 것처럼 보이는 행동이 각자 자기이익을 추구한다는 목적의 관점에서 보면 열등한 결과를 초래한다는 이 놀라운 관찰은 현대 사회과학에 폭넓게 영향을 미쳐 왔다.

현대세계에는 군비경쟁, 도로혼잡, 오염 등으로 인한 수산자원 고갈, 지하수자원의 과잉 개발에 이르기까지 죄수의 딜레마와 유사한 상호작용의 사례가 많다. 이러한 사례들이 세부적으로는 상이해 보이지만 개인적 관점에서 합리적인 행동이라고 가정하는 것이 각자에게 열등한 결과를 초래하게 된다.

[그림 Ⅱ-12] 죄수의 딜레마

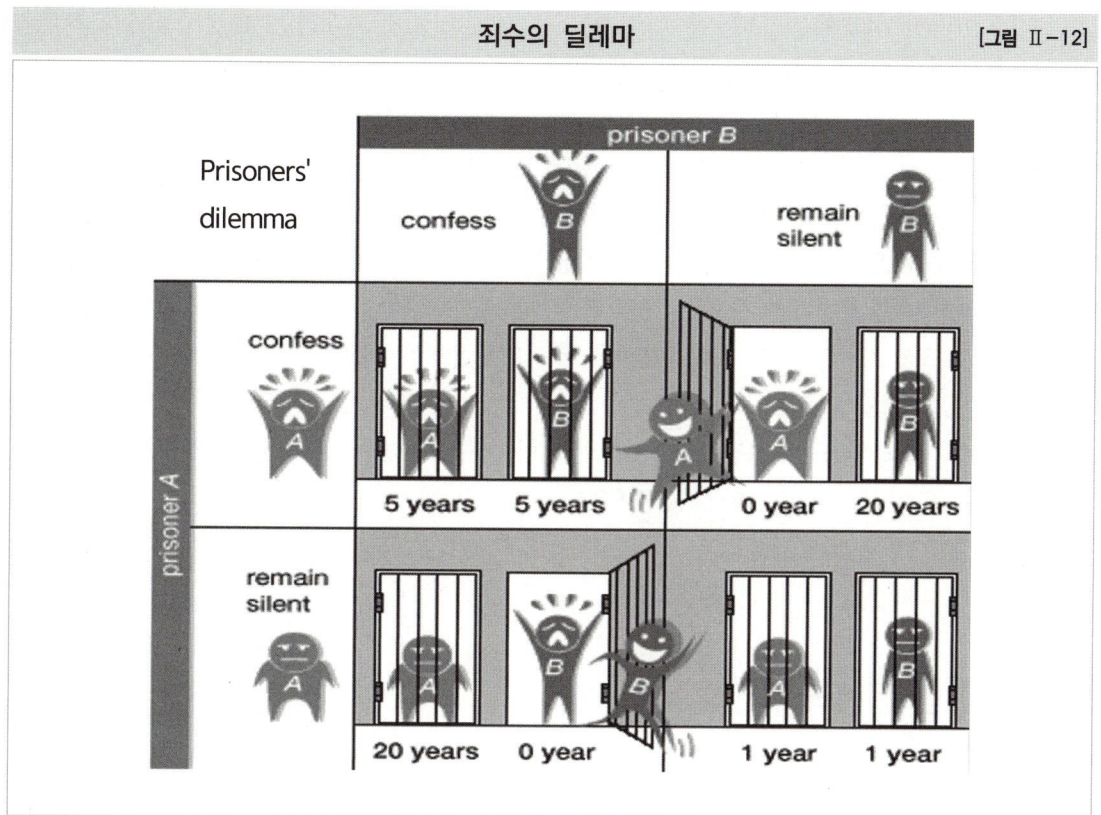

자료 : Encyclopedia Britannica, Inc. 2006.

04 사회적 비용이론(Social Cost Theory)

　사회 구성원 각자가 자신의 이익(self-interest)에 따른 경제행위를 한 결과가 사회 전체에 경제적 손실(cost)을 가져오는 경우를 설명하는 경제학이론으로 사회적 비용이론이 있다. 흔히 드는 사례는 자동차 엔진오일의 교환 사례이다. 엔진오일을 교환하지 않으면 자동차에 손상을 가져오고 자동차의 손상은 개인적 손실이 되므로 자동차 손상이 엔진오일 가격을 초과하기 전에 자동차 엔진오일을 교환하는 것이 합리적인 경제행위이다. 그러나 자동차 손상이 엔진오일 가격을 초과하기 전에 엔진오일을 교환하는 것은 엔진오일 교환비용을 과다하게 지출하는 것이므로 합리적인 경제행위가 될 수 없다. 결론적으로 자동차 손상비용이 엔진오일 교환비용과 일치하는 시점에 엔진오일을 교환하는 것이 자동차 소유자의 입장에서는 가장 합리적인 선택이 될 것이다.

그러나 이러한 선택에는 교환 후 버리게 되는 엔진오일이 초래하는 환경비용은 고려되지 않았기 때문에 사회 전체의 관점에서는 합리적인 경제행위가 될 수 없다. 사회 전체의 관점에서 본다면 엔진오일 교환비용 + 환경비용의 합이 자동차 손상비용과 일치하는 시점에 엔진오일을 교환하는 것이 가장 효율적인 것으로 된다. 즉, 개인적 비용만을 고려한 엔진오일 교환시점보다 늦은 시점에서 엔진오일 교환이 이루어져야 한다.

이러한 사례에서 개인적 비용과 사회적 비용이 일치하지 않을 때 구성원 각자의 개인적 비용을 최소화하는 경제행위가 사회 전체의 손실(cost)을 초래함을 설명할 수 있는데, 이러한 손실을 막는 제도적 장치로는 엔진오일가격에 환경비용을 반영하여 가격을 높이는 방법이 있다(방법에는 엔진오일 생산업자에게 폐오일 처리 책임을 부과하는 방법과 정부가 처리 책임을 지고 환경비용을 조세 또는 부담금의 방법으로 회수하는 방법이 있다). 국가의 규제가 사회의 경제적 효율을 가져오는 한 예가 될 것이다.

05 반복적인 협력과 배신의 게임

위에서 설명한 죄수의 딜레마 게임은 1회로 끝나는 게임이므로 간단하게 분석할 수 있지만 간단한 규칙을 따르는 게임에서도 그 횟수가 반복하여 이루어지는 경우에는 합리적인 전략을 찾는 일이 보다 어려워지게 된다.

미국의 정치학자인 액설로드(Robert Axelrod)는 1981년 해밀턴(W. D. Hamilton)과 공동 연구한 논문 "The Evolution of Cooperation"과 1984년 단독으로 출판한 동명의 저서 『The Evolution of Cooperation』에서 죄수의 딜레마 게임을 반복게임으로 확장한 게임을 분석하였다.

게임의 규칙은 두 사람이 각자의 손에 '협력'과 '배신'이라고 표시된 두 장의 카드를 갖고 동시에 각자의 손에 있는 카드 한 장을 뽑아 탁자 위에 내는 것이다. 1회 게임의 결과는 단 4가지만 있을 수 있는데 진행자는 다음과 같이 돈을 지급하거나 벌금을 부과한다.

B\A		A의 카드	
		협력	배신
B의 카드	협력	A, B 각자에게 $300 포상	A에게 $500 포상 B에게 $100 벌금
	배신	A에게 $100 벌금 B에게 $500 포상	A, B 각자에게 $10 벌금

이 게임을 단 1회만 한다면 죄수의 딜레마 게임과 동일하다. A와 B는 모두 '협력' 카드를 내어 각자 $300를 벌 수 있지만, 상대방의 태도를 알 수 없으므로 모두 '배신' 카드를 선택하여 $10의 벌금을 내게 된다.

그러나 게임이 1회로 끝나지 않고 반복된다면 어떠한가? Axelrod는 이 반복게임에서 최선의 전략을 찾아내기 위하여 컴퓨터를 이용하였다. 게임이론 전문가들로부터 14가지 전략을 공모 받은 후 Random이라는 15번째 전략을 추가하여 게임의 규칙과 15개의 전략을 컴퓨터 프로그램화하였다. 각각의 전략은 다른 전략과 200라운드 대전을 벌여 그 득점을 합산하였다.

그 결과 최고의 득점을 올린 전략은 유명한 심리학자이자 게임이론가인 토론토대학의 아나톨 래퍼로트(Anatol Rapoport)교수가 제안한 '이에는 이, 눈에는 눈(tit for tat)'이라는 전략이었는데, 최초의 카드는 '협력'으로 시작하여 그 이후에는 단순히 상대방의 이전 카드를 따라 내는 것뿐이었다. 상대가 '협력' 카드를 내면 다음에 '협력' 카드를 내고, 상대가 '배신' 카드를 내면 다음에 '배신' 카드를 내는 이 단순한 전략이 정교하게 기교적으로 짜인 모든 전략보다 우위의 성적을 거두었다.

연구결과 이 전략이 얻을 수 있는 가장 비극적인 결과는 쌍방이 동일한 보복 전략을 사용하여 보복의 악순환이 일어나는 경우이다. 이스라엘과 팔레스타인의 현실이 그러하다. 이 악순환을 피하기 위해서는 보복을 지연시키고 상대방의 태도를 보거나 두 번에 한 번 갚는 보다 관용적인 전략이 필요할 수 있다.

06 재판은 항상 Zero-Sum 게임인가?

전통적으로 법사회학자는 재판을 Zero-Sum 게임으로 보고, 예외적으로 이혼재판은 Non-Zero-Sum 게임으로 보았다. 원고의 승소는 피고의 패소와 동의어이고, 원고가 패소하는 만큼 피고가 승소하는 것이 재판이므로 재판을 Zero-Sum 게임으로 보는 것이 타당해 보일 수 있다.

그러나 재판이 항상 Zero-Sum 게임인 것은 아니다. Non-Zero-Sum 게임이라 할 수 있는 사례 중에서 최근 미국에서 발생했던 담배 소송을 들 수 있다. 주정부는 담배회사들을 상대로 의료비용 손해를 청구하였고, 담배회사들은 조정을 통하여 주정부의 천문학적인 손해배상에 합의하였으므로 외견상 담배회사가 Zero-Sum 게임에서 크게 패배한 것처럼 보인다.

이 결과가 단순히 담배회사의 손해로만 볼 수 없다는 것을 이해하기 위해서는 경영학에서의 비용(cost)과 위험(risk) 개념을 먼저 이해하여야 된다. 모든 사업에는 위험이 따르는데 위험을 정확히 예견하고 측정할 수 있어서 그 위험에 비용을 반영할 수 있다면 그 위험은 더 이상 위험이 될 수 없다. 위험이 높은 사업이라고 할지라도 그 위험을 비용으로 관리할 수 있다면 그 사업은 보험적일 뿐 위험하다고 말할 수 없다.

제5장 게임이론 127

위험을 측정하여 비용에 반영함으로써 위험을 관리하는 가장 좋은 사례는 보험제도이다. 보험제도를 이용하면 장래의 위험은 보험료라는 현재의 비용으로 전환되므로 합리적인 관리가 가능해지기 때문이다. 선진 경영기법을 구사하는 기업이 엄청나게 많은 변호사 비용(cost)을 부담하면서도 안정적으로 많은 이익을 취하고 있는데 그 이유는 법률 자문료라는 현재의 비용을 통하여 장래의 사법적 위험을 성공적으로 비용화할 수 있기 때문이다.

경제가 발전할수록 개인을 고객으로 하는 변호사의 총소득은 감소하고 기업을 고객으로 하는 변호사의 총소득은 증가하는 현상을 설명할 수 있다(경제법칙에 따라 개인을 고객으로 하는 변호사의 수는 감소하고 기업을 고객으로 하는 변호사의 수는 증가하여 소득이 일치하는 점에서 균형을 찾게 되는데 그 변화가 빠른 경우에는 시차에 의한 소득 불균형이 발생한다).

이제 담배소송으로 돌아가 보자. 소송을 제기당한 담배회사의 위험은 흡연자들의 건강비용을 부담하게 될 위험을 예측하지 못하였기 때문에 그 위험을 비용화하여 과거의 담배가격에 반영하지 못하였던 데에 기인한다. 그러므로 비용을 일시에 부담하게 되면 담배회사는 파산할 수밖에 없을 것이고, 담배회사의 파산은 승소한 주정부의 이익에도 반영된다.

이 경우 담배회사와 주정부가 합의하여 건강비용의 부담을 일정기간 유예하여 장기간에 걸쳐 분할 부담시키게 되면 담배회사는 과거의 비용을 담배가격에 반영할 수 있는 여유를 얻게 된다. 담배회사는 파산을 면하고, 주정부는 황금알을 낳는 거위를 잡아 버리는 어리석음을 피할 수 있게 되어 상호이익이 발생한다.

결국 장래의 흡연자가 과거 흡연자의 건강비용까지 부담하는 결과가 되는데, 이러한 정책이 성공할 수 있는 이유는 담배의 중독성 때문에 담배소비의 가격 탄력성이 크지 않다는 점과 흡연자들의 기호가 쉽게 변하지 않는다는 점 때문이다. 그렇지 않고 담배가격의 상승으로 소비가 급격히 감소하거나, 기존의 담배사업자가 과거비용을 부담하지 않아도 되는 새로운 담배사업자와 가격경쟁을 하게 된다면 위와 같은 정책은 성공할 수 없을 것이다.

07 경제적 합리성과 심리적 합리성

게임이론은 경기자가 항상 경제적 합리성에 따라 행동한다는 것을 가정한다. 그러나 실제의 인간은 반드시 경제적 합리성에 따라 행동하는 것은 아니고 가끔은 심리적 합리성을 추구하여 비경제적 행위를 선택하게 된다.

즉석에서 500원의 당첨금을 지급하는 1,000원짜리 복권을 사려는 사람은 아마도 없을 것이다. 그러나 10명 중 1명을 추첨하여 5,000원을 지급하기로 약속하고 복권을 1,000원에 판다면 장사는 될 것이며, 100만 명 중 1명을 추첨하여 5억 원을 지급하는 1,000원짜리 복권을 판다면 수입이 좋은 사업이 될 것이다.

앞에서 예를 들었던 모든 경우에 복권 1장의 수학적 기대치는 500원이다. 따라서 어느 경우에나 500원짜리 복권을 1,000원에 구입하는 것은 경제적으로 손해인 거래가 된다. 그렇지만 1,000원 정도는 포기하여도 좋다는 심리상태와 500원 정도는 별로 도움이 되지 않는다는 심리상태를 전제하면 심리적 합리성의 관점에서 복권의 기대치가 높다고 볼 수 있다.

08 치킨게임

치킨게임(chicken game)은 게임이론의 모델 중 하나로, 어떤 사안에 대해 대립하는 두 집단이 있을 때 한쪽이 그 사안을 포기하면 상대방에 비해 손해를 보게 되지만, 양쪽 모두 포기하지 않는 경우 가장 나쁜 결과가 벌어지는 게임이다. 일종의 겁쟁이 게임으로서, 누구든지 먼저 포기하면 겁쟁이(chicken)가 되지만, 양쪽 모두 끝까지 포기하지 않으면 모두에게 최악의 상황이 벌어지는 게임이다. 즉, 상대가 무너질 때까지 출혈 경쟁을 하는 것으로 어느 한 쪽이 양보하지 않을 경우 양쪽이 모두 파국으로 치닫게 되는 극단적인 게임이론이다.

이 용어는 가상적인 사고 게임에서 비롯되었는데, 두 사람이 각각 자동차를 타고 서로에게 돌진한다. 이때 누군가가 핸들을 돌려 피하지 않으면 양쪽 모두 죽게 되지만, 누군가가 피한다면 먼저 피하는 사람이 겁쟁이가 되어 명예롭지 못한 사람이 된다. 이 용어는 냉전 시절 (1950년대 ~ 1980년대) 미국과 소비에트 연방 간의 군비 경쟁을 빗대는 용어로 사용되기도 했다.

비즈니스 분야에서의 대표적인 치킨게임으로는 메모리 반도체 분야에서의 S전자와 일본 업체들의 경쟁을 들 수 있다. 마진을 극단적으로 줄이며 손해를 보면서까지 점유율을 높이며 경쟁 업체들을 압박한 결과 일본의 메모리 반도체 업체들은 파산하거나 사업을 접어야 했고, 그 결과 메모리 반도체 시장은 S전자가 독식하는 결과를 낳았다.

S전자가 세계 1위를 차지하고 있는 메모리 반도체 분야에서 치킨게임이 종종 발생하는데, 상대를 죽이기 위하여 당장의 손해를 감수하고 극단적으로 가격을 내리는 것이다. 상대가 포기하면 결국 끝까지 포기하지 않은 참가자가 이기겠지만, 서로 포기를 하지 않을 경우에는 모두가 큰 피해를 입게 된다. 즉, 상대를 공멸(攻滅)하려다 결국 자기까지 공멸(共滅)하는 셈이다.

사실 서로 정해진 가격만 계속 유지한다면 어느 쪽도 손해 볼 일이 없는데, 시장점유율을 끌어올릴 목적으로 누군가 가격을 내리면 다른 기업들도 시장점유율을 사수하기 위해 따라서 가격을 내린다. 그러면 또 누군가가 시장점유율을 끌어올리기 위해 다시 가격을 내리고, 다른 기업들은 또 따라서 가격을 내리는 악순환이 된다. 정말 갈 데까지 간다면 적자가 나건 말건 신경도 안 쓰고 출혈경쟁을 펼친다. 소비자 입장에서는 걷잡을 수 없이 내려가는 가격에 즐거운 비명을 지르게 되지만, 치킨게임을 벌이는 기업 입장에서는 감당할 수 없는 적자에 비명을 지르게 된다.

사실 치킨게임이 진행되는 동안은 소비자들이 쾌재를 부르게 되지만, 치킨게임이 끝나는 순간 헬게이트가 열린다. 살아남은 기업들이 그동안 날려 먹은 돈들을 메꾸려고 하고, 견제할 수 있을 기업들이 모두 녹다운 상태라서 고스란히 소비자가 모든 것을 부담하게 된다. 이게 바로 인위적 독점시장 만들기로 자본력이 거대한 회사들은 새로운 시장에 진입하거나, 시장에서의 독점적 지위를 유지하기 위해 치킨게임을 유도하는 경우가 종종 있다.

제6장
이문화와 글로벌 협상

요르단 문화를 통해 배우는 비즈니스 전략

한국기업의 비즈니스 성공을 위해 이곳 요르단 및 중동의 문화를 소개하도록 하겠다.

요르단의 역사는 구약시대, 즉 수만 년 전부터 시작되고 이미 8000년 전에는 사람들이 농사를 짓고 살기 시작한 유구한 역사를 가지고 있다. 현재 약 천만 명의 인구를 가지고 있고 이 인구수의 70% 정도가 팔레스타인 사람들이다. 팔레스타인 사람들 외에도 시리아 난민들이 약 150만 명 정도가 있으며 그 외에도 이라크 난민들, 예멘 사람들, 리비아 사람들, 그리고 이집트 노농자 등 요르단의 인구 구성은 메트로폴리탄이라고 볼 수 있다. 지정학적으로도 요르단은 중동의 중앙에 있어 메트로폴리탄이라고 볼 수 있다.

요르단의 장점은 바로 지정학적인 요충지라는 점이다. 요르단은 산유국이 아니다. 그리고 별다른 천연자원이 없기 때문에 가난하다. 하지만 지정학적인 위치 때문에 정치적, 경제적으로 중요한 입지를 차지하고 있다. 요르단의 이러한 지리적인 이점을 잘 이용하면 사업에 성공할 수 있다. 요르단을 통해 주변국 시리아, 이라크, 레바논, 팔레스타인 그리고 리비아 등으로 재수출(중계무역)을 할 수 있기 때문이다.

요르단에서 성공적인 비즈니스를 하기 위해서는 상품의 품질 및 금액 이외에도 문화와 관습을 이해하는 일이 필수적이라고 할 수 있다.

아랍 사람들은 수천 년 전부터 장사를 해 왔기 때문에 장사에는 전문가라고 볼 수가 있다. 이들을 사로잡기 위해서는 먼저 이들의 마음을 얻어야 한다. 신뢰는 기본이고 이들의 문화와 관습을 존중하고 이해하여 어떻게 해서든 장사에 성공을 해야 한다. 나는 이곳에서 여행사 일을 하고 있다. 한국 여행객을 요르단에 유치하는 것이다. 이곳이 중요한 성지일 뿐 아니라 역사적 현장이기 때문에 가능한 한 이곳 역사와 문화를 알리기 위해 부단히 애를 쓰고 있다.

이곳 요르단에 비즈니스로 접근을 하고 싶다면 동시에 이곳의 문화와 관습 그리고 요르단 사람들의 사고방식을 먼저 아는 것이 반드시 필요하다. 2017년 12월 6일 미국의 트럼프 대통령은 예루살렘을 이스라엘의 수도로 발표했다. 이스라엘에 대한 아랍 사람들의 반감은 더욱더 치솟고 있다. 그런데 우리 한국 사람들 중에는 히브리어 인사말 '샬롬'이라는 단어를 많이 알고 있다. 샬롬이라는 단어를 요르단이나 아랍국에 와서 습관적으로 쓰게 된다면 아랍인의 빈정을 사게 되어 비즈니스가 성사되는 데에도 타격이 될 수 있다.

비즈니스 전략을 위해 몇 가지 문화적인 면을 소개하도록 하겠다.

첫째, 타이밍을 요르단 및 아랍에 맞춰라. 내 생각과 나의 시간 계획을 짜서 그대로 진행하려고 한다면 큰 착오가 생길 것이다. 그러니 이쪽 요르단 사람과 요르단 상황에 맞추어 진행할 계획을 가져야 한다. 이곳 시간의 흐름과 계획은 우리가 생각하는 것처럼 일사천리로 진행되지 않을 수가 있기 때문에 시간을 충분히 넉넉히 여유를 가져야 한다. '인샬라'라는 뜻은 '신이 원한다'면이라는 뜻인데 모든 것이 인샬라이다. 이곳에는 IBM이라는 단어가 있다. 인샬라(신의 뜻이라면), 부크라(내일), 말라쉬(괜찮아)라는 뜻이다.

둘째, 설령 아랍사람들이 약속을 지키지 않아 내 뜻대로 계획이 진행되지 않을지라도 절대로 상대방에게 화를 내서는 안 된다. 실제로 요르단 사람들이 내게 화를 낸 적이 없던 것 같다. 물론 내가 이들에게 잘못을 한 적이 없기 때문이다. 그런데 요르단 사람들은 시간 약속을 안 지키거나 부주의로 실수를 한 적이 많다. 그래서 초기에 나는 이들에게 화를 낸 적이 많다. 소리도 질렀다. 당연히 무척 화가 나는 상황이었다. 그럼에도 불구하고 이들에게 화를 냈을 때 관계성이 단절되었다. 요즘은 화를 내지 않는다. 사람을 바꿔 봐야 그게 그것이기 때문이다. 오히려 사람을 잃기 때문에 타일러 가며 일을 시키는 편이 훨씬 시간이 절약된다.

셋째, 비즈니스 아이템을 잘 정해라. 예를 들면, 이곳에서는 맞지 않는 아이템을 팔 생각을 하면 안 된다. 아이템을 잘 정하려면 요르단 및 중동의 환경과 관습 등을 잘 알아야 한다. 예를 들면, 이동식 가스레인지이다. 우리나라에서는 이동식 가스레인지가 집집마다 필수이다. 집안에서도 명절에 전을 부칠 때 거실에 가스레인지를 놓고 전을 부치기도 하고 식탁 위에 올려놓고 찌개를 부글부글 끓이면서 식사를 할 때도 있다. 물론 야외로 소풍을 갈 때는 너무나 필수적이다.

이동식 가스레인지를 이곳 중동에 팔려고 해보니 음식 문화가 달라 적합하지 않다는 것을 알게 되었다. 요르단 사람들은 날씨가 좋은 봄, 가을에 야외에 가족과 함께 소풍을 자주 나가는데 이 때 가스레인지를 가져가서 찌개를 끓여 먹는 것이 아니라 양고기를 가져가서 바비큐를 해먹는다. 날씨가 좋을 때는 바비큐를 해먹을 수 있는 불판이 잘 팔린다. 음식 문화가 다르기도 하지만 부탄가스를 조달할 수 없다는 점도 이동식 가스레인지를 팔 수 없는 애로 사항이다.

넷째, 가격 경쟁에서 밀리지 말라. 이미 제조업의 경쟁력은 중국에 밀렸다. 더 이상 그 어떤 제품도 중국 상품과 경쟁을 하기에는 너무 큰 차이가 생겼다. 개인의 노력 이전에 역사적인 틀 안의 구조 때문이다. 이미 우리는 일본의 제조업보다 가격이 낮아 그동안 제조업에서 승승장구해 왔지만 이제는 이 자리를 중국에 내주게 되었다. 물론 중국도 인건비가 올라 앞으로는 베트남이나 인도에 그 자리를 내어 주어야 할 것이다.

앞으로 제조업에서 어떻게 살아남을 수 있는가는 한 개인의 고민이라기보다 국가적인 과제이다. 인건비가 싼 개발도상국으로 제조업이 옮겨 가는 것은 역사적인 수레바퀴이다. 이런 상황에서 수출에 의존할 수밖에 없는 우리의 제조업이 어떻게 살아남아 버텨야 하는가는 우리의 과제이다. 누구나 다 만들 수 있는 제품보다는 아무나 만들 수 없는 제품을 개발하여 생산 및 판매하는 아이템을 열심히 찾아 봐야 할 것이다.

좁은 지면에 비즈니스에 성공하기 위한 전략이나 이곳을 정확히 알도록 문화적인 면을 다 설명할 수는 없다. 대표적인 몇 가지만 언급을 해보았다. 지피지기면 백전불태라는 말이 있다. 중동은 대한민국 비즈니스의 마지막 전략적 위치를 차지하고 있음은 명백하다. 이곳에 진출하기 이전에 이곳의 문화와 관습을 공부한다면 비즈니스에서도 반드시 성공할 것이다.

Easy Travel (이지영)

01 글로벌 협상에 영향을 주는 요인

글로벌 협상에서 영향을 주는 요인은 무엇이 있을까? 글로벌 협상에 있어서 유의해야 할 것은 다양한 환경과 사회시스템에서 형성된 문화적 차이를 이해하는 것이다. 파텍(Phatak)과 하비브(Habib)는 환경적 측면과 직접적 측면 두 가지를 지적했다. [그림 Ⅱ-13]은 두 가지 측면을 설명해주고 있다. 환경적 측면은 협상당사자 어느 한쪽도 통제할 수 없는 환경 속에 존재하는 힘이 협상에 영향을 끼치는 것을 말한다.

직접적 측면은 협상가들이 영향을 줄 수 있고 어느 정도 통제할 수 있는 측면들을 말한다. 국제협상이 얼마나 복잡한지를 이해하려면 환경적 측면과 직접적 측면이 협상의 과정과 결과에 어떻게 영향을 줄 수 있는지를 이해할 수 있어야 한다.

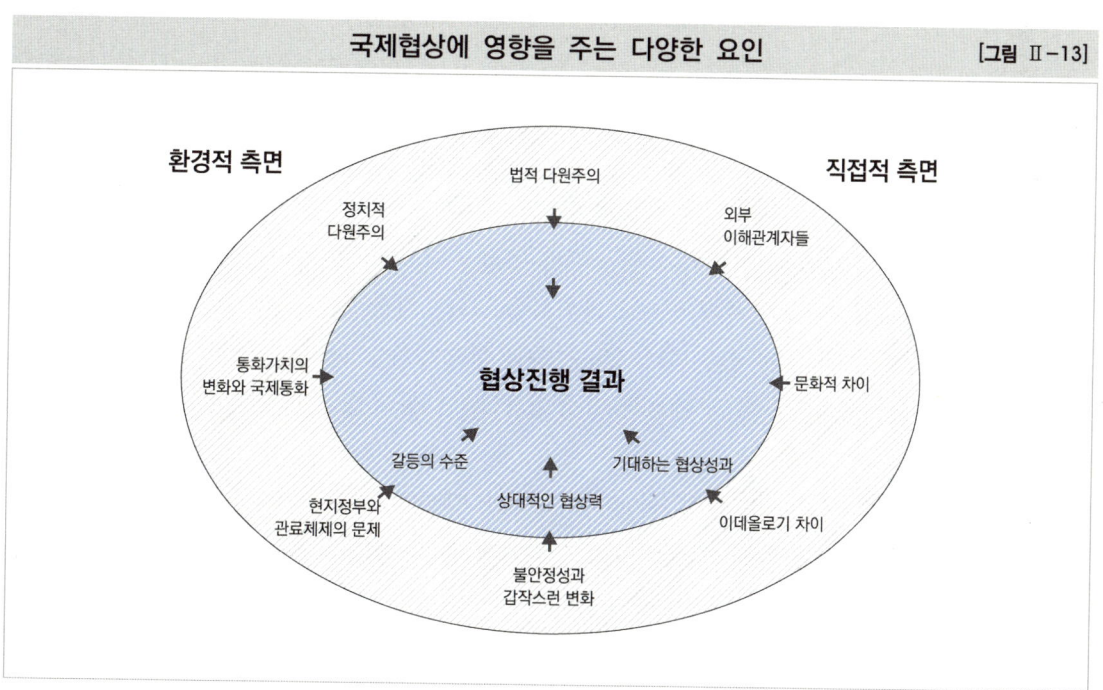

국제협상에 영향을 주는 다양한 요인 [그림 Ⅱ-13]

자료 : 로이 J. 레위기, 김성형, 「전략적 과학으로 승부하는 협상의 즐거움」, Smart Business, p. 458.

1) 환경적 측면

살라큐스는 국제협상을 국내협상보다 더 어렵게 만드는 요소로 환경적 측면에서 여섯 가지를 제시하였다. 정치적-법적 다원주의, 통화가치의 변화와 국제통화, 현지 정부와 관료체제 문제, 불안정성과 갑작스런 변화, 이데올로기적 차이, 문화적 차이가 바로 그것이다. 여기에 파텍과 하비브는 외부의 이해관계자들을 하나 더 추가했다. 이러한 측면들은 글로벌 비즈니스의 여러 활동을 억제하거나 제한할 수 있다. 국제협상가들은 이들의 영향력을 올바로 이해하고 평가하고 정확하게 활용할 수 있어야 한다.

(1) 정치적-법적 다원주의(Political and Legal Pluralism)

어떤 조직이 국경을 넘나들면서 비즈니스를 할 때 관련 국가들의 법적-정치적 체계를 만나게 된다. 국가마다 비즈니스를 할 때 내야 할 세금, 준수해야 할 노동법규, 계약법, 구속력 기준 등이 모두 다르다.

예컨대 판례법이나 관습법 혹은 유명무실한 법체계를 들 수 있다. 또한 여러 국가들이 비즈니스 협상을 할 때 시대의 변화에 따라서 정치적인 문제가 도움이 될 수도 있고 안 될 수도 있다. 최근의 CIS의 개방적인 비즈니스 환경과 1960년대의 폐쇄적인 구소련의 환경을 비교해 보면 이해하기 쉬울 것이다.

(2) 통화가치의 변화와 국제통화(International Monetary Factor)

글로벌 비즈니스를 할 때 반드시 고려해야 할 사항이 바로 국제통화 가치이다. 국제통화의 가치는 매우 유동적이다. 거래를 어떤 통화로 해야 할까? 살라큐스는 이렇게 설명한다. "일반적으로 상대의 통화로 지불하는 쪽이 리스크가 훨씬 크다. 통화가 불안정할수록 양측의 리스크는 커진다."

통화가치의 변화는 양측의 거래가격에 상당한 영향을 준다. 통화가치의 변화에 따라 서로에게 가치 있는 거래가 어느 한쪽에게는 초과이득을, 다른 한쪽에게는 엄청난 손실을 안겨 줄 수 있다. 또한 많은 국가는 자국을 넘나드는 통화를 통제하기도 한다. 이러한 국가에서 물품을 매매할 때 협상가들은 안정성, 교환성과 유동성을 지닌 통화를 결제통화로 사용해야 한다.

(3) 현지 정부와 관료체제 문제(The Role of Governments and Bureaucracies)

국가마다 산업과 기업을 통제하는 정도와 범위가 다를 수 있다. 미국 기업들은 국가의 간섭으로부터 상대적으로 자유로운데 반해, 어떤 국가에서는 상당한 규제를 받거나 또는 환경적인 규제를 강하게 하는 경우도 있다.

대체로 미국에서는 비즈니스 협상을 할 때 정부의 승인을 받을 필요가 없다. 단지 비즈니스 논리에 따라 자유롭게 협상하면 된다. 이와는 반대로 많은 개발도상국이나 관료체제를 갖고 있는 국가들은 수입을 통제하기도 한다. 어떤 경우는 정부 대행인이 외국기업과 거래를 할 때 독점권을 행사하기도 한다. 게다가 협상이 당사국의 정부국고, 경제, 산업구조 등에 어떤 영향을 주는지를 정치적으로 판단하는 등 외국기업과 협상할 때 정부와 관료체제에 따라 많은 영향을 받을 수 있다.

이는 서구의 산업화된 자본주의 세계의 기업들이 비즈니스 논리를 바탕으로 정치적인 판단을 하는 것보다 훨씬 큰 영향을 끼치기도 한다.

(4) 불안정성과 갑작스런 변화(Instability and Sudden Change)

급변하는 세계의 환경에도 불구하고 기업인들은 세계 어느 국가에서보다 선진국에서 좀 더 안전하게 협상할 수 있다. 협상의 불안정성은 다음과 같이 다양한 형태로 나타날 수 있다. 협상할 때 일반적으로 예측할 수 있는 종이, 전기, 컴퓨터와 같은 자원부족, 음식, 유용한 교통수단, 간편한 음료수 같은 서비스 품목, 쿠데타, 정부정책의 갑작스런 변경, 통화의 평가절상과 같은 정치적 불안정성 등이 그것이다.

국제협상가는 이러한 변화를 정확하게 예측해야 하고, 이러한 변화가 발생했을 때 이에 대비할 수 있도록 시간을 충분히 끌어야 한다. 살라큐스는 불안정한 환경에 있을 때 다음과 같이 대처하도록 충고하고 있다.

첫째, 계약을 손쉽게 취소하거나 중립적인 중재를 허용하는 단서를 꼭 포함시켜라.

둘째, 계약의 규정사항을 보장해줄 수 있는 보험에 가입하라.

이렇게 하면 상대는 계약을 잘 준수하게 될 것이고, 특별한 계약조항에 대해서도 문화적으로 수용하게 될 것이라고 살라큐스는 설명하고 있다.

(5) 이데올로기적 차이(Ideological Diversity)

미국에서 협상가들은 대체로 개인주의와 자본주의 이데올로기를 공유하고 있다. 살라큐스에 따르면, 미국인들은 개인의 권리, 민간투자 우선, 비즈니스에서의 이윤을 매우 중요하게 생각한다.

그러나 다른 이데올로기를 공유하고 있는 국가에서 온 협상가들이 항상 이러한 생각에 동의하지는 않을 것이다. 개인의 권리보다 집단의 권리를 더 중시하거나, 민간투자보다 자원의 바람직한 분배와 같이 공적투자를 더 높게 평가할 수도 있기 때문이다. 이익을 남기고 분배하는 방법에 대해서도 다르게 생각할 수 있다.

이러한 이데올로기적 갈등 때문에 국제협상에서 커뮤니케이션을 하는 데 큰 오해를 불러일으킬 수 있다. 협상가들이 모두 같은 가치를 공유하지 않기 때문이다.

(6) 문화적 차이(Cultural Differences)

문화가 다르면 협상도 다르게 한다. 행동이 다를 뿐만 아니라 협상의 기본과정에 대해서도 서로 다르게 해석할 수 있다. 예컨대 어떤 쟁점이 협상 가능한지 그리고 협상의 목적은 무엇인지에 대해 서로 다르게 해석할 수 있다.

살라큐스는 문화 차이에 따라 협상의 접근방법이 다르다고 설명한다. 어떤 사람은 협상을 일반성에서 특수한 합의를 이끌어 내는 방식인 연역적 접근방법을 사용하는 반면, 다른 사람들은 특수성에서 일반적 합의를 끌어내려는 귀납적 접근방식을 취한다.

또한 문화의 차이에 따라 관계를 고려하기도 하고 본질적인 쟁점을 고려하기도 한다. 즉,

어떤 문화는 협상가들 사이의 관계를 협상의 주요 초점이라고 생각하고, 협상의 본질적인 쟁점을 부수적인 것으로 생각할 수도 있다.

(7) 외부 이해관계자들(Stakeholders)

파텍과 하비브는 외부 이해관계자들의 중요성을 추가함으로써 국제협상에서 환경적 요인의 영향력에 관한 살라큐스의 연구를 좀 더 발전시켰다. 이들은 외부의 이해관계자들을 "협상결과에 따라 이득을 얻는 다양한 사람들과 기업"이라고 정의하고 있다. 여기에는 기업협의체, 노동조합, 대사관, 산업협의체와 같은 것들도 포함된다.

예컨대 노동조합은 자국 내에 일자리가 없어질 것을 우려해서 외국 회사와의 계약에 반대한다. 글로벌 협상가들은 자국대사관의 무역담당관의 협조를 통하여 현지국 정부로부터 상당한 지원이나 보호를 받을 수 있다. 예를 들어 현지국에 파견된 무역담당 고위간부에게 글로벌 비즈니스 협상을 도와줄 경우 현지국이나 본국의 사업가가 크게 이익을 본다면, 파견된 무역담당 고위간부는 현지에서 협상이 잘 성사되도록 여러 가지 정보나 관행 그리고 적정한 협상 파트너를 지원해 줄 것이다.

2) 직접적 측면

(1) 상대적인 협상력

많은 전문가들은 협상가들의 상대적 협상력에 대해 관심을 갖고 연구하고 있다. 특히 해외 비즈니스나 합작 투자와 관련된 국제협상에 관심이 많다. 해외합작투자의 경우 일반적으로 상대적 힘이란 양측이 새로운 사업에 대해 투자(재무나 기타 투자)한 지분만큼의 영향력을 행사하는 정도로 설명할 수 있다. 이는 협상에서 더 많은 투자를 한 쪽이 더 많은 힘을 갖게 되고, 협상과정 결과에 더 많이 영향을 준다는 것을 의미한다.

그러나 얀과 그레이는 다른 주장을 한다. 이들은 상대적인 협상력이란 단순히 지분에 따라 결정되는 것이 아니라 협상에서 여러 가지로 영향을 받을 것으로 보이는 요인을 얼마나 잘 다루고 통제하는가와 관련이 있다고 한다.

예컨대 과거나 현재의 사회주의국가와 같은 특별한 시장에 얼마나 독특하게 접근할 수 있는지, 아시아처럼 새로운 임금성과제도를 만드는 비용이 너무 높아 시장진입에 장벽이 될 수 있는 경우 어떻게 할 수 있는지, 그리고 언어나 문화가 상이한 다른 국가와의 관계를 어떻게 관리할 것인지와 관련이 있다고 한다.

(2) 갈등의 수준

국제협상에서 협상가들 사이의 갈등수준과 상호의존 유형도 협상의 과정과 결과에 영향을 줄 수 있다. 갈등상황이 높거나 인종적 혹은 지질학적으로 갈등이 있는 경우 이를 해결하기는 더욱 어렵다. 북아일랜드, 이스라엘과 중동, 동티모르, 수단 등지에서 지속되고 있는 갈등 외에도 많은 경우가 있다.

협상가들이 협상의 틀을 다양하게 짜 보고 협상이 무엇인지를 개념화 해보는 것도 중요하다. 이러한 작업은 문화의 차이에 따라 다양하게 나타난다. 물론 협상가들이 갈등에 대해 대응하는 방식도 다를 것이다.

예컨대 피셔, 유리, 패튼은 『YES를 이끌어 내는 협상법』에서 수년 동안 중동에서 갈등을 다루는 일이 얼마나 어려운 일이었는지를 설명하고 있다. 협상가들이 안보, 주권, 역사적 권리 등 논쟁해야 할 대상에 대해 개념화하는 방식이 달랐기 때문이다.

(3) 협상가 사이의 관계

협상 이전에 협상가 사이의 관계도 중요하다. 협상의 큰 틀을 짜는데 양쪽의 관계를 많이 고려하는 경향이 있기 때문이다. 협상가들이 과거 어떤 관계를 갖고 있느냐는 현재의 협상을 진행하는 데 결정적인 영향을 미친다. 따라서 현재의 협상은 미래 협상의 일부라고 말할 수 있다.

(4) 기대하는 협상성과

국제협상은 결과에 영향을 미치는 유무형의 요인이 많다. 또한 국내외 정치적 목표를 달성하기 위해 국제협상을 이용하기도 한다.

베트남 전쟁 당시 전쟁 종결을 위해 열린 파리평화회담에서 전쟁에서 이긴 월맹의 주요 협상 목표 중 하나는 국제사회로부터 공식국가로 인정받는 것이었다. 또한 지구촌 곳곳에서 발생하고 있는 인종갈등을 일으킨 단체들도 자신들이 기대하는 대로 정상 국가로 인정받지 못한다면 갈등을 성공적으로 해결할 수 없을 것이라고 상대를 위협한다. 북아일랜드가 그랬다.

현재의 협상에서 어느 한쪽의 단기적 목표를 달성하는 것도 중요하지만 서로의 장기적인 관계를 유지하는 것도 중요하므로 국제협상에서는 언제나 긴장감이 지속될 수밖에 없다. 미국과 일본은 무역협상을 할 때 장기적인 관계의 중요성 때문에 단기적으로 협상결과가 마음에 들지 않더라도 협상을 체결하는 경우가 있었다.

(5) 직접적 이해관계자들

협상에서 직접적으로 이해관계가 있는 사람들로는 협상가, 관리자, 고용자와 이사회 임원 등이 포함된다. 이들은 다양한 방식으로 협상에 영향을 준다. 협상가의 기술, 능력, 국제적 경험 등은 국제협상의 과정과 결과에 많은 영향을 준다. 특히, 협상가와 직접적인 이해관계자들의 개인적인 동기도 큰 영향을 미친다.

사람들은 협상할 때 다양한 무형의 요인들로 인해 압박을 받기도 한다. 협상 당사자는 자신의 상사에게 협상 과정과 결과를 가시적으로 보일 수 있도록 노력하는 것도 협상에 영향을 미치는 무형의 압박요인이 되는 것이다.

지금까지 환경적인 측면과 직접적인 측면에서 다룬 다양한 요인들이 국제협상에서 어떤 영향을 미치는지를 살펴보았다. 국제협상가는 항상 환경적인 측면과 직접적인 측면을 함께 고려하면서 협상을 진행해야 한다.

02 문화요인의 이해

오바마는 왜 옥새를 돌려줬을까?

2014년 4월 25일 오바마 대통령이 방한하면서 들고 온 조선시대 옥새가 주목을 받았다. 미국의 2013년 11월 22일자 보도에 따르면 이 옥새는 1950년 한국전쟁 당시 파병된 한 미국 해병이 덕수궁 인근 밭두렁에 빠져 있는 것을 주운 것이다. 그 후 행방을 알 수 없었던 조선 옥새는 미국 워싱턴 D.C.의 한 양심적인 골동품 감정사 덕분에 발견되었다. 워싱턴의 감정사에게 캘리포니아에서 문의 전화 한 통이 걸려 왔다. "한국 옥새가 골동품 시장에서 얼마 정도의 가치가 있느냐"라는 질문을 받은 이 감정사는 뭔가 수상하다고 여겨 이를 연방정부 해당 부서에 신고했다. 이 덕분에 미국 정부는 옥새뿐만 아니라 당시 불법으로 유출된 조선시대 유물 8점을 찾게 되었다고 전해진다.

예전에 약탈당한 문화재 반환 문제로 오랫동안 일본, 프랑스와 실랑이를 벌여 온 우리나라에 이런 미국의 태도는 환영받을 만한 것이다. 우리나라의 몇몇 인터넷 게시판에는 "우리 것 돌려주면서 생색내는 것은 뭐냐"라는 비아냥 섞인 글들도 보였지만 프랑스나 일본의 태도를 미국에 빗대어 "본받아야 한다", "일본이나 프랑스보다 미국이 낫다" 등의 의견도 많았다. 이것은 오바마 미국 대통령이 한국인의 문화 DNA를 제대로 읽은 미국 최고의 리더다운 행동으로 평가할 수 있겠다. 그는 근대까지 외세의 침략에 시달린 경험이 있는 '탈식민(Post Colonial) 국가 국민'들의 문화적 특성과 정서를 제대로 읽어 한국인들의 호의를 살 수 있었다.

사실 제국주의 국가 출신들은 식민지 출신의 '빼앗긴 문화재에 대한 애착'을 잘 모른다. 프랑스의 기메박물관(Muse Guimet)은 모모야마 시대를 대표하는 일본 병풍, 도자기, 판화 등 엄청난 문화재들을 소장하고 있다. 거꾸로 일본의 교토의상연구소(Kyoto Customs Instituete)에는 프랑스 의복 문화에 관련된 엄청난 양의 문화재가 소장되어 있다. 하지만 두 나라 국민 누구도 자기네 문화재들을 '원 위치'시켜야 한다고 주장한 적이 없다. 이것은 두 나라 모두 외국을 침략해 식민지로 삼은 적이 있는 '탈제국주의(Post-Imperial)' 국가라는 점과 관련이 깊다.

제국주의 경험이 있는 사람들은 자신의 문화재가 해외에 있는 것을 대수롭지 않게 여긴다. 보통 강자의 입장에서 자국의 위상을 널리 전파하려고 값진 문화재를 의도적으로 해외에 반출했거나 식민지 등 약소국에 외교적 선물로 '하사'했거나, 유리한 조건으로 고가에 판매한 것들이 대부분이기 때문이다.

그러나 우리나라처럼 식민지 경험이 있는 탈식민국가 국민들은 생각이 다르다. 유리한 강대국의 억압에 눌려 문화재들을 탈취 당했거나 침략으로 나라가 어지러워 관리가 소홀한 틈을 타 침략자들이 슬그머니 문화재를 훔쳐 간 경험을 갖고 있다. 이런 역사적 경험 차이로 프랑스, 일본, 영국 등 탈제국의 정치가들은 문화재 반환이 한국, 중국 등 탈식민국가의 일반 시민들에게 어떤 의미를 갖는지 정확하게 이해하지 못하는 경우가 많다. 역시 그들의 생각을 이해할 수 없는 우리는 분노할 수밖에 없다.

17~20세기의 세계사는 군사력, 산업발전과 경제력이 영국, 미국, 프랑스, 일본, 독일과 러시아 6개 국가에 쏠려 있었고 다른 나라와 정치, 경제, 외교적 불균형이 엄청났다. 예를 들면, 19세기

영국은 세계영토의 23%를 지배했다. 빅토리아 여왕이 재위 60주년을 맞아 '다이아몬드 쥬빌리' 행사를 치렀는데 전 세계 인구의 1/4이 국가 공휴일 휴가를 갔다고 한다.

미국의 시사평론가 파리드자카리아의 저서 〈포스트 아메리칸 월드〉에 이 모습이 생생히 묘사되어 있다. 이날 자기 나라의 희귀한 동물, 가장 진귀한 보물을 들고 온 아프리카, 중동, 인도, 동남아시아의 왕들이 줄을 서서 빅토리아 여왕 발밑에 공물을 놓고 갔다. 정부 관계자들은 영국군이 주둔하고 있는 아시아, 아프리카, 유럽에서 가장 중요한 해상 통로의 이름이 새겨진 황금 열쇠를 빅토리아 여왕에게 선물했다. '세계의 수로를 잠그는 열쇠'라는 상징적 의미였다.

이처럼 엄청난 정치, 경제력의 불균형 구도는 겨우 2차 세계대전이 끝나고 한국 전쟁 종전시기였던 1950년대 이후부터 변화하기 시작했다. 터무니없을 정도로 극심했던 국가 간 정치, 경제 불균형 구도가 깨지기 시작한 것은 불과 몇 십 년 전이다. 정치, 경제, 산업의 불균형 역사는 피해자였던 식민지 출신과 가해자였던 제국 출신 국가 모두에게 커다란 사고방식과 문화적 관점 차이를 만들어 냈다.

대학에서 '탈식민학(Post-Colonial Studies)'이라는 학문이 생길 정도로 이 차이는 생활습관과 사고방식, 행동패턴들이 문학, 속담과 가정교육 등을 통해서 후손들에게 고스란히 전파되어 후천적 유전자라고 할 수 있는 탈제국주의적/탈식민적 문화 DNA로 굳어졌다. 그리고 그 나라 현대인들의 사고, 행동, 관점과 소비취향 등을 결정짓는 주요 요소로 작용하고 있다.

서양인들로 가득한 클럽에 들어서는 일본인. [지식산업사 제공]

이미지 출처 : 석화정, 풍자화로 보는 세계사, 지식산업사, 1898.

자료 : 조승연, Dong-A Business Review, 2016년 6월, 154호.

21세기를 문화의 세기라고 한다. 그만큼 문화가 우리 생활에서 가지는 중요성이 커졌다는 의미일 것이다. 또한 우리는 일상생활에서 너무 평범하게 문화라는 용어를 사용하고 있다. 그러나 막상 문화가 무엇이냐는 질문에는 한 마디로 답하기가 어렵다. 문화는 전통, 역사, 습관, 생활양식이며, 문화는 민족의 뿌리이자 혼(魂), 생산요소, 상품 등 다양한 풀이가 있기는 하지만 모두 쉽게 수긍되지 않는 해석이다. 그러나 우리는 다음의 예에서 문화란 무엇인지 이해할 수 있을 것이다.

> 누구든지 프랑스를 연상하면 파리의 '개선문'을 떠 올린다. 그 개선문을 구경하고자 세계 각국의 많은 사람들이 모여 들고 있으며, 그 웅장한 건축물을 배경으로 기념촬영을 하고, 또한 그 사진을 영원히 기념으로 간직한다. 그런데 프랑스의 개선문과 완전히 똑같은 개선문을 서울 광화문 네거리에 새로이 만들어 놓는다면 세계 각국의 수많은 관광객들이 몰려들까? 대답은 그렇지 않다는 것이다. 프랑스의 개선문보다 아무리 더 크게, 더 웅장하게 만들어 놓는다 하더라도 이를 보려고 수많은 관광객들이 몰려들지는 않는다는 것이다. 왜냐 하면 서울에 만든 개선문은 프랑스의 역사와 함께 살아 있는 문화가 없는 개선문이기 때문이다.

위의 예에서 알 수 있듯이 개선문이라는 물질문화에 그 사회구성원의 가치와 역사와 전통과 경험이 담겨 있어야 한다. 그리고 문화란 "일시적으로 나타난 그런 현상이 아니라 언제나 특정한 부류들에 의한 '사회적인 상속'으로서 사회적으로 전승되어 전통·유산이 되어 온 것들을 의미한다."[3] 그러나 사회학적 내지 인류학적인 의미에서 보는 문화란 '우리가 사회의 구성원으로서 사고하거나 행동하거나 하는 모든 방법 및 사회의 구성원으로서 소유하고 있는 모든 사물로써 구성되는 복합적인 전체를 말하는 것'[4]으로 정의할 수 있다.

1) 문화의 의미

(1) 문화와 인간

문화는 인간이 동물과 다른 존재이기 위해서 불가결한 요소이다. 인간은 문화를 구비한 인간사회에서 태어나 성장과 함께 문화를 새롭게 습득한다. 따라서 인간은 문화인이다. 그러므로 어떤 사회에나 문화는 존재한다. 단지 서로 다를 뿐이다. 이러한 이해 없이는 문화적 차이에 의한 문화마찰로 인하여 힘의 논리만이 난무할 뿐이다. 결론적으로 글로벌 비즈니스에 참여하는 비즈니스맨에게는 각 지역의 다른 생활양식의 차이를 이해하고 함께 하여야 할 것이다.

(2) 문화의 3국면 (정신문화, 행동문화, 물질문화)

문화에는 정신문화, 행동문화 및 물질문화의 3국면이 있다([그림 Ⅱ-14] 참조). 정신문화는 5감을 통한 내면 활동을 가리킨다. 행동문화는 정신문화를 의식적 또는 무의식적으로 표현하는 행동양식으로 언어나 비언어 행동에 의해 나타난다. 물질문화는 대표적으로 의식주이지만 물질 그 자체보다는 물질이 지닌 상징, 목적 및 용법 등이다.

---

[3] 고병익, 『동아시아의 전통과 변용』, 문학과 지성사, 1966, p.34.
[4] 고범준, 『현대경영인의 에티켓과 매너』, 제주대학교 경영대학원 1992학년도 최고경영자 과정 강의교재, pp.3-4.

- **정신문화** : 5감을 통한 자극으로 지각, 인지방식, 가치관, 세계관, 태도, 사고방식 등 내면활동
- **행동문화** : 정신문화를 의식적·무의식적으로 표현하는 행동양식
  - 언어행동 : 말을 사용하여 표현하는 행동양식
  - 비언어행동 : 얼굴의 표정이나 몸짓 등에 의한 행동양식
- **물질문화** : 의식주라 할 수 있으며, 물질자체보다는 물질이 지닌 심벌성이나 목적 및 용도 등이 중요

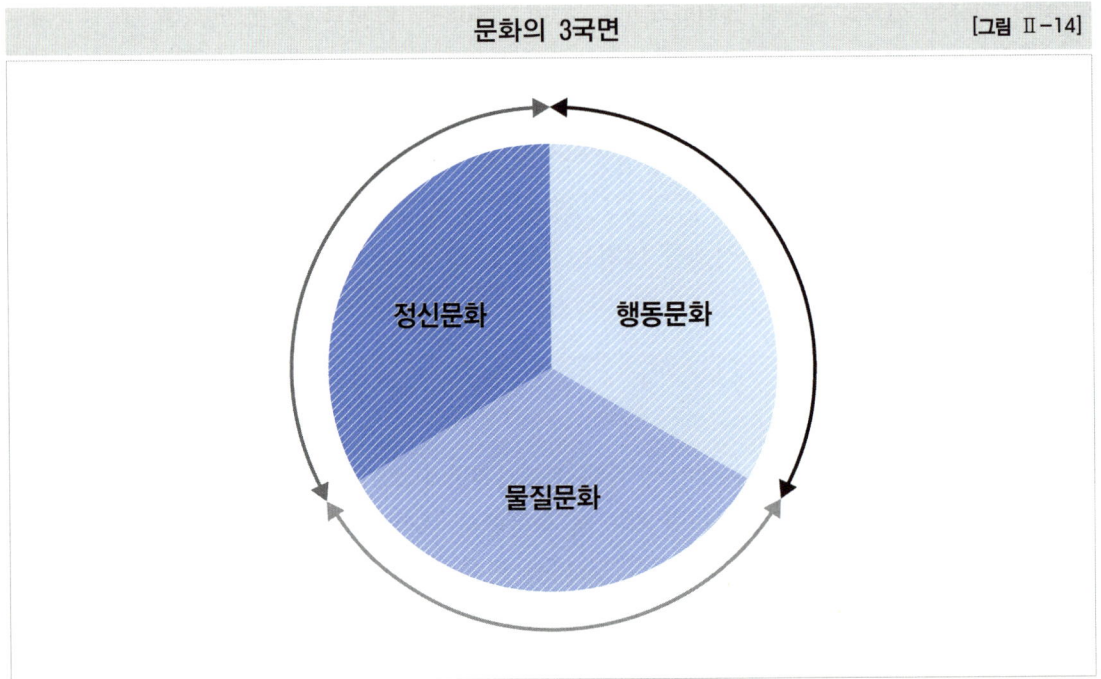

문화의 3국면 [그림 Ⅱ-14]

문화의 3국면은 각각 독립해서 기능하는 것이 아니라 서로 상호작용하고 있다. 물질적 및 사회적 조건 아래서 어느 한 국면이 변화하면, 다른 국면도 필연적으로 영향을 받는다.

문화란 단어는 유행처럼 번지고 있다. 그러나 문화에 대한 바른 이해 없이 마치 교양인이 되는 지름길인양 문화관이 정립되고 있다. 따라서 문화에 대한 정확한 이해가 필요하다. 특히 문화는 사회구성의 근원이 되는 것으로써 어느 곳이나 영향을 미치지 않는 분야가 없다.

따라서 글로벌 비즈니스를 담당하는 사람은 어느 분야에 있거나 비교문화에 대한 접근을 위해서는 바른 문화관을 정립하여야 하며, 특히 그 사회가 가지고 있는 일반문화에 대한 재인식이 필요하다. 문화 간의 차이가 크면 클수록 커뮤니케이션이 어려워진다.

2) 문화와 세계관

세계관은 창조자와 피조물간의 관계를 어떻게 설정하고, 무엇에 관심을 갖는가에 따라 형성된다고 할 수 있다. 즉, 세계 전체의 의의, 가치 등에 관해 사유하는 철학적 견해로써 인류공통의 보편적 측면과 각 문화의 근저를 특정지우는 독특한 측면을 가지고 있다.

■ 보편적 세계관과 한국적 세계관

보편적 세계관은 인간, 자연 및 신의 3가지 요소와 그 상호관계에 의해 유지되고 있다. 이들 요소에서 무엇이 가장 관심을 끄는가에 따라 각 세계관의 독특한 성격이 부각된다.

한국적 세계관은 신, 인간, 자연의 상하관계를 엄격히 구별하지 않는 경계의 탄력성이 존재한다. 특히 한국은 과거를 바탕으로 미래를 지향하고, 존재의 의미를 인지한 행동지향이 필요하다.

세계관의 차이는 문화를 특정 지우는 중요한 기본적 요소로써 비교문화 이해에 관한 가장 난해한 문제라고 할 수 있다. 또한 그 지역인의 세계관은 종교, 역사, 정치 등에 상호 영향을 받음으로 인하여 이에 대한 연구가 충분히 이루어져야 한다. 협상가가 국제협상을 할 때에 갖게 되는 세계관은 글로벌 시대에 어떻게 적응할 수 있는가가 중요한 논제가 될 수 있다.

3) 가치관

가치관은 문화의 근저로서 정신문화에 기반하여 인간의 행동을 규정하는 기능을 갖는다. 더욱이 국제적인 이해나 문화교류의 경우에도 문화의 근저인 가치관의 차이에 기인하여 여러 가지 문제가 발생할 수 있다. 결국, 가치관은 인간의 행동을 규정하는 주요인으로써 인간이 자기를 포함하여 세계나 그 속의 만물에 대하여 가지는 평가의 근본적인 태도와 그것을 바라보는 방법이라 할 수 있으며, 가치는 "구체적 사물에 대한 가치"로써 경제학적 용어이다.

아들러(S. Adler)는 가치에 대하여 다음과 같이 정의를 내렸다.

첫째, 가치는 영속적 개념(eternal ideas)으로 부분적으로는 신의 의지(Mind of God)와 같은 절대적인 것

둘째, 가치는 인간의 욕구와 욕망(need and desire)을 충족시킬 수 있는 것으로 어떠한 사물 또는 객체의 고유한 본질

셋째, 선천적이냐 학습에 의한 것이냐를 막론하고 사람은 어떠한 사물에 대해 '좋다', '나쁘다', '옳다', '잘못이다'를 나타내는 경향

넷째, 가치는 신념이나 기대 등과 같이 행위로부터 관념화시킬 수 있는 것

이것은 사람들이 그들의 행위를 객관적으로 평가하고 판단할 수 있는 기초를 제공한다.

이렇게 가치관은 문화로부터 주어진 일상의 행동을 방향 짓는 요인이라 할 수 있다. 인간은

문화의 가치관에 의해 행동을 계획, 실행, 평가하면서 일상생활을 영위해 나간다고 할 수 있다. 당연히 각 문화에는 독특한 가치관과 거기에 근거하는 행동양식이 존재하게 된다. 가치는 문화의 핵으로 어떤 한 상태보다 다른 상태를 선호하는 포괄적인 경향성을 말한다. 가치는 화살표가 달린 감정이다. 즉, 가치는 긍정적인 면과 부정적인 면을 지니고 있다.

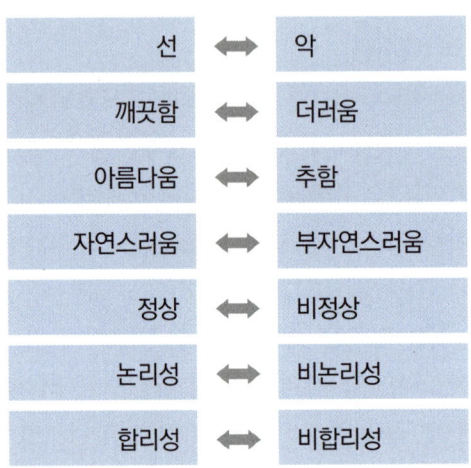

이러한 가치경향은 정신문화의 기반으로서 습득되어 인간의 행동을 규정하는 기능을 가진다. 인간의 가치관에는 비교적 변화하기 쉬운 것과 표면적으로 변화하고 있는 것처럼 보이면서도 본질적으로 변화하지 않는 것이 있다. 가장 큰 문제는 전통적인 가치관이 현재 어떻게 변화하고 있느냐는 것이다.

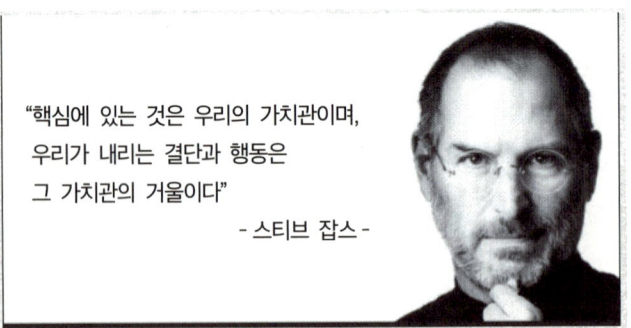

03 협상을 위한 이문화의 가치

전쟁을 통한 협상! 다른 문화를 공존시키다

지구상에 수많은 전쟁과 분쟁의 역사를 바로 인류사라고 할 수 있다. 기원전 500년에 발생한 페르시아 전쟁부터 2018년 4월 시리아 분쟁, 그리고 현재 이스라엘과 중동지역에서 일어나는 수많은 분쟁까지 무려 335개 이상의 전쟁이 있었다. 인류는 전쟁과 분쟁을 통하여 역사에서 문명사회를 건설하는 기회와 위협요소를 병행하여 왔다.

그러나 수많은 전쟁 중에서도 인류사에 지대한 영향을 끼친 전쟁은 몇 번 되지 않고 나머지 전쟁과 분쟁은 전부 쓸모없는 인류의 허황된 욕심과 만용의 결과이다. 세계의 역사를 뒤엎고 재편할 만한 전쟁은 단연 페르시아 1차, 2차 전쟁과 기원전 480년의 살라미스해전이다. 이 두 전쟁은 인류역사를 진일보시킨 동서양의 최초 전쟁이며 문명의 교류가 이 시기부터 전개되었다고 볼 수 있다.

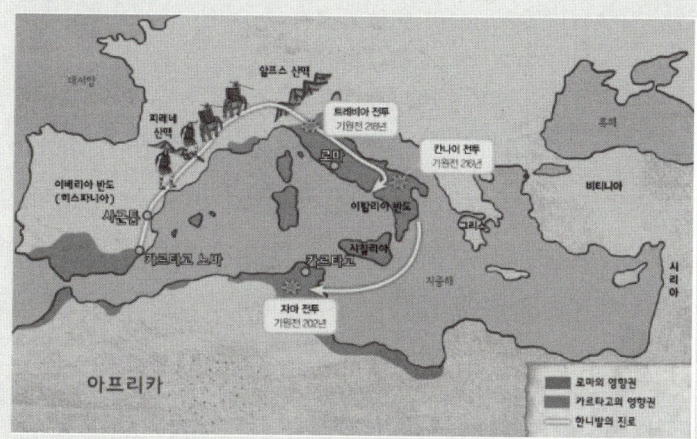

기원전 218년 칸나전투는 유럽고대사에 있어서 중요한 전투이다. 지중해를 두고 최초로 유럽과 아프리카의 대륙이 충돌하였으며 서양문명의 모태인 로마문명을 이룩하는 데 그 원동력이 되었다.

서기 751년 탈라스 전투는 당나라와 이슬람의 압바스왕조 간의 전투인데 이 전쟁은 전쟁사에 특이한 선례를 가지고 있다. 먼저 종이제작법을 이슬람권에 전수한 것과 압바스왕조에 비록 패전은 하였지만 당나라 장수 고선지(고구려 유민출신) 장군이 당나라 군대가 아닌 용병 형태의 다국적군을 형성하여 이슬람권역에 동양의 전술, 기동력과 군사력을 위협적인 존재로 부각시킨 일대 사건이었다.

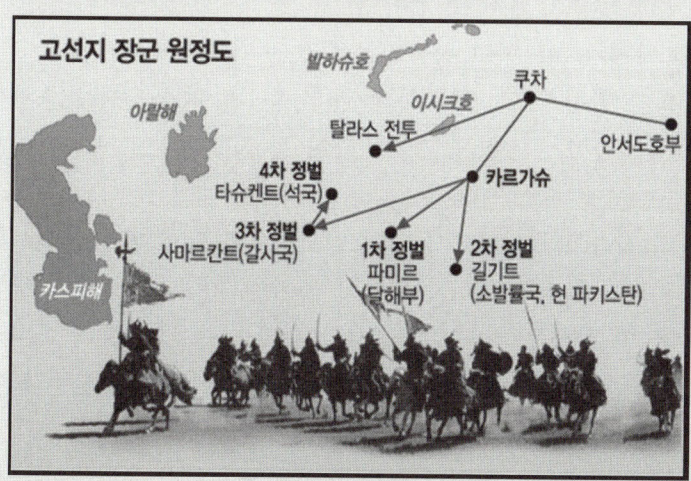

13세기 몽고군은 세계지배의 역사에 전환점과 유럽제국을 재편, 인종과 문화문명의 파괴와 재건, 유럽세계에 몽골이라는 이름을 깊숙이 각인시켜 준 누구도 부인할 수 없는 세계사적인 전쟁이었다.

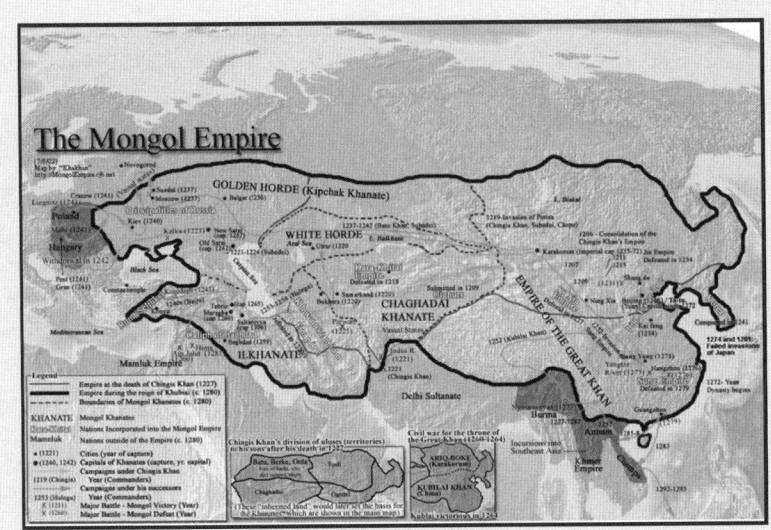
그리고 1773년 신대륙에서 일어난 미국 독립전쟁이다. 이 전쟁은 그 여파가 유럽으로 번져 유럽봉건체제를 완벽하게 붕괴시키고 인간중심의 정치, 시장중심의 경제논리를 펼 수 있도록 한 세계의 근대화를 가속시킨 전쟁이다.

제1, 2차 세계대전은 부인할 수 없는 인류역사의 재편, 식민지의 독립, 현대 과학체계의 발전, 대량학살과 범세계적인 국제기구 형성, 군수체계의 발전, 컴퓨터의 보급, 인터넷의 발전, AI의 발전 등은 전쟁이 가져다주는 새로운 인간 산업혁명이다. 전쟁을 통한 정보통신 및 교통수단의 발전은 인류의 미래에 대한 진일보를 시켜 준 동기이기도 하다.

    글로벌경영에 있어서 조직관리를 위한 이문화의 연구는 많이 진행되어 왔지만, 재화 및 서비스의 거래협상을 위한 이문화의 비교연구는 최근에 들어서야 활성화되고 있다. 글로벌 비즈니스에 있어서 협상은 서로 다른 문화적 배경을 갖는 협상자 간의 상호작용이기 때문에 문화는 글로벌 비즈니스의 협상 과정 및 결과에 영향을 주게 되므로 협상에 임하는 협상가는 각 문화에 따라 각기 다른 협상스타일에 맞추어 준비를 해야 한다.

    그러나 문화라는 개념은 그 개념 자체가 미묘하고 광범위한 속성을 가지고 있다. 먼저 고전적인 정의를 살펴보면 "사람이 사회의 일원으로서 획득하게 된 지식·신앙·예술논리·법률·관습 및 그 밖의 능력과 습관, 기술 등을 포함하는 총합체"[5]라고 하여 문화의 범위를 광범위하게 그 대상으로 하고 있다.

    그러나 이러한 문화요소들이 어떤 민족이나 지역에서 단지 일시적으로 크게 피어났다고 해서 곧 그것이 그 민족이나 지역의 문화적 특성의 하나가 된다고 볼 수는 없다. 어느 정도 장기적으로 지속된 전통이 되어야 한다. 따라서 문화란 "일시적으로 나타난 그런 현상이 아니라 언제나 특정한 부류들에 의한 '사회적인 상속'으로서 사회적으로 전승되어 전통·유산이 되어 온 것을 의미한다."[6]

    그러나 사회학적 내지 인류학적인 의미에서 문화의 일반적 정의로는 문화란 우리들이 사회

---

5) E. B. Tylor, *Primitive Culture*, John Murray, 1872, p.1.
6) 고병익, 『동아시아의 전통과 변용』, 문학과 지성사, 1996, p.34.

의 구성원으로서 사고하거나 행동하거나 하는 모든 방법 및 사회의 구성원으로서 소유하고 있는 모든 사물로 구성되는 복합적인 전체를 말하는 것7)으로 정의할 수 있다.

따라서 글로벌 비즈니스 협상에서 협상실무자는 국제협상 테이블에서 마주친 상대방의 행동을 이해하기 위하여 문화를 스테레오 타입으로 국가별로 다르게 인지하려는 경향이 있으나, 협상에 관한 문화의 중요성은 행동의 목적이나 결과보다는 협상의 과정이나 전략을 예측하거나 해석하는 데 있다.

협상가는 다른 문화의 특성을 일단 인식하게 되면 상대방이 협상테이블에서 행하는 행위를 예측하고 이해할 수 있으며 또한 상대방의 행위에 대하여 확신을 갖고 대응할 수 있기 때문에 외국인과 협상시 문화적 차이를 이해하는 것은 매우 중요하다.8) 협상과 문화와의 관계를 살펴보기 위한 기존의 연구들은 문화를 ①학습된 행위로서의 문화(culture as learned behavior), ② 공유된 가치관으로서의 문화(culture as shared value), ③변증법으로서의 문화(culture as dialectic), ④맥락으로서의 문화(culture-in-context) 등 4가지로 정의하고 이에 따라 문화와 협상 연구에 대한 접근방법을 달리하였다.9)

이러한 접근방법으로부터 얻은 결론은 문화적 차이가 협상의 성공에 절대적으로 영향을 미치는 것은 아니지만, 협상을 실패로 이끄는 중요한 요인이 된다고 하였다. 따라서 외국인과 협상에 임하는 협상가는 협상에 임하기 전에 상대방의 협상관행을 사전에 숙지함으로써 실패를 최소화하고 협상성과를 크게 할 수 있다.

1) 학습된 행위로서의 문화(culture as learned behavior)

이 접근법은 '협상가가 어떠한 생각을 갖고 협상에 임하느냐 하는 것보다는 협상테이블에서 어떠한 행동을 보이느냐'에 관심을 갖고 분석한 것으로 주로 외국인과 협상 시 '해야 되는 것'과 '해서는 안 되는 것'을 제시하고 있다. 이는 문화를 학습된 행위 또는 공유된 가치관으로 정의하였다. 하나의 문화는 나름대로의 독특한 가치, 즉 문화적 패턴을 지니고 있다고 보았으며, 이러한 독특한 문화적 패턴으로 인해 외국의 협상가들은 협상테이블에서 독특한 협상스타일을 가진다는 가정 하에 각국의 협상스타일을 서술하고 있다.

예를 들어 반 쟌트(Van Zandt, 1970)는 자신의 경험을 토대로 일본인의 협상스타일에 대하여 조사하였는데, 미국인이 일본인과의 협상 시 공동으로 부딪치게 되는 일본인의 협상스타일을 13가지로 분류하여 소개하였다. 주요 내용은 다음과 같다.

일본인은 부정적인 감정을 숨기고 긍정적인 감정만 표현하며 논쟁을 좋아하지 않는다. 따라

---

7) 고범준, 『현대경영인의 에티켓과 매너』, 제주대학교 경영대학원 1992학년도 최고경영자 과정 강의교재, pp.3-4.
8) B .M. Hawrysh & J. L. Zaichkowsky, "Cultural Approaches to Negotiation : Understanding the Japanese", *International Marketing Review*, Vol.7 No.2, 1990, p.28.
9) Roy J. Lewick, Joseph A. Litterer, John W. Minton and David M. Saunders, *NEGOTIATION - Readings, Exercises, and Cases(2nd ed.)*, Irwin Inc., Boston, 1994, pp.532-538.

서 반대의견과 같은 직접적인 대결국면은 피하고, 협상과정에서 어려운 문제에 직면하게 되면 오랫동안 침묵을 지켜 서구 협상가들을 당황하게 만들며, 당사자 간의 의견이 일치되지 않을 경우 이러한 불일치한 견해를 조정하고자 종종 제3자를 끌어들인다.

주로 일본 협상가는 협상 당사자들 간의 신뢰를 바탕으로 장기적인 관계를 유지하고자 글로벌 비즈니스에 있어서 협상 시 매매조건보다는 당사자 간의 관계를 중요시한다. 또한 이러한 관계를 중요시하는 일본인과의 협상에서는 선물이 중요한 역할을 하며, 일본인은 일반적으로 의사결정이 느리다. 이러한 요소는 일본인으로 하여금 비업무적인 문제에 많은 시간을 소비하기 때문에 일본인과의 협상은 긴 시간을 필요로 한다.

그리고 협상결과인 합의에 대한 견해에 있어서도 미국인과 일본인 간에 차이가 존재한다. 즉, 미국인은 전형적으로 협상의 결과를 가능한 한 서면 계약서로 작성하여 엄격히 지켜지는 것을 기대하는 반면, 일본인은 협상결과를 후일 상황의 변화가 있을 경우에 재협상할 수 있는 것으로 간주하여 서면 계약서를 그다지 중요하게 여기지 않는다. 이러한 차이점들 때문에 반쟌트는 미국인이 일본인과의 비즈니스 협상에서는 일본인의 협상스타일을 잘 숙지하여 대처하라고 하였다.

허비그와 크래머(Herbig and Kramer, 1992)는 서로 다른 문화체제는 다른 협상 관행을 낳기 때문에 자국에서 효율적인 협상 관행이 다른 문화적 배경을 가진 사람과의 협상에서는 비효율적인 협상 관행이 될 수도 있다고 하였다.

따라서 서로 다른 문화적 배경을 갖는 협상가와의 협상테이블에서 성공하는 방법은 각 당사자가 협상으로부터 원하는 것을 실현하기 위하여 자기 자신 및 상대방에 대하여 완전히 이해하고 협상 상황을 협조적 상황(승-승)으로 전환시켜야 하며, 이러한 상황을 만들기 위하여 협상당사자의 행동규범을 제시하고 있다. 즉, 협상 당사자는 글로벌 비즈니스 협상에서 성공을 거두기 위해서는 서로 다른 문화적 배경에서 나온 다음과 같은 문화적 차이를 이해한다.

첫째, 외국의 협상 상대는 인식, 동기, 신념 및 전망 등이 자신과는 다르다는 것을 인식하여야 하며, 둘째, 협상장소가 외국일 경우에는 그 나라의 관습에 따라야 하며, 셋째, 상대방의 문화적 규범을 존중해야 한다고 하였다.

이 접근법은 외국인과의 협상 시에 행동규범을 제시함으로써 협상 실무자에게 협상을 성공적으로 수행할 수 있도록 해 준다. 그러나 이러한 접근방법은 동일 문화권 내에 존재하는 모든 사람들이 동일한 협상스타일을 갖는다고 가정함으로써 개인적인 특성이나 시간적 요소를 고려하지 않는다는 한계가 있다.

2) 공유된 가치관으로서의 문화(culture as shared value)

이 접근방법은 문화적 환경으로부터 형성된 사고패턴으로 인하여 행동의 차이가 발생한다고 보고 이문화 간 또는 집단 간 가치관이나 규범의 차이를 밝히고자 하였다. 여기서 얻은 결론은 서로 다른 문화를 갖고 있는 협상가는 가치관의 차이로 인하여 서로 다른 협상스타일을 갖는다는 것이었다(Young, 1968).

공유된 가치관으로서의 문화라는 접근법은 앞의 "학습된 행위로서의 문화"라는 접근법과 마찬가지로 설득력이 있는데, 이 접근법은 국제협상에서 상대방의 협상 행위를 쉽게 예측할 수 있는 협상 행위의 패턴을 설명한다.

문화와 협상의 관계에 대한 이러한 접근방법의 또 다른 변수는 문화라는 측면보다는 이데올로기라는 측면이 더 부각되는 경우가 있다. 따라서 이것은 국가적 협상스타일로 나타나게 된다. 민주주의, 파시즘, 전체주의라는 정치시스템, 또는 자본주의, 사회주의 및 공산주의라는 경제시스템 등이 공유된 가치관으로서 협상에 영향을 미칠 수 있다.

영(Young)은 중국인의 협상 행위 패턴을 연구하기 위하여 미국인과 중국인 협상의 역사에 대하여 조사하였다. 이들 협상에서 중국인의 행동은 미국인 상대방에 대하여 높은 적대감을 나타내는 것으로 보였으며, 빨리 합의에 도달하고자 하는 미국인 협상가와는 반대로 합의에 도달하는 것에 대하여 매우 무관심해 보였다.

이렇게 하나의 공유된 가치관이든 공동으로 소유하고 있는 집단의 가치관이든 또는 이데올로기든 어느 집단이 하나의 전형적인 협상스타일을 가지고 있다면, 협상 행위의 패턴에 대한 단순한 설명이 아니라 그러한 행위에 대한 문화의 역할을 설명할 수 있다고 본 것이다.

그럼으로써 동일 문화집단의 가치관과 협상행위의 인과관계를 보여 줄 수 있기 때문에 첫 번째의 "학습된 행위로서의 문화"라는 접근법보다 높은 추론이라고 할 수 있다. 공유된 가치관으로서의 접근법은 협상가에 대한 개인적 선택의 역할을 최소화한다.

다시 말하면, 협상가는 어떤 특정한 문화권에 소속되어 있거나 어떤 특정 이데올로기에 집착하고 있기 때문에 그의 협상 행위는 특정패턴을 형성한다는 것이다. "학습된 행위로서의 문화"라는 접근법에서와 동일하게 협상가가 소속되어 있는 문화는 그 협상가의 협상행위에 많은 영향을 미친다는 것이다.

3) 변증법으로서의 문화(culture as dialectic)

변증법으로서의 문화 접근방법은 '동일 문화는 동일한 행동양식을 갖는다'는 전술한 두 접근법과는 다른 협상가의 개인적 특성의 차이로 인하여 동일 문화 내에서도 협상가마다 다른 행동양식을 보인다고 가정하여 특정 문화의 양면성을 밝히고자 하였다(Kammen, 1972; Blaker, 1977).

'공유된 가치관으로서의 문화'라는 접근방법을 선호하는 분석가는 '동일 문화권 내의 협상가가 동일한 가치관을 가지고 있다'는 가정에서 출발하였다. 그러나 카멘에 의하면, 미국 내에서 역사적 경험으로 볼 때 같은 미국인 사이에서도 두 가지 가치관이 공존한다고 보았다. 예를 들면, 미국인 중에서도 집단적 개인주의, 보수적 자유주의, 실증주의 및 물질주의 등이 동시에 공존하고 있다는 것이다.

'공유된 가치관으로서의 문화'라는 접근법에서는, '동일 문화권 내에서의 협상가가 다른 협상 행위를 나타내는 것에 대하여 시간이 경과함에 따라 가치관이 변할 수 있다'는 측면으로 설명하였다.

그러나 그 이론만 가지고는 두 가지 가치관이 공존할 수 있다는 것, 즉 특정 문화권 내에 있어서도 개인적 특성에 따라 협상 행위가 달라지고, 또한 시간의 경과에 따라 동일 문화권에 있는 협상가들의 협상 행위가 변화되고 있는 현실을 동시에 설명하기에는 합리성이 부족하다.

이에 대하여 블레이커(Blaker, 1977)는 일본인이 협상을 하는 데 있어서 두 가지 가치관을 가지고 있다고 한다. 즉, 조화로운 협력과 전사의 윤리라는 가치관을 갖고 있다고 지적하였다. 일본인들은 많은 대가를 지급하더라도 불협화음을 피하고자 하는 성향을 가지고 있는 반면에 특정사안에 대해서는 위험을 감수하면서도 이를 성사시키고자 하는 상반된 성향을 갖고 있다고 하였다.

따라서 블레이커는 일본인 성향을 국내적 반대 극복, 서구인에 대한 저항을 털어 버림, 비밀, 주의 깊은 심사숙고 및 상황 적응 등으로 특징지었다. 그는 또한 일본인 협상행위와 관련하여 낙천주의, 운명주의 및 비도덕적인 실용주의의 3가지 규범이 있다고 하였다.[10]

이러한 변증법적 접근법은 특정문화의 협상가가 동일한 가치관을 갖고 있다는 가정 하에서의 전제된 두 가지 접근방법의 문제점을 해소하는 데에는 기여하였다. 그러나 글로벌 비즈니스 협상이 해외의 다른 문화권 상대방과의 협상이며, 국가를 달리하는 이문화 간의 협상이라는 점을 감안할 때 과연 협상가의 문화적 특성이 협상가의 협상 행위에 얼마나 영향을 미치는가에 대한 설명이 결여되어 글로벌 비즈니스 협상에서 상대방의 정확한 협상 행위를 예측하는 데에 한계가 있는 것으로 보인다.

4) 맥락으로서의 문화(culture-in-context)

맥락으로서의 문화 접근방법은 인간의 행동양식은 단순히 한 가지 원인을 가지고 설명할 수 없으며 상호의존적인 원인에 의하여 결정된다고 보았다. 사회심리학자인 소이어와 구츠노우는 협상가 개인의 특성과 상황적 제약조건(문화적 차이와 사회적 환경)이 복합적으로 협상과정 및 협상결과에 어떻게 영향을 미치는가를 보기 위한 모델을 제시하였다.

그래엄(Graeme T.)의 연구에 의하면 협상 당사자들의 문화적 차이가 판매협상의 과정 및 결과에 어떻게 영향을 미치는가 하는 것을 살펴보고자 미국인과 일본인을 대상으로 가장 단순한 관계인 두 개인 간의 매매계약에 있어 상호작용 관계를 집중적으로 연구하였다.

이론적 기반은 국제협상의 모델을 토대로 [그림 Ⅱ-15]와 같이 변경하여 연구모델을 설정하고, 변수를 설정하여 마케팅에 있어 교환 이론, 문화 인류학 및 이문화 간 의사소통에 관한 이론으로부터 가설을 유도하였다.

판매협상 결과를 3가지 변수, 즉 협상과정, 상황적 제약 및 개인적 특성의 함수로 보았으며,

---

10) M. Blaker, *Japanese international negotiating style*, Columbia University Press, 1977, p.23.

개인적 특성보다는 당사자 간의 문화적 차이, 즉 미국인과 일본인의 의사결정 과정의 차이에 초점을 맞추었다.

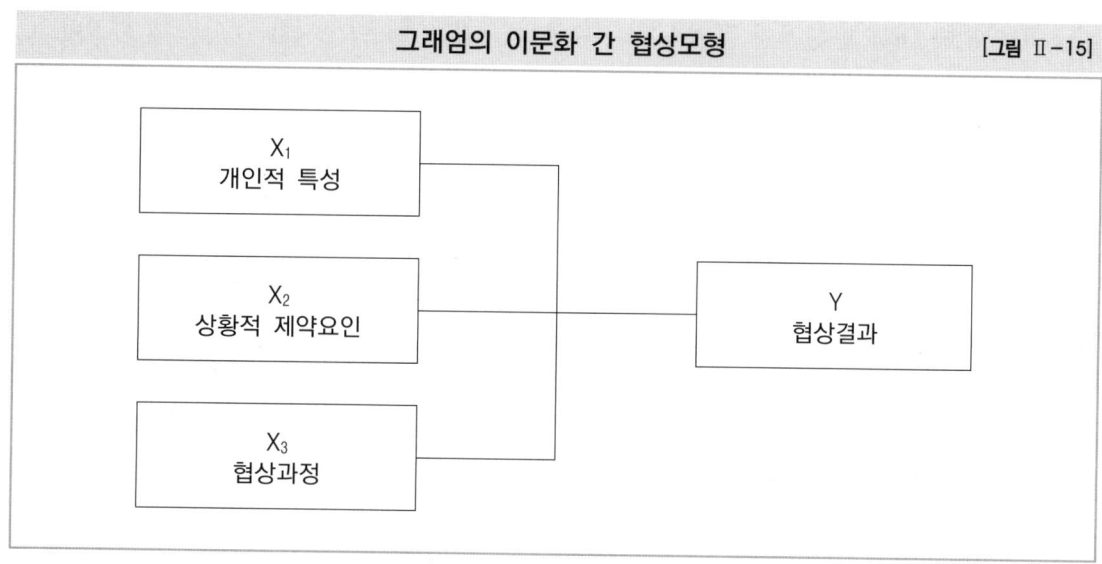

그래엄에 의한 모의실험(laboratory experimentation)의 결과는 일본인과 미국인의 협상스타일에 있어 몇 가지 차이를 보여 주었다. 예를 들면, 미국인은 협상에서 상대가 정직한 정보를 제공하면 협상상대자를 신뢰하고 협상성과에 중요한 영향을 미치는 반면, 일본인 협상가는 협상테이블에서 상대가 정직하게 자신의 의견을 표시하면 예의가 없다고 생각하여 협상성과에 긍정의 영향을 미치지 않는다고 보았다.

그래엄은 이러한 이유를 일본인의 '혼네와 다테마에'라는 이중적 가치관과 매우 관련이 깊다고 보았다. 또한 일본인들은 '다테마에'라는 가치관 때문에 미국인의 정직하고 솔직한 협상스타일에 대하여 불편함을 느낀다고 하였다.

일본에서 협상가는 실적을 높이는 것이 중요한 역할이며, 지위관계에 있어 수입자는 수출자보다 우위에 있다고 생각하며 이러한 지위관계로 협상결과가 정해진다. 미국인의 협상은 "형제간의 협상"으로 표현되는데 지위관계는 상대적으로 평등하여 양자 간의 의견 불일치는 뜨거운 논쟁을 통해 해결되는 반면, 일본인의 협상은 "부자간의 협상"으로 표현되어 지위관계가 명백하며 이것이 협상결과에 중요한 영향을 미친다.

한편, 연구의 중심적인 관심 분야, 즉 문화(culture) → 협상과정(process) → 협상결과(outcome)의 관계에 있어서는 당사자의 문화적 변수는 두개의 협상과정, 즉 인상형성 과정의 정확성(impression formation accuracy) 및 표상적 협상전략(representational bargaining strategies)에 영향을 미쳤다. 즉, 협상상대방에 대한 인상은 이문화 간의 비즈니스 협상에서 적확하게 형성되기 힘들었으며, 이문화 간 협상에서 당사자들은 표상적인 협상전략을 사용하기 보다는 도구적 협상전략(instrumental bargaining strategies)을 사용하는 경향이 있었다.

그래엄이 얻은 결론은 관리자로 하여금 효과적으로 영업사원 및 협상팀을 선정할 수 있도록 도움을 주며 또한 협상가에게는 이문화 간 협상을 효과적으로 수행하는 데 도움을 주어 미국의 일본에 대한 만성적인 무역수지 적자를 해소하는 데 이바지할 것이라고 하였다.

무역협상연구에 있어서 이러한 실증적인 연구들은 협상의 과정 및 결과를 이해하는 데에 한 가지 원인만 가지고는 설명할 수 없으며, 몇 가지 상호의존적인 원천들을 가지고 설명하는 것이 완전한 설명을 할 수 있을 것이다.

맥락으로서의 문화적 접근법에 관한 연구의 예 〈표 Ⅱ-8〉

연 구 자	피실험자	실험설계	실험적 변수	결 과
Graham (1980)	일본인 52명 미국인 46명	Kelly의 모의실험	• 결과변수(개인의 이익, 공동의 이익, 시간, 만족도) • 과정변수(협상전략, 매력, 영향력, 신뢰성, 인상형성의 정확성) • 상황적 제약요인(국가문화, 개인문화, 역할) • 개인적 특성(개인에 대한 자부심, 업무에 대한 자부심, 성격, 조직 간 접촉빈도, 경험, 나이)	• 일본인 : 2중적 가치관, 수입자 우월, 협상자의 역할 중요, 수직적 관계 • 미국인 : 정보중요, 수평적 관계
Graham (1984)	일본인 6명 미국인 6명 브라질인 6명	상 동	• 언어 및 비언어적 행위협상자의 특성(나이, 경험, 외부와의 접촉빈도)	• 일본인 : 비언어적 의사소통전략 • 미국인 : 언어적, 공정한 가격을 제시 • 브라질인 : 매우 공격적
Adler, Graham & Gehrke (1987)	미국인 138명 멕시코인 68명 캐나다인 148명	상 동	• 협상결과(협상자의 이익, 상대방의 만족) • 과정변수(이해적 전략, 상호간 매력) • 집단특성(경험)	• 미국인, 미국계 캐나다인 : 이해적 전략 • 프랑스계 캐나다인 : 도구적 전략 • 멕시코인 : 관계와 역할이 중요
Graham, Kim, Lin and Robinson (1988)	중국인 54명 일본인 42명 한국인 38명 미국인 138명	상 동	• 협상결과(개인의 이익과 상대방 만족) • 과정변수(문제해결 전략, 상호 간 매력) • 상황적 제약요인(역할) • 개인적 특성(나이, 경험)	• 중국인 : 경쟁적 전략 • 일본인 : 역할 중요 • 한국인 : 미국과 일본의 결합 • 미국인 : 문제해결 전략

연구자	피실험자	실험설계	실험적 변수	결과
Adler and Graham (1990)	미국인 190명 일본인 72명	상동	• 협상결과(개인적 이익, 공동의 이익, 만족) • 과정변수(문제해결 접근) • 상황적 제약(상호 간 매력, 시간)	• 협상가는 다른 문화수용 • 일본인이 지위 지향적
Graham, Evemko and Rajan (1990)	러시아인 56명 미국인 160명	상동	• 협상결과(협상자의 이익, 상대방 만족) • 협상과정(문제해결 전략, 상호 간 매력) • 협상자 특성(나이, 경력)	• 러시아인 : 개인적 이익을 위해 경쟁적 행위 • 미국인 : 상호 간 이익을 위해 협력적 행위

04 글로벌 협상과 문화적 접근모형

미국 사람과의 비즈니스 협상

　미국 사람과 비즈니스를 하시는 분이나, 특히 한국 기업에 계시거나 한국 기업을 운영하시는 분이 미국 사람과 비즈니스 협상을 할 때면 언어장벽도 문제겠지만 사실 더 큰 문제는 문화적인 차이로 인해 협상과정에서 많은 어려움을 겪는 것을 봅니다. 이런 관점에서 미국 사람이 어떻게 생각하고 행동하는지에 대한 관찰은 한국 기업이 미국에서 기업을 하거나 미국 기업과 수출과 수입 등 거래가 있을 때 많은 도움이 있으리라 생각됩니다.

　일단 'Geert Hostede'란 학자가 문화적 차원에 대해 연구한 것을 보면 한국 사람은 권력격차(Power distance)가 높고, 개인주의(individualism)성향이 낮고, 남성성(masculinity)이 낮으며, 불확실성 회피(uncertainty avoidance)가 높은 것으로 나옵니다. 하나하나씩 보면 한국과 같이 권력격차지수가 높다는 것은 조직에서 상하의 구별이 분명하며 부하직원이 상급직원에 접근하기가 어렵다는 것을 나타냅니다. 개인주의는 한국은 낮은 편인데 이는 개인의 이익보다는 사회 전체, 속한 회사 속에서 비치는 자신의 모습이 더 중요하다는 것입니다. 남성성은 일을 해 나가는 데 있어서 성취와 경쟁에서의 승리가 인간관계의 중요성에 비해서 얼마나 중요한지를 나타내는 데 한국 사람은 이 지수가 낮은 편입니다. 이는 겉으로 보기에는 경쟁이 치열해보여도 사실은 관계에서 내가 어떻게 비쳐질까에 대한 고민이 더 중요하다는 얘기입니다. 마지막으로 불확실성 회피는 미래에 대한 예측가능성이 낮은 것에 대한 두려움인데 한국 사람은 이 지수가 아주 높습니다. 불확실하나 엄청난 미래가 있을 수 있는 일보다는 안정적인 일을 더욱 찾는다는 것이겠지요.

　그러나 미국 사람은 권력격차지수는 높지 않습니다. 다시 말하면 조직에서 직위의 높고 낮음이 발언을 하는 데에 있어서 크게 문제가 되지 않는다는 것입니다. 그리고 개인주의는 아주 높습니다. 또한 남성성도 높아서 성취에 대한 의욕이 관계를 잘 가지고 가고자 하는 의욕을 능가하는 것이지요. 불확실성 회피지수는 아주 낮은 편은 아니지만 한국 사람에 비해서는 낮은 편이지요.

　그럼 이런 문화 차이가 협상에서 어떤 영향을 미칠까요?

　개인주의가 높아서 체면의 중요성이 낮은 미국 사람은 비즈니스 협상을 할 때 갈등상황이 생기는 것을 꺼려하지 않습니다. 한국 사람은 반면 개인주의가 낮고 그래서 체면을 중요시 여기기에 논쟁하는 껄끄러운 분위기를 좋아하지 않습니다. 또한 갈등상황은 불확실성을 높이기 때문에 한국 사람이 싫어하기도 하지요. 막상 화가 나면 한국 사람은 물불을 가리지 않는 경우가 있지만 그렇게 가기 전까지는 한국 사람은 논쟁을 피하려는 쪽입니다. 그래서 많은 경우에 미국 사람은 만족한 결과가 나올 때까지 협상을 계속하면서 껄끄러운 상황이 많이 지나가는 것에 대해 큰 부담이 없지만 한국 사람은 이에 부담을 느낍니다. 그래서 많은 경우 만족하지 않는 협상안에 대해서 받아들이는 경우가 종종 있습니다. 웃기는 결과이기는 하지만 서로 간에 충돌이 많은 협상에서는 미국 사람보다는 한국 사람이 먼저 협상안을 받아들이는 경우가 많습니다. 결국 협상이 이루어지는 경우는 미국 사람이 다른 나라 사람과 하는 때보다 많지만 대부분의 경우 이 협상안은 만족할 만한 결과가 나와서가 아니라 충돌이 많은 껄끄러운 상황을 피하다 보니 나오는 결과이기도 합니다. 이는 문화의 차이인데 이 차이를 알면 연습을 통해서 이를 극복해 좋은 결과를 얻어야겠지요.

그렇다고 해서 불편한 관계가 되는 협상을 가지고 가서는 안 될 겁니다. 특히 계속적인 비즈니스를 하게 되거나 협상이 한 번에 끝나지 않을 경우에는 더욱 그렇겠지요. 한국 사람은 일단 한 사람을 믿거나 하면 무슨 말을 하던 그 사람을 많이 믿는 경우가 있는데, 미국 사람은 그런 경우가 아주 적습니다. 건건 마다 다른 협상의 건이라고 생각을 해서 그전의 협상이 다음 협상에 미치는 영향이 상대적으로 적습니다. 이 차이는 협상에서 많은 부산물을 만들어 냅니다. 그래서 협상에서 껄끄러운 대화가 많이 오갔을 때 한국 사람은 다음 협상이 시작하기도 전에 껄끄러운 기억부터 떠올리면서 협상을 망치는 경우가 있습니다. 하지만 미국 사람은 이런 성향이 좀 약해서 다음번 협상의 자리에선 새로 시작하는 사람같이 행동을 하는 경우를 볼 수 있습니다.

하지만 협상을 하는 중에 어려운 갈등상황은 미국 사람이든 한국 사람이든 간에 신뢰에 대한 면에 있어서는 나쁜 영향을 주는 것이 대부분입니다. 그런데 한국 사람은 보통 이럴 때 그 사람 자체에 대한 호감이 내려가고 그 실추된 호감이 불신을 일으키는 반면, 미국 사람은 상대방에 대한 호감은 크게 내려가지 않는 반면, 상대방에 대한 신뢰도는 많이 떨어진다고 합니다. 하지만 한국 사람은 상대방에 대한 호감 자체가 실추되었기에 상대방에 대한 신뢰도가 다시 회복되기는 아주 어렵습니다. 하지만 상대적으로 미국 사람은 새로운 안건이 나와서 변화된 태도와 모습으로 나간다면 상대방에 대한 신뢰도가 회복되는 것은 좀 빠릅니다.

물론 이런 것은 문화적인 차이를 알고 해석을 해야 합니다. 미국 사람이 호감도가 갈등상황 후에는 크게 떨어지지 않는다고 했는데, 그 이유는 미국 사람에게 있어서는 협상에서 상대방이 얼마나 호감이 가는지는 한국 사람에 비해서 상대적으로 중요하지 않습니다. 그래서 호감도가 내려가는 정도도 낮은 것입니다. 여기서 한국 사람이 중요시 여겨야 할 것은 협상에 있어서 상대방에 대한 호감도 등 상대방에 대한 관심보다는 협상 건에 대한 관심을 더 높이는 것이 미국 사람과의 협상에서 미국 사람의 사고방식을 알고 나가는 관건이 될 것입니다.

직접 협상과는 관련이 없더라도 한국회사에서는 권력 격차가 크고 권한이 크게 주어지지 않는 경우가 종종 있어서 협상이 잘 안 되거나 좋지 않은 결과를 초래하는 경우도 있습니다. 협상의 자리에 누구를 내보내든 간에 어느 정도의 권한을 주는 것이 협상에서 힘을 실어 주는 것이기도 하니까요. 더구나 어떤 경우를 보면 이번 협상은 꼭 성사시켜야 한다고 해서 협상결렬을 권한 밖의 일로 규정해 놓고 아랫사람을 협상에 내보내면 이는 협상에서 아주 불리한 위치를 처음부터 고수하는 아주 악수일 수 있습니다.

자료 : 이승현, University of Texas at Dallas, KOTRA

한 사회의 문화지향성은 그 구성원들에 의해 표현되는 가치관, 태도 그리고 행위 사이의 복합적인 상호작용의 결과로 나타난다. 이들 사회구성원으로서의 개인은 그들이 속해 있는 사회와 그들의 삶에 대해 견지하고 있는 가치관을 통하여 문화와 문화의 규범적인 특성을 나타낸다. 그리고 이들 가치관은 또 구성원의 태도에 영향을 미치게 되며, 태도는 결국 그들이 어떠한 상황에 처하든 간에 가장 합당하고 효과적인 것이라고 생각하는 행위를 형성하게 된다. 이러한 개인이나 집단행위의 형성과정은 다시 그들이 속해 있는 사회문화에 영향을 미치게 되며 이와 같은 순환과정이 되풀이된다.

따라서 이러한 과정을 거쳐 형성된 하나의 문화는 또 다른 사회나 집단의 문화와 구별되는 독특한 특성을 지니게 되는데 이와 같은 사회문화적 특수성은 비교문화적인 관점에서 인간의 행위를 비교·분석하는 데 매우 중요한 근거를 제공한다고 할 수 있다. 그러므로 글로벌 비즈니스에 있어서 각 문화권의 파트너를 분석하여 협상의 성과를 높이기 위한 문화적 접근 모형을 살펴보기로 한다.

1) 홀의 고배경 문화와 저배경 문화(Hall's High-Low Context Culture)
(1) 고배경 문화와 저배경 문화의 특성

글로벌 비즈니스 협상에 있어서 문화적 차이를 이해하는 데는 홀(Hall, 1960)이 주장한 비교문화의 유형이 많은 도움을 준다. 홀은 각 국가의 문화를 고배경 문화(high-context culture HCC)와 저배경 문화(low-context culture LCC)의 개념으로 이원화하였다. 여기서 HCC란 커뮤니케이션을 비언어적인 행동에 의존하고 있는 문화를 말하고, LCC란 커뮤니케이션을 주로 언어, 즉 실제의 대화에 의존하고 있는 문화를 말한다.

먼저 고배경 문화에서는 커뮤니케이션을 위한 메시지나 정보가 대부분 사회적 배경 또는 개인에 내재화됨에 따라 이것이 명백하게 부호로 나타나거나 코드화되지 않는다. 다시 말해서 의사전달자의 배경, 연상, 기본적인 가치관 등 커뮤니케이션 배경에 더 많은 정보가 포함되어 있기 때문에 실제 구두로 나타낸 메시지에는 정보가 적게 포함되어 있다. 따라서 의사소통의 명백한 부호와 문장으로 표시되지는 않으나 책임과 신뢰가 중요한 가치로서 강조되기 때문에 법률적인 서류보다 개인의 말이 더욱 확실한 보증서 역할을 하게 된다.

이에 반하여 저배경 문화에서는 커뮤니케이션의 대부분이 명백한 언어적 코드, 즉 대화나 글로 쓰이는 어휘를 통하여 이루어진다. 이러한 차원에서 볼 때, 중국, 일본, 아랍 등의 문화는 고배경 문화에 속하며, 미국, 캐나다 및 독일 등의 문화는 저배경 문화로 분류된다.

저배경 문화 국가에서의 커뮤니케이션은 고배경 문화 국가에서 보다 훨씬 구체적이고 언어와 서류 중심으로 정보교환이 이루어진다. 그것은 어떤 실제의 사건이나 상황이 그것을 기술하기 위해 사용된 언어보다 훨씬 복잡하고 문자언어 또한 그 자체가 구두 언어의 구체적 개념이기 때문이다. 다시 말하면 저배경 맥락의 사람은 대부분 한 사건이나 상황을 단지 한 국면에서 말하거나 글로 쓸 수 있기 때문에 1차원적인 선형(liner)을 나타낸다. 즉, 언어는 사건이나 상황의 단지 일부분적인 의미만을 포함하고 나머지 부분은 무시되거나 버려진 채 전달됨을 의미한다.

이와 반대로 고배경 문화 국가에서 커뮤니케이션은 사건이나 상황의 복잡성을 훨씬 효과적으로 전달한다. 왜냐 하면 수신자가 언어나 문자로부터 뿐만 아니라 전달자의 비언어적 행위와 신체적 배경으로부터 상황이나 사건의 의미를 보다 효과적으로 파악할 수 있기 때문이다. 그러나 고배경 문화의 커뮤니케이션은 수신자로 하여금 전달자의 지각범위를 저배경 문화의 커뮤니케이션에 비하여 보다 많이 공유할 것을 요구한다.

고배경적인 메시지는 단지 필요한 정보(내적 컨텍스트)와 커뮤니케이션의 배경(외적 컨텍스트)을 식별하는 데 훈련되어 온 사람만이 이해할 수 있다. 따라서 일본인이나 중국인은 이러한 눈에 띄지 않는 포괄적인 내용의 메시지를 보다 용이하게 이해할 수 있다. 미국인이나 서구인이 일본인 또는 기타 고배경 문화 국가의 커뮤니케이션 과정에서 자주 당황하게 되는 것은 이러한 숨겨진 배경에 대한 인식이 부족하기 때문이다. 이를 요약하면 [그림 Ⅱ-16]과 같다.

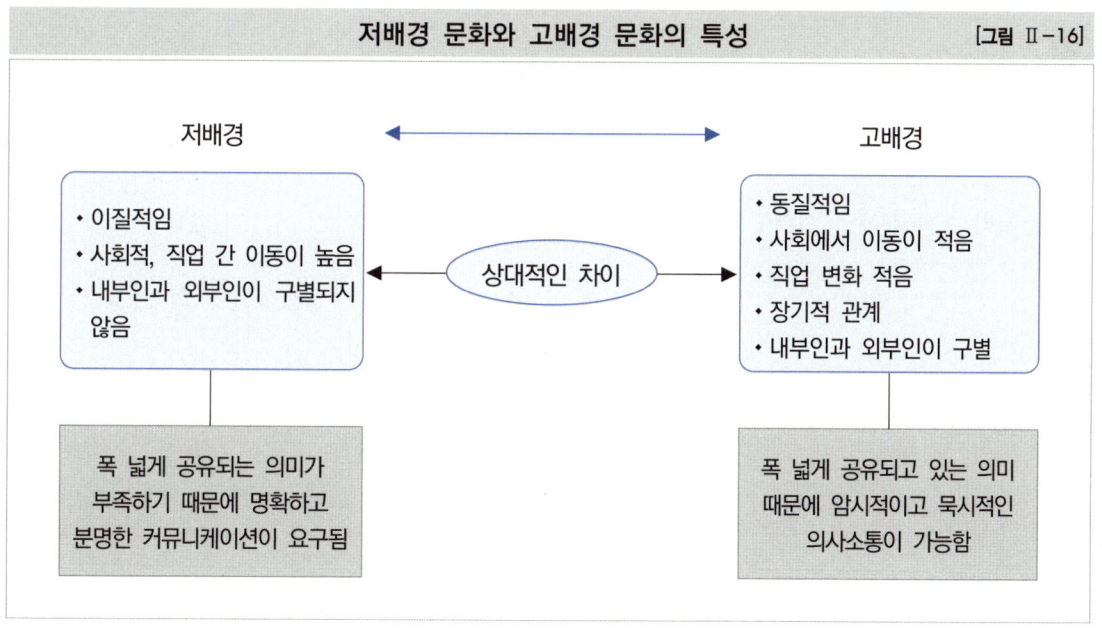

자료 : David Holt, International management : text and cases (Fort Worth, TX : Dryden, Inc.), 2002, p. 322.

이러한 커뮤니케이션의 문화적 차이는 협상을 하는 데 있어서도 서로 다르게 반영된다. 예를 들면, 미국과 같은 저배경 문화에서는 협상을 하는 데 있어서 주로 명백하게 서면으로 작성된 규칙에 의존하는 경향이 강하다. 그리고 이러한 기업은 경영자나 종업원에 대한 상벌의 표준으로서 특정한 과업목표의 달성 정도가 중요하게 반영된다. 미국의 대규모 기업 또한 전문화된 경영자나 종업원들 간에 공식적인 관계에 의해 연계된 많은 기능과 활동을 명시적으로 규정하고 있다.

(2) 저배경 문화와 고배경 문화의 커뮤니케이션 특성

커뮤니케이션의 특성을 보면 저배경, 고배경 사회에서 상당한 차이를 느낀다. 특히 침묵의 의미에 대해서 상당히 주의를 할 필요가 있다. 만약, 협상이나 상담을 할 때 상대방의 침묵에 대해서 부정적인 대응을 예상하고 추가로 양보하는 조치를 취한다면, 이는 커뮤니케이션의 실수로 손실을 보는 것이다. 실제로 미국과 일본인의 협상과정에서 이런 일화가 많이 나타나고 있다(〈표 Ⅱ-9〉 참조).

커뮤니케이션 특성 차이 비교 〈표 Ⅱ-9〉

	저배경 문화(LCC)	고배경 문화(HCC)
일반적 접근	직접/명확	간접/복잡
정확도	글자대로/정확함	대략/상대적
언어에 대한 의존성	높음	낮음
비언어적 표현에 대한 의존도	낮음	높음
침묵의 의미	부정적/의사소통 무	긍정적/좋은 의사소통 방식
세부사항에 대한 관심	높음	낮음
의도에 대한 가치	낮음	높음

자료 : D. A. Victor, *International Business Communication*, New York : Harper Collins, 1992, p. 153.

일본과 같은 고배경 문화 국가에서의 경영자와 종업원의 행위는 문화 형성과정을 통하여 내면화된 기업의 가치관과 직무수행방식에 관한 묵시적 규칙에 의하여 지배된다. 따라서 자신들의 기업문화에 전적으로 동화되어 있는 경영자와 종업원들은 상대방의 조직 내 역할에 대한 상호이해와 협조를 통하여 직무를 수행하는데 이는 미국기업이 강조하는 경영자와 종업원 간의 공식적 관계나 성과목표와는 확실한 대조를 나타낸다. 다시 말하면, 일본기업에서는 규칙이나 역할 그리고 직무 기대 등의 메시지가 실제의 대화를 통해서 보다는 배경(context)을 통하여 더욱 효과적으로 전달된다. 또한 일본기업의 최고경영자들은 경영자와 종업원이 그의 기업을 위하여 독특한 기술을 습득하여야 하며 이러한 기술은 기업의 직무를 통해서만이 습득될 수 있다고 믿는다.

일본기업의 경영자나 종업원들은 기업의 사업이념을 깨달을 수 있어야 한다. 그러므로 기업은 전문적 기술보다는 오히려 조직에 적합한 사람으로 인정되는 젊은이들을 더욱 선호하는 경향이 있다. 고배경 문화의 기업은 창업단계를 제외하고는 경영자나 종업원을 거의 외부로부터 영입하지 않는다. 이들 기업의 기본적인 조직 원칙은 모든 종업원이 기업의 장기적인 복지를 증진시키는 데 있어서 공동의 책임이 있음을 강조한다.

의사결정은 광범위한 참가에 의하여 이루어지며 심지어는 하부계층의 종업원들까지도 기업의 장기목표에 관심을 가질 수 있도록 고무된다. 이러한 장기적 발전을 위해 기업은 경영자 및 종업원들에게 직무상의 안전을 보장해 준다. 종업원들의 사회생활은 기업을 중심으로 하여 이루어지며 기업에 대한 종신적 충성으로 기업의 은혜에 보답하려고 한다(〈표 Ⅱ-10〉 참조).

비즈니스 관행의 차이 비교 〈표 Ⅱ-10〉

구 분	고배경 문화(HCC)	저배경 문화(LCC)
법 률	중요도가 떨어짐	매우 중요
개인의 약속	매우 중요하며 보증의 역할	서면으로 보증
공간개념	서로 함께 어울리는 공간을 중요시	개인적인 공간을 중요시
소재책임	최고위층이 책임	담당자 책임
시 간	시간구분이 명확치 않음	시간은 돈
협 상	신뢰와 이해를 구축하기 위해 오랜 시간이 소요됨	매우 신속하게 진행됨 협상 자체의 목적 이외 없음
입 찰	빈번하지 않음	일반적

자료 : W. Keegan & M. Green, *Global Marketing*(Englewood Clif, NJ. : Prentice Hall), 2005, p. 133.

이상에서 우리는 고배경 문화와 저배경 문화의 커뮤니케이션 특성과 이로 인해 나타나는 각종 조직 활동의 차이점을 미국과 일본기업을 예로 들어 알아보았다. 그러나 여기서 보다 중요하게 강조되어야 할 것은 고배경 문화나 저배경 문화기업의 커뮤니케이션 특성이 어느 정도까지 상대적인 문화 환경 하에서 효과적으로 이루어질 수 있느냐 하는 것이다.

[그림 Ⅱ-17]은 국가별 비교를 보여주는 것이다. 일본 등 아시아권 국가, 중동국가 및 남미권이 고배경 사회로서 묵시적 커뮤니케이션이 강한 성향을 보유하고 있고, 미국, 독일과 북유럽 국가 등은 저배경 사회로서 명시적인 커뮤니케이션이 강한 특성을 보이고 있다.

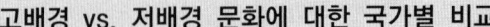

고배경 vs. 저배경 문화에 대한 국가별 비교 [그림 Ⅱ-17]

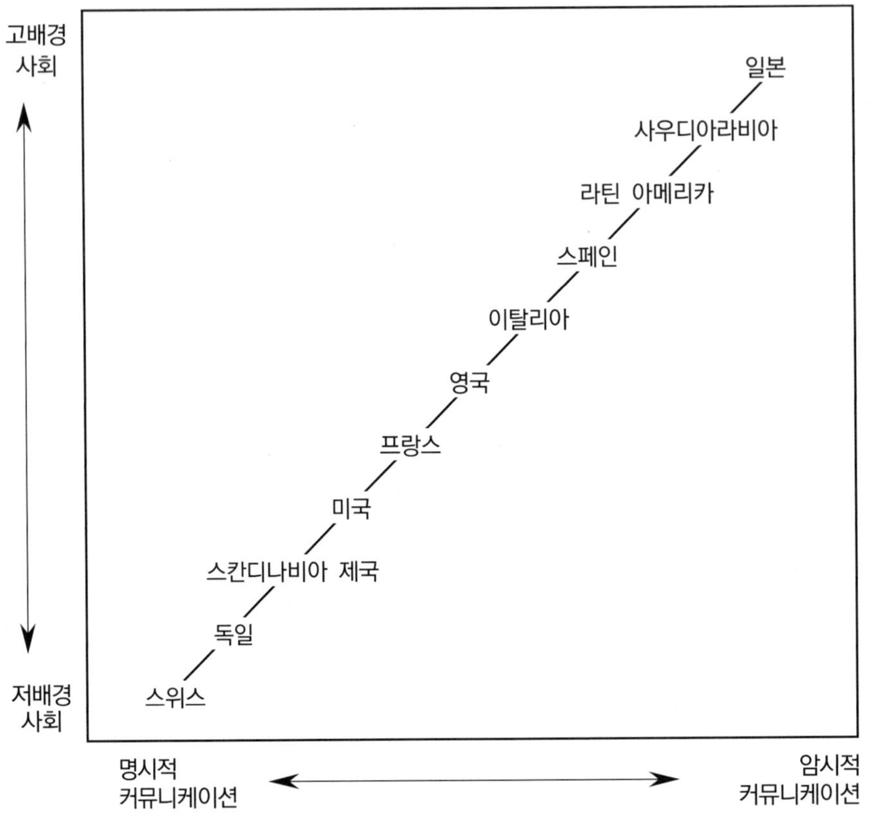

자료 : Martin Rosch, "Communications : Focal Point of Culture", Management International Review, vol. 27, No 4, 1987, p. 60.

2) 홉스테드의 문화적 차원

글로벌 비즈니스 협상에서 이문화적 접근과 관련하여 연구할 때 가장 자주 인용되는 연구는 홉스테드(Geert Hofstede)의 문화적 차원이다. 앞에서도 설명한 것처럼 문화는 다양한 의미로 사용된다. 하지만 연구자들은 이를 '인간집단이 공유하고 있는 가치와 믿음'이라는 뜻으로 사용한다. 문화는 시간이 지나도 급격하게 변하지 않는 것으로 생각한다.

최근 기업이 글로벌화 되면서 해외 지점이나 공장 등에 직원의 해외근무 기회가 늘고 외국인 직원이 한국의 본사에서 근무하는 경우도 비일비재하다. 따라서 외국인 상사, 동료, 부하를 잘 이해하고 관계를 개선하여 협상을 통한 성과를 높이는 것이 중요하다.

홉스테드는 그가 IBM에 근무할 당시 70여개 국가의 약 10만 명의 IBM 직원들에 대한 설문조사를 통해서 각 국가별로 일반화할 수 있는 문화적인 차이를 제시하여 어떤 가치를 중요하게 생각하는지를 조사하였다. 다양한 문화들의 차이점을 설명하기 위해 통계적인 분석방법을 사용하여 권력의 격차(Power Distance), 개인주의(Individualism), 남성성(Masculinity), 불확실성의 회피(Uncertainty Avoidance), 장기지향성(Long Term), 쾌락추구(Indulgence)의 항목으로 국가별 경향을 조사하였다.

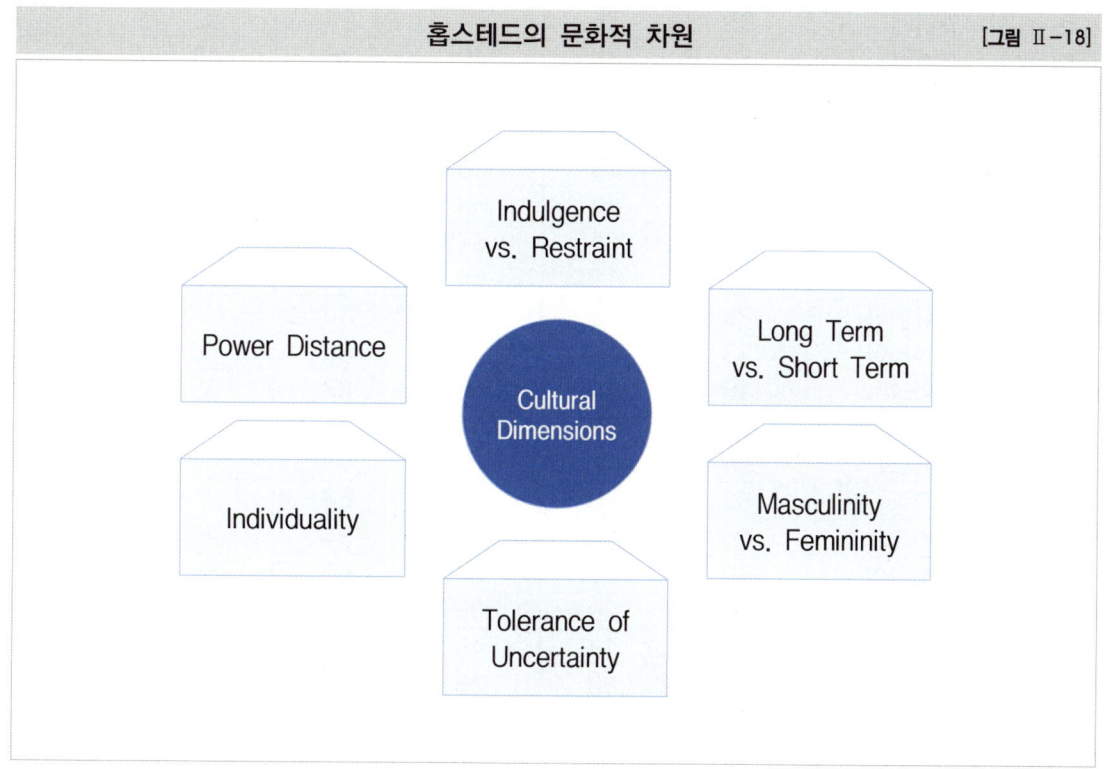

[그림 Ⅱ-18] 홉스테드의 문화적 차원

홉스테드의 문화적 차원 국가별 척도 <표 Ⅱ-11>

	구분	PDI	IDV	MAS	UAL	LTO	IVR
1	아르헨티나	50	46	56	86	20	62
2	오스트렐리아	36	90	61	51	21	71
3	오스트리아	11	55	79	70	60	63
4	방글라데시	80	20	55	60	47	20
5	벨기에	65	75	54	94	82	57
6	브라질	69	38	49	76	44	59
7	부르키니파소	70	15	50	55	27	18
8	캐나다	39	80	52	48	36	68
9	칠레	63	23	28	86	31	68
10	중국	80	20	66	30	87	24
11	홍콩	68	25	57	29	61	17
12	콜롬비아	67	13	64	80	13	83
13	코스타리카	35	15	21	86	-	-
14	크로아티아	73	33	40	80	58	33
15	덴마크	18	74	16	23	35	70
16	도미니카 공화국	65	30	65	45	13	54
17	에콰도르	78	8	63	67	-	-
18	이집트	80	38	53	66	7	4
19	엘살바도르	66	19	40	94	20	89
20	에스토니아	40	60	30	60	82	16
21	에티오피아	70	20	65	55	32	40
22	피지	78	14	45	48	-	-
23	핀란드	33	63	26	59	38	57
24	프랑스	68	71	43	86	63	48
25	독일	35	67	66	65	83	40
26	가나	80	15	40	65	4	72
27	그리스	60	35	57	112	45	50
28	과테말라	95	6	37	101	-	-
29	온두라스	80	20	40	50	-	-
30	헝가리	45	80	88	82	58	31
31	아이슬란드	30	60	10	50	28	67
32	인도	77	48	56	40	51	26
33	인도네시아	78	14	46	48	62	38
34	이란	63	23	28	86	31	68
35	이라크	80	20	66	30	87	24
36	아일랜드	68	25	57	29	61	17
37	이스라엘	67	13	64	80	13	83
38	이탈리아	50	76	70	75	31	30
39	자메이카	45	39	68	13	-	-
40	일본	54	46	95	92	88	42

구분		PDI	IDV	MAS	UAL	LTO	IVR
41	요르단	70	30	45	65	16	43
42	케냐	70	25	60	50	32	40
43	한국	60	18	39	85	100	29
44	쿠웨이트	90	25	40	80	-	-
45	라트비아	44	70	9	63	69	13
46	레바논	75	40	65	50	-	-
47	리비아	42	60	19	65	82	16
48	리투아니아	42	60	19	65	82	16
49	룩셈부르크	40	60	50	70	64	56
50	말라위	70	30	40	50	32	40
51	말레이시아	104	26	50	35	41	57
52	몰타	56	59	47	96	47	66
53	멕시코	81	30	69	82	24	97
54	모로코	70	46	53	68	14	25
55	모잠비크	85	15	38	44	-	-
56	네팔	65	30	40	40	-	-
57	네덜란드	38	80	14	53	67	68
58	뉴질랜드	22	79	58	49	33	75
59	나이지리아	77	20	46	54	13	84
60	노르웨이	31	69	8	50	35	55
61	파나마	95	11	44	86	-	-
62	페루	64	16	42	84	25	46
63	필리핀	94	32	64	44	27	42
64	폴란드	68	60	64	93	38	29
65	포르투칼	63	27	31	104	28	33
66	루마니아	90	30	42	90	52	20
67	러시아	93	39	36	95	81	20
68	사우디아라비아	95	25	60	80	36	52
69	세네갈	70	25	45	55	9	78
70	세르비아	85	25	43	92	52	28
71	시에라리온	70	20	40	50	9	78
72	싱가폴	74	20	48	8	72	46
73	슬로바키아	100	52	100	51	77	28
74	남아프리카공화국	49	65	63	49	34	63
75	스페인	57	51	42	86	48	44
76	스리랑카	80	35	10	45	-	-
77	수리남	85	47	37	92	-	-
78	스웨덴	31	71	5	29	53	78
79	스위스	34	68	70	58	74	66
80	탄자니아	70	25	40	50	34	38

구분		PDI	IDV	MAS	UAL	LTO	IVR
81	태국	64	20	34	64	32	45
82	트리니다드	47	16	58	55	13	80
83	터키	66	37	45	85	46	49
84	아랍에미리트	90	25	50	80	23	34
85	영국	35	89	66	35	51	69
86	미국	40	91	62	46	26	68
87	우루과이	61	36	38	100	26	53
88	베네수엘라	81	12	73	76	16	100
89	베트남	70	20	40	30	57	35
90	잠비아	64	27	41	52	30	42
		high≥68 low<68	high≥33 low<33	high≥47 low<47	high≥65 low<65	high≥37 low<37	high≥48 low<48

* PDI = Power Distance Index, IDV = Individuality Index, MAS = Masculinity vs. Femininity Index, UAL = Uncertainty Avoidance, LTO = Long Term Index, IVR = Indulgence vs. Restraint Index.

(1) 권력 격차(Power Distance)

권력격차 지수가 높게 측정된 국가는 그 사회 구성원간의 권력배분 차이가 크다. 일반적으로 권력격차의 지수가 큰 계층 문화에서는 중앙집권적 통제가 강하고 같은 조직 내에서도 권한이 상부에 집중된다. 반면에 권력격차 지수가 작은 평등문화에서는 조직이 기능별 권력분산 구조의 모습을 보이고, 권한이 잘 위임되며, 토론 등을 통해 의사전달이 원활하게 이루어지고 그 결정에 대해 쉽게 의문을 제기할 수 있다.

권력간격이 작은 평등문화를 갖고 있는 국가로는 노르웨이, 스웨덴, 영국 같은 곳이다. 결과적으로 국제협상을 할 때, 권력간격이 큰 계층 문화의 협상가들은 상사에게 협상쟁점에 대해 다른 의견을 말하는 것을 두려워하고 가부장적인 결정을 내리는 상사를 더 선호한다. 또한 협상과정도 느리게 진행된다.

한국은 60으로 평균보다는 높다. 중국(80), 말레이지아(104), 멕시코(81) 등 아시아, 중남미 국가가 높고, 북미/서구 국가들이 낮은 경향을 보인다.

(2) 개인주의와 집단주의(Individualism vs. Collectivism)

개인주의와 집단주의 차원은 그 사회가 어느 정도 개인 중심적인지 또는 어느 정도 집단 중심적인지를 구별하는 것이다. 개인주의 사회는 젊은이들에게 독립적으로 자기 스스로를 돌볼 것을 장려한다. 집단주의 사회에서 개인은 복지를 책임지는 단결된 집단 속에 통합된다. 개인주의 문화에는 미국, 영국, 오스트레일리아 등의 국가들이 있으며, 집단주의 문화에는 인도, 파키스탄, 코스타리카 등이 포함된다. 즉, 개인주의는 개인이 집단으로부터 얼마나 독립적으로 행동하는가를 나타내는 지수이다.

이 지수가 높으면 개인이나 가족의 이익과 안녕에 집중하고 지수가 낮으면 사회전체, 소속 집단에 비치는 자신의 모습에 관심도가 높다. 이 지표도 아시아 국가들이 낮고 북미/유럽국가 등이 높은데 미국이 91로 가장 높고, 같은 아시아권인 일본이 41인 반면에 한국은 18로 가장 낮은 편이다.

집단주의 사회에서 협상할 때는 관계가 결정적인 역할을 한다. 이전에 잘 알고 있는 협상가와의 협상은 오래 지속되지만 협상가가 바뀌면 관계가 변화되어 이를 회복하는 데에 또 다시 오랜 시간이 걸릴 수 있다. 한편 개인주의 사회에서 협상가들은 관계보다는 능력을 중요하게 생각한다.

결론적으로 집단주의 문화에서는 장기적인 관계를 형성하고 유지하는 데 신경을 쓰는 반면, 개인주의 문화에서는 아무리 단기적인 기준이라도 적합하다면 사용하는 경향이 있고 협상당사자를 쉽게 바꾸기도 한다.

(3) 남성성과 여성성(Masculinity vs. Femininity)

이것은 문화의 차이에 따라 사람들이 남성다움이나 여성스러움으로 받아들여진 가치를 수용하는 정도가 다르다는 것을 의미한다. 남성성이 강한 국가는 경쟁, 성취, 승리가 중요한 덕목이며 성취를 이룩하는 사람이 존경을 받는다. 의사결정이 명확하고 객관적인 경향을 보인다. 여성성 문화의 특징은 관계, 양육, 삶의 질에 대한 관심이 높고, 사회적 역할이 극소화된 문화권을 말한다. 즉, 이 지표가 낮은 국가에서는 인간관계, 삶의 질을 중요시하되 표면적인 성공이 큰 존경을 받지 못한다.

한국의 경우 39점으로 낮다. 한국사회가 표면적으로는 경쟁적이고, 성취위주의 사회인 것처럼 보이지만 봐주기, 정상참작, 법과 규정에 대한 융통적인 자세와 사회적으로 큰 성공을 거둔 인사들이 국민의 진정한 존경을 받지 못하고 있는 사실이 이런 경향을 반영하는 것 같다. 우리와 유사한 문화권이라고 생각되는 일본은 90점으로 강한 대비를 보이고, 미국, 독일, 영국 등이 높은 편이다. 같은 유럽이지만 스웨덴, 노르웨이, 덴마크 등은 매우 낮은 경향을 보인다.

(4) 불확실성 수용과 불확실성 회피 성향(Avoidance of Uncertainty)

불확실성 회피란 "불확실한 상황이나 미지의 상황에서 구성원들이 불편함이나 위험을 피하려는 정도"라고 말할 수 있다. 확실한 상황은 안정적이고, 안전하며 절대적인 것으로 특정 지을 수 있는 반면, 불확실한 상황은 급속한 변화와 새로움으로 특정 지을 수 있다. 즉, 불확실성의 회피 지표가 높은 사회는 안정성, 미래에 대한 예측 가능성을 추구하고 불확실한 미래에 대한 두려움이 존재한다.

한국은 85점으로 불확실성의 회피 경향이 높은 사회이다. 한국에서 학벌, 스펙이 중요한 이유는 미래의 불확실성을 최소화하는 중요한 수단이기 때문이다. 요즘 정부가 추진하고 있는 창조경제, 벤처 육성, 노동시장의 유연성을 제고하기 위한 정책들은 우리 사회의 이러한 경향을 세심히 고려해야 효과를 거둘 수 있을 것 같다. 불확실성을 회피의 경향이 높은 국가로는 그리스, 포르투갈, 과테말라 등이 있으며, 불확실성을 수용하려는 국가로는 스웨덴, 홍콩, 아일랜드 등이 있다.

불확실한 상황을 회피하려는 문화의 협상가는 모호한 상황에 불안감을 느끼게 되고, 협상할 때 확실한 규칙과 과정에 의존하는 경향을 보인다. 반대로, 불확실한 상황을 수용하려는 문화에서는 위험을 회피하기 보다는 감수하고 변화하는 상황에 쉽게 적응하며, 사회구성원의 자유로운 행동을 구속하는 규칙과 격식을 비생산적인 것이라고 생각한다.

(5) 장기지향과 단기지향(Long Term Orientation vs. Short Term Normative Orientation)

장기지향과 단기지향성은 한 사회의 시간범위에 관계된 문화적 차원이다. 장기지향은 미래에 더 많은 중요성을 부여하는 이념이나 신앙, 전통적인 관습보다는 실제 생활에 유용한 사회적 덕목과 장기적인 관점에서의 보상을 추구한다. 이는 홉스테드가 중국에서 조사·분석한 결과 도출하게 된 것이다.

유교적 역동성에 관련되는 장기지향 지수로 장기적인 성취를 위해 대기만성형 결과를 기꺼이 인정하는 문화라고 할 수 있다. 여기서는 개인보다는 조직이 우선시되며, 지위에 의한 서열이 중시되며 지속성, 근검절약, 적응능력 등 보상을 지향하는 실용적 가치를 추구한다.

단기지향적 사회는 절대 진리를 추고하고 사고방식은 규범적이다. 이 구성원들은 전통을 중시하며, 미래를 위한 절약이나 보상 보다는 신속한 결과를 얻는 데 초점을 맞춘다.

한국은 100점으로 실용주의적인 경향을 보이는 나라 중의 하나이다. 미국은 26으로 한국보다는 더 이념적이고 단기적인 이익에 집중하는 사회라고 할 수 있다. 이는 미국 국민의 높은 애국심, 종교, 낙태, 동성결혼과 같은 이념적인 이슈와 함께 단기이익을 중요시하는 기업경영의 경향에서 볼 수 있다.

(6) 쾌락추구 및 절제 문화(Indulgence vs. Restraint)

쾌락추구(Indulgence)의 항목은 사회구성원이 자신의 기초적이고 자연적인 욕구와 충동에 따라 자유로이 행동하는 경향을 나타내는 지수이다. 즉, 사람이 인생을 즐기며 재미를 추구하는 것을 사회적으로 허용하는 정도를 말하는 것이다. 쾌락추구는 레저 활동과 같은 개인의 즐거움을 추구하는 활동을 자유롭게 수행할 수 있도록 허용하는 경향이 강한 것을 의미한다. 절제추구는 개인의 욕망추구를 사회적 규범으로 통제하거나 규제하는 경향이 강한 문화권이다.

한국은 29점으로 세계에서 가장 쾌락추구의 경향이 낮은 국가이다. 이 점수가 낮은 사회는 비관적이고 냉소적인 경향을 보이고 여가생활이나 취미활동에 대한 욕구가 낮고, 심지어 이런 활동에 대한 죄의식을 느끼기도 한다. 이 지수가 높은 국가들은 대체로 낙관적이고 삶을 즐기려는 경향을 보인다. 이 사회에서 여가생활과 휴가는 매우 중요하게 인식된다. 아시아와 동구

권의 국가에서 낮고, 서구 국가들은 중상위 수준을 보인다.

홉스테드의 연구는 다문화 분야와 글로벌 비즈니스 분야에서 많은 관심을 불러일으켰다. 물론 이에 대한 비판도 있지만 글로벌 비즈니스에 대한 다문화적 연구에 큰 영향을 주고 있다. 홉스테드의 이 여섯 가지 문화적 차원이 협상할 때 어떤 영향을 주는지에 대해 일부 연구가 진행되고 있지만, 이러한 문화적 차원이 다문화권 협상과 동일문화권 협상에 얼마나 영향을 주는지에 대해서는 더 많은 연구가 필요하다.

3) 클러크혼과 스트로드벡의 모형(F. Kluckhohn & F. Strodbeck Model)

클러크혼과 스트로드벡은 서로 다른 사회의 문화지향성을 비교할 수 있다고 가정하고 모델을 제시하였다. 한 문화권내에 있는 사회구성원의 공통적 가치관과 사고방식을 찾아내고, 이를 상이한 문화권별로 비교함으로써 각 국가 간의 문화적 차이를 알 수 있다는 주장이다.

클러크혼은 문화의 이질성을 분별하기 위하여 문화 지향적(cultural orientation) 또는 가치 지향적(value orientation)이라는 관점에서 인간이 지니는 여섯 가지의 기본 명제에 대한 질문을 제시하고, 이 질문에 대해 사회의 주류가 어떻게 답하느냐를 기준으로 그 사회의 문화를 분류하고 있다. 이러한 여섯 가지 질문은 다음과 같다.

첫째, 인간의 본성 : 인간의 본성은 기본적으로 善한가, 또는 惡한가?
둘째, 인간과 자연의 관계 : 한 사회권에서 인간과 자연과의 관계를 어떻게 인식하는가?
셋째, 인간 행동양식 : 인간의 행동양식이 정적인가, 또는 동적인가?
넷째, 인간관계 : 인간관계는 개인주의적인가, 집단주의적인가 또는 권위주의적인가?
다섯째, 시간지향성 : 삶에 대한 태도가 과거 지향적인가, 현재 지향적인가 또는 미래 지향적인가?
여섯째, 공간지향성 : 물리적 공간을 사적으로 이용하는가, 또는 공적으로 이용하는가?

이와 같은 여섯 가지의 기본명제에 대해 각각의 문화는 상이한 가치지향적인 사고를 행하며, 이러한 사고를 토대로 행위의 유형도 달라지는 것이다(〈표 Ⅱ-12〉 참조).

가치지향 차원 〈표 Ⅱ-12〉

문화 요소	행동 및 사고 유형		
인간의 본성	선	선과 악의 혼합	악
인간과 자연의 관계	자연을 지배	자연과의 조화	자연에 복종
인간관계	개인주의적	집단주의적(수평적)	집단주의적(수직적)
활동양식	동적	통제적	정적
시간지향성	미래지향적	현재지향적	과거지향적
공간지향성	사적	공, 사 혼합	공적

애들러(Nancy J. Adler)도 위의 여섯 가지 기본적 요소들이 한 사회구성원의 태도와 행위 형성에 밀접한 관계가 있는 인간의 가치관을 반영한다고 강조하였다. 또한 애들러는 문화적 가치지향의 6가지 차원이 관리행위의 비교문화적 관점에서 다음과 같다고 설명한다(〈표 Ⅱ-13〉 참조).

문화지향성과 관리행위 〈표 Ⅱ-13〉

문화요소		미국의 문화지향성	대비적 문화지향성
인간의 본성		선과 악의 혼합	기본적으로 선(악)
	관리행위	변화가 가능함. 훈련을 강조하고, 직무에 대한 학습기회를 제공	변화는 불가능함. 올바른 선택을 강조하고, 변화나 발전은 기대하지 않음.
인간과 자연과의 관계		인간이 자연을 지배	인간과 자연의 조화(복종)
	관리행위	정책결정은 인간의 욕구에 의해 자연을 변화 혹은 개척	정책결정은 자연을 보호하는 차원에서 결정
인간관계		개인주의적	집단주의적
	관리행위	직원선발에 있어서 지원자의 학력과 능력을 중시	지원자의 기업 내 주요 인물과의 관계 중시
활동양식		동적	정적
	관리행위	목표 달성을 위해 작업을 극대화하려는 노력	생활에 필요한 만큼만 일하고 작업을 극소화하려는 노력
공간지향성		사적	공적
	관리행위	경영자는 중요한 회의를 폐쇄적인 장소를 이용하여 방해를 받지 않고 은밀하게 진행	경영자는 통상 개방적인 장소를 이용하여 회의를 개최하며 될 수 있는 한 많은 종업원을 참여
시간지향성		미래지향성	과거지향성(현재지향적)
	관리행위	정책은 중장기적으로 목표에 중점을 두면서 융통성과 미래의 변화를 강조	현재의 정책은 과거의 정책을 기준으로 하며, 미래에도 기업정책이 과거와 같이 계속 이행되기를 기대

자료 : Nancy J. Adler, *Women as Androgynous Managers : A Conceptualization of the Potential for American Women in International Management*, Pergamon Press, Ltd., 1984.

애들러는 문화지향성이 기업경영에게 주는 시사점을 살펴보기 위하여, 서구 문화의 대명사로 인식이 되는 미국식 문화지향성(서양적 문화)과 이에 상응하는 대비적 문화지향성(동양적 문화)이 각각 어떻게 다른가를 앞서 언급한 6가지의 차원을 중심으로 비교했다(〈표 Ⅱ-13〉 참조).

문화의 차이에 관한 클러크혼과 스트로드벡의 모형은 문화권 간의 차이를 쉽고 간단하게 비교할 수 있고, 또 이를 통해 피상적이나마 외국문화를 이해할 수 있으며, 각 명제에 대한 문화비교를 통해 이들 문화의 차이가 글로벌 경영활동에 어떠한 영향을 미치는지 상세하게 분류 및 설명을 해주고 있다. 그러나 이모형은 문화의 여러 가치 측면에서 항목만 비교한 것에 지나지 않으며, 문화 전체를 완전히 이해할 수 없다는 단점을 가지고 있다.

4) 이문화적 관점에서 본 각국의 협상유형

글로벌 협상가에게 있어서 외국인과의 협상은 피할 수 없는 가장 중요한 과업이라고 할 수 있다. 예를 들면, 현지 정부로부터 중요한 사업계획에 대한 승인을 받으려 한다든지, 현지 기업을 인수합병 한다든지, 현지인과의 합작투자를 통하여 기업을 설립하려고 한다든지, 또는 해외에 어떤 비즈니스를 시도하고 있다면 이러한 일련의 국제적인 사업계획들은 외국인과의 성공적인 협상을 통해서만 실현될 수 있는 것이다. 따라서 외국인과 효과적으로 협상을 진행할 수 있는 능력은 국제경영자에게 있어서 가장 필수적인 것이다.

모든 사업상의 협상은 협상 쌍방 간의 공통적 관심(common interests)과 상충적 관심(conflicting interests)을 모두 포함한다. 그러므로 협상은 쌍방이 그들 간의 공통적이고 상충적인 양면의 관심사에 대한 차이점을 이해하고 타협할 수 있다는 전제 하에 성립될 수 있다. 유능한 협상가는 상대방의 강점과 약점뿐만 아니라 상대방이 협상을 어떻게 보는지에 대하여 간파할 수 있는 능력을 갖추어야 한다. 이러한 감정이입을 통하여 협상가는 상대방의 의도와 문제점을 보다 잘 이해할 수 있으며 또한 유리한 협상전략을 수립할 수 있다.

그러나 상대방을 이해하기 위한 감정이입은 어렵지만 글로벌 협상가는 감정이입을 통하여 협상을 효과적으로 수행하여야 한다. 이를 위해서는 먼저 자신의 문화는 물론 상대방의 문화에 대해서도 올바르게 이해하지 않으면 안 된다. 그렇지 않으면 그가 아무리 노력을 한다고 할지라도 상대방의 입장을 이해하기는 어려울 것이다(Root, 1987).

국제협상은 쌍방이 모두 협상을 통해 얻을 것이 많은 경우에도 당사자 간의 비효과적인 커뮤니케이션 때문에 실패하는 경우가 종종 있다. 또한 어렵게 협의가 이루어진 이후에도 실제로 잘 이행되지 않고 형식적인 것이 되어 버리는 경우도 있다. 이러한 현상은 협상 쌍방이 모두 상대방을 올바르게 이해하지 못한 상태에서 협상을 진행한 결과에 기인하는 것이라고 볼 수 있다.

(1) 미국과 일본 협상단계의 차이

협상에 있어서는 실용적인 접근 방식을 사용하는 미국의 협상방식이 많은 성과를 보일 것으로 기대되나, 협상은 어디까지나 상대가 존재하는 게임이어서 일본 방식에 적응하지 못하면 협상결과가 불리하게 나올 수도 있다. 일부 미국 연구자의 분석에 따르면, 미국의 대일본 무역 적자에 대한 원인을 규명할 때 일본과의 협상에 실패했던 것도 중요한 원인 중 하나였기 때문이라는 연구결과가 나왔다.

미국과 일본의 협상기법의 차이 <표 Ⅱ-14>

항 목	미 국	일 본
기본적 가치관	• 경쟁심 • 개인에 의한 의사결정과 행동 • 횡적인 비즈니스 관계 • 독립심	• 협조의 정신 • 집단적인 의사결정과 행동 • 종적인 비즈니스 관계 • 의타적
협상 과정 1) 잡담에 의한 서로의 탐색	• 짧은 시간에 끝낸다. • 격식에 매이지 않는다.	• 오랜 시간이 걸리고 접대 • 격식에 매인다.
2) 일에 관한 정보 교환	• 공정가격주의 (처음부터 공정가격으로 산정한다.) • 전체적인 결정권을 갖는 사람이 참석한다.	• 변칙적 전술(할인가격주의 : 처음에 할인가로 시작하여 점차 가격차를 좁혀 간다.) • 부분적으로만 결정권을 갖는 사람이 참석한다.
3) 설득공작	• '본심'을 표출하는 방식 • 분명한 의사전달 • 공격적 설득전술 (위협, 약속, 논쟁, 논리로 따짐 등) • '이렇게 해야 할 것이다.'라는 어투	• 표면상과 본심의 이중구조 • 함축적인 의사전달 • '사전교섭' 전술과 '중개자' 이용 • 의리와 인정이 있는 보편적이면서도 예의 바른 어투
4) 양보와 합의	• 순차적인 결론 방식(계약서) • 좋은 조건의 거래가 목적	• 포괄적인 결론 방식 • 장기적 관계구축이 목적

자료 : J. R. Graham & Y. Sano, (1991) 「미국, 일본 간의 교섭 전략」 HED 번역 (서울 : 한교원), p. 56.

이에 따라 협상 스타일은 문화에 따라 현저한 차이를 보일 수밖에 없다. 문화는 인간의 사고, 감정, 가치관 및 행위방식에 영향을 미치며, 이러한 문화적 영향을 받아 형성된 인간의 심리적, 행위적 특성은 커뮤니케이션을 통하여 이루어지는 협상행위에 그대로 반영된다. 그러면 문화는 실제로 사람들의 협상행위에 어떻게 영향을 미치는가? 여기서는 북미인, 아랍인, 그리고 러시아인을 예로 들어 이들의 문화적 특성에 기인하는 독특한 협상스타일을 살펴보도록 한다. 〈표 Ⅱ-16〉은 북미, 아랍, 러시아의 협상진행과정에 있어서의 설득방식에 대한 차이점을 비교한 것이다.

설득방식의 국별 비교 <표 Ⅱ-15>

	북미	아랍	러시아
협상스타일과 진행과정	사실적 : 논리적 호소	감정적 : 감정적 호소	원천적 : 이성적 호소
충돌 : 상대방 주장에 대한 반응	객관적 사실에 근거하여 대응함	주관적 감정에 근거하여 대응함	단언적 이상에 근거하여 대응함
양 보	관계수립을 위해 협상초기에 작은 양보를 함	협상과정의 일부로서 전 협상과정을 통해 양보함	양보를 하지 않거나 극히 작은 양보를 함
상대방의 양보에 대한 반응	일반적으로 상대방의 양보에 보답함	거의 항상 상대방의 양보에 보답함	상대방의 양보를 약점의 노출로 여기며 거의 보답하지 않음
상대방과의 관계	단기적	장기적	관계를 지속하지 않음
권한 위임	광범위	광범위	제한적
협상초기의 태도	온건함	극단적	극단적
마감시한	매우 중요시함	무관심함	무시함

자료 : E. S. Glenn, D. Witmeyer & K. A. Stevenson, "Cultural Style of Persuasion," *International Journal of Intercultural Relations* (Vol. 1, No. 3, Fall), 1977, pp. 62-66.

〈표 Ⅱ-16〉에서 보는 바와 같이 러시아인들은 협상에 대하여 원칙적인 접근방법(axiomatic approach)을 이용한다. 즉, 그들은 공리적인 이상에 근거하여 상대방을 설득하려고 노력한다. 러시아인은 일반적으로 협상상대방과의 지속적인 관계유지를 기대하지 않으므로 상대방과의 관계개선에 대한 필요성을 느끼지 않는다. 따라서 그들은 협상과정에서 거의 양보를 하지 않으며, 상대방이 양보를 하면 상대방의 약점이 노출된 것으로 간주한다. 또한 러시아인들은 종종 매우 극단적인 태도로 협상을 시작하며, 협상의 마감시한을 무시하고, 또한 협상가에게 위임된 매우 제한적인 권한으로 인하여 빈번히 상부에 보고하고 확인하는 절차를 밟는다.

러시아인과는 대조적으로 아랍인은 협상에 대하여 전형적으로 감정적인 접근방법(affective approach)을 사용한다. 즉, 그들은 상대방의 주장에 대하여 주관적 입장에 근거하는 감정적인 호소의 방법으로 대응한다. 아랍인은 일반적으로 상대방과의 관계가 지속적으로 유지되기를 원한다. 그러므로 그들은 종종 협상과정을 통하여 기꺼이 양보하며 언제나 상대방의 양보에 대해 보답하려고 노력한다. 또한 대부분의 아랍인은 시간이나 권한위임에 제약을 받지 않으므로 마감시간에 대해 무관심하게 대처하며 협상가는 쌍방 간의 모든 논쟁점에 대해 토의하고 합의하는 데 필요한 권한의 부족을 느끼지 않는다.

미국인의 협상스타일은 러시아인이나 아랍인과는 또 다른 특성을 나타낸다. 미국인은 협상에 대하여 사실적인 접근방법(factual approach)을 취한다. 즉, 그들은 상대방의 주장에 대하여 객관적 사실에 근거하는 논리적인 호소의 방법으로 대응한다. 미국인은 협상초기에 작은 양보를 통하여 상대방과의 관계를 수립하려고 노력하며, 상대방도 그렇게 해주기를 기대한다. 그들은 시간에 대해 매우 민감하여 협상의 마감시한을 상당히 중요시하며, 협상가는 일반적으로 광범위한 권한을 가지고 협상에 임한다.

(2) 이문화와 각국의 협상유형

각국 협상가의 협상스타일은 그 나라의 문화적 특성에 따라 상당한 차이를 나타낸다. 따라서 각국 협상스타일에 대한 총체적인 이해는 글로벌 협상에 임하는 실무자에게 상당히 중요한 의미가 있다.

〈표 Ⅱ-16〉은 종합적으로 각국의 스타일을 비교한 것이다. 흥미로운 사실은 각 요소별로 각국의 스타일에 차이가 많이 나고 문화적 영향요인의 뿌리가 깊다는 것을 이해할 수 있다. 즉, 팀의 구성부터 4개 국가의 접근 방식이 전혀 다르다.

협상 팀의 인원에 있어서 일본, 아랍권에서는 숫자를 선호한다. 좌석배치 방식도 다양하고 화합 분위기 형성, 정보교류 방식, 설득도구 등이 국가별로 차이가 많다. 대안을 주고받을 때 아랍인은 양보의 범위가 최초 제안의 50-70%까지 후퇴하고 변화하지만, 일본은 두 번째까지 최대 25% 정도의 양보를 준비하고 있다.

이문화적 관점에서 본 각국의 협상 스타일 〈표 Ⅱ-16〉

요소	미국	일본	아랍권	멕시코
협상 팀 구성	마케팅 지향	각 기능별 구성 지향	전문가 위원회	친분관계지향
협상 팀 인원	2-3	4-7	4-6	2-3
좌석배치	마주보는 대면방식	화합하는 관계연출	서열	친밀도 위주로 가까이
화합분위기 형성	단기 : 과업에 직접 돌입	장기 : 화합할 때까지	장기 : 신뢰 확보까지	장기 : 가족관계까지 협의
정보교류	문서, 단계별 접근 멀티미디어	광범위함 정보입수에 집중	기술관련 보다는 대인관계 강조	기술 관련보다는 대인관계 강조
설득도구	시간압박, 금전손실/이익추구	대인관계 참조, 집단관계유지	중재인, 친절함	가족과 사회적 관심사에 집중, 온정/호의는 대를 이어서

요소	미국	일본	아랍권	멕시코
언어 활용	직설적, 공개적 위기의식	간접적, 감사하는 협동·협조적	추켜세우기, 감정적, 종교적	정중함, 품위
첫 번째 제안	공정함 ± 5~10%	± 10~20%	± 20~50%	공정함
두 번째 제안	패키지 포함, 달콤한 협상안	-5%	-10%	인센티브를 추가
최종 협상안	총체적 패키지	더 이상 양보 없음	-25%	1-2차 제안 합계
의사결정 과정	최고경영진	집단적	협상 팀에서 대안 추천	고위경영자와 서기/간사
의사결정자	최고경영진	팀의 합의를 얻은 중간관리자	고위경영자	고위경영자
위험감수	치밀하게 계산되고 개인적인 책임	집단 책임 (낮은 수준)	종교에 기초 (예, 인샬라)	개인적으로 책임

자료 : Lillian H. Chaney & Jeanette S. Martin, *International Business Communication*, 3rd ed. (Upper Saddle River, NJ : Pearson Education, Inc.), 2004.

(3) 이문화와 협상가의 자질

협상가의 자질(qualities)은 협상의 성공여부에 영향을 미친다. 그러나 협상을 성공적으로 이끌 수 있는 협상가의 자질은 문화에 따라 상당한 차이를 보인다. 여기서는 그래햄(Graham, 1985)의 연구결과를 중심으로 미국, 일본, 대만, 브라질 등 네 나라 경영자들이 중요시하고 있는 훌륭한 협상가의 자질을 비교하여 보도록 한다.

〈표 Ⅱ-17〉에서 보는 바와 같이 미국의 경영자는 유능한 협상가를 매우 합리적인 사람이어야 한다고 생각한다. 즉, 준비 및 계획수립의 기술, 어려운 상황의 대처 능력, 훌륭한 판단력과 이해력, 언어표현 능력, 제품에 대한 지식, 인지능력과 활용능력, 성실성 등을 갖춘 사람을 훌륭한 협상자로 생각한다. 브라질의 경영자들도 훌륭한 협상가가 지녀야 할 자질로서 성실성 대신 경쟁능력을 중시할 뿐, 그 외의 자질에 관해서는 미국의 경영자들과 같은 생각을 가지고 있다.

일본의 경영자들은 유능한 협상가의 자질에 대하여 미국이나 브라질의 경영자들과는 상당한 차이를 나타낸다. 즉, 일본인들은 합리성보다는 인간관계에 초점을 맞추고, 헌신적이고, 인지능력과 활용능력이 있고, 존경과 신뢰를 받을 수 있고, 성실성을 갖추고, 상대방의 의견을 경청할 수 있으며, 넓은 안목과 언어표현 능력 등의 자질을 갖춘 사람을 유능한 협상가로 생각한다. 특히, 미국인이 언어표현 능력만을 강조하는 반면에 일본인은 언어표현능력과 청취능력을 함께 강조하고 있다. 대만의 경영자는 미국, 브라질, 일본 등의 경영자와는 또 대조적으로 협상가의 합리성을 중시하는 동시에 인간관계의 능력도 중시하고 있다.

따라서 유능한 협상가는 재미있는 사람이어야 하고, 자기주장과 결단력이 있어야 하고, 존경과 신뢰를 받으며, 준비 및 계획수립의 능력을 갖추고, 제품에 대한 지식을 가지고 있으며, 훌륭한 판단력과 이해력을 갖추어야 한다고 강조한다.

협상가의 주요한 개인적 자질   <표 Ⅱ-17>

미국 경영자	일본 경영자	대만 경영자	브라질 경영자
준비 및 계획 수립의 기술	직무에 대한 헌신	자기주장 및 결단력	준비 및 계획수립의 기술
어려운 상황에서의 사고능력	인지능력과 활용능력	존경과 신뢰의 획득	어려운 상황에서의 사고능력
판단력과 이해력	존경과 신뢰의 획득	준비 및 계획수립의 기술	판단력과 이해력
언어표현 능력	성실성	제품에 대한 지식	언어표현 능력
제품에 대한 지식	경청기술	흥미로움	제품에 대한 지식
인지능력과 활용능력	넓은 안목	판단력과 이해력	인지능력과 활용능력
성실성	언어표현 능력	-	경쟁력

자료 : Jonn L. Graham, "Brazilian, Japanese and American Business Negotiations", *Journal of International Business Studies* (Vol. XIV No. 1, Spring), 1985, pp. 47-61.

협상을 수행하는 개인적 자질도 문화에 따라 다르게 나타난다. 협상의 바람직한 결과인 성공여부에 있어서도, 브라질에서는 협상가의 특성, 미국에서는 협상상대방의 특성, 일본에서는 협상에서의 역할(특히 구매자의 역할), 그리고 대만에서는 협상쌍방 특성의 배합에 의하여 영향을 받는다고 생각한다. 다시 말하면 브라질의 협상가는 그 자신이 보다 이기적이고 자부심이 강할 때, 그리고 상대방이 보다 정직할 때 비교적 유리한 협상결과를 얻을 수 있다고 생각한다. 미국인은 그들의 협상상대방이 정직하고 이기적이지 않으며, 비교적 내성적이고, 특별히 가벼워 보이는 사람이 아닐 때, 그리고 상대방의 행위에 대해서 호감을 느끼는 사람일수록 보다 유리한 협상결과를 이끌어 낼 수 있다고 생각한다.

이와는 대조적으로 일본인은 협상에서 구매자가 판매자보다 항상 유리하다고 생각한다. 특히, 이들은 협상에서 자신의 역할이 구매하려는 입장이든 또는 판매하려는 입장이든 간에 협상상대방을 좀 더 편안하게 해줌으로써 자신들의 입장을 강화시킬 수 있다고 생각한다. 또한 대만의 협상가는 상대방이 이기적이지도 않고 또는 특별히 매력적인 개성을 지니고 있지 않을 때, 그리고 자신은 기만적이면서도 상대를 현혹시킬 수 있을 때 협상을 보다 유리하게 진행시킬 수 있다고 본다.

05 문화적 차이 극복 방안

문화적 차이가 초래한 난감한 사례들

언어 차이 때문에 실패한 사례 : 미국의 한 치약회사가 라틴아메리카로 치약을 광고하는데 치약을 사용하면 '흥미로울 것이다(interesting)'라고 광고하였다. 그런데 라틴아메리카에서는 interesting의 발음이 '임신했다 (pregnant)'의 뜻으로 쓰인다는 사실을 알지 못했기 때문에 결국 '우리 치약을 사용하면 임신한다'는 의미로 해석될 수도 있어 웃음거리가 된 적이 있다.

음식 문화의 차이에서 온 어려움 : Chase and Sanborn이라는 영국의 커피회사는 프랑스에 인스턴트커피를 판매하는 데 엄청난 어려움을 경험하였다. 영국보다 프랑스 가정은 커피를 마시는 데 훨씬 의식적인 의미를 부여하고 있다. 프랑스의 주부들은 커피를 준비하는 것이 주부의 할 일이고 가족화목의 상징처럼 생각하고 있어 집에서 인스턴트커피를 끓여 식구들에 대접하는 것을 거부하는 경향이 있기 때문이었다.

가치의 차이에서 온 문제점 : 1963년 맥주회사 다우는 캐나다 퀘벡 주에 'Kebec'이라는 맥주를 판매하였다. 광고에 캐나다 국기를 등장시켜 캐나다의 국가적 자부심을 고취시키려 시도하였다. 그러자 많은 단체들이 신성한 국기를 광고에 등장시킨다고 거센 항의를 하는 바람에 그 광고를 취소시키고 말았다.

종교적 차이에서 온 실패 : 영국의 동인도회사가 제품을 변형시키지 않아 큰 반란을 초래한 사건은 고전적인 이야기다. 총탄을 포장한 종이봉지를 습기로부터 보호하기 위하여 종이봉지를 돼지기름으로 방수 처리하였다. 인도 병사들은 총알을 꺼내기 위해서는 봉지를 이빨로 뜯어야 하는데 종교의 교리를 지킬 수 없었다. 힌두교에서는 돼지를 먹지 못하므로 종이봉투를 이빨로 뜯게 되면 힌두교의 교리에 어긋난다고 인도병사들이 반란을 일으켰다. 결국 수백 명의 인도병사가 죽고 난 후에야 총탄 봉지는 다른 것으로 대체되었다. 1857년의 일이다.

사회규범과 시간관념 : 한 전화회사는 라틴아메리카에서 라틴적인 냄새를 풍기기 위해 푸에르토리코 출신 배우를 고용하였다. 그리고 광고에서 부인이 남편에게 전화로 하는 대사가 "늦을 것 같으면, 전화를 걸어서 조금 늦겠다고 말해요"라는 약간 명령조의 문구를 집어넣었다. 이것은 미국에서는 전혀 문제가 되지 않겠지만, 라틴 여성은 남편에게 명령조의 이야기를 한다는 것은 매우 드문 일이며, 그리고 의례 남편은 조금 늦을 것이라 생각하니까, 남편이 조금 늦는다고 전화를 하는 것이 오히려 이상하다고 생각했다.

색깔이 가지는 의미로 인한 실패 : 말보로가 판을 치고 있는 홍콩에 존플레이어라는 영국담배회사가 진출을 시도하였다. 그 당시 홍콩에는 검은 옷이 대유행이었고 우연히 그 담뱃갑은 검은색에 금색 줄이 가장자리에 있는 디자인이어서 홍콩시장에 진출하기 좋은 기회로 여겨졌고, 출품 시기는 신년을 맞이하는 설날로 정하여 대규모 광고캠페인과 병행하여 시판하였다. 그러나 결과는 대실패였는데 가장 큰 원인은 홍콩에서는 검은색이 불행을 상징한다는 것을 간과한 것이었다. 더구나 설 연휴는 사람들이 희망과 기쁨에 넘쳐 있을 시기여서 '기분 좋을 때 웬 검은색이냐, 재수 없다'고 생각하여 사람들이 전혀 그 담배를 사지 않았기 때문이었다. 일부

젊은 사람들에게는 검은 옷이 대유행이었을지 몰라도 대다수의 국민에게 깊이 박혀 있는 검은 색의 의미는 바꿀 수 없었던 것이다.

출처 : http://cafe.daum.net/heesun1105/V4A/23

1) 문화적 차이와 국제협상의 영향

문화적 차이가 존재한다면, 이것이 어떻게 협상에 영향을 줄까? 웨이스(S. E. Weiss)는 문화가 최소한 여덟 가지 방법으로 국제협상에 영향을 준다고 밝히고 있다.

■ 협상에 대한 정의가 다르다

협상은 무엇일까? 우리가 협상할 때 무슨 일이 발생할까? 이에 대해 명확하게 정의하는 일은 각 문화권에 따라서 매우 다를 수 있다. 예를 들면, 미국인은 협상을 경쟁적으로 제안과 역제안을 하는 과정으로 생각하지만, 일본 사람은 정보공유를 위한 기회로 생각하는 경향이 있다.

■ 협상가 선별 기준이 다르다

협상 참가자를 선별하는 기준은 문화에 따라 다양하다. 일반적으로는 협상에서 다룰 중요한 쟁점에 대한 지식, 연공서열, 가족관계, 성별, 나이, 경험, 지위 등이 포함된다. 그러나 각 문화권마다 협상가를 선발할 때 문화적 차이에 의해서 이러한 기준에 대한 비중이 서로 다를 뿐만 아니라, 여러 가지 유형의 협상에서 무엇이 적합한지 결정하는 기준에도 변화를 준다.

■ 의례와 격식이 다르다

상이한 문화권에서 선발된 협상가는 그 의례나 격식도 다르다. 미국은 세계에서 가장 틀에 박히지 않은 자유로운 문화를 지향하는 국가에 포함된다. 미국에서는 보편적으로 친밀하게 의사전달을 하는 것으로 연구되고 있다. 직함을 무시하고 상대의 이름을 편안하게 부르기도 한다.

다른 국가에서는 어떨까? 프랑스, 독일, 영국과 같은 대부분의 유럽국가에서는 상당히 정형화되어 있다. 상대를 부를 때 '씨', '박사님', '교수님', '선생님'과 같은 적절한 직함을 사용하지 않으면 무례하다고 생각한다.

중국이나 일본 같은 동아시아 국가들에서는 자신을 소개할 때 반드시 명함을 사용해야 한다. 명함지갑을 잊고 가져가지 않거나 상대의 명함 위에 메모를 하는 것은 협상에서 예의가 없는 것이고 상대는 매우 불쾌하게 생각한다. 심지어 명함을 건네주는 태도, 악수하는 모습, 옷 입는 방식들에 대해 상대가 나름대로 해석할 수 있고, 이를 바탕으로 상대의 배경과 개성을 판단하는 기초로 삼을 수도 있다.

■ 의사표현의 의미가 다르다

문화는 말이나 행동을 통한 의사전달에 영향을 준다. 문화의 차이에 따라 보디랭귀지도 차이가 난다. 어떤 문화에서는 상당히 모욕적인 행위가 다른 문화에서는 아무렇지도 않은 행위로 받아들여지기도 한다. 따라서 국제협상을 할 때에 상대를 불쾌하게 만들지 않기 위해서는 국제협상가들이 다양한 문화 속에서 어떻게 의사소통을 하여야 의사전달을 잘 할 수 있는지에 대하여 많은 연구를 하여야 한다. 이러한 정보를 찾는 일은 국제협상을 준비함에 있어 매우 중요한 요소이다.

■ 시간개념이 다르다

협상에서 시간은 어떤 의미가 있을까? 협상에서 시간은 어떻게 영향을 줄까?

각 문화권의 시간개념은 협상에 상당한 영향력을 행사한다. 미국에서는 사람들이 모임시간을 정확하게 잘 지키는 경향이 있다. 상대가 시간을 허비하지 않도록 노력하고, '천천히'보다는 '더 빨리'를 선호한다. 이런 방법이 생산성을 더 향상시킨다고 생각하기 때문이다.

다른 문화권에서는 어떨까? 미국과 완전히 다른 생각을 갖고 있는 경우도 많다. 전통적인 사회, 특히 열대기후 지역에서는 미국보다 속도가 더디고 시간에 대한 개념이 약하다. 이런 문화권의 사람은 미국인이 시간을 중요한 가치 있는 자원으로서 여기는 것을 시간의 굴레에서 갇혀 피곤하게 사는 것으로 생각할 수 있다. 중국과 라틴아메리카와 같은 문화권에서는 일을 하는 데 소모되는 시간의 양은 크게 중요하지 않다. 협상의 핵심은 바로 일을 성사시키는 것이기 때문이다.

이처럼 이문화 협상에서 시간에 대한 관점이 서로 다르기 때문에 오해할 가능성이 크다. 중국이나 중남미 협상가는 미국인을 항상 급하고 하나의 일에서 다른 일로 분주히 오가는 사람으로서 생각한다. 반면 미국인은 그들이 아무것도 하지 않고 미국인의 시간을 낭비하도록 만드는 사람으로 볼 수 있다.

■ 위험감수 성향이 다르다

상이한 문화권에서는 위험을 감수하려는 정도가 다르다. 어떤 문화에서는 무엇인가를 결정하기 전에 많은 정보를 원하는 매우 관료적이고 보수적인 의사결정 행태를 보여준다. 또 어떤 문화에서는 정보가 불완전해도 기업가정신으로 기꺼이 위험을 감수하려고 한다. '호랑이를 잡으려면 호랑이 굴에 들어가야 한다.'는 생각을 가진다.

포스터(Foster)는 미국협상가는 적극적으로 위험을 감수하려고 하고, 일부 아시아인도 위험을 감수하는 성향이 있다고 지적한다. 한편, 유럽인도 그리스인들처럼 매우 보수적이라고 한다. 위험을 감수하려는 문화적 성향은 협상의 대상과 결과의 만족도에 많은 영향을 준다.

위험을 감수하려는 문화에서는 협상에서 좀 더 빨리 행동하려 하고, 대체로 더 많은 기회를 잡을 것이다. 위험을 회피하려는 문화에서는 더 많은 정보를 얻으려고 시간을 끌면서 사태를 관망하는 태도를 취한다.

■ 책임의 대상이 다르다

문화의 차이에 따라 개인을 강조하기도 하고 집단을 강조하기도 한다. 미국은 개인주의적인 문화를 지향하고, 개인을 집단으로부터 자율적이며 독립적인 존재로 생각한다. 또한, 자기주관이 확실한 것을 높게 평가한다.

반대로 집단주의를 지향하는 문화는 집단을 강조하고 개인을 집단의 타구성원들과 상호의존관계에 있는 존재로 생각한다. 또한 협상가들은 조화를 높게 평가하고 충성적인 팀원에게 높은 보상을 해준다. 이런 문화에서 집단의 목표와 다르게 행동하는 협상가는 조직에 큰 손해를 가져다준다는 생각으로 고립된다.

이렇게 문화적 차이는 협상에 다양한 영향을 미친다. 미국인은 최종결정에 대한 책임을 개인이 감수하지만, 중국처럼 집단주의 문화에서는 최종결정에 대한 책임을 집단에 부여하는 경향이 있다. 따라서 집단주의 문화에서 의사결정을 합의하는 과정이 복잡하고 미국협상가 보다는 그 과정에 더 많은 시간이 소요된다. 집단주의 문화는 많은 사람들이 협상과 밀접하게 연관되어 있고, 이들의 참여방식이 동시적이기보다는 순차적이기 때문에 이런 경향을 나타낸다.

■ 합의의 본질이 다르다

문화는 협상의 합의를 어떻게 끝맺을지 그리고 어떤 형식으로 합의할지에 영향을 준다. 미국에서는 협상에 합의할 때 생산비용이나 단가가 낮은 쪽과 합의를 하는 것처럼, 일반적인 논리에 따라 합의할 뿐만 아니라 그 방식이 정형화되어 있다. 이러한 기준을 준수하도록 법으로 규정되어 있다.

다른 문화에서는 어떨까? 거래를 따낼 때 자신이 무엇을 할 수 있는가 보다는 자신이 정치적으로 누구와 연결되어 있는지에 따라 좌우될 수 있다. 그리고 합의방식도 모두 똑같지 않다. 포스터에 따르면 중국 사람들은 주로 합의각서를 사용한다고 한다. 중국인에게 이것은 관계를 공식화하고 상호호혜의 타협을 바탕으로 협상을 시작했음을 알리기 위함이다. 그러나 미국인들은 이 합의각서를 협상이 완료된 것으로 해석하며 법정에서 강제력을 갖고 있는 것으로 생각한다.

다시 한 번 지적하지만, 합의를 어떻게 끝맺을지 그리고 합의한 것이 정확하게 무엇인지를 해석할 때는 문화적 차이에 따라 다르다. 그러므로 우리는 국제협상을 할 때 혼란스럽고 오해를 하게 된다.

2) 이문화 친밀도와 협상유형

글로벌 비즈니스 환경이 국경을 넘나들고 다문화 및 다양한 민족과 국제협상을 하면서 나타나는 거래유형에 대한 연구가 많이 이루어진다. 그러나 한 개인이 다른 문화권에서 온 누군가와 협상할 때 구체적으로 무엇을 해야 되는지에 대한 자료를 찾아보기 힘들다.

직접적이든 간접적이든 국제협상전문가들이 조언하는 협상전략은 다음의 격언으로 집약할 수 있다. "로마에서는 로마인들이 하는 대로 하라." 다시 말해서, 협상가는 문화적 차이가 협상에 어떤 영향을 주는지를 잘 이해하고 협상할 때 고려해야 하는 중요한 요인들 대부분이 문화적 차이에 관한 것이다.

어떻게 하면 국제협상을 가장 잘 관리할 수 있을까? 전문가들의 답변은 두 가지이다. 하나는 협상상대의 문화에 친밀해지려고 노력하라는 충고이다. 상대의 문화에 맞게 당신의 전략을 수정하라는 것이다. 또 하나는 문화적으로 덜 친숙해지라는 충고이다. "세계 어디서나 비즈니스는 비즈니스다!" 상대가 자신의 협상스타일을 받아들일 수도 있고, 또한 협상스타일이 중요하지 않을 수도 있다. 심지어 자신의 협상스타일을 통해 상대를 통제하라고 충고한다.

협상을 할 때 문화적 결례를 피하는 것은 중요하다. 그렇다고 상대의 접근방법에 맞추도록 자신의 전략을 수정하는 것이 최고의 전략일까? 이는 분명하지는 않다. 국제협상가들이 상대의 접근방법에 맞추어 전략을 수정해서는 안 된다는 이유를 몇 가지 변수들을 중심으로 살펴보자.

협상가는 자신의 접근방법을 효과적으로 수정할 수 없다. 상대의 문화를 깊이 이해하는 데 몇 년이 걸릴 수도 있고, 심지어 협상을 시작하기 전에 이를 이해하는 데 몇 년이 걸릴 수도 있고, 협상 직전에 이를 이해하기 위한 충분한 시간을 확보하지 못할 수도 있다. 물론 상대의 다른 문화를 조금이라도 이해하는 것이 전혀 모르는 것보다는 도움이 되는 것은 분명하지만,

그렇다고 이것이 자신의 협상전략을 효과적으로 수정하도록 할 만큼 충분한 이유는 되지 못한다.

상대의 문화에 맞추어 협상전략과 전술을 수정하는 노력의 일환으로 상대의 언어를 유창하게 구사해야 한다고 생각해보자. 정말로 겁이 나고 부담스러울 것이다. 반대로, 협상가가 자신의 접근방법을 효과적으로 수정할 수 있다고 가정해 보자. 그렇다면 협상에서 더 유리한 결과를 얻을 수 있을 것인가? 자신이 접근방법을 수정할 때, 상대도 수정할 수 있다. 이처럼 상대의 입장을 생각한다는 취지로 서로 협상전략과 전술을 수정하다 보면 서로를 더 이해하지 못하게 되고 결국 협상은 파국으로 흐르게 된다.

미국인과 일본인의 협상스타일을 예로 들어보자. 미국인은 상대로부터 양보할 공간을 남겨놓기 위해 과도한 제안을 하는 경향이 있다. 일본인은 협상상대와의 관계와 거래를 조금이라도 잘 이해하기 위한 정보수집의 한 방안으로 협상을 시작하는 경향이 있다.

미국인 협상가와 일본인 협상가가 서로의 문화적 성향을 잘 이해하고 있다고 가정해 보자. 물론 이렇게 가정하는 것에는 무리가 있지만, 서로 상대를 존중하고 상대의 접근방법을 받아들이기로 결정했다고 한다면 정말로 혼란스러운 결과가 나올 것이다.

미국인 협상가는 과연 일본인 협상가에 대한 정보를 수집할 때 정말로 완벽하게 그들을 이해할 수 있을까? 분명한 사실은 미국인 협상가는 진짜 미국인처럼 행동하지는 않으려고 하겠지만, 미국인이 협상에서 사용할 전략까지 바꿀 수는 없다.

한편 미국인 협상가는 일본인 협상가의 행위를 어떻게 해석할까? 협상준비를 잘 해온 미국인 협상가는 일본인 협상가가 협상초기에는 적극적으로 행동하지 않을 것으로 기대한다. 그런데 일본인 협상가가 미국식 협상스타일을 존중해 협상 초기에 미국인처럼 과도한 제안을 한다면 미국인 협상가는 이를 어떻게 해석할까? 이렇게 생각하기 쉬울 것이다. '그건 그들이 정말로 원하는 것임에 틀림없다. 원래 일본인들은 그렇게 과도한 제안을 하지 않기 때문이다.'

따라서 상대의 접근방법을 받아들인다고 반드시 협상에서 성공하는 것은 아니다. 상대의 접근방법에 따라 전략과 전술을 수정하는 일이 당신의 스타일대로 행동하는 것보다 더욱 큰 혼란을 줄 수 있다.

많은 연구 결과에 따르면 다른 문화권에서 온 사람들과 협상할 때보다 같은 문화권에서 온 사람들과 협상을 할 때 훨씬 다양한 방식으로 자연스럽게 협상이 이루어진다고 한다. 즉, 일본인들끼리 협상을 잘 한다고 하여 그 협상가가 미국인과 협상을 할 때에 큰 도움이 되지 않을 수도 있다([그림 Ⅱ-19] 참조).

[그림 Ⅱ-19] 협상방식의 이문화적 차이

● U.S. Negotiator

| Preparation | Bidding | Info. Using | Info. Gath. | Close | Implementation |

● Japanese Negotiator

| Relationship Building | Preparation | Info. Gath. | Info. Using | Bidding | Close | Implementation |

● Ideal Model

| Preparation | Relationship Building | Information Gathering | Information Using | Bidding | Closing the deal | Implementation |

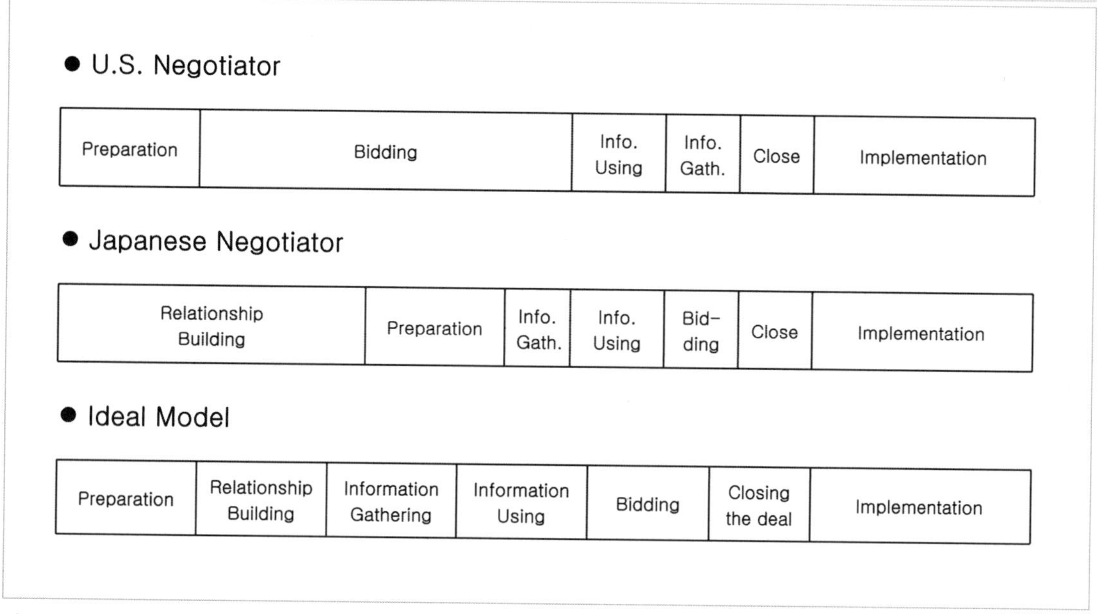

자료 : Greenhalgh, Managing Strategic Relationships, Free Press, 2001.

프랜시스(Francis)는 로마인들처럼 행동하는 방식보다 중간 정도로 알맞게 적응하는 것이 훨씬 효과적일 수 있다고 주장한다. 그는 모의실험을 통해 다른 국가에서 온 협상가들에 대한 미국인들의 반응을 조사해 보았다. 그 결과 미국 협상가들은 미국 문화에 전혀 적응을 하지 않거나 너무 많이 적응한 협상가보다 어느 정도 미국문화를 이해하고 있는 협상가를 훨씬 긍정적으로 인식하고 있음을 알게 되었다.

물론 실험을 한국 문화에 덜 친숙한 협상가들에게 적용해 보지는 않았지만, 이러한 결과가 왜 나왔는지를 이해하기 위해 더 많은 연구가 있어야 할 것이다. 최소한 이 연구의 결과들은 국제협상가들이 상대의 문화에 과도하게 적응하는 것이 언제나 긍정적인 효과를 주지 않는다는 사실을 보여주고 있다.

문화 반응적 전략은 상대 문화에 대한 친밀도의 수준에 따라 낮은 친밀도, 중간의 친밀도, 높은 친밀도 등 세 개의 그룹으로 정리할 수 있다. 각각의 수준에서 협상가가 개별적으로 사용할 수 있는 일방 전략과 상대를 참여시키는 공동 전략으로 나눌 수 있다. 실제로 국제협상가들이 활용하는 데 많은 도움이 될 것이다.

(1) 낮은 수준의 친밀도

협상 상대방의 문화에 대한 친밀도가 무척 낮을 때 활용할 수 있는 방법은 아래와 같다.

- **대리인이나 자문역의 고용(일방전략)**

상대의 문화에 대한 친밀도가 아주 낮을 때는 양쪽 모두의 문화에 친숙한 대리인이나 자문역을 고용한다. 이들의 역할은 자신의 감독 하에 협상을 대리하는 일부터 협상 중 자신에게 정기적 혹은 부정기적으로 자문을 해주는 것이다. 사실 이들 대리인이나 자문역이 협상 상대와 어떤 문제를 불러일으킬 수도 있지만, 상대의 문화를 잘 알지 못하거나 문화를 이해할 시간이 없는 협상가들에게는 상당히 유용한 전략이다.

- **중재인 활용(공동전략)**

다문화 협상에서 여러 유형의 중재자를 활용할 수 있다. 이들은 누군가에게 자신을 소개만 해주는 역할에서 계속 동석하면서 이 역할을 수행할 수 있다. 중재자는 상대에게 어느 특정의 문화적 접근방법이나 중재자 본국의 문화와 같은 제3의 접근방법을 받아들이도록 할 수도 있다.

- **상대에게 자신의 접근방법을 사용하도록 하기(공동전략)**

세 번째 옵션은 상대가 자신의 접근방법을 사용하도록 설득하는 것이다. 이때 정중하게 부탁하는 것부터 자신의 방법이 최선이라고 무례하게 주장하는 것까지 많은 방법이 있다. 좀 더 자세히 설명하면, 상대의 부탁에 대해 자신의 모국어로 대응할 수 있다. 상대의 언어로 자신이 원하는 바를 충분히 표현할 수 없기 때문이다.

이 전략은 친밀도가 낮은 협상가들에게는 많은 장점들이 있는 데 반해 단점도 있다. 자신의 문화적 조건에 따라 거래를 성공하기 위하여 추가로 노력해야 하는 것이 상대는 모욕감을 느끼거나 짜증이 날 수도 있다. 게다가 상대에게 오히려 전략적인 장점이 있을 수 있다.

상대가 좀 더 극단적인 전술을 사용했지만 자신이 이를 거부한다면 상대는 자신이 사용할 전술에 대해 '문화적 무지'라고 변명하려고 할 수도 있다. 결국 자신이 비즈니스를 하려는 모든 것에 대해 상대가 이해할 것이라고 기대할 수 없다.

(2) 중간정도의 친밀도

협상상대방의 문화에 대한 친밀도가 중간 정도일 때 활용할 수 있는 방법은 아래와 같다.

- **상대의 접근방법에 적응하기(일방전략)**

이것은 자신의 전략에 의식적인 변화를 줌으로써 상대의 마음에 호소하는 것이다. 다시 말해서 이 전략을 사용하는 협상가는 자신의 접근방법을 확고하게 유지하지만, 상대와의 관계를 위해 이를 조금 수정하게 된다. 예컨대 덜 극단적으로 행동하기, 일부 행위를 제거하기, 상대방의 행위 중에서 일부를 자신의 행위에 포함시키는 선택이 포함된다. 이 전략을 사용하는 데 관건이 되는 점은 어떤 행위를 수정 또는 제거하거나 수용할지를 분석하는 것이다. 게다가 상대가 자신이 의도했던 방식으로 수정한 내용을 해석할 것인지도 분명하지 않다.

■ 상호적응의 조정(공동전략)

이 전략은 양쪽 모두 협상과정에서 공통점을 찾아내기 위해 서로 조정을 하는 것이다. 이는 간접적인 방법보다 직접적인 방법으로 이루어지기가 더 쉽다. "당신은 협상을 어떻게 진행하길 원하십니까?" 이렇게 직접 물어보는 방법이다. 협상과정을 협상하는 것으로 이해하면 된다. 이 전략은 상대 문화에 대해 중간정도의 지식과 상대방 언어에 어느 정도 유창한 수준을 요구한다. 만약 프리 토킹할 능력이 안 된다면 이해력이라도 있어야 한다. 이 방법은 두 개의 언어를 사용하는 몬트리올에서는 매일 일어난다. 몬트리올 사업가들은 본격적인 토론이 시작되기 전에 협상과정을 어느 언어로 할 것인가를 협상하는 것이 관행화되어 있다. 즉, 협상을 영어로 할지 아니면 프랑스어로 할지를 먼저 논의한다. 대부분 어떤 언어를 사용해도 무방하다는 결론이 나온다.

몬트리올에서 협상가들은 양쪽 모두의 언어를 자주 사용한다. 흔히 협상을 촉진하기 위해 제2언어를 잘하는 사람이 자기 언어 대신 상대의 언어로 협상하자고 제의하기도 한다. 또한 제2언어로 말하는 양쪽 모두 상대에게 존중을 표한다. 영어 사용자가 프랑스어로 협상하는 동안 프랑스어 사용자는 영어로 협상해 주기도 하는 것이다.

상호적응 조정전략의 또 다른 유형은 양쪽의 협상가가 협상을 촉진하기 위해 제3자의 문화를 받아들일 때 일어난다.

(3) 높은 친밀도

협상 상대방의 문화에 대한 친밀도가 높을 때 활용할 수 있는 방법은 아래와 같다.

■ 상대의 접근방법 포용하기(일방전략)

이것은 상대의 접근방법을 완전히 수용해주는 것이다. 이 전략을 성공적으로 사용하기 위해 협상가는 완벽하게 2개 국어를 사용할 수 있어야 한다.

이 전략을 사용하는 협상가는 로마인처럼 행동하지 않는다. 바로 자신이 로마인이기 때문이다. 이 전략은 준비시간이 많이 걸리고 비용도 비쌀 뿐만 아니라, 이 전략을 사용하는 협상가는 심각한 스트레스를 받는다. 다른 문화와 문화 사이를 빠른 시간 안에 적응하는 것은 쉬운 일이 아니다. 그러나 이 전략을 사용하면 얻는 것이 많다. 상대가 당신의 조건을 완전히 따라주거나 이해할 수 있기 때문이다.

■ **현장에서 새로운 접근방법 고안하기(공동전략)**

이 전략은 협상상황, 협상상대, 협상환경에 알맞은 접근방법을 만들어 내는 것이다. 이 전략을 사용하려면 양쪽 모두 상대의 문화에 대해 높은 수준의 친밀도와 개인적 특징에 대해 상당히 잘 알고 있어야 한다. 이 방법이 양쪽 모두 자신들의 문화에서 유용하다고 생각할 때 협상에 도움이 된다.

이것은 여덟 가지 전략들 중 가장 유연한 전략으로, 장점과 단점이 있다. 장점으로는 유연하다는 것을 들 수 있다. 그 이유는 환경에 맞는 접근방법을 바로 만들 수 있기 때문이다. 단점으로는 이 전략을 어떻게 사용할 수 있는지에 대한 규칙이 없다는 것이다.

■ **완전한 조화(공동전략)**

이 전략은 어느 한 쪽의 자국문화를 독점적으로 사용하는 것보다 더 좋은 방법을 찾는 것으로, 어느 한 쪽의 현지 문화를 포함하는 제3의 문화에서 일종의 관행으로 사용할 수 있는 방법을 찾는 것이다.

외교관은 국경을 넘어 자신의 관습, 규범, 언어를 사용하고, 그곳에서 자신의 문화나 외교가 자리를 잡도록 노력한다. 이 전략을 사용하는 것은 복잡할 뿐만 아니라 많은 시간과 노력이 들어간다. 이 전략은 당사자들이 서로에게 친숙하고, 양쪽의 현지 문화에 친숙하며 외교관들 같이 공통의 목표를 갖고 있을 때 가장 잘 작동된다.

그러나 단점도 있다. 많은 부분이 애매하고 시간이 많이 들어갈 뿐만 아니라, 이 전략이 작동하는 데 많은 노력이 요구되어 전체적으로 볼 때 비용이 많이 들어간다.

제3부
협상과정 관리 및 전략

제1장 협상의 목표확인
제2장 협상성공을 위한 준비
제3장 협상과정 관리
제4장 협상의 기법
제5장 협상의 기본전략
제6장 협상전술과 피드백

Dance with the Tiger

제1장
협상의 목표 확인

01 Win-Win 협상을 창조

제1차 세계대전의 마지막 날은 제2차 세계대전의 첫 번째 날이었다.

1919년 동맹군은 독일군을 무찌르고 있었고, 동맹국 대표들은 후에 베르사유조약이 될 타협안을 구술로 명령하기 위해 패배한 독일 지도자를 프랑스 콩피에뉴(Compiegne) 외곽에서 열차 안에 앉혀 놓고 진행하였다. 이것은 지령(dictate)이 적절하다고 할 수 있다.

윌슨대통령은 휴전(armistice)이라는 용어조차도 귀에 거슬려 했으며, 또 귀에 거슬린다고 독일인에게 경고했다. 결국 독일 군대는 라인 강의 끝 6마일선상까지 철수해야만 했으며, 동맹군은 철수한 영역을 점령하였다. 실질적으로 5,000대의 대포, 25,000자루의 기관총, 5,000대의 기관차, 그리고 150,000대의 전차를 포함한 모든 군사 물자를 동맹군에게 넘겨주었다.

그러나 가장 힘든 요구는 정치와 경제였다. 독일은 동맹군에게 현금, 자산, 자본재의 이동 및 이와 같은 형태로의 배상금을 지급할 것을 명령받았다. 독일은 전쟁 후 무능해진 경제상황에서 보상의 무거운 짐을 견딜 수 없다는 것이 곧 명확해졌다.
(Ronald M. Shapiro and Mark A. Jankowski; The Power of Nice, p. 12).

많은 사람들은 윈-윈 협상에 대해 이야기 한다. "당사자 모두 승리를 한다.", "당사자 모두 원하는 것을 얻는다.", "당사자 모두 똑같이 기쁘다." 만약 글로벌 경영자가 솔로몬 왕처럼 진정한 조건과 거래를 추구했다면, 협상 당사자들은 모든 것을 간단하게 반으로 나누었을 것이다.

그러나 현실에서 협상 당사자들이 가장 열망하는 것은 거래에서 모든 것을 성취하기 위해 최선의 노력을 기울여 승리하는 것이다. 최선을 다하는 제일 좋은 방법은 협상 당사자가 수락할 만한 거래를 만들기 위해 상대방이 원하는 것을 성취하도록 놓아두는 것이다. 거래 성사를 위한 가장 일반적인 접근은 'I win-You lose' 이다. 나를 위한 최선의 효과적 거래는 상대방에게는 나쁜 거래이다. 아마도 대부분 협상의 운명은 '둘 다 지든가, 또는 내가 이길 수 없다면 아무도 이길 수 없다'일 것이다.

인간의 합리적 속성+공공선 동시에 추구해야

더 가까이, 조금만 더 가까이. 네덜란드의 스키폴 공항에서는 남자 소변기의 중앙에 검정색 파리 스티커를 붙인다. 정조준 연습을 하라는 것이었는지 모르겠으나 효과가 있었다. 남자 화장실의 청결을 유지하기 위한 방법으로 당신은 또 다른 어떤 메커니즘을 구상할 수 있나?

우리는 많은 제도 속에 살고 있다. 현행 대학 입시, 정당 공천, 교통법규를 바라보며 과연 이러한 것이 만족할 만한 목표를 달성하는 제도(메커니즘) 인지 누구나 한번쯤은 반문해 볼 수 있다. 이처럼 제도가 목표를 달성하기 위해 최적으로 설계돼 있는지 궁금증을 품은 게 메커니즘 디자인(제도 설계)의 첫 출발이다. '비용은 적게 효용은 크게' 그렇게 제도를 설계해 나가야 하는 것은 어쩌면 당연하다. 공익을 추구하는 사안일 경우 사익 때문에 취지가 왜곡된다면 잘못된 제도 설계다. 그런데 많은 경우 우리는 현실에서 목표를 충족시키는 제도가 제대로 마련되지 못하는 것을 발견한다. 그건 아마도 일차적으로 정보의 정확한 파악이 어렵기 때문에 발생할 수 있다.

물론 지혜로운 솔로몬 왕처럼 제대로 된 판단을 한다면 목표를 이룰 수도 있다. 재판정에서 한 아이가 자기 아이라고 서로 우기는 두 명의 여자가 다투고 있다. 이 때 왕 중의 왕 솔로몬은 어느 쪽이 진짜 어머니인지를 판단하기 위해 명령을 내린다. "칼로 아이를 두 동강 내서 반씩 가지는 게 좋겠다." 한 여성은 그러자고 한 반면 다른 여성은 그렇게 할 바에야 아이를 그냥 저 여자에게 주라고 애원한다. 이를 본 솔로몬은 진짜 어머니라면 자신의 아이를 죽게 내버려둘 리가 없다며 아이를 양보하려 한 여성을 진짜 어머니라고 판결한다. 그러나 우리는 이런 솔로몬만큼 세상을 바라보는 풍부하고 정확한 지혜를 늘 갖추고 있다고 할 수 없다.

정보 부족 아래에서 제대로 된 메커니즘 디자인을 논하기 위해 '칼로 자르는 다른 이야기'를 비유로 들어 보자. 여기 항상 공평하게 배분받기를 원하는 쌍둥이 두 아들이 있다고 치자. 한 아들에게 케이크를 반으로 자르도록 하고, 반으로 잘려진 케이크 중 하나를 다른 아들이 고르도록 룰을 정하자. 자르는 아들은 자신이 손해를 보지 않기 위해서 케이크를 정확하게 자를 수밖에 없다. 다른 아들은 자신이 직접 케이크를 자르지 않더라도 선택권이 있기 때문에 불만이 없다. 그 결과 두 아들 모두 불만 없이 제 몫을 가져간다. 솔로몬에 버금가는 지혜로운 의사 결정 아닌가? 사실 어머니가 직접 공정하게 케이크를 직접 자를 수도 있다.

그런데 케이크 나누기처럼 간단한 문제가 아닐 때 어머니는 고심하게 된다. 예를 들어 어머니 몫으로 샀지만 두 아들이 평소 관리하던 목장을 어머니가 나이 들어 나누어 준다고 하자. 정보에 어두운 어머니는 어떻게 나누는 것이 가장 좋은지 아들 둘의 의사를 존중할 수밖에 없다. 어머니가 두 아들만큼 정보를 가지고 있지 않다면 두 아들이 목장을 분할하는 행위가 더 합리적이다. 통상적으로 시장이 정부보다 경제에 밝다고 할 수 있다. 하지만 시장이 제대로 기능을 수행하지

> 도, 시장 참여 주체가 정확한 정보를 표출하지도 않는다면 어떻게 해야 할까? 정부는 개별 시장 주체가 자기의 의사를 제대로 표출하도록 유도하는 메커니즘을 설계해야 한다. 그렇게만 된다면 손에 피가 아니라 크림도 안 묻히고 케이크를 정확하게 배분할 수 있다. 정보를 제대로 알기 위해 정부는 시장에 요청한다. '국민 여러분, 당신의 목소리를 정확히, 왜곡되지 않게 진심을 담아 전해 주세요.'
>
> 자료 : 이코노미스트 1357호 (2016.10.31.)
> http://jmagazine.joins.com/economist/view/313833

1) Win-Lose 협상(투쟁적 협상)

투쟁적 협상은 어떻게 전개될까? 투쟁적 협상상황을 파악하는 데는 다음과 같은 핵심적인 요소들이 숨어 있을 것이다.

- 상대방을 적으로 취급(treat each other as enemies)
- 자신의 입장을 정해 놓고 권리만 주장(stake out entrenched positions)
- 치고 빠지기 철학(adopt hit-and-run philosophy)
- 상대방 흠집 내기(leave a trail of victims)
- 거래의 기회를 놓침(miss out on deals that last, renew, and lead to more deals)
- 장기간 관계형성의 잠재적 이득 손실(lose the intangible benefits of long-term relationships)

물론 협상가는 윈-윈 협상을 계획하고 있을지라도, 가끔은 다음과 같은 경우에 Win-Lose 협상의 유혹에 굴복할지도 모른다.

- 협상과정에 타격(상처, 손해, 이용당함)을 받았고 그리고 반격해야 한다는 감정적인 자극을 가질 때
- 협상의 준비과정에 있어서 뚜렷하지 않은 비전이나 합리적인 원칙을 협상 상대자에게 강요하고자 할 때
- 협상에서 스스로가 우위에 있다고 생각하고 협상 상대방을 과소평가할 때

2) Win-Win 협상의 진실(good deal)

일반적으로 협상에서 자주 인용되는 명언은 Win-Win 협상으로 협상당사자 모두를 만족시키는 거래이다. "Win-Win"이라는 용어는 베스트셀러 책인, 『The win-win negotiator : How to negotiate favorable agreements』의 출판 이후 성공적인 협상을 위해 서로 앞 다투어 부르짖는 용어가 되어 버렸다.

이 책의 주 내용은 성공을 추구하는 젊은이에 관한 에피소드이다. 이 젊은이는 성공한 사람들의 공통된 특성은 효과적으로 다른 사람들과 거래할 줄 아는 것이라고 했다. 그는 성실하고 적극적인 태도로 사람들과 일하고, 체결한 계약은 최선을 다하여 지키는 것이 협상에서 중요하다는 것을 깨달았다고 한다. 그는 책략(tricks)이나 속임수(gimmicks)를 쓸 수 없다는 것과 자연 그대로의 자신이 되어야 한다고 주장한다. 이 이야기의 교훈은 협상이 한 가지 목적을 위한 게임이 아니라는 것이다.

오랫동안 효과적인 관계를 형성하는 첫 걸음은 현재 진행되는 협상의 계약에 기반을 둔다는 것이다. 좋은 거래는 윈-윈을 할 수 있는 상황을 만들어야 하고, 계약이 성사되는 순간 모든 상황이 공평한 거래였다고 서로 느낄 수 있어야 한다. 물론 많은 이슈는 그것이 발생하기 전부터 다양한 우연성에 의해 제공된다고 할 수 있다.

협상당사자는 좋은 조건의 거래와 윈-윈의 상황에 있다는 것을 확신하기 위해서 자신에게 다음 여섯 가지의 자문을 해 보아야 한다.

- 본 계약은 개인적인 장기 목표를 실현시키는가?
- 본 계약의 협상이 설정한 목표와 한계에서 부족함이 없이 진행되어 가고 있는가?
- 계약을 최대한 수행할 수 있는가?
- 모든 정보에 근거하여 의무를 다할 작정인가?
- 상대방은 기대치에 맞는 계약을 수행할 수 있는가?
- 객관성에 근거하여 상대방은 계약의 조건을 수행할 것인가?

이상적인 상황이라면 여섯 개의 모든 질문에 대한 답이 '그렇다'라고 자신의 깊은 내면으로부터 울려 퍼져야 한다. 만약 자신이 그들 중 어느 하나라도 확신하지 못 한다면 충분한 시간을 가지고 모든 상황을 재검토 하여야 한다. 각각의 질문에 대하여 'yes'라는 대답을 얻기 위해서는 어떻게 계약이 변화될 수 있는지 평가해 볼 필요가 있다. 각각의 질문에 확고한 'yes'를 얻기 위해서 필요한 변화는 무엇인지? 이를 위해서는 최선을 다해야 할 것이다.

3) Win-Win 협상 창조하기

> 현명한 아랍인은 그의 3명의 아들에게 19마리의 낙타를 남겨 주었다. 장남에게 그는 그의 낙타의 반을 남겨 주었다. 둘째 아들은 3분의 1을 남겨 주었다. 막내아들에게는 6분의 1을 남겼다. 불행하게도, 존경하는 늙으신 아버지가 그의 유서에서 언급한 것처럼 19는 어떤 분수(fractions)로도 나누어지지 않는다. 3명의 아들들은 밤이 되도록 오랫동안 협상을 하지 못하고 다투었다. 한 명은 낙타들을 공동으로 소유하기를 원했으며, 다른 한 명은 낙타들을 팔아서 그 이윤을

아버지의 유언대로 나누기를 원했다. 그리고 나머지 한 명은 단지 잠을 자러 가기를 원했다. 마침내, 그들은 마을의 현명한 여인에게 상담을 했다. 그녀가 그들에게 말해준 것은 무엇일까? 더 읽기 전에, 연필을 들고 해결책을 찾아보아라. 마을의 현명한 여인의 역할을 수행해 보라. 힌트를 주자면 이 현명한 여인은 그들의 문제를 풀기 위해 아들 3명의 생각을 변화시켜야만 한다는 것을 충분히 아는 영리한 협상가였다는 점이다. 그 해결책은?

(1) Win-Win 협상의 과정(PRAM Model)

윈-윈 협상가는 4가지의 기본적인 단계로 모든 문제에 접근한다. 윈-윈 협상이 되려면 연속적인 과정이 필요하므로 다음과 같은 PRAM Model의 4단계를 형성한다. PRAM 모델은 Plan - Relationship - Agreement - Maintenance로 계획, 관계, 합의, 그리고 유지의 단계로 서로 순환하면서 윈-윈 할 수 있는 모델이다.

- P : Plans - 자신과 상대방의 목표를 감안한 계획 수립
- R : Relationships - 거래하는 상대방과의 관계 형성
- A : Agreements - 각자의 목표 달성을 위한 합의 형성
- M : Maintenance - 적극적인 피드백과 약속 이행

(2) 1단계 : Win-Win 계획 수립

■ **자신의 목표에 동의**
- 발생 가능한 합의의 영역에서 상대방 목표에 참여 결정
- 발생 가능한 불일치의 영역에서 중재를 통한 윈-윈 해결책을 개발

(3) 2단계 : Win-Win 관계 발전

■ **적극적인 관계 발전을 위한 활동 계획**
- 상호 간의 신뢰 형성
- 본격적인 사업상의 토론 전, 관계 발전 수락

(4) 3단계 : Win-Win 합의 형성
- 상대방의 목표 확인
- 합의의 영역 확인
- 불일치 영역의 중재를 위한 윈-윈 해결책 제안 및 심사숙고
- 차이점에 대해 공동으로 해결

(5) 4단계 : Win-Win 유지 이행

■ 의무이행 유지
- 약속 이행을 기반으로 의미 있는 피드백의 제공
- 계약을 끝까지 유지

■ 관계를 유지
- 연락 지속
- 신뢰 재확인

4) Win-Win의 현실

(1) 현실(reality)

협상 전문가는 물론 협상의 아마추어도 언제나 윈-윈 협상을 강조한다. 그러나 문제는 그것이 비현실적이라는 것이다. 협상에서 '윈-윈'의 표현은 협상의 철학이기 보다는 통속화(pop cliché) 되어 가고 있다. 이것은 한 쪽으로 기울어진 승리에 대한 승자의 합리화, 또는 항복을 한 패자의 변명, 아니면 협상의 이해 당사자 모두가 만족할 만한 결과를 얻지 못한 그들의 불행한 관용구라고 볼 수 있다.

협상 당사자 모두가 원하는 것을 똑같이 얻거나 이기는 경우는 없다. 심지어 협상 당사자 모두 결과에 만족한다 해도, 어느 한 쪽은 더 많이, 다른 한 쪽은 더 적게 협상의 이익을 얻게 되어 있다. 즉, 협상 당사자 모두 만족할 수 있지만, 양쪽 모두 똑같은 정도로 이길 수는 없다. 협상 당사자 모두가 이겼지만, 이익의 크기는 자신이 아니면 상대가 더 많이 챙겨 갈 것이다. 이것이 Win-Win 협상의 현실이다.

Win-Win이 일반적으로 현실적이나 쉽지만은 않다. Win-Win을 달성하려면 집중력과 훈련이 필요하다. 이를 통하여 협상을 전쟁으로 바꾸지 않을 수 있다. 왜냐하면 협상을 한다는 것은 Win-Lose, Win-Clobber(참패), 또는 Win-Ransack(강탈), Win-Pillage(약탈), Win-Obliterate(제거)하는 것이 아니기 때문이다.

협상에서는 상대방을 완전히 망하게 할 필요는 없다. 비즈니스는 언제나 계속 이루어져야 하는 것이고 쌍방 모두가 이익이 지속되어야 한다. 따라서 더 큰 이익을 위해서는 경쟁자 역시 잘 되도록 만들어야 한다.

(2) Win-Win의 방법

협상에서 원하는 모든 것을 얻기 위한 제일 좋은 방법은 상대방이 원하는 것을 얻도록 도와주는 것이다.

- 상대방이 원하는 것을 파악한다. 알아내고(find out), 파고(dig), 질문하고(ask), 배운다(learn).
- 무엇을 원하는지 협상 전에 필요한 것과 원하는 것을 평가한다.
- 이익에 충분히 만족한다.
- 상대방 요구를 만족시켜 준다. 좋은 거래는 에코 효과를 가져온다. 더 많은 거래를 할 수 있도록 협상 파트너를 이끌어 준다.

(3) Win-Win은 Wimp-Wimp가 아니다.

- 소심한 협상으로 전환하지 않는다.
- 이기기 위해 패배하지 않는다.
- 요구를 위해 포기하지 않는다.

(4) 5가지 Wimp-Wimp의 유형

- 중독 유형(Addicted) - 거래를 만들기 위해 모든 것을 거는 유형
- 근심·걱정 유형(Anxious) - 거래 승낙에 실패할 것을 두려워하는 유형
- 냉담한 유형(Apathetic) - 노력과 정력을 쏟는 것 보다는 절약된 시간에 가치가 있다고 생각하는 유형
- 권위적인 유형(Aristocratic) - 흥정을 통한 협상보다는 상대의 제안을 보고 결정을 하려는 유형
- 부드러운 유형(Amiable) - 최선의 거래나 협상보다는 좋은 유대관계를 갖는 것이 더욱 중요하다고 생각하는 유형

(5) Win-Win의 장애물

원-원 협상은 어쩌면 매우 단순하다고 볼 수 있다. 자신이 무엇을 원하는지 파악하고, 상대가 무엇을 원하는지를 파악하면 된다. 자신이 협상에서 더 많은 것을 얻기 위해서는 상대방이 요구하는 것을 얻을 수 있게 도와주어야 한다. 미시적인 거래에만 집중하여 얼간이처럼 행동하지 말아야 한다. 협상 과정에는 다음과 같은 장애물들이 곳곳에 도사리고 있다는 것에 유의해야 한다.

- **부족한 기획** : 일방 또는 쌍방이 협상에 대한 준비가 제대로 되어 있지 않다.
- **부족한 커뮤니케이션** : 누군가가 경청하고 있지 않다.
- **부족한 경험** : 풋내기(novice)는 전쟁이나 영화 속에서 하는 방법으로 협상한다.

양쪽 모두를 위해 협상 과정의 틀을 견고하게 만들어 나가야 한다. 협상에서 상대방에게 무조건 타격을 가한다고 해서 이기는 것이 아니다. 협상을 전쟁 모델로 이해해서는 안 된다. 최고의 협상 모델은 '협력적인 경쟁'(coopetition=cooperative+competition) 관계에서 만들어진다.

02 협상 목표와 기대치 설정

목적이 없다면 절대 타깃을 맞출 수 없다.

> Morita의 Sony를 위한 두 가지 목표는 라디오의 판매량을 늘리는 것과 소니라는 이름을 알리는 것이다. 1955년, 소니라고 불리는 작은 회사는 신상품을 개발했다. 바로 US$29.99의 소형 트랜지스터 라디오였다. 그 라디오는 일본에서 아주 잘 팔렸다.
> 그러나 소니사의 혈기 왕성한 CEO인 Akio Morita는 이에 만족할 수 없었다. 그는 소니의 라디오를 세계에서 제일 큰 소비시장인 미국에 소개하고 싶었다. Morita는 신상품을 가지고 현지 시장 조사를 위하여 미국으로 출장을 갔다. 그는 희망을 가지고 미국 소매상들의 흥미를 끌 수 있는지를 알기 위해 뉴욕으로 갔으나 문제에 봉착했다.
> 소형 라디오는 미국사람들이 여태껏 봐 온 상품과 아주 많이 달랐다. Morita가 나중에 회고한 것처럼, 많은 미국소매상들은 '이렇게 작은 소형 라디오를 왜 만들었는지 이해할 수 없다'고 했다. 미국의 모든 사람들은 큰 라디오를 원했다. 미국인은 큰 것을 좋아했다.

1) 목표 설정

목표를 세운다는 것은 목적과 초점을 맞추는 실질적인 행동이다. 목표 설정은 희망적 관측이 아니다. 그것은 공상이나 일장춘몽이 아니다. 목표는 자신이 얻으려고 애쓰는 어떤 대상이나 목적이다. 많은 연구에서 도전적인 특별한 목표를 설정한 사람이 그렇지 않은 사람보다 목적을 더 잘 성취하는 것으로 나타났다.

목표와 목적을 구분하는 일은 중요하다. 만약 인생의 목적이 세계 최고의 갑부가 되는 것이라면, 자신의 모든 목표를 그 궁극적인 목적에 맞추어 설계해야 한다. 어떤 분야에서 세계 최고가 되는 길에는 여러 가지 방법과 과정이 있다. 인생에 있어서 목적이 무엇인지 결정해 둔다면 거래 때마다 협상 목표는 그 목적에 기여하게 될 것이다.

목표 설정과 공개적인 명분으로 무엇을 내세울지를 결정하는 과정을 혼돈해서는 안 된다. 협상이 시작되기 전에 개인적 목표를 설정해야 한다. 얻을 수 있는 모든 정보를 얻도록 하고 목표를 설정해야 한다. 협상가는 협상이 진행되는 동안 목표에서 눈을 떼지 말아야 한다. 토론하는 동안에도 새로운 자료가 발견되면 기꺼이 수정하고 조정하면서 바꾸어 나가야 할 것이다.

(1) 팀 구성원의 능동적 참여(Active participation by every team member)

협상을 맡게 되었다면 협상목표를 설정하는 일이 최우선이다. 그리고 팀 구성원에게 협상목표의 실체를 확인시켜, 모두가 잘 이해할 수 있도록 공유하여야 한다. 팀원 중에서 협상 능력이 부족한 사람은 빼 버리고 싶을 수도 있다. 협상 과정에서 팀원으로 도움이 되기는커녕 오히려 방해가 될 수도 있기 때문이다. 그러나 그 보다는 팀원 모두를 능동적으로 참여시켜 협상의 목표와 결과를 공유하도록 하는 것이 모든 측면에서 가장 바람직하다.

(2) 특정한 협상과 관련하여(Related to this specific negotiation)

협상팀에 참여하지 못한 이해 관계자는 자신의 의견이 제대로 수렴되는지 불안할 수 있다. 만약 그들에게 목표 설정에 참여하라고 부탁하면 신나게 참여할지도 모른다. 그러나 이들의 목표 리스트에는 설정된 협상의 범위를 벗어난 요구가 담겨져 있을 수 있다. 이런 예는 노사협상에서 쉽게 볼 수 있는데, 그 이유는 협상팀에서 제외되어 실망하고 있던 사람들이 협상에 기여할 것을 요청 받을 때, 좋은 기회라고 느끼기 때문이다. 그러나 이들이 제시할 특별한 안건 때문에 본래의 협상 목표를 잃어버리게 되면 오히려 소기의 성과를 얻지 못할 수도 있다.

'물어봐서 해로울 것이 없다'는 말이 있듯이 협상 목표가 특정한 내용과 관련된다면, 오히려 중요하지 않은 문제를 토론거리로 추가할 수도 있다. 그러나 빨리 취소할 준비가 되어 있어야 한다. 몇 가지 양념으로 끼워 넣은 이야깃거리 때문에 일을 망치게 하거나 그 협상에서 얻으려고 하는 기본적인 목표를 놓쳐서는 안 된다.

(3) '많이' 보다는 '조금만'(Few rather than many)

간단한 협상을 통해서도 얼마나 많은 목표를 달성할 수 있는가를 알게 되면 깜짝 놀랄 수도 있을 것이다. 한 번의 협상에서 모든 것을 얻어내려고 해서는 안 된다. 예를 들어 만약 임금인상을 우선순위에 두고 협상을 할 때 자유 근무시간 제도나 업무보조원 등을 요구할 필요는 없다. 한꺼번에 너무 많은 요구를 협상테이블에 꺼내 놓으면 협상 상대방을 당혹스럽게 만들게 되고 결과적으로 아무것도 얻지 못할 수도 있기 때문이다.

(4) 일반적인 것보다는 명시적인 것(Specific rather than general)

협상의 목표가 추상적이어서는 안 된다. 확실하지 않은 것은 피하고 가능하면 목표를 한정해야 한다. 예를 들어 집을 팔 생각이라면 '나는 가능한 한 많이 받고 싶다'는 방식은 좋은 목표가 아니다. 이는 본심이 그렇다 할지라도 협상의 목표를 달성하는 데에는 아무런 도움도 되지 않기 때문이다. 가격에 대한 좋은 목표는 예컨대 3억5천만 원 같이 정확한 수치를 정하는 방식으로 설정해야 한다. 만약 그렇게 명시할 수 없다면 더 많은 준비를 해 두는 것이 좋다.

(5) 아직 얻지 못한 것에 대한 도전(Challenging yet attainable)

일반적으로 협상에서는 목표한 이상을 얻을 수 없다. 따라서 현실에 입각하여 목표를 설정해야 한다. 그렇지 않으면 그것은 꿈일 수밖에 없다. 예를 들면 집을 팔려고 할 때 집값을 3억5천만 원이라는 가격으로 목표치를 설정해 놓았다고 하자. 그러나 주변에서 그만한 가격에 집이 팔린 예가 없다면 집값을 3억5천만 원에 설정한 것에 대한 타당한 이유를 찾아야 할 것이다. 높은 판매가격을 설정한 합리적인 이유가 있어야만 거래가 성사될 수 있기 때문이다. 특별한 이유도 없이 가격을 높이 잡았다면 시간 낭비만 할 뿐이다.

반대로 목표를 너무 낮게 설정해도 문제이다. 집을 사려는 사람이 스스로 알아서 더 많은 집값을 지불하려고 하지 않는다. 따라서 집값을 너무 낮게 설정해서도 안 된다. 너무 높은 목표는 물론 너무 낮은 목표 역시 협상을 실패로 이끌고 좌절할 수도 있다.

그러나 어떤 때는 자신이 팔려고 하는 집이 어느 정도 받을 수 있는지 그냥 확인해 보고만 싶을 때도 있을 것이다. 그렇다면 주변 시세보다 더 비싼 값을 요구하는 이유를 정당화시킬 수 있도록 많은 근거를 제시해야 한다. 도전적인 목표를 설정하고 그 목표를 이루려면 좋은 정보를 많이 갖고 있어야 한다.

(6) 목표의 중요도에 따른 분류(Weighted in terms of importance)

목표를 중요도에 따라 분류해야 한다. 목표의 중요도는 협상팀이 전원 100% 동의하는 것이 가장 이상적이다. 그러나 서로 다른 개인들은 각자 다른 등급을 매길 수 있다. 그럴 경우에는 다수의 관점에 주목해야 한다.

목표를 모두 이루는 협상은 드물다. 어느 것이 가장 중요한지를 알아야 한다. 이런 결정은 논쟁이 될 수 있으나 논쟁은 팀을 더욱 돈독하게 한다. 목표 리스트를 정리할 때 이 중요한 문제에 대해서 반드시 토론해야 한다.

2) 목표 조준

"당신은 꿈을 가져야 합니다. 만약 꿈을 갖고 있지 않다면, 어떻게 당신의 꿈이 이루어지겠어요?" 뮤지컬 South Pacific의 "Happy Talk" 라는 노래 가사다.

루이즈 캐롤(Lewis Carroll)의 "이상한 나라의 앨리스(Alice's Adventures in Wonderland)에서 앨리스는 교차로에 있는 자신을 발견하고 고양이 체서에게 묻는다. "고양이야, 여기서부터 내가 어디로 가야만 하는지 제발 이야기해 줄 수 있니?" 그 고양이는 "그건 당신이 어디로 가고 싶어 하는가에 따라 달라지지."하고 대답한다. "어디든지 상관없어."라고 앨리스는 대답한다. "그렇다면 아무데로나 가도 상관없잖아."하고 그 고양이는 대답한다.

위의 예에서 보았듯이 유능한 협상가가 되기 위해서는 자신이 어디로, 왜, 가고 싶은지를 먼저 알아야만 한다. 이것은 스스로 명확하고 구체적인 목표를 가지고 있다는 것을 의미한다.

또한 자신의 목표를 정확하고 적절한 기대치로 전환시키는 시간을 갖는 의미이기도 하다.

단순한 목표(simple goal)에서 진정한 기대치(genuine expectation)로 발전하는 데에는 어떤 차이가 있으며 무엇일까? 기본적으로 한 가지라고 할 수 있다. 자신의 태도와 목표는 이전에 경험했던 성공의 범위를 넘어서, 한 단계 발전된 것을 얻고자 하는 노력이라고 할 수 있다. 투자 목표, 몸무게 감량, 운동 목표와 같은 것들이 전형적인 예시이다. 우리는 스스로에게 방향을 제시하기 위해 목표를 설정하지만, 목표치에 미달하더라도 크게 실망하지 않는다.

그에 반해 기대치는 우리가 심사숙고하여 무엇을 합리적으로 달성할 수 있고, 또 왜 해야만 하는지에 관한 판단의 결과이다. 만약 기대치에 미달된다면 정말로 실패했다는 것 때문에 실의에 빠질 수 있다. 즉, 우리 아이가 대학에 입학할 때 목표 설정은 일류 대학이지만 어느 대학이라도 들어갈 것이라는 기대치를 가지고 있다.

그러므로 이 경우는 협상을 동반한다. 목표는 우리에게 방향을 제시하지만, 기대는 협상테이블에서 기대치를 이루게 할 수 있도록 무게와 설득력을 실어 줄 것이다. 즉, 협상가는 정당하고 가치 있는 것을 달성하려고 노력할 때, 스스로에게 최선을 다하고 상대방도 이에 동의하도록 설득할 수 있다.

협상에서 기대치라는 것은 시장 가격, 규격의 선택, 경험, 상대방의 대안과 관계 구조, 상대방과의 미래 관계, 잠재력 그리고 협상 이슈 등에서 이전의 성공과 실패를 포함한 요소의 수적 기능이라고 할 수 있다. 왜냐 하면 기대치는 효율적인 목표의 성과와 직접적인 관련이 있기 때문이다.

루즈벨트(Franklin D. Roosevelt) 대통령

유능한 리더의 특성 중 하나는 야망이 있고 그에 맞는 목표를 설정하고 그 목표에 집중하면서 달성하려는 의지를 가지고 있는 것이다. 프랭클린 D. 루즈벨트는 특별한 목표에 집중하고 힘을 발휘할 수 있는 뛰어난 리더이다. 루즈벨트는 소아마비(polio)라는 장애를 극복하고 세계 대공황과 제2차 세계대전을 승리로 이끈 용기와 결단력을 가지고 있는 리더였다. 그는 백악관으로 입성할 수 있는 정확한 진로를 설계하여 목표를 달성할 수 있도록 자신을 능력자로 바꾸어 놓았다.

루즈벨트는 1907년, 25세에 하버드 대학 동창인 Grenvill Clark에게 정치에 입문할 수 있는 방법과 구체적인 단계를 통하여 미국의 대통령이 되고 싶다는 자신의 의지를 털어놓았다. 뉴욕 의회의 의석을 차지하고 해군 차관보로 복무한 후, 뉴욕의 주지사가 되고 그리고 마지막으로 대통령이 되는 방법이다. 루즈벨트는 정말 기괴하게도 그 날 그가 상세히 설명한 그 계획대로 대통령 직무실로 갔다.

(1) 목표 설정의 효과(The Goal Effect)

성공적인 협상도 다른 성공의 영역과 다르지 않다. 무엇을 조준한다는 것은 바로 무엇을 얻을 수 있는가를 결정한다. 왜 그럴까? 그 이유는 다음과 같은 목표설정 효과 때문이다.

첫째, 협상 쟁점의 명확한 규정이다. 협상의 목표는 자신이 요구할 수 있는 상한선(upper limit)을 설정하는 것이다. 상한선을 설정하고 나면 머릿속에는 상한 목표 이외에 다른 것에는 관심이 없다. 그러므로 심사숙고하여 기준으로 삼은 상한선보다 협상을 더 잘 할 수는 없을 것이다.

둘째, 협상에서는 설정된 목표에 대한 재구성, 협상대상의 분류 및 정리가 필요하다. 철저하게 심리학자나 교육학자가 되어서 설정한 목표에 대한 동기를 부여하고 관심과 심리적인 성공에 초점을 맞추어 집중하도록 한다.

셋째, 설득력 있는 논점의 개발이다. 이해 당사자가 아닌 사람에 의해 제안된 독창성(initiatives)에 대해서 냉랭하거나 거의 반응이 없을 수 있지만, 목표를 공유한 사람과는 어떤 특별한 목적을 달성하기 위해 헌신적일 때 설득력이 더욱 높아질 수 있다. 즉, 서로가 이해관계에 얽혀 있을 때 전념을 다해서 집중하게 되고 주변에서는 그 목표에 매력을 느끼게 된다.

이것이 목표설정에 대한 효과이다. 협상가는 명확한 목표를 달성하기 위해 끊임없이 노력할 때 생기가 넘치고 몰입할 수 있다. 따라서 목표를 위하여 준비하고 또 준비하게 된다. 효과적인 협상을 경험한 사람은 제한적인 목표를 설정하지 않는다. 협상을 통하여 목적을 달성하려고 노력할 때 심리적 우위를 점할 수 있다.

(2) 목표 대 최저선(Goals vs. Bottom lines)

협상 관련 논문, 서적 및 전문가들은 협상에 임할 때 최저 수준의 양보 저지선으로 "bottom line", "walk away" 또는 "reservation price"를 가질 것을 강조한다. 사실상 bottom line은 협상에 있어서 흥정을 할 수 있는 필수 요소이다. 최저선은 협상에서 "yes"라고 할 수 있는 최대의 양보 수준이다.

만약 자신이 설정한 최저선에서도 협상을 통해 목표 달성이 불가능 하다면 다른 해결책을 모색하거나 다음 기회를 기다리는 것이 유리하다. 두 협상당사자 사이에 어떤 지점에서 계약을 수락할 수 있는 최저선을 가지고 있을 때 이론가들은 그것을 "합의 가능한 흥정지역 (ZOPA : zone of possible agreement or positive bargaining zone)"이라고 한다. 최저선이 일치하지 않을 때는 "협의 불가능한 흥정지역(negative bargaining zone)"이라고 말한다. 예를 들면 협의 불가능 흥정지역은 구매자의 예산선과 판매자의 최소한의 수락 가능한 가격선이 만나기 어려울 때라고 할 수 있다. 물론 협상의 효율적인 목표는 최저선과는 상당히 다르다. '목표'라는 단어는 자신이 달성해야만 하는 가장 높고 합리적인 기대치라고 할 수 있다.

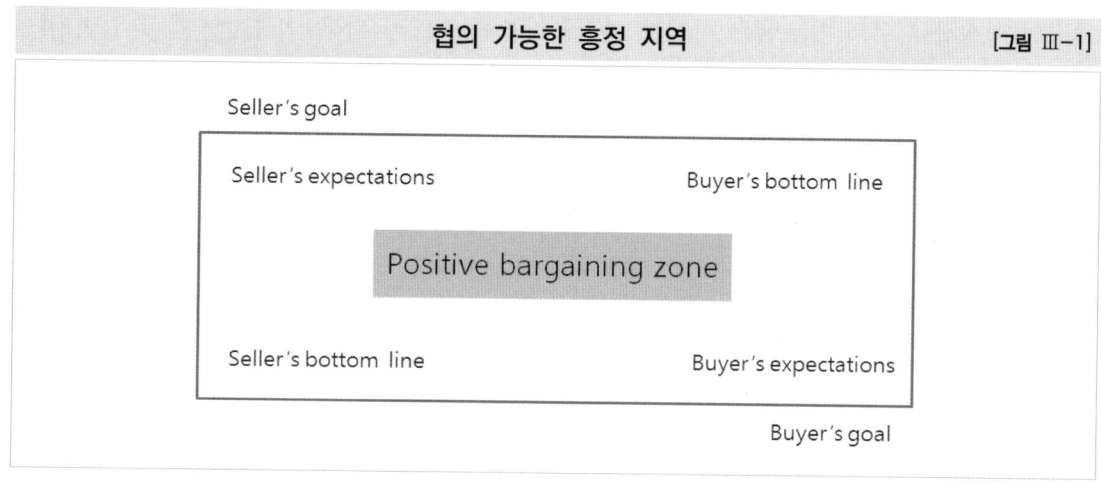

[그림 Ⅲ-1]

협상가는 설정한 최저선이 준거점이 되는 함정에서 빠져나오기 위해서는, 자신의 절대적인 한계치(absolute limits)을 알아야 하지만 거기에 초점을 맞추어서는 안 되며, 대신 목표를 효과적으로 체계화하는 데 힘써야 한다. 목표와 한계점 사이에서 긴장감을 가지고 협상을 조절하기 위해서는 협상목표를 정확히 설정하여야 한다. 여러 경험과 더불어 목표에 초점을 맞추면서 동시에 최저선을 모두 유지할 수 있어야 한다. 또한 협상 상대의 최저선 파악에도 노력을 기울여야 한다. 협상은 목표와 한계 사이에서 긴장감을 조절하면서 보다 높은 기대치를 달성하도록 노력하는 과정이라는 것을 잊지 말아야 한다.

만약 목표를 설정하는 것이 효과적인 협상 준비를 위해 매우 중요하다면 어떻게 해야 할까?
- 정말 무엇을 원하는지 주의 깊게 생각해본다. 그리고 돈은 수단이지 목적이 아니라는 것을 기억해 둔다.
- 낙관적이지만 정당한 목표를 설정한다.
- 체계적으로 준비한다.
- 전념한다. 목표를 기록하고 만약 가능하다면 다른 사람과 그 목표를 검토한다.
- 협상에 목표를 가지고 임한다.

(3) 저항점(Reservation Value) 설정

자신의 저항점은 한계에 가깝지만 자신의 한계를 침범하지 않고 거래를 타결할 수 있는 여지를 충분히 남겨 놓아야 한다. 한계치는 목표의 이면이다. 한계를 명확히 설정해야 하는 확실한 이유 중 한 가지는 자신이 설정한 한계가 자동적으로 저항점을 규정한다는 것이다.

저항점에서 상대방이 자신의 한계를 침범하려 한다면 자리를 떠날 수도 있다는 점을 상대방이 알도록 해야 한다. 즉, 상대방이 한계를 침범해서 협상을 깨 버릴 때까지 기다리지 말아야 한다. 그런 순간이 오기 전에 먼저 의사개진을 해야 한다. 자신이 설정한 한계에 너무 가깝게 접근하는 모든 제안에 대해서 저항해야 한다.

극히 평범한 사람의 경우에는 한계를 설정하지 않음으로써 너무 오래 관계를 끌었던 경험이 있을 것이다. 한계에 충실할 수 없었기 때문에 자신이 원하지 않는 것에 동의한 적이 있을 것이다. 또 누군가에게 한계를 분명히 설정하지 못한다고 해서 비난을 받은 적도 있을 것이다.

협상에 들어가기 전에 한계치를 설정해 두는 것이 필요하다. 미리 한계치를 설정하면 선택의 폭을 알 수 있기 때문에 실제 협상에 들어가서는 많은 시간을 아낄 수 있다. 그리고 선택의 정도를 알기 때문에 토론 중에 확고한 태도를 취할 수 있다. 신속한 결정을 하도록 하는 것은 지성보다는 마음속에 한계치가 얼마나 잘 설정되어 있느냐에 달려 있다.

한계치를 설정하고 난 후에는 협상 목표를 확립하는 것이 아주 쉬워진다. 한계와 목표는 똑같이 중요하다. 신중하고 현실적인 한계치를 미리 결정한다면, 그 한계치는 거친 물살을 통과하며 협상을 안내해주는 방향타의 역할을 수행할 것이다. 또한 한계를 설정하고 목표를 알게 되면 협상 과정에서 상대의 야비한 수법이나 불공평한 술수 따위에 흔들리지 않을 것이다.

■ 한계치 설정의 의미

한계 설정의 의미는 원하는 바를 얻기 위해 기꺼이 무엇을 포기할 것인지를 규정하는 것과 같다. 한계를 설정한다는 것은 어떤 협상에서 발을 빼야만 할 지점을 결정하는 것이다. 가령 자동차 값으로 지불할 수 있는 최고 가격, 종업원으로서 받을 수 있는 최저의 급여, 10대의 자녀에게 허용하는 통행금지 시간 등을 설정해 두는 것도 한계치 설정의 사례가 된다. 일단 자신이 설정한 한계를 넘으면 자동차를 사지 않고, 취직을 하지 않으며, 어떤 약속도 허락하지 않는다. 즉, 안 되는 것이다.

비즈니스 협상에서는 시장 자체가 한계를 규정할 수 있기 때문에 한계 설정이 불필요한 것처럼 보인다. 사람들은 일반적으로 재화나 서비스의 가격에 대해 보편적 생각을 갖고 있다. 즉, 그들은 비슷한 집이나 자동차, 서비스에 대해서 얼마를 지불해야 하는지를 알고 있다. 협상을 통해서 재화나 서비스에 대한 공정하고 타당한 가격의 범위를 뛰어넘지 못할 것이라고 가정한다. 그러나 사실은 그렇지 않다. 비즈니스 협상일지라도 틀을 벗어날 수 있다. 특히 금융 위기나 재정 위기와 같은 불황기에는 한계가 시험받는다.

불행하게도 한계 설정은 대부분의 사람에게 매우 어려운 일이다. 그것은 실천이 수반되어야 한다. 조그마한 것부터 시작하는 것이 좋다. 시간이 없는데 누군가 잡담하러 오면 60초의 한계를 설정해보라. 그러면 60초의 시간으로 그 사람과의 관계를 유지하는 데 필요한 인사를 나누는 충분한 시간을 만들 수 있다. 한계 설정은 충분히 노력할 만한 가치가 있다.

언제나 불리한 거래를 맺는 사람들은 협상을 시작하기 전에 한계를 설정하지 않는다. 그들은 언제 그 자리를 박차고 떠나야 하는지를 모른다. 자신의 한계를 알아야 하며 그것을 어떻게 지켜야 하는지도 알아야 한다. 설혹 상대방이 자신의 한계나 능력에 대해 모른다고 할지라도 일정한 시점에서는 기꺼이 자리를 박차고 일어나겠다는 마음의 준비가 되어 있으면 협상에서 힘과 확신을 얻을 수 있다.

■ **한계치를 설정하지 못한 때의 결과들**

자신의 한계를 설정하거나 하지 않거나, 모든 협상에는 뛰어 넘을 수 없는 선이 존재한다. 마찬가지로 상대방도 뛰어넘을 수 없는 선을 갖고 있다. 만약 시간적 한계를 정해 놓지 않는다면 인내력의 한계 상황에 봉착하게 될 것이다. 사람들은 이 선이 침범될 때, 어떤 느낌이 온다. 대부분의 한계 설정 작업은 누군가 그것을 침범하기 전에 자신이 생각하는 한계가 무엇인지를 상정하는 것이다.

사람들은 사생활에서 자신의 울타리를 침범 받아 화를 낼 때 보통 자신의 한계를 발견한다. 만약 그러한 한계치를 인정한다면 자신의 한계를 말하고 다른 사람들이 그것을 지켜 주도록 요청함으로써 격렬한 감정 대립을 피할 수 있다.

대부분의 협상에서 한계는 결코 시험 받지 않는다. 하지만 먹이를 급습할 준비를 하면서 높은 곳에서 맴돌고 있는 송골매처럼 자신의 한계와 상대방의 한계는 모든 협상에서 쉽게 모습을 드러낸다.

어느 일방의 요구가 상대방의 한계를 침범함으로써 협상이 끝난다면 그 종말은 뜻밖의 상황으로 발전될 수 있다. 양측 모두 배반당했다고 느끼거나 분노를 표출할 것이다. 사실 협상 시작 전에 자신의 한계를 상정해둔다면 그런 문제를 피할 수 있다.

(4) 한계치 설정의 4단계

어떻게 한계를 설정하는지 알고 한계 설정 능력에 대해서 자신감을 가질 때 협상 과정은 바뀐다. 자신의 필요에 의해서 협상에 더 집착할 수도 있고, 협상을 끝낼 수도 있다. 케니 로저스(Kenny Rogers)의 도박판에 관한 그의 히트곡에서 한계 설정의 의미를 잘 이야기하고 있다. 로저스는 이 같은 중요한 진리를 낮은 소리로 노래한다.

> *know when to hold'em* (붙잡을 때를 알고)
> *know when to fold'em.* (접을 때를 알고)
> *know when to walk away, and* (일어설 때를 알고)
> *know when to run.* (달려야 할 때를 안다)

모든 구절에서 나오는 "Know"에 주목해야 한다. 한계를 설정하는 능력은 곧 바로 지식에 달려 있으며 지식은 준비의 결과라고 할 수 있다.

■ **다른 선택도 있다는 사실을 기억하라**

'삶의 신념이 확실하게 정립될 때까지 항상 다른 거래가 다가온다'는 억만장자 넬슨 번커 헌트(Nelson Bunker Hunt)의 말을 생각해 보자. 번커가 항상 좋은 협상을 성사시킬 수 있었던 것은, 만약 거래가 옳지 않으면 언제라도 기꺼이 포기했기 때문이라고 한다. 그는 자신의 한계를 잘 설정했으며 그 한계에 충실했다.

협상에 실패하는 사람들은 구매나 판매를 위한 모든 협상을 항상 타결해야 한다는 생각에 집착하는 경향이 있다. 반면에 훌륭한 협상가는 손을 놓을 때를 잘 안다. 나쁜 거래에서 손을 떼는 것은 좋은 거래를 체결하는 것 못지않게 중요하다고 할 수 있다. 선택을 제한 한다면 큰 감방에 갇히는 것과 같다고 할 수 있다.

■ 다른 선택이 무엇인지 알라

몇 년 전, 하버드협상연구소는 BATNA(the Best Alternative to a Negotiated Agreement)를 제안하였다. BATNA는 그들의 협상 교육과정의 핵심요소이다. 협상에 임할 때에는 제2, 제3의 BATNA를 개발해야 한다. 모든 유익한 대안을 기록하고, 편집하지 말고 그대로 보관해야 한다. 인생은 언제나 선택의 연속이라고 할 수 있다.

■ 자신의 차선책을 알라

대안 리스트를 작성하여 어떤 대안이 가장 적합한지를 결정해야 한다. 개인적인 차선책을 선택하고, 협상이 타결되지 않는다면 어떻게 할 것인지를 결정해 두며, 행동과정에 대해 생각해야 한다. 마음속에 시나리오를 잘 그려 두어야 한다는 뜻이다.

협상은 자신의 차선책을 확실히 이해하는 것으로부터 시작되고, 거래가 타결되지 않을 경우 자신이 선호하는 선택이 무엇인지 인지하고, 각 협상에서 자신의 한계를 규정해야 한다.

■ 설정된 한계는 어떻게든 관철시켜라

한계를 너무 자주 내놓고 양보하면 별로 도움이 되지 않는다. 사실 너무 자주 양보하는 것은 앞으로의 관계에 중대한 영향을 미칠 수 있다. 유아 교육에 있어서 장난꾸러기들을 조용히 시키기 위해 몇 분 후면 사라질 규칙을 끊임없이 만들어 내면 나중에는 부모도 혼란스러워지고, 아이들도 불행해질 수 있다. 자신이 설정한 한계는 어떻게든 관철시키는 것이 좋다.

■ 저항점을 설정한다

한계를 확실히 설정해야 하는 한 가지 이유는 자신이 설정한 한계가 자동적으로 저항점을 규정하기 때문이다. 저항점은 한계에 가깝지만 자신의 한계를 침범하지 않고 거래를 타결할 수 있는 여지를 충분히 남겨 놓고 있다. 저항점에서 상대방이 자신의 한계를 침범하려 하고 있으면 자리를 떠날 것이라는 점을 상대방이 알도록 해야 한다.

본인이 설정한 한계점에서 저항점이 얼마나 멀리 떨어져 있는가? 이는 각자의 개성과 최적대의 설정에 관한 문제이다. 하지만 만약에 한계를 갖고 있지 않다면 언제, 어디에서 강력하게 저항을 해야 하는지 알 수 없다. 따라서 한계점을 설정하면 상대방이 경고를 무시하고 더 진행하면 자리를 떠날 수 있고 협상이 결렬될 수 있는 점을 확실히 밝힐 수 있다. 또한 상대방에게도 협상이 저항점에 도달하고 있다는 사실을 알릴 필요가 있다.

제2장
협상성공을 위한 준비

01 완벽한 준비

철저한 준비가 거래를 승리로 이끈다.

철저한 협상 준비를 통해 간단명료하며 설득력 있는 주장을 하는 것은 매우 현명한 전술이다. 물론 이런 능력이 있다는 사실을 보여주기 위해서 얼마나 많은 준비를 했는지 상대편이 꼭 알아야 할 필요는 없다.

도널드 트럼프(Donald Trump)는 "아무런 준비도 없이 태연하게 협상 테이블에 앉는 사람들이 너무 많다는 사실에 나는 늘 놀라곤 한다. 이들은 논의를 시작하기 전에 사전조사도 하지 않고, 협의사항을 살피지도 않으며, 자신들이 주장할 내용의 우선순위도 정하지 않을 뿐 아니라 심지어 자신의 목표가 무엇인지 파악하려고도 않는다. 당신은 철저히 준비가 되었는데 상대방은 그렇지 않다면, 협상에서 누가 더 나은 결과를 얻게 될 것인지는 불문가지다."라고 말한다.

트럼프는 모든 협상에서 자신은 물론 자신의 팀원들을 준비시키는 데 어마어마한 시간을 들인다. 큰 거래에 국한하지 않고 자신이 참여하는 모든 거래를 그렇게 준비한다. 가능한 한 최상의 준비를 해 놓으면 후에 기습당할 일이 훨씬 줄어든다는 사실을 잘 알기 때문이다. 그는 준비를 더 확실히 했더라면 충분히 예상할 수 있을 문제를 미처 파악하지 못해서 협상 도중에 곤경에 처하는 것을 원치 않는다. 자신감 있는 모습, 거래 전체에 대한 충분한 고려, 제기되는 모든 이슈에 해결책을 미리 준비하는 것 등은 무척 중요한 사항이다. 이러한 것들은 상대방에게 자신을 세일즈하는 데 매우 효과적이다.

만일 당신이 무엇인가를 파는 사람이라면 쇼맨십과 철저한 준비를 통해 잠재적 고객이 당신의 아이디어에 기꺼이 접근하도록 할 수 있다. 가격, 혜택, 기능을 비교하는 것은 그것들이 당신이 제공하는 상품을 유리하게 보이게끔 하는 선에서만 사용되어야 한다.

조지로스, 『트럼프처럼 협상하라』, 조지로스, 에버리지홀딩스, pp. 105-106.

> *"준비에 실패하는 것은 실패를 준비하는 것이다."*
> 어떤 협상이라도 성공을 원한다면 그 첫 단계는 준비단계이다. 준비는 아주 중요한 단계이지만 대부분 완전히 무시되는 경우가 많다. 준비는 협상을 완전히 통제할 수 있게 하는 유일한 부분이다.

1) 준비하라! 준비하라! 또 준비하라!

철저한 준비는 견고한 협상의 기초가 되며, 성공적으로 협상하는 데 필요한 확신을 줄 것이다. 준비를 잘하면 강한 협상력을 바탕으로 협상에 임하게 된다. 사실과 배경을 분석·연구하여 정보로 무장한다면 협상에 있어서 약하다고 느끼는 부분을 개선할 수 있다.

준비행위는 어떤 협상을 진행하는 동안 그리고 협상의 처음부터 끝까지 계속된다. 만약 협상이 진행되는 동안에도 지속적으로 준비를 잘하면 다른 데서는 얻을 수 없는 새로운 정보를 얻을 수 있다. 그리고 향후 다른 비즈니스 거래에서 같은 주제를 접하게 될 경우 철저히 준비해둔 덕을 톡톡히 볼 수 있으므로 특정 협상이 끝난 후에도 '준비의 효과'는 오랫동안 지속된다.

평범한 사람은 장애요소가 가장 적은 쉬운 길을 선택한다. 그러나 훌륭한 협상가는 바쁜 상황에서도 협상에서 부딪히게 될 수많은 장애요소의 해결 방법은 준비이며 또한 시간을 절약하는 최초의 지점이라는 것을 알기 때문에 준비에 집중한다. 따라서 뛰어난 협상가는 협상에서 철저한 준비에 시간과 노력을 들임으로써 많은 이익을 얻는다.

(1) 가장 많이 아는 사람이 이긴다.

무엇을 가장 많이 아는 사람이 이기는 것일까? 가치와 상대이다. 대부분의 사람들은 협상의 파워도 큰 체격, 거친 태도, 강한 말투에서 온다고 생각할 수 있다. 그러나 협상력을 키우기 위해 할 수 있는 가장 쉽고 효율적인 방법은 철저히 '준비'하는 것이다. 세상에서 가장 훌륭한 협상가와 마주 앉아 협상을 하게 될 지도 모른다. 하지만 준비가 잘되어 있다면 협상에서 우위를 확보할 수 있으며 두려워할 필요는 조금도 없다.

그러나 사람들은 준비해야 할 때 스스로를 속인다. 경험이 많은 협상가 역시 너무 자신감에 차 있거나 또는 바쁜 일정 때문에 실속 있는 준비를 포기하는 경우가 있다. 어떤 협상가들은 준비를 위해 시간과 노력을 들이는 일에 가치를 두지 않는 경우도 있다. 물론 사람들에게 준비는 단조롭고 고된 일처럼 느껴지기도 한다.

협상을 시작하기 전에 협상의 모든 측면에 대해 알고 있어야 한다. 성공적인 협상을 위해 가장 중요한 아이템을 확인해야 할 것이다. 첫째, 협상의 쟁점으로 대화를 시작할 때 협상의 키포인트인 가치에 대하여 상대방 보다 더 많이 알고 있어야 한다. 둘째, 협상의 상대방이다. 상대방에 대해서 그리고 그가 협상에서 얻고자 하는 바가 무엇인지 가능한 한 제대로 파악하고 있어야 한다.

■ 가치의 비밀을 밝힌다

대부분의 사람들은 본능적으로 협상에 임하기 전에 어느 정도 준비를 해 두는 편이다. 그리고 어떤 협상가는 마치 개인적으로 전문조사원을 두고 있는 것처럼 철저히 준비하기도 한다. 이처럼 협상팀은 미리 협상에 대한 정보를 조사하고 계획을 수립한다.

그러나 어떤 사람은 본능적으로 준비를 못하는 경우도 있다. 만약 협상 준비의 대상이나 방법에 대한 노하우가 없다면 준비하려는 노력이라도 해야 한다. 재화나 서비스를 매매하기 위한 협상이라면 협상 객체에 대한 가치는 무엇인가? 즉, 협상에서 가격 흥정에 집중하기 보다는 협상의 대상물이 어떤 진정한 가치를 가지고 있는가에 집중하는 편이 더 낫다.

언제나 가치는 보는 사람의 눈 속에 있다. 협상준비를 위해 정보 수집을 끝마칠 때는 오직 서비스나 제품이 가지고 있는 자신만의 궁극적인 가치를 결정할 수 있어야 한다. 당연히 매매 협상에서 협상가는 돈을 주거나 받는 당사자로써 가치를 결정해야 한다. 다이아몬드와 같은 수억 원에서 10원짜리 물건에 이르기까지 전문가들은 가격에 관한 조사 자료를 모으고 그 품목의 가치에 대한 보고서를 만들어 낸다. 이 자료들은 내부 전문가가 세상에서 일어나고 있는 일에 대해 어떻게 인지하는가를 보여준다.

가치는 시간에 따라 변한다는 사실을 잊지 말아야 한다. 만약 자신이 구매자의 입장이라면, 구매결정 시 고려해야 할 한 가지 중요한 사실은 구입하는 품목을 얼마나 오랫동안 간직할 것인가 하는 점이다. 구입품을 더 오래 간직할 계획이라면 그 구입품은 그만큼 오랫동안 가치를 유지해야 한다. 표준적인 가치 하락에 관한 정보는 현재의 가치에 관한 정보만큼 중요하다. 품목의 가치하락률을 아는 것은 확실히 그것의 현재 가치를 아는 것만큼 중요한 것이다. 정보를 수집할 때 반드시 좋은 메모장을 가지고 다니면 유용할 것이다.

- 소비자 보고서 참고
- 온라인 서비스를 샅샅이 읽는다.
- 도서관을 찾는다.
- 윈도우 쇼핑을 즐긴다.
- 질문한다.
- 내부보고서를 읽는다.
- 관련 정보에 밝아야 한다.

■ 상대방을 파악하라

철저하게 준비하는 훌륭한 협상가도 준비의 한 영역에서 자신을 기만할 수 있다. 바로 자신과 협상할 상대방에 대한 충분한 정보 수집에 실패하는 경우이다. 상대방의 기술, 강점, 약점, 특성 등에 대해서 연구하지 않고 시합에 임하는 권투선수나 레슬링 선수는 없을 것이다. 일반적으로 선수들은 보고서나 필름을 이용하여 상대선수에 대해 세심하게 연구한다. 그들은 상대방의 스타일을 흉내 내는 파트너와 모의 시합을 한다. 중요한 협상에 임할 때에도 이와 같이 철저하게 사전 준비를 해야 한다. 상대를 철저하게 연구하는 일은 중요하다.

특히 협상의 주제가 무형의 것에 관한 것이라면 상대방을 파악하는 것은 결정적으로 중요하다. 서비스나 무엇인가를 할 수 있는 권리와 같은 무형의 상품일 때는 상대방 신용, 정직성, 능력 등에 관해 완벽하게 알아야 한다. 이런 협상은 상대방이 어떤 사람인가에 따라 큰 영향을 받기 때문이다.

정보를 충분히 수집하고 수집한 정보를 과소평가해서는 안 된다. 수집한 모든 자료로 무엇을 할 것인가를 고민하고 앞으로의 협상 모형을 만들기 위해 적절한 정보를 이용한다. 협상에 관한 세미나에서 왜 정보가 결정적으로 중요하며 자신과 상대방의 지위를 파악함으로써 어떻게 완전한 협상이 이루어지는 지를 눈여겨 볼 필요가 있다. 또한, 상대방이 여성인지 남성인지를 고려하여야 한다. 이에 따라 협상 진행에서 협상 방법을 특별하게 준비하는 것이 좋다.

(2) 협상상대를 구체적이고도 정확하게 확인한다.

만약 협상 상대방이 누구인지를 모른다면 그 사람에 대해서 제대로 조사할 수 없다. 누구와 협상할 것인지를 파악하는 것은 협상을 준비하는 데 결정적으로 중요하다. 협상 상대방은 스스로 선택할 수도 있고 그렇게 하지 못할 수도 있다.

■ **협상 상대가 주어진 조건에서 일하기**

대부분의 협상에서 협상상대를 지정해서 협상하지는 않는다. 오히려 이미 지정된 사람과 협상하는 것이 일반적이다. 사람들은 지정된 협상자보다 더 높은 지위에 있는 사람과 협상하려고 한다. 하지만 그런 전술은 보통 그 기업의 문화를 무시하는 것이기 때문에 실패한다. 더구나 더 높은 지위에 있는 사람과 협상하는 것은 거의 불가능하다. 즉, 자신의 의지대로 협상자를 지정해서 협상을 진행할 수는 없다.

지정된 협상 담당자는 최종적인 합의에 얼마나 열성적인지, 그 거래가 회사나 의뢰인을 위해서 좋은 것이라고 믿고 있는지 등을 확인해 두어야 한다. 그리고 열심히, 친절하게 협상함으로써 그 사람을 통해 합의를 이끌어 내야하며, 이 과정에서 냉정을 잃지 말아야 한다. 협상상대방 역시 합의에 도달한 후 회사나 의뢰인에게 최종 결과를 보고해야 하므로 상대방도 틀림없이 그 결과에 대해 긍정적으로 느낄 수밖에 없다.

■ **협상상대를 선택하기**

어떤 상황에서는 협상상대방을 지정하여 협상에 임할 수 있다. 예를 들면 조그만 가게에서 특별한 품목에 대해 협상할 작정이라면 판매원이 아니라 직접 주인과 협상할 수도 있을 것이다. 만약 협상과정에서 협상상대가 최선의 사람인지 잘 모르겠으면 우선 쉬운 화제부터 시작하여 상대방을 파악할 수 있다.

그 사람이 얼마나 오랫동안 그 일을 했는지, 그 사람의 과거 경험이 무엇인지를 파악하는 과정에서 그 사람이 어느 정도의 권위와 재량권을 갖고 있는지를 알 수 있다. 그 조직에 소속된지 얼마 안 되는 사람이라면 오래된 사람보다 권위나 재량권이 적은 것이 일반적이다. 또한 승진에서 계속 누락된 사람이라면 그는 회사에 실망하고 충성심이 없는 사람일 것이다.

■ 협상 상대방을 위해서도 준비

상대방에 대한 정보 수집은 하루하루가 다르다. 아무리 상대방을 잘 안다고 해도 특별한 준비 없이 협상을 시작할 수 있다고 가정해서는 안 된다. 예를 들어 구매자와 잘 아는 정규판매원이 "요즈음 어떠세요?"라고 말한다면 이것은 의례적인 인사말인지, 아니면 협상의 준비인지를 눈치 채야 한다. 또는 집 앞에 주차를 부탁하려는 이웃 사람이 "가족들은 평안하십니까?"라고 말문을 열면 이것이 의례적인 인사말인지 아니면 협상을 위한 준비인지 알아야 한다. 설혹 과거에는 이것이 의례적인 인사말이라도 그것을 협상 준비의 일부로 만들고 그 사람의 대답에 따라서 그 사람을 대하기 시작하면 될 것이다. 그 사람의 답변이 시무룩하다면 협상을 중단해야 할 수도 있다.

■ 감추어진 의도를 찾는다

협상을 준비할 때 재고해야 할 사항은 모든 것이 겉으로 보이는 것과 일치하는 것은 아니라는 것이다. 아마도 어떤 구매자는 구매하는 것 이외에 거래 회사와 좋은 관계를 원할지도 모른다. 구매자는 그 분야에 뛰어 들려고 거래상대방의 사업이 어떤지 알고 싶어 할지도 모른다. 어쩌면 또 다른 구매자는 경쟁자에게 어떤 교훈을 가르치고자 할지도 모른다. 협상의 세계에서 이런 숨어 있는 동기를 '감추어진 의도'라고 부른다.

감추어진 의도를 찾아내는 것은 어렵다. 그렇기 때문에 협상과정에서 드러난 문제에만 집착하지 말고 감추어진 의도가 있을지도 모르는 가능성을 늘 열어 두어야 한다. 그것을 빨리 찾아내는 것은 어려운 일이나 준비의 일부로서 협상 동기에 대하여 충분히 수집을 하였다면 감추어진 의도를 찾아낼 가능성은 더 높아진다.

상대방의 입장에서 거래를 추진하고 있는 이유가 무엇인지를 많이 알면 알수록 그 거래를 유리하게 체결할 수 있을 것이다. 모든 협상에 적용될 수 있는 확정된 법칙은 없지만 다음과 같은 원칙은 일반적으로 적용된다.

"그들의 동기, 희망, 요구 등 협상상대방에 관해 가능한 모든 정보를 수집하기 위해 준비의 안테나를 상대방에게 맞추어라." 또한 상대방이 바라는 것에 더 가깝게 주파수를 맞춤으로써 협상에서 원하는 바를 더 많이 얻을 수 있다.

2) 협상 체크리스트 만들기

협상을 시작하기 전에 체크리스트를 만들어 둔다. 아무리 좋은 아이디어라도 체크리스트에 기록해 두는 것이 좋다. 또한 아무리 단순한 협상일지라도 협상을 시작하기 전에 기본적인 사실들을 기록하는 것이 유익하다.

(1) 메모하기

협상에 관해 수집된 정보를 기록하는 것보다 더 중요한 일은 상대방에 대해 무엇인가를 발견할 때마다 기록하는 것이다. 협상하고 있는 상대방에 대한 정보 부족은 준비단계에서 범하기 쉬운 가장 일반적인 실패이다. 그런 함정에 빠지지 않기 위한 가장 좋은 방법은 상대방에 대한 어떤 정보도 잊지 않는 것이고 이는 메모를 해 둠으로써 해결할 수 있다. 더 필요한 것이 있으면 계속 추가하면 된다. 협상에서 메모해 둔 정보야 말로 최고의 가치가 있다. 왜 정보를 기록해 두어야 하는지 그 이유는 다음의 두 가지로 요약할 수 있다.

첫째, 선행 연구에 따르면 종이에 쓰고 나서 바로 그 메모지를 던져 버린다고 하더라도 무엇인가를 쓴다는 행동자체가 정보를 기억할 확률이 훨씬 높다는 것이다.

둘째, 정보를 기록하면 쉬운 검색 체계를 갖게 된다. 만약 협상에서 열정 넘치는 상대방이 사실을 약간 왜곡하더라도 흔들릴 필요는 없다. 단지 '노트를 체크해 보자'고 하고 상대방이 원래 했던 말을 다시 읽어 봄으로써 쉽게 확인할 수 있으며, 그렇게 하는 것이 상대방을 덜 모욕하는 것이다.

그 다음 비즈니스 협상에 대해서 생각하고, 협상할 상대방에 대해서 알고 있는 것을 모두 메모해 둔다. 그리고 협상상대방에 관한 준비가 얼마나 광범위할 수 있는가를 보여주는 정보체크리스트를 검토한다. 물론 이 많은 정보가 모든 협상에서 필요하고 유익한 것은 아니다. 따라서 정보체크리스트를 자신의 협상상황에 맞게 수정하여 활용하면 된다.

(2) 정보체크리스트

다음 항목들을 중심으로 협상 상대방에 관한 정보를 체크해 둔다.

- **아젠다(Agenda)**
    - 풀어야 할 문제
    - 핵심이슈
    - 내가 원하는 목표, 나의 요구
    - 구체적인 목표(우리측/상대방)
    - BATNA(우리측/상대방)

- **협상파트너**
  - 성명
  - 협상파트너와 회사와의 관계는?
  - 회사에 근무한지 얼마나 되었는가?
  - 그 회사와의 관계에 대한 장래계획은?
  - 떠날 계획이라면 언제인가? 그리고 어떤 상황인가?
  - 협상을 위한 협상파트너의 권한은?
  - 본 협상과 관련한 회사정책은 무엇이 있는가?
  - 협상가는 어떻게 보상을 받는가? 이 협상에서 돈이 절약되면 어떤 인센티브가 있는가?
  - 그 보상은 커미션인가 아니면 월급인가?
  - 협상파트너에게 어떤 시간적 제약이 있는가?
  - 협상파트너의 직장에서는 어떤 다른 압력이 있는가?
  - 최종적인 결정을 내리기 전에 협상파트너가 의논해야 하는 다른 사람이 있는가?
  - 협상파트너의 권한에 한계는 없는가? 즉, 계약을 맺을 수 있는 상한선이 있으며, 그 보다 더 높은 권한이 필요한가?
  - 그 상한선은 무엇인가?
  - 협상파트너는 그의 상사에게 어떻게 인식되고 있는가?
  - 당신에 대한 협상파트너의 태도는?
  - 회사에 대한 태도는?
  - 협상 주제에 대한 태도는?
  - 과거 협상파트너와 비슷한 거래를 한 사람은 누구인가?
  - 협상파트너와 거래를 했던 사람은 어떻게 만날 수 있는가?
  - 경험을 했던 그 사람은 협상파트너에 대해서 무엇을 조언하는가?
  - 협상파트너에 대한 전반적인 평가는 어떤가?

3) 이문화 협상 준비

글로벌 협상을 준비하는 데 있어서는 현지어도 중요하지만 문화와 문화의 맥락을 이해하고 차이를 좁히는 것이 더 중요하다. 만약 글로벌 협상에 참여한다면 협상의 주제 뿐 아니라 협상에 참여하는 각국의 문화적 특성에 대해서도 준비해야 한다. 물론 글로벌 비즈니스 협상을 이끄는 협상가는 더 많은 것을 준비하고 알고 있을 것이다. 또한 미래에 글로벌 협상에 임하게 될 직무에 종사한다면 일찍부터 그 나라의 문화와 법률 그리고 비즈니스 실무에 대해서 많은 정보를 수집해 두어야 한다.

글로벌 협상에서 효율적인 협상가들은 대부분 그 문화를 직접 경험한 기회가 있었던 사람들이다. 만약 정말로 행운이 있는 사람이라면 젊었을 때 이문화를 자연스럽게 받아들일 기회를 잡았을 것이다. 협상파트너와 동일 문화권에서 생활할 기회가 없었다면 이문화를 이해하기 위해 그 만큼 많은 노력을 해야 한다.

이문화에 관한 소개서를 읽는 것도 협상준비의 하나이지만 이문화를 흡수하여 그 리듬, 음율 및 규칙에 따라서 편안하게 적응하는 것은 전혀 다른 일이다. 어떤 문화를 존중하는 것을 배우기 위해서는 아주 오랜 시간이 필요하다. 그 문화를 존중하고 그 사람들의 뿌리를 진실로 이해하게 될 때 비로소 그 그룹에 속하는 개인과 효율적으로 거래할 수 있는 유용한 협상기법을 발견할 수 있을 것이다.

(1) 어떻게 하면 현지인처럼 말할 수 있는가?

글로벌 협상은 특별한 준비를 필요로 하지만 그 도구는 밖에서 찾아야 한다. 협상하려는 사람들의 역사와 지리, 풍습, 신앙 등에 관한 책을 읽어 두는 것도 필요하다. 그런 특별한 지식을 많이 축적해 둘수록 글로벌 협상에 임할 경우 협상에서 덜 당황하고 더 많은 성과를 얻게 될 것이다. 만약 협상파트너 구역에 가서 협상을 진행한다면, 협상을 준비하면서 얻은 지식을 그 협상에서 충분히 활용할 수 있다. 다음의 항목들에 유의하여 준비할 필요성이 있다.

- 협상 상대국의 문화를 경험한 친구나 비즈니스 동료에게 도움을 얻어라. 우리 주변에는 여행에 대해 정보를 공유할 사람이 많다.
- 유익한 책을 많이 보라. 그리고 그 문화에 관한 비디오와 영화를 보라.
- 인터넷은 다른 문화로 가는 통로를 제공해 줄 수 있다. 다른 나라의 컴퓨터광과 잡담을 나눌 수도 있으며 웹 페이지와 SNS를 통해 찾아갈 수도 있다.
- 많은 도시에 외국정부의 지원을 받는 문화센터가 있으며, 방문하고자 하는 나라에서 파견된 사람들도 많이 있다.
- 민족 고유의 음식들을 체험하고 음식점 주인들과 이야기해보라. 그 나라의 음식에 대해 직접 배우는 동안 그 나라에 관한 풍부한 정보를 얻게 될 것이다.

(2) 공공기관의 도움 또는 간섭

외국 정부기관들이 거래를 위한 협상테이블에 관여하는 수준에 대해서도 신경 써야 한다. 미국의 기업 간부들은 비즈니스 규정에 대해서 많은 불평을 털어놓는다. 대부분의 미국인들은 연방정부, 주정부, 지방정부가 비즈니스에 너무 많이 관여한다고 생각한다. 미국인들은 개인 간 비즈니스에 사사건건 관여하는 외국정부 때문에 귀찮아한다. 미국인들은 미국에서는 순전히 사적인 것으로 간주되었을 수많은 거래에 간섭하는 외국 정부 관리를 이해하지 못한다.

정부의 관여수준에 대해서 사전에 알고 있다면 큰 문제가 되지 않을 것이다. 외국 관료들의 관여를 비판하는 것은 협상 목표에 결코 도움이 안 된다. 그리고 세계 각국의 생활방식 또한 각기 다르다. 이런 다양성을 잘 연구해서 협상에서 원하는 것을 더 많이 얻어내는 것이 중요하다.

(3) 일반문화, 하위문화, 또는 개인에 대해 어떻게 조사할 것인가?

문화탐색을 시작하기 전에 어떤 문화를 다룰 것인지를 확실히 해야 한다. 협상을 준비하는 글로벌 협상가가 당신에게 아시아의 문화가 동일하냐고 질문하면 대답을 망설이게 될 것이다. 한국, 일본과 중국의 문화차이는 매우 크다. 효율적으로 협상을 준비할 작정이라면 한중일 문화를 함께 묶어 생각하는 것은 어리석은 일이다. 말레이시아에서 함께 살고 있는 이슬람교도와 기독교인은 같은 말레이시아인이고 일상적으로 관계를 맺고 있긴 하지만, 서로는 매우 다른 가치관을 갖고 있다.

문화 속에는 하위문화가 존재한다. 택시기사들이 선호하는 문화는 세계 어디서나 같을 것이다. 중국의 인력거꾼이나 마닐라의 소형합승버스 기사 또는 세계각지의 택시기사들은 낯선 사람이 타면 가장 낯선 길, 그것도 멀리 돌아가는 길로 안내하는 경향이 있다. 누구나 그런 일에 직접 부딪힌다면 준비 부족으로 요금을 고스란히 지불할 수밖에 없다. 그러므로 더 빠르고 저렴하게 상쾌한 길로 가려면 구체적으로 길을 미리 지정해 주어야 한다.

협상상대방의 문화에 대한 정보를 수집하면서 상대방 즉 '개인'에 관한 정보도 준비해야 한다는 사실을 잊지 말아야 한다. 비록 그 문화에 대해 제대로 이해를 못해도 협상파트너의 스타일을 정확하게 알고 그에 맞게 행동하면 노련한 글로벌 협상가가 될 수 있다.

(4) 준비가 덜 되어 있다.

준비가 완료될 때까지는 협상을 시작하지 않는 것이 좋다. 이것은 규칙은 아니지만 현실적인 문제이다. 어느 쪽도 너무 성급한 협상은 선호하지 않을 것이다. 준비 없이 협상상대를 마주칠 수도 있지만, 준비되어 있지 않다면 효율적으로 협상할 수 없다. 아직 준비되지 않았는데 누군가 협상을 시작하려고 한다면 "아직 준비가 덜 되었다"고 말하고 상대방의 말을 들어 주는 것이 더 좋다. 특히 협상의 시작단계에서 열심히 상대의 말을 듣는 것은 준비의 연장일 경우가 많다.

다른 사람이 말할 때 듣기만 해도 잃을 것은 없다. 답변을 요구받는다면 아직 준비하지 못했으며 답변을 준비할 시간이 필요하다고 요청하면 된다. 상대방이 "더 할 말이 있는가?"라고 물을 때 몇 가지 질문을 해서 더 많은 자료를 확보할 기회를 가질 수도 있다.

(5) 협상준비가 중요한 이유

협상의 준비(preparation) 과정에서 간과해서 안 되는 것은 서로 합의점에 이르기 위해서 무엇이 중요하고 무엇이 그렇지 않은 지를 알아내는 일이다. 협상준비를 잘 한다는 의미 중의 하나는 협상 도중에 발생할지도 모를 문제들을 예상하고 그러한 문제해결에 도움이 되는 정보를 미리 확인해 두는 것이다. 이로써 협상의 방향을 올바르게 설정할 수 있을 뿐만 아니라 협상의 효율성을 도모할 수 있다.

기본적으로 협상준비를 잘 해 두면 협상의 의제를 명확히 하여 보다 효율적으로 협상을 진행할 수 있으며, 결국 협상가의 능력이 돋보인다. 협상준비가 잘 되어 있다면 협상가에게 자신감을 불어넣기도 하고 보다 침착하게 협상에 임할 수 있다. 특히 협상준비가 철저하다면 협상 도중에 냉정을 잃지 않게 되고 협상에 따르는 공포감을 없애 주기도 한다.

협상 준비는 협상을 성공으로 이끌기 위한 초석이다. 즉, 협상가에게 자신감, 성공의 확신 및 돌발적인 상황에 대한 대처능력을 높여 주는 등 향후의 수많은 거래들을 성공적으로 성사시킬 수 있도록 협상력을 제고시켜 줄 것이다. 철저한 협상 준비는 곧 거래의 성공적 계약체결을 견인하는 기초 작업이라는 점을 잊지 말아야 한다.

4) 첫 협상의 준비사항

어떠한 협상이든 협상의 첫 회의에서는 대부분 공통적으로 언제, 어느 곳에서, 어떠한 옷차림으로 협상에 임할 것인지 등과 같은 협상 여건을 조성하기 위한 만남일 것이다. 그러나 아무리 협상준비를 철저히 한다 하더라도 돌발적인 문제는 늘 발생한다.

(1) 협상 여건 조성

협상을 위한 최적의 환경조성이 어떠한 결과를 가져올지 잘 모르는 협상가들이 있다. 시간과 장소를 한 번 약속하면 이를 변경하기 곤란하다는 점을 간과하지 말아야 한다. 협상 당사자는 누구나 자신의 사무실에서 협상을 하면 가장 편할 것이므로 자기 사무실을 선호하게 된다. 만약 음식점 같은 곳에서 협상이 진행되면 난처한 문제들이 많을 것이다. 따라서 어느 장소에서 협상을 하는 것이 유리한지 사전에 검토하고 조정해 나가는 것이 중요하다.

■ **홈그라운드가 유리**

협상장소가 자신의 사무실이라면 아무래도 협상을 유리하게 진행할 수 있다. 우선 사무실에는 협상에 필요한 모든 자료들이 있다는 점과, 부하직원들이 있어서 그들의 전문적 지식이 필요한 경우 쉽게 활용할 수 있기 때문이다. 결국 전적으로 협상의 주도권을 가져가게 되므로 협상의 결과를 유리하게 이끌 수 있다.

그러나 협상 상대방의 입장도 고려해야 한다. 자신의 홈그라운드에서 상대방이 편안하게 느낄 수 있도록 협상 환경을 조성해 주는 일도 중요하다. 협상파트너의 전용실을 만들거나 파트너를 접대할 전담직원을 배치하고 회사를 견학하게 하는 등 편안하게 협상을 진행할 수 있도록 여건을 조성해야 한다. 또한 숙박시설이나 식사를 비롯하여 협상을 위해 방문한 장소에서 협상파트너가 필요한 것들을 편안하게 제공받을 수 있도록 배려해야 한다.

이와 같은 협상환경이 모두 조성되어야 비로소 홈그라운드에서 협상을 진행하는 것을 상대방이 합의해 줄 것이며 다음 협상에서도 협상장소를 결정하는 데에 별다른 이견이 없을 것이다. 물론 여러 가지 협상기법을 잘 숙지하여 전략과 전술을 효과적으로 구사할 수 있다면 어디에서 협상을 진행하든 협상장소 결정의 문제는 중요하지 않을 수 있다.

그러나 북·미 협상처럼 국가 간에 진행되는 특별 협상의 경우 협상장소를 결정하는 문제는 상당히 중요할 수 있다. 즉, 협상이 진행되는 국가의 유권자는 매우 폭넓은 관점에서 정치적 의미를 부여한다. 또한 협상 당사국의 지도자는 협상결과에 따라 강력한 이미지를 심어주기 때문에 협상장소를 결정할 때 심사숙고 한다.

■ 자리배치

좌석배치의 문제는 여러 가지 말썽거리를 야기할 수 있다. 특히 의전에 있어서 좌석배치가 매우 중요하므로 신중을 기해야 한다. 좌석배치를 위한 고려사항들을 정리하면 다음과 같다.

- 개인적으로 긴급하게 조언해야 할 사람이 있다면 리더의 바로 옆에 앉게 한다.
- 논쟁을 가장 많이 해야 할 사람이 있다면 주빈의 맞은편에 좌석을 배치한다. 만약 협상팀의 리더라면 상대방 협상팀의 리더 맞은편에 배치하는 것이 좋다. 너무 정면으로 마주 앉는 것이 마음에 걸린다면 한두 자리 옆으로 비켜 배치하는 것도 좋다.
- 누구를 문 쪽에 가장 가깝게 앉히도록 할 것인지, 또는 누구를 전화에 가장 가깝게 배치해 둘 것인지도 고려해야 한다. 협상 도중에 전화를 사용해야 할 경우가 있거나 협상회의장 밖에서 몇 사람만 모여서 긴급한 토론을 해야 할 경우에 대비하여 자리배치를 해 둘 필요가 있다는 뜻이다.
- 창문의 위치와 햇빛이 비치는 반사각에 대해서도 고려하여 자리배치를 하는 것이 좋다.

■ 소음 상태

협상 장소를 정할 때 상대방의 발언이 잘 들릴 수 있는 장소를 고려해야 한다. 만약 회의 장소에 장애물과 소음이 많다면 아무리 노력해도 상대방의 발언을 제대로 청취할 수 없게 되어 협상을 어렵게 만들 수 있다. 사람들은 중요한 상담 건을 가지고 점심 약속을 하는 경우가 많다. 특히 미국문화에서 식사는 사회적 활동의 중요한 부분이다. 점심식사 모임은 사람들을 사귈 수 있고 동시에 인간관계를 발전시켜 나갈 수 있는 기회를 제공한다.

그러나 주변이 너무 소란스러운 곳이라면 그 식사시간이 중요한 안건을 두고 협상하기에 좋은 기회라고 볼 수 없다. 협상을 성공으로 이끌기 위해서는 편안한 분위기를 제공할 수 있는 장소여야 하고 또한 시각, 청각, 후각 등에 어떠한 방해도 없는 곳이어야 한다.

■ 협상여건의 사전계획

만약 회사에 공간배치를 새로이 할 기회가 있다면 쾌적한 협상장소로서 회의실을 준비해 둘 필요가 있다. 협상을 위한 회의실은 적당한 크기로 하여 휴게실 부근에 배치하는 것이 좋다. 회의실 사용빈도가 적다고 해서 협상공간을 줄일 필요는 없다. 아무리 젊은 협상팀이라 할지라도 장시간 업무를 수행하는 경우 육체적으로 휴식이 필요하고 에너지 재충전을 통해 회복되어야 한다. 휴게실 옆에 배치된 회의실은 비즈니스 협상의 심장 역할을 수행할 공간이다.

■ **협상 참가자의 명단 점검**

협상팀을 구성할 때 협상테이블에 누가 참석하고 참석하지 않는지의 문제는 그 자체로서 협상의 의제가 될 수 있다. 협상팀에서 회의를 준비할 때 참석인원이 예정된 인원과 어긋나서는 안 된다. 예정에 없이 협상 참가를 원하는 사람이 있다면 메일을 보내 정중히 거절하도록 한다. 이들이 협상에 참여하여 다른 목소리를 냄으로써 협상을 지연시키거나 방해를 하는 행위를 사전에 예방하기 위함이다. 특히 참가자가 많아지면 의사진행을 조정해야 하는 문제가 생기게 되고, 그만큼 협상도 복잡해지며 불필요한 발언을 하는 사람이 많아질 가능성이 높아진다.

■ **의사 진행표 작성**

의사진행표는 협상을 통제할 수 있는 훌륭한 장치 중 하나이다. 이는 협상 상대방이 협상에 불리한 문제를 회피하거나 마음대로 처리하지 못하게 통제할 수 있다. 의사진행표를 준비해 두면 협상책임자 역할의 여부와는 상관없이 협상을 유리하게 진행시킬 수 있다. 협상과정에서 토론하고 싶지 않은 의제가 있거나 준비가 덜 된 의제가 있다면 의사진행표에서 빼고, 반대로 선택적 의제를 의사진행표에 넣을 수도 있다.

우리 사회에서 문자화된 말은 매우 큰 힘을 갖는다. 어떤 모임에서든 참석자 모두가 동의하여 작성된 의사진행표는 모두에게 힘과 권위를 가지게 된다. 의사진행표는 협상계획의 성격을 지니므로 협상의 성격을 명확히 해주기도 한다. 동시에 협상이나 모임의 윤곽을 제시해주기 때문에 협상 참가자 또는 모임의 당사자로 하여금 앞으로 일어날 일에 대해 주의를 기울이도록 해준다. 의사진행표를 작성하는 것은 그 자체로 기술이라고 할 수 있으므로 다음과 같은 몇 가지 지침을 따르는 것이 좋다.

- 말하고 싶은 것과 알고 싶은 것을 빨리 메모한다.
- 의사진행표에 포함시키고 싶은 것을 체크해 둔다. 상대방으로부터 끌어내고 싶은 정보는 의사진행표가 아니라 개인노트에 기록해 둔다.
- 말하고 싶은 주제 순서를 정해 놓는다. 합의를 이끌어 내기 쉬운 것부터 회의를 시작하는 것이 가장 좋다.
- 회의에 참석하는 모든 사람에게 나누어 줄 수 있도록 복사본을 충분히 만들어 둔다. 참석하고 싶지만 참석하지 못한 사람들을 위해서도 여분을 준비한다. 기록과 정리를 위한 비품도 충분히 준비해 둔다.

협상 준비 및 계획에 있어서는 심리학 내용만 하더라도 몇 권의 책을 써도 부족할 정도로 많은 준비가 필요하다. 그러한 내용을 가장 쉽게 압축하여 제시하는 방법이 바로 의사진행표를 작성하는 일이다. 그리고 눈을 감고 협상테이블을 머릿속에서 그려본다. 참석자의 얼굴을 상상하고 협상의 시작단계를 생각한다. 그리고 그 회의에 알맞은 리듬을 구상해 두어야 한다.

이때 주의할 점의 하나는 의사진행표는 협상에서 논의될 이슈의 순서를 제안하는 것이지 그 순서를 결정하는 것은 아니라는 것이다. 만약 특정 사안에 대해 논쟁이 벌어지게 되면 의사진행표에 따라 그러한 문제를 뒤로 미루거나 갈등 양상을 가라앉힐 수 있도록 진행하면 된다. 또한 의사진행표는 협상 도중에 발생하는 민감한 사안들이 부주의로 인하여 영원히 묻혀 버릴 우려도 방지해 준다. 만약 협상진행의 책임이나 모임을 주재하는 입장이 아니라면 누군가 의사진행표의 순서를 고친다고 해서 당황할 필요는 없다. 무엇보다 협상의 기본적 이슈들이 모두 포함되어 있는가를 확인하는 일이 중요하다. 협상의 통제장치 역할을 수행하는 의사진행표의 가치를 과소평가해서는 안 된다.

■ 시간적 여유를 가지고 준비

협상을 위한 회의 시간이나 협상 전체의 일정을 결정하는 것은 중요하다. 협상파트너를 통제할 수 있는 상황이 아니므로 협상일정을 넘겨야 할 때는 직접 상대방에게 일정 연장의 이유를 제시하는 것이 좋다. 일정 연기를 요구할 경우 타당한 이유가 있다면 그러한 이유를 정확하게 전달해야 한다. 협상에 필요한 시간보다 좀 더 여유 있게 일정을 잡아 두는 것이 바람직하다. 만약 협상에 필요한 시간보다 턱없이 많은 시간의 여유를 두었다 해도 나머지 시간은 다른 일정을 위해 사용할 수 있으므로 아무런 문제가 되지는 않을 것이다.

일반적으로 국제거래는 국내거래보다 더 많은 협상시간을 요구하므로 일정을 넉넉하게 잡아야 한다. 국내거래에 소요되는 협상일정보다는 아예 두 배 정도 길게 잡아 두는 것이 좋다. 시간적 여유를 두고 협상일정을 잡아야 하는 이유를 요약하면 다음과 같다.

- 협상 당사자는 서로 문화적 차이를 이해하면서 조심스럽게 접근해야 한다.
- 협상 당사자가 동일한 언어를 사용하더라도 악센트가 특이하거나 또는 방언을 사용한다면 언어적 차이를 이해하는 데에 많은 시간이 요구될 수 있다.
- 협상주최측이 해외에서 온 방문객을 접대하면서 협상을 진행할 때 매일 저녁마다 회의를 개최한다면 상대방은 저녁행사로 인하여 피로가 누적될 수 있기 때문에 시간적 여유를 많이 두는 것이 필요하다.

한편 세계적으로 시간에 대한 태도나 관점은 매우 상이하다는 점을 잊지 말아야 한다. 영국사람들은 시간에 대해 매우 엄격한 편이다. 가령 공연시간이나 기차시간에 이르기까지 모두 정해진 시간에 정확하게 맞추지 않으면 안 된다. 그러나 멕시코인은 시간관념이 다소 느슨한 편이어서 정해진 시간의 비슷한 시점에 맞춘다.

(2) 직접 준비

어느 조직에서나 중요한 인재를 협상팀의 일원으로 참가시킨다. 물론 협상테이블에 참석하지 않고 협상의 보조자 역할을 수행한다 하더라도 그 자체로서 중임을 맡은 것이다. 담당 임무가 회의실을 마련하고 의사진행표를 준비하며 좌석배치 등과 같은 일이라 할지라도 이러한 협상준비를 경험해보는 것은 조직 내의 자신에 대한 미래비전 측면에서 매우 바람직스러운 일을 맡은 것이다. 이때 자신을 기만하지 말고 스스로 직접 협상준비를 진행하면서 자신을 성찰할 시간을 가지는 것이 좋다.

■ 충분한 휴식과 약간의 긴장

협상에 최선을 다하기 위해서는 충분한 휴식과 긴장의 끈을 놓지 말아야 한다. 긴장은 상대방의 질문공세에 대해 재치 있게 답변할 수 있는 준비상태를 의미하며, 이로써 자신의 집중력과 청취력이 향상될 것이다. 또한 협상에서 무모하게 덤비지 않고 신중을 기할 수 있으며 충분한 휴식을 통해 협상으로 인한 스트레스와 피로감을 줄일 수 있을 것이다. 잠자리가 편안하면 충분한 휴식을 취할 수 있으므로 어떤 협상에서든 맡은 바 임무를 잘 수행할 수 있다.

■ 정중한 옷차림

누구든 권력과 존경을 얻기 위해서라면 어떤 옷을 어떻게 입어야 하는지의 문제는 상당히 중요하다. 비즈니스 분위기에 맞추어 정중한 옷차림으로 협상에 임하는 것은 기본자세이다. 정중한 옷차림에 맞게 언행은 속도를 약간 낮추고 세련된 매너를 보여주는 것이 좋다.

■ 당당한 자세

협상에 임할 때에는 당당하고 확신에 찬 모습으로 회의실에 들어가도록 한다. 협상의 책임자가 아니더라도 회의실 문을 열고 당당하게 들어가는 모습을 보일 필요가 있다. 인사말은 잊지 않도록 하고, 최종적으로 협상이 성사되지 않아도 우선은 깨끗이 잊어버리는 것이 좋다. 상대방에 대해 나쁜 감정을 갖고 있다면 모든 대화가 흐트러질 수 있으며, 부정적인 생각 자체를 긍정적으로 바꾸어야 한다. 협상테이블에 누가 와 있든 먼저 반갑게 악수하는 자세가 필요하다. 협상 과정을 보다 효율적으로 진행하기 위해서는 다음과 같은 점들에 유념해야 한다.

- 협상 참가자가 모두 참석했는지, 그리고 경청할 준비가 되어 있는지를 확인한다.
- 협상의 아젠다와 목적에 대해 미리 말해 둔다.
- 의사진행표에 나와 있는 아이템과 각자 배당된 시간을 설명한다.
- 의사진행표에 대해 이의가 있는지 그리고 그대로 진행하면 되는지에 대해 미리 동의를 구한다.
- 협상 참가자가 협상 목적과 관련하여 표출하는 태도와 느낌을 간파해 둔다.
- 협상에서 희망하는 결과를 요약하고 의사진행표에 따라 협상을 시작한다.

5) 이문화 환경의 첫 협상 준비

협상의 여러 가지 사전적 준비 이외에도 이문화권의 협상에서는 별도로 고려해야 할 부분이 많다. 글로벌 협상이라 하여 일반적인 협상과는 완전히 다른 별개의 준비 단계를 거치는 것은 아니다. 다만 문화적 차이를 감안하지 않으면 안 된다. 글로벌 협상에서 문화적 차이로 인하여 잘 이해되지 않는 부분이 있다면 우선 자신의 문화에 따라 정중하고도 신중하게 대처해 나가는 것이 가장 좋은 방법이다.

(1) 초청 범위의 확정

협상에 참여할 초청 범위를 결정하는 것은 쉬운 일이 아니다. 이때는 협상 이슈에 따라 관련 분야의 전문가로부터 도움을 받는 것이 좋다. 정부기관에서 근무하는 의전 담당자에게 조언을 구하는 것도 좋은 방법이다. 각 국가는 각양각색의 문화를 가지고 있기 때문에 이들 문화를 이해하려면 일차적으로 글로벌 문화에 관한 서적을 참조하는 것이 순서일 것이다. 더 직접적으로는 해당 문화권에 정통해 있는 협상 전문가로부터 조언을 받을 수 있다. 이 과정에서 이문화권의 협상가와 친밀한 관계를 쌓는 것도 일석이조의 효과를 거둘 수 있다.

(2) 통역 활용

협상에 있어서 양 당사자가 통역을 필요로 한다면 협상을 시작하기 전에 통역 담당자를 고용하기로 합의를 본다. 만약 협상 도중에 통역을 고용하게 되면 상대방의 어학 수준을 무시하는 행위로 오해받을 수 있다. 그러나 협상 전에 통역을 고용하였다면 협상을 진행할 때에 통역의 필요성이 없다면 통역을 빼도 예의에 어긋나지 않는다. 동시통역은 협상상대를 압박하는 하나의 방법이 될 수 있으므로, 통역을 활용하는 데에 추가적 비용 지출이 발생하더라도 너무 고민할 필요는 없다. 다음과 같은 방법으로 통역을 활용하는 것이 바람직하다.

- 통역 1인에 의존하여 상대방과 함께 활용해서는 안 된다.
- 협상을 시작하기 전에 미리 통역자에게 필요한 사항들을 충분히 설명해주고, 그 통역자를 프로처럼 대우해 준다.
- 협상의 당사자로서 자신보다 통역자가 더 많은 휴식이 필요하다는 점을 잊지 말아야 한다.
- 통역자의 통역 내용에 대해 농담을 건네서는 안 된다.
- 속어적 표현을 사용하지 않는다.
- 간결하게 표현하고 단문으로 말하도록 한다.
- 자신의 목소리만 높이는 것은 좋지 않다.

협상에서 통역 담당자에게 너무 많은 역할을 부여하는 것은 바람직하지 않으며 그렇게 될 가능성을 사전에 차단하는 것이 좋다. 때로는 통역자가 브로커나 대리인의 역할을 하는 것처럼 보일 수 있는데, 이는 통역이 본연의 역할을 벗어나고 있는 상황이다. 이때 통역자에게 '앞서가지 말 것'을 주문하거나 '그렇게 하지 말라'고 주의를 줌으로써 통역자 본연의 역할로 돌아가도록 일깨워 준다. 통역자는 협상을 위해 일시적으로 고용된 사람이기 때문이다.

(3) 본론으로 들어가기

협상테이블에서 비공식적 대화를 진행하다가 언제 본론으로 넘어가야 할 것인지 대화의 속도조절에 신경을 써야 한다. 모든 문화는 하위문화를 구성하고 있으며 그 중에서도 개인별로 또 다른 문화적 차이를 가진다. 협상테이블에서 주도권을 잡으려면 상대방이 무엇을 요구하는지 확실히 파악하여야 한다. 만약 제대로 파악하지 못하고 있다면 곧바로 본론으로 들어가지 말고 약간의 뜸을 들이는 것이 좋다.

미국사람은 협상테이블에서 곧바로 본론으로 들어가고 싶어 하며 계속해서 핵심을 찾으려 하는 경향이 있다. 그러나 일본사람들은 반대로 성급함을 보이면 무례한 것으로 간주하는 경향이 있다.

자연의 현상에서도 사전의식을 오래 끌다가도 마지막 순간은 매우 짧게 진행되는 경우를 흔히 볼 수 있다. 즉, 협상에서 본론으로 들어가게 되면 간단하게 협상이 마무리될 수 있다는 뜻이다. 이러한 경향은 문화의 장벽을 넘어 진행되는 이문화 협상에서 깊이 기억해 두어야 할 부분이다. 본론으로 넘어가기 전에 비즈니스에 관한 토론을 충분히 하여 안정된 상태에서 핵심내용을 논의하는 것이 좋다. 그러나 성급하게 막바지 단계로 치닫지 말고 신뢰와 안정감을 주면서 협상에 임하는 것이 바람직하다.

(4) 식사 예절

이문화권의 세계에서 식사 예절은 중요하다. 가령 맨손을 이용하여 식사를 하면서 손가락을 빠는 것을 매우 무례한 행동으로 받아들이는 나라가 있는가 하면 오른손으로만 식사를 해야 하는 나라도 있고, 국물을 소리 내어 마시지 않으면 요리에 대한 모독이라고 받아들이는 나라도 있으며, 음식을 반드시 남겨야 하는 것을 식사 예절로 존중하는 나라도 있다. 이처럼 이문화권의 식사 예절은 매우 복잡 다양하므로 성공적인 협상을 위해서는 다른 문화권의 식사 예절을 충분히 배워야 한다.

02 관계형성

성공은 재능보다 태도의 문제다.

오펜하이머는 랭건과 달리 부유한 가정에서 태어났다. 하지만 그에게는 평생 우울증이라는 고질병이 있었다. 그 때문에 박사학위를 받으러 케임브리지에 갔을 때 사고를 치고 만다. 이론 물리학에 재능이 있는 그에게 실험 물리학을 강요하던 지도교수를 독살하려고 한 것이다. 운 좋게 지도교수는 화를 면했고, 그는 심리치료사에게 보내졌다.

랭건과 오펜하이머는 둘 다 명석한 학생이었지만 두 사람의 위기관리 능력은 하늘과 땅 차이였다. 랭건은 고작 재정 지원 서류를 제출하지 못해서 학교를 그만두어야 했고 오펜하이머는 지도 교수를 독살하려고 했는데도 정기적인 상담을 받는 선에서 문제가 해결되었다.

게다가 오펜하이머는 20년 후에 제2차 세계대전을 종식시킨 맨해튼 프로젝트를 진두지휘해 '원자폭탄의 아버지'로 불리게 되었다.

《아웃라이어》의 저자 말콤 글래드웰은 로버트 오펜하이머와 그와 대적할 만큼 재능이 뛰어났지만 평범하게 살았던 크리스 랭건을 비교하면서 "성공은 능력이 아니라 성공에 필요한 태도를 갖추고 있느냐 없느냐에 달린 문제"라고 잘라 말한다.

성공으로 가는 길에 타고난 자질이 요구되는 건 사실이지만 성공으로 가는 수많은 벽을 넘어서기 위해서는 재능 이상으로 문제를 해결하는 태도가 중요하다는 것이다. 심리학자 로버트 스턴버그는 이러한 태도를 실용지능으로 설명한다. 실용지능이란 뭔가를 하려고 할 때 누구에게 말해야 하는지, 언제 말해야 하는지, 어떻게 말해야 최대의 효과를 거둘 수 있는지를 아는 것으로 이는 상황을 올바르게 파악하고 자신이 원하는 것을 얻기 위해서 어떤 방법과 태도를 취해야 하는지를 알고 실천하는 방법에 관한 것이다.

오펜하이머가 치명적 실수에도 불구하고 인생의 도전을 수월하게 헤쳐 나갈 수 있었던 것은 그의 재능보다 태도가 더 많은 영향을 미쳤다. 그는 자수성가한 사업가의 아들로 태어나 어린 시절부터 불리한 조건 아래서 협상하는 법을 배울 수 있었고, 덕분에 케임브리지 교수들에게 기죽지 않고 자기의 실수를 인정하며 노련하게 선처를 구할 수 있었다.

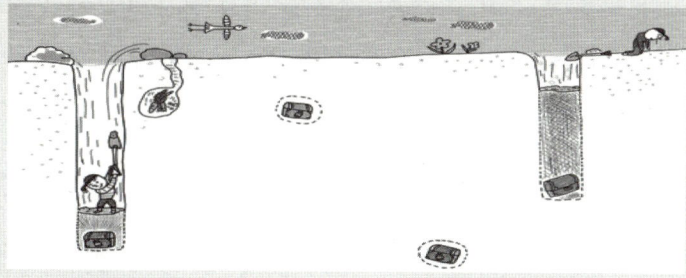

출처 : 브레인 미디어

선물에 대하여

> "군주의 호의를 얻고 싶은 자들은 소유물 중에서 자신들이 생각하기에 가장 귀한 것이나 자신들이 보기에 군주가 가장 좋아할 것 같은 선물을 가지고 알현합니다. 이것은 관례입니다. 따라서 군주들은 종종 자신들의 위대함에 걸맞게 말, 무기, 훌륭한 옷, 귀한 보석, 이에 못지 않은 장식물들을 선물로 받습니다.
>
> 저 또한 제가 당신의 충성스러운 신하라는 증거로 몇 가지 선물을 가지고 알현하기를 원했습니다. 하지만 저는 제가 지닌 보물 중에서 위대한 인간들의 행적에 관한 저의 이해만큼 소중하고 고귀한 가치가 있는 것을 발견하지 못했습니다. 물론 이것은 최근의 문제에 대한 저의 오랜 경험과 고대의 문제에 대한 저의 끊임없는 독서로 얻은 것들입니다. 저는 제가 고찰한 것을 폐하에게 바치고자 합니다. 이 보잘 것 없는 책은 제가 오랜 기간 아주 면밀하게 주의를 기울이며 고찰한 바를 집약한 것입니다."
>
> 이 말에 제목을 붙인다면 '선물에 대하여'이다. 마키아벨리는 선물을 두 가지로 나눈다. 하나는 자신이 생각하기에 가장 귀한 것이고, 다른 하나는 받는 사람이 가장 좋아하는 것이다. 전자는 흔히 자신에게 소중한 것이고, 후자는 대개 물질적인 것이다. 전자는 선물을 제공하는 자에게 가치 있는 것인 반면, 후자는 선물을 받는 자의 입장에서 가치 있는 것이다.
>
> 제공자와 받는 자 간에 가치를 두고 판단의 차이가 있기 때문에 선물의 아이러니가 발생한다. 주는 사람 처지에서는 가장 귀한 것을 선물로 주었는데 받는 사람은 아무런 가치가 없다고 여기는 경우도 있고, 반대로 주는 사람 입장에서는 별 가치 없는 것인데도 받는 사람이 상당히 좋아할 수도 있다.
>
> 자료 : 이남석, 「군주론」, 평사리, 2017, pp.27-29.

> "당신이 친구가 필요하다고 느낄 때에는, 이미 친구를 만들기에 너무 늦었다."
>
> - Mark Twain

인생에는 세 가지 영원한 것이 있다. 죽음, 세금, 그리고 협상 전문가로 성공하기 위해 사람들을 다루는 데 필요한 뛰어난 능력을 보유해야 한다는 사실이다. 여기서는 협상가로서 사람들과 잘 지내는 방법을 집중적으로 배우게 된다.

직장에 가면 다양한 사람들과 여러 인격을 만나게 되며, 그러한 사람들과 관계하는 방법을 배워야 한다. 다른 사람들과 함께 일을 하면서 그 사람들에게 자신의 입장에서 상황을 볼 수 있도록 설득하는 능력이 필요한데 이것은 절대로 쉬운 일이 아니다. 예를 들자면 다음과 같은 사람들이 있을 수 있다. 경영진, 부장, 이사, 비서, 감독, 공급업자, 고객, 고용주, 동료 등등이다. 하지만 이들에만 한정되지는 않는다. 정말로 쉽지 않은 요구가 폭주하지만 당신은 충분히 해낼 수 있어야 한다.

사람들은 다른 사람과 접촉하게 될 때마다 그 만남에 관한 각자의 의견을 갖고 돌아선다.

협상가로서의 성공 여부는 모든 사람과 긍정적인 만남으로 기억되게 하는 능력에 달려 있다. 자신의 대인관계 기술 정도에 따라 많은 것들이 달라질 수 있다. 효과적으로 협상하고 장기적인 관계를 쌓으려면 평균보다 뛰어난 대인관계 기술을 가져야만 한다. 여기에는 '만약', '그리고', '그러나', '또는' 등으로 평가되는 군더더기가 따를 수 없다. 어떤 왕도도 없다.

1) 상호호혜의 규범

협상은 사람에 관한 것이다. 그들의 목표, 이익의 필요성, 협상테이블에서 연합의 정도를 형성하고 관리하는 능력은 협상의 중요한 토대이다. 개인적인 관계는 불안을 완화하고, 커뮤니케이션을 촉진시키며, 믿음과 신뢰를 창조한다.

유능한 협상가로서의 목표 중 하나는 사람을 적으로 대하기보다는 같은 편이 되도록 만드는 것이다. 이것은 상대방과 잘 지내게 되면 빠르고 효과적으로 쉽게 합의에 도달할 수 있음을 의미한다. 또한 장기적이고 우호적인 사업관계를 수립하게 된다. 따라서 어떻게 하면 사람들이 자신을 동업자로 생각하게 되는지 알아야 한다. 또 이렇게 하려면 우수한 대인관계 기술을 보여주어야 한다. 대인관계 기술이란 무엇인가? 대인관계 기술이란 모든 대인 접촉에서 사용할 수 있는 상호호혜의 규범이다. 즉, 우리는 다른 사람들과 가졌던 상호작용 때문에 그들에게 특정한 빚을 지고 있다.

대인관계는 사적관계와 직업적 관계로 나누어 볼 수 있다. 사적관계는 절충안을 가지고 있어야 한다. 직업적 관계는 교환의 관계라고 볼 수 있다. 이에는 평등과 규범을 이용한 균등한 분배가 필요하다. 직업적인 관계형성을 위한 심리적 전략으로는 유사성의 원리를 파악, 선물과 부탁 그리고 신뢰관계의 네트워크가 필요하다.

협상에 있어서 믿음과 상호호혜의 규범이 필요한데 믿음을 창조하고 유지할 수 있는 비밀은 무엇일까? 바로 신뢰이다. 이 신뢰의 코드는 과정의 공정성과 결과의 분배에 있어서 균형성이 행동규범이 되어야 한다. 신뢰가 필요한 이유들을 열거해 보면 다음과 같다.

- 사람들이 즐거운 마음으로 계약서에 서명하도록 하기 위해
- 다른 사람들이 자신을 좋아하게 만들기 위해
- 사람들을 자신과 협동하도록 설득하기 위해
- 자신이 그들에게 대단한 거래를 제시하고 있다는 것을 사람들에게 보여주기 위해
- 다른 사람들과 잘 지내기 위해
- 기존의 안 좋은 관계를 개선하기 위해
- 다른 사람에게 선의를 보여주기 위해
- 순수한 동정과 공감을 표현하기 위해

(1) 긍정적인 마음가짐

대부분의 사람들은 긍정적인 마음가짐을 가진 사람과 시간을 보내고 싶어 한다. 긍정적인 사람들은 친절하고, 사교적이고, 도움이 되고, 사려 깊고, 재미있고, 사랑을 알고, 낙천적이며 공동체의 힘을 믿는다. 만약 자신의 사고가 긍정적이라면 다른 사람들은 방어 자세를 버리고 쉽게 같은 편이 된다. 긍정적으로 행동하면 사람들은 거래할 때 경계를 늦추게 되므로 사람들의 경계심을 푸는 능력은 협상을 성공적으로 이끄는 중요한 열쇠 중 하나이다.

또한 상대방의 관점에서 이러한 관계를 고려해야 한다. 일반적으로 사람들은 장기적인 관계 맺기를 고려할 것이다. 먼저 한 발 나서서 서로 함께 일하면 순조롭고, 우호적이고, 이익이 남을 것이라고 믿게 될 근거를 제시하게 된다.

"당신의 태도가 당신의 발전을 결정한다."라는 말을 기억하라. 대단한 위치에 올라 다른 사람이 협력하게 만들려면 긍정적인 마음가짐을 개발하고 유지해야만 한다.

(2) 훌륭한 의사소통 기술

의사소통을 잘하는 사람은 요점을 분명하고, 명료하고, 효율적이고, 효과적으로 간결하게 전달한다. 협상에 임해서는 훌륭한 화술을 구사할 필요가 있다. 이때 목소리 톤, 억양, 말의 속도, 얼굴표정을 의식하고 있는 것이 좋다. 협상에 임하는 사람은 누구든지 다른 사람이 하는 말과 행동이 적합하고 일관성이 있는지를 밝히려 한다.

또한 어휘력을 높일 것을 권장한다. 상대방이 사용하는 말과 같은 수준의 어휘를 사용하면 더 끈끈한 관계를 맺을 수 있다. 절대 거만하게 행동하거나 남을 무시해서는 안 된다. 의사소통을 잘하는 사람들은 업계에서 존경심과 신뢰를 이끌어 낸다.

(3) 신뢰성

좋은 관계란 하나같이 신뢰를 바탕으로 이루어진다. 신뢰를 가진 사람은 남을 신뢰하고, 믿을 만하고, 정직한 사람이다. 예를 들어 신뢰할 수 있는 사람이 새벽 3시에 오겠다고 한다면 그가 오는 것을 보고 시계를 맞출 수 있을 정도다. 신뢰할 수 있다는 평판을 얻으면 경쟁자들 사이에서 두각을 나타낼 수 있다.

사람들에게 신뢰를 얻지 못하면 함께 비즈니스를 할 수 없다. 만약 신뢰가 부족하면 모든 협상의 과정을 변호사를 시켜 확인하느라고 진을 뺄 것이기 때문이다. 그들은 또한 거래 중에 속임수를 쓸지도 모른다는 생각에 상대의 모든 행보를 샅샅이 조사할 것이다. 신뢰를 쌓아 간다는 것은 돈으로 살 수 없는 귀중한 평판을 쌓아 가는 것과 같다. 신뢰할 수 있는 사람들은 자신의 말을 실행한다. 그들이 한다면 하는 것이다.

(4) 좋은 청취자

상대방의 말을 귀담아 들을 줄 알면 큰 이점을 얻을 수 있다. 왜 그럴까? 경청의 행위는 상대방에 대한 존경의 표시이다. 상대의 의견을 잘 들어준다는 것은 상대방의 의견에 신경을 쓰고 있음을 의미하며, 상대방의 말을 중요하게 생각한다는 뜻이다. 좋은 청취자는 상대방이 말하고 있을 때는 조용히 하고 눈을 잘 맞추고 주의 깊게 듣고 있다는 표시로 고개를 끄덕이고, "상대방"을 진정으로 생각한다. 그들은 또한 잘 듣고 있다는 사실을 드러내기 위해 질문을 많이 하고 상대방의 말을 다시 반복한다. 좋은 청취자는 좋은 친구만큼이나 장기적인 사업 관계를 맺을 수 있는 아주 유능한 사람이다.

(5) 깔끔한 외모

유명한 대중 연설가인 짐론은 어떻게 사람을 평가하는가에 관해 아주 심오한 말을 남겼다. "신은 우리의 내면을 보지만, 인간들은 외면을 먼저 본다." 얼마나 멋진 말인가! "첫인상을 남길 수 있는 기회는 오직 한 번뿐이다."는 표현도 기억해 두면 좋겠다.

사람들은 헤어스타일, 패션, 액세서리, 청결 등을 보고 그 사람의 모든 것을 판단하게 마련이다. 협상할 때는 예리하게 생각해야 하는 것은 물론 스마트한 사람으로 보여야만 한다. 외면적으로 예리해 보이면 스마트한 사람이라고 짐작하게 되며, 더 진지하게 말을 받아들이고 함께 사업하기를 고대하게 될 것이다.

훌륭한 외모관리를 위한 간단한 도움말 7가지를 소개한다.
- 최소한 하루 한번은 샤워한다.
- 땀 억제제/향수를 사용한다.
- 머리를 깨끗하게 하고 단정하게 한다.
- 적합한 옷을 입는다(찢어지거나, 더럽거나, 구겨지거나, 잘 맞지 않거나, 지나치게 야한 옷은 안 된다).
- 장신구는 최소한으로 제한한다(상대방은 장신구를 보고 저런 것 때문에 돈이 더 들겠다고 생각할 수 도 있다).
- 적어도 하루에 세 번 양치하고 구강청정제를 사용한다.
- 눈썹이나 수염을 단정하고 깨끗하게 다듬는다.

이 모든 것들이 아주 기본적인 것처럼 들리겠지만 실제로는 이런 사항을 제대로 실천하지 않아 실수를 저지르는 사람이 많다. 언제나 작은 것에서 큰 차이가 난다.

(6) 불굴의 의지

지적인 끈기는 매우 존중되는 자질이다. 끈기란 자신이 확신하는 것을 확고하게 밀어붙이는 자질이다. 즉, 자신의 계획을 신뢰하고 그 계획을 사수하는 것이다. 자신이 믿는 바를 끝까지 옹호하는 사람은 극소수이다. 만약 자신에게 확신이 있고 상품이나 서비스가 누군가에게 도움이 된다고 굳게 믿는다면 상대방은 그러한 당신의 불굴의 의지를 따라올 것이다.

(7) 기개

기개가 있는 사람들은 어떤 상황에서도 자신과 자신의 생각을 확신한다. 상황이 힘들어져도 압력에 굴하지 않고 언제나 문제가 되는 일이 완전히 끝날 때까지 그 문제에 달라붙는다. 협상할 때는 언제나 자신감을 가져야 한다. 그렇지 않고서는 절대 다른 사람에게 확신을 줄 수 없다. 협상에서 설득을 빼면 아무것도 아니라는 사실을 명심해야 한다. 스스로 확신을 갖지 못한다면 상대방 역시 그 문제와 과제에 대해 해결책을 확신하지 못할 것이다. 유능한 사람들의 특징 중 하나는 확고하고, 교양 있고, 영감 있고, 낙천적이고, 긍정적인 마음가짐과 장벽을 뛰어 넘을 줄 아는 기개를 지녔다는 것이다.

(8) 유연성

유연성은 상황에 따라서 본래의 전략을 수정할 수 있는 것이다. 이는 자신이 틀렸을 때 완고하게 계속 우길 정도로 바보스럽지 않다는 뜻이기도 하다. 유연성은 성공적인 협상가들의 가장 중요한 특징 중 하나이다.

(9) 친절

사람들은 친절하고 함께 지내기 편한 사람에게 자연스레 끌리는 경향이 있다. 또한 이런 사람의 적이 되기보다는 협력하는 경향이 있다. 사람들은 자연스럽게 친절하고 우호적인 사람이 목표를 성취할 수 있도록 도와주고 싶어 한다. 또한 그의 적이 되기보다는 동업자가 되고 싶어 한다. 친절하게 행동하면 사업상 뚜렷한 이점을 얻게 된다. 거래가 잘 안 되고 손해 보는 것처럼 보여도 계속 친절하고 우호적으로 행동하면 상황을 개선하기가 훨씬 쉽다. 친절한 사람들은 미소를 짓고, 악수를 하고, 다른 사람들을 인정해주고, 존경을 표하고 모든 협상에서 선의를 보인다.

(10) 자애

측은지심이 있는 사람은 남들이 침체되어 있거나 큰 문제나 과제에 직면해 있을 때 자애심을 보인다. 만약 운이 나쁜 사람과 협상하고 있다면 상대에게 모욕감이 들지 않도록 한다. 언제나 명심할 것은 이런 상황이 누구에게라도 일어날 수 있으며, 자신에게도 일어날 수 있다는 점이다. 많은 시나리오를 보고 확신할 수 있겠지만, 그 운이 나빴던 사람이 언젠가 다시 일어나서 은혜를 베풀어 그대로 되갚아 줄 수 있다. 동정적인 사람은 남을 도와주고, 보살펴 주고, 염려해주고, 편하게 해주며 자애심을 베푼다.

(11) 공감

공감하는 사람들은 다른 이들의 문제를 자신의 문제와 동일시하고 이해한다. 공감한다는 것은 잠시 다른 사람의 입장에 서게 되고 상대방의 감정을 느낄 수 있다는 뜻이다. 협상의 진행과정에서 상대방 의견에 공감하면서 상대의 관점을 고려해야 한다.

불행한 상황은 누구에게나 닥치게 마련이다. 그러한 불행한 상황은 협상 도중에 일어날 수도 있다. 다음과 같은 상황을 가정해 보자. A는 공사 일정을 반드시 맞추어야 하는 건설 서비스를 놓고 한 하청업자 B와 협상 중이었다(B는 특정 기술 분야에 최고였다). B는 협상이 진행되는 중에 가장 많이 쓰는 손가락 3개가 부러졌다. B는 A에게 사과하며 회복되려면 두세 달이 걸리겠지만 계속 그 일을 맡고 싶다고 말했다. A는 자신도 일을 하다가 다쳤을 때를 떠올렸고 그 당시에 일이 얼마나 소중했는지 되새겼다. A는 B가 회복될 때까지 기다려 일을 맡기기로 결정했다. 결과는 어땠을까? 그리고 이 예를 드는 이유가 무엇일까?

B의 회복을 기다리는 고객은 A만이 아니라 여러 사람이 있었다. 하지만 B는 A에게 제일 먼저 전화했다. 사실상 B는 즉시 일을 진행해 주었고 2주 안에 그 일을 끝내 주었다. 그뿐만 아니라 기다려 준 대가로 B는 A에게 원래 견적보다 가격의 1/3을 추가로 깎아 주었다. 공감의 대가는 정말 컸다.

2) 피해야 할 대인관계 기술

긍정적인 대인관계 기술이 있는 것처럼, 피하고 싶은 부정적인 대인관계 기술도 있다. 다음은 협상을 궁지로 몰아넣거나 아예 망칠 수 있는 부정적인 대인관계 기술들이다.

(1) 부정적인 마음가짐

누구도 부정적인 사람과 시간을 보내거나 사업을 함께 하고 싶어 하지는 않는다. 부정적인 사람은 모두의 기분을 상하게 할 뿐이다. 일반적으로 부정적인 사람과 협상을 하게 되면 협상과정의 모든 노력에 훼방을 놓고 거래 절차를 어렵게 하며, 최소한의 예상보다 두 배 이상 오래 걸리도록 일거리를 만든다. 한편, 긍정적인 사람은 거래를 해낼 수 있다고 믿으며 또한 가장 효율적이면서도 이익이 남도록 협상을 이끌어 나간다.

부정적인 사람들은 비관적이고, 얼굴이 밝지 않다. 어떤 경우에도 이러한 사람을 피하는 것이 좋다. 보통 장기적인 관계를 맺을 가치조차 없다. 만약 부정적인 사람과 협상할 수밖에 없는 상황이라면 다음과 같이 대처할 수 있다.

- 최대한 빨리 협상을 끝낸다. 부정적인 사람은 협상을 지연시키거나 일을 그르치게 한다.
- 긍정적인 마음가짐을 유지하고 상대방보다 더 열의를 갖도록 한다.
- 거래를 그만두고 다른 회사와 거래한다.
- 상대방에게 당신의 상품이나 서비스를 구매할 때 따르는 이득을 상기시킨다.

- 자신의 회사와 같은 좋은 회사와 거래를 갖는 중요성을 계속 암시한다.
- 냉정을 유지하고 압력에 굴하지 않는다.
- 상대방에게 긍정적인 마음가짐을 가지라고 말한다. 그러면 훨씬 빨리 해결책에 도달할 수 있다.

(2) 불평분자

불평분자는 보통 요구가 많은데 되돌려 주는 것은 적다. 또한 평판이 나쁘고 팀워크가 엉망인 경향이 있다. 보통 일방적이고 다른 사람의 입장은 무시하고 본인과 본인의 이익에 대해서만 집중한다.

불평이 많은 사람의 특징으로는 부정적 마음가짐, 찡그린 얼굴, 논쟁하기 좋아하는 태도, 나쁜 자세, 어떠한 제안도 만족하지 못한다. 그들에게는 뭐 하나 충분하게 만족스러운 것이 없다. 이런 사례들은 수없이 볼 수 있는데 불만이 많은 협상가들은 모든 거래를 다 망치는 경향이 있다.

(3) 잘난 척

이 범주에 드는 협상가는 다른 누구보다 뛰어나거나 더 영리하다고 생각한다. 자신과 일하는 것이 큰 특권이나 되는 것처럼 행동한다. 이들의 접근방식은 "우리는 크고 강력한 회사이고 너희는 작고 하찮은 회사"라는 식이다. 하지만 크고 잘난 회사는 작은 회사에서 무언가를 필요로 한다. 그렇지 않다면 애초에 그 잘난 회사가 작은 회사와 협상할 이유가 없다. 이것은 지렛대 효과를 갖는데 엄청난 도구이다.

잘난 척하는 협상가는 모든 것을 전부 다 요구하는 경향이 있다. 그들은 부엌 싱크대뿐만 아니라 욕실 수도꼭지, 전구, 밝기 조절 스위치까지 요구한다. 그리고 이런 요구를 너무나 당연하다는 듯이 말한다. 문제는 이들의 요구를 충족시킨다 해도 별 볼일 없다는 사실이다. 잘난 척하는 사람과 협상할 때는 다음과 같이 행동하는 것이 좋다.

- 상대방의 자존심을 잘 달래서 당신이 원하는 것으로 보답하게 한다.
- 세게 나간다. 자신과 회사에 대한 비합리적인 요구에 굴복하지 않는다.
- 흔하지 않은 상품이나 서비스를 취급한다면 웃으며 돌아설 준비를 하고 상대방이 수정 제안을 할 때까지 기다린다.
- 상대방의 제안 조건에 대한 결정 권한이 없다고 말하고 최종 의사결정자를 언급한다.
- 상대방의 자존심을 잘 달래서 나는 그가 원하는 것을 줄 능력이 없는 불쌍한 소시민에 지나지 않는다고 말한다.
- 상대방에게 상품이나 서비스의 이점을 상기시키고 장단기적으로 그들의 최종이익에 어떤 영향을 줄 수 있는지 상기시킨다.

(4) 선입견

선입견이 있는 협상가는 결론을 너무 쉽게 내린다. 이런 사람은 모든 문제에 선입견을 가진 경우가 많다. 이는 큰 문제이며 선입견이 있으면 판단이 흐려지고, 과잉반응이 쉽고, 다른 사람의 의도를 오해하기 쉽고, 사람을 방어적으로 만든다. 스스로 지나친 선입견에 사로잡히기 전에 먼저 상대방과 회사에 대해 탐문해 두는 것이 좋다.

3) 승패는 협상 전에 결정된다

(1) 첫 만남에서 상대방을 내편으로 만든다

상대방이 인간적으로 호의를 느끼게 되면 협상의 씨앗도 쑥쑥 자라게 된다. '첫 만남이라는 단 한번뿐인 무대에 멋지게 등장 했는가 아닌가'에 따라 그 뒤에 이어질 협상의 성공여부가 결정되는 것이다.

(2) 좋은 인상을 연출한다

타인에게 주는 인상은 타고난 것에 따라 결정되는 것이기 때문에 어쩔 수 없다고 미리 포기하는 사람들이 적지 않다. 매우 험악한 인상을 가진 한 젊은이가 있었다. '험악한 인상'이라고 단정 지었지만 이는 잘못된 인식이다. 이 젊은이도 다정스럽게 웃는 얼굴을 할 때도 있다. 스스로를 폄하하는 사람은 대담하게 자기 자신을 되돌아볼 필요가 있다. 자기를 낮게 평가하는 사람은 스스로 자신에게 낮은 점수를 주었으면서도 그것을 남의 탓으로 돌린다. 자신을 낮게 평가한 것은 다름 아닌 바로 자기 자신이라는 것을 깨달아야 한다.

두 번째 잘못은 인상을 스스로 바꿀 수 없다는 고정관념이다. 남에게 어떤 인상을 줄 것인가는 스스로 얼마든지 조정할 수 있다. 우선, 남에게 어떤 인상을 주고 싶은지 결정한다. 그 다음에는 자신이 바라는 인상을 연출하면 되는 것이다.

위의 젊은이는 자신의 '험악한 얼굴'보다는 '정감 있는 웃는 얼굴'을 보여준다면 상대방이 받게 되는 첫인상은 놀랍도록 달라질 것이다. 사람에게는 누구나 매력 있는 부분과 호감이 가는 부분이 반드시 있게 마련이다. 우선 그런 점을 찾아내야 한다. 첫 만남을 위해 인상을 연출할 때 그 다음으로 주의해야 할 것은 상대방에게 '고단수'라는 인상을 주지 않는 것이다.

첫인상이 고단수의 말주변, 엄청난 수완가, 뛰어난 전문가로 인식된다면 누구나 경계심을 갖는다. 자신이 없어 우물거리는 것도 곤란하지만 지나치게 자신만만하여 겸손함이 부족한 사람이 대개 이런 '고단수'의 태도를 취한다. 비즈니스를 하는 사람들 사이에 널리 알려져 있는 말들 중에 '협상을 잘 하는 사람일수록 평범하고 겸손하다'라는 말이 있다.

처음 만나는 사람이 과연 어떤 사람인지 파악하는 것은 불가능하다. 첫 만남을 기대할 만한 무대라고 생각하고 신경을 조금만 쓰면 상대방에게 신선한 인상을 줄 수 있다. 그러면 첫 만남에서는 어떤 인상을 주는 것이 바람직한가. 좋은 인상을 주기 위해 고려해야 할 요소들이 있다면 다음과 같다.

- 밝은 표정
- 생생한 모습
- 진솔한 태도
- 절도 있는 태도
- 안정된 태도

(3) 첫 만남 때의 금기 사항
- 무뚝뚝한 태도
- 거만한 태도
- 지나치게 친근한 태도
- 형식적인 태도
- 침착하지 못한 태도

4) 첫 만남을 리드한다

(1) 선수필승의 원칙
- 밝은 목소리로 첫 마디를 꺼낸다.
- 상대방이 안고 있는 문제를 지적한다.

(2) 상대방을 리드하는 한마디
- 상대방의 관심사를 공략한다.
- 사전에 상대방의 관심사를 파악한다.
- 사전 조사가 불가능하다면 현장에서 주위를 관찰한다.

5) 첫 만남의 장벽을 없애는 방법

협상에는 상대가 있다. 상대방이 응해 주지 않으면 협상은 성립되지 않는다. 당연한 일이지만 일방이 원한다고 모든 협상이 성사되는 것은 아니다. 협상을 시작하는 것 자체가 불가능하도록 아예 만남조차 거절하는 사람도 있다. 어떻게든 이 단계를 돌파하지 않으면 안 된다.

만나고 싶은 상대에게 우선 연락을 취한 다음, 상대방의 스케줄에 어긋나지 않는 범위 내에서 약속 시간을 정해야 한다. 무작정 상대에게 약속을 정하는 것은 상대에게 경계심 및 불쾌감을 심어 줄 수 있기 때문이다. 상대와의 첫 만남을 시작해서 상대방의 '노'를 피할 수 있는 방법에 대해 알아보자.

(1) '노'를 돌파하는 요령
- 기죽지 않는다.
- 좋은 인상을 준다.
- 상대방에 관한 것을 화제로 삼는다.

(2) 일찍 도착하여 기회를 포착한다

(3) 상대방의 심금을 울려라

6) 협상과 인간관계

(1) 원만한 인간관계와 성공적인 협상

■ **먼저 좋은 관계를 만들어라**
- 좋은 인상을 주고, 원만한 인간관계를 맺기 위해 힘쓴다.
- 상대방이 어떤 사람인지 파악한다.

(2) 내편이 되어 줄 사람을 만들어라
- 협상에 들어가기 전에 인간적인 관계가 이루어질 수 있도록 지금까지 설명한 사항을 실천할 것
- 협상 도중에 감정이 고조되어 상대방을 비난하고 공격하게 되었을 때에는 원래의 목적이 무엇이었는지 재확인할 것
- 자신 안에 갇혀 있지 말고 평상시에 적극적으로 좋은 인간관계를 만들 것

03 적극적 경청

경청 그리고 설득

새벽녘 은은하게 울려 퍼지는 타종 소리는 또 얼마나 많은 사람들의 영혼을 맑게 해주는가. 우리가 이들 소리에 경청하는 까닭이다.

성직자가 신도들 앞에서 법문을 설할 때 너나없이 경청한다. 교사가 강의하는 교실에서 학생들은 바른 자세로 집중하도록 배운다. 저명인사가 초청강연을 하는 장소라면 숨을 죽이고 듣는다. 그 내용이 알차고 유익하기 때문이다.

어느 법원 앞 정원에는 사람의 귓바퀴 모양을 형상화한 조각품이 있다. 아주 단순한 형태지만 어떤 복잡한 해설보다 훌륭한 메시지를 전달하는 작품이다. 그 제목도 바로 '경청'이다.

법정은 또 하나의 경청의 장소이다. 다시 말하면 재판의 바람직한 모습은 상대방의 주장을 잘 들어주는 것에서 출발한다. 아기가 처음 말을 배우거나, 우리가 외국어를 공부하거나, 상인이 협상을 시도할 때에도 듣는 단계부터 시작하는 것과 같은 이치이다.

자료 : 대전일보 법조칼럼, 네이버 카페 '조박사 코칭 아카데미'

듣는 것은 협상에 있어서 어쩌면 가장 낮게 평가되고 있는 기술 중의 하나이다. 대부분의 사람들은 듣기가 아닌 말하기를 통해 그들이 원하는 것을 얻는다고 믿는다. 그러나 사실 성공적인 협상가는 말하기가 아닌 듣는 데에 더 많은 시간을 할애한다. 듣기를 효과적으로 잘하려면 어떻게 할 수 있는지 살펴보도록 하자.

> 신은 사람에게 말하는 두 배 이상으로 경청하라고 하나의 혀와 두 개의 귀를 주셨다.
> (Alibris Epictetus, c.60~c.120, A Roman slave later exiled to Nicopolis in Greece)

좋은 경청자(listener)가 되기가 어렵다는 것은 의심할 여지가 없다. 월 스트리트 저널에 의하면 "지금의 시대는 끊임없는 재잘거리는 소음에 의해 제대로 경청을 하기 어려운 시기로 빠져들고 있다"고 보고하고 있다. 대부분의 사람들은 분당 평균 120에서 150단어를 말하는 것으로 추정하고 있다. 이 속도는 제법 빠른 것처럼 느껴지지만, 인간의 두뇌는 분당 500단어 이상을 처리할 수 있는 능력을 가지고 있다. 이렇게 말과 뇌의 정보처리 능력에서의 차이 때문에 많은 사람들이 정신적인 조바심을 느끼게 된다. 따라서 듣는 동안 주제에서 벗어나게 하고 심리적으로 불안하게 하여 사람을 바람직하지 못한 경청자로 만든다.

1) 좋은 청취자인가?

(1) 능동적인 경청

능동적으로 경청을 하는 행위는 귀와 눈과 그리고 신체의 모든 구멍을 통해서 몰입하는 것이다. 경청은 모든 상황에서 조력이 되는 기초적인 협상기술이다. 또 오감을 사용하여 경청해야 한다. 모든 대인관계에 가장 기본이 되는 것 또한 경청이고 이를 통하여 사람관계에 긍정적인 힘을 주는 역할을 한다. 건성으로 듣는 행위는 협상 상대방이 중요하지 않고 무시되고 있으며 관심의 대상이 아니라고 느끼게 한다. 결국 협상의 실패를 가져올 것이다.

경청은 모든 협상의 필수조건이다. 어떤 사람이 개인적인 이유 또는 사업상의 이유로 협상을 시작하였다면 협상을 통해 상대로부터 동의, 승인 혹은 어떤 행동을 원하는 것이다.

듣기는 생각보다 쉬운 일이 아니다. 듣는 것은 수동적인 행위로 보이지만 실제로는 능동적인 활동이다. 어떤 사람은 남의 이야기를 느긋하게 적당히 듣고는 일어나면서 즐거웠다고 이야기한다. 말을 재미있게 했다면 그럴 수 있지만, 듣는 것은 노력과 에너지가 소모되는 일이다. 특히 어떤 사람에게 이야기를 듣는다는 것은 어쩌면 자신의 혼신을 다해서 참아야 할 경우도 있다.

듣는다는 것은 상대가 전달하고자 하는 것을 빼놓지 않고 이해하는 것이다. 능동적인 듣기는 상대방이 마음을 열어 더 많은 정보를 이야기하게 하고 또 그 사람에게 필요한 것 이상으로 자신의 생각을 분명히 말하도록 한다. 사람들은 상대방이 진심으로 듣고 있다는 이유만으로도 자신의 마음을 연다는 것을 명심할 필요가 있다.

협상에서 말하고 있지 않는 순간도 거래를 성사시키기 위해 무엇이 필요한지를 배울 수 있는 기회가 될 것이다. 제일 유능한 협상가는 유창한 연설자(talker)가 아니라 유창한 경청자(listener)이다. 적극적인 경청방법에는 다음의 두 가지가 있다. 협상에서 활용할 수 있다.

첫째는 다시 말하기 이다. 상대방이 방금한 중요한 짧은 말들을 한 단어씩 반복해 말한다. 둘째는 고쳐 말하기 이다. 상대방의 긴 이야기를 자신의 말로 차근차근 정리하여 말한다. 이때에 주의할 사항은 예의 바르고 유머 있게 말한다. "내가 제대로 이해를 했는지요?"

(2) 당신은 좋은 청취자인가?

효과적으로 청취를 못하는 이유는 듣기를 원하지 않기 때문이다. 사람은 말을 많이 하려는 속성을 가지고 있다. 그러나 듣는 것이 더 가치 있는 일이라는 것을 알지 못한다. 적게 이야기할수록 다른 사람이 말하는 것에 더 많이 집중할 수 있다. 말을 많이 한다고 해서 얼마나 많은 것을 배울 수 있겠는가? 만약 본인이 말을 많이 하고 있다면 알고 있는 어떤 사실을 반복적으로 이야기 하고 있지는 생각해 보아야 한다.

그러나 상대방이 말하는 모든 것은 잠재적인 가치가 있으므로 능동적인 경청자가 되어야 한다. 다른 사람들이 말하는 것에 에너지를 집중하는 것도 중요하다. 눈을 맞추고 기록을 한다. 이로써 그들이 중요하다고 생각하는 것을 인지하고 있다는 의사표시가 되고 기록을 통하여 생각을 재정리할 시간을 버는 것이다.

또한 뉘앙스와 감정을 읽는 것이 필요하다. 귀뿐만 아니라 눈으로도 들어야 한다. 상대가 어디를 보고 있는지를 살펴본다. 자신을 보는지, 서류를 보는지, 방을 둘러보고 있는지 살펴보고 반응을 보인다. 웃고, 눈살을 찌푸리고, 고개를 끄덕여 본다. 정보를 받아들이는 것은 더 많은 정보를 얻게 되는 것이다.

(3) 경청하는 법 배우기

경청은 신이 준 재능이 아니다. 더 나은 경청자가 될 수 있도록 연습을 통해 자신을 훈련시킬 수 있다. 경청함으로써 중요한 것은 받아들이고 관계없는 것들은 밖으로 내보내는 것을 배울 수 있다.

- 첫째, 누군가 자신의 이야기에 귀 기울이지 않을 때 어떤 느낌인지를 생각해 본다. 무시당하고 하찮게 생각한다고 느껴졌을 수도 있다. 호감 대신에 무례하거나 자기 본위적이라고 생각할 것이다. 그러나 나의 말을 능동적으로 경청하는 사람에게는 좋은 느낌이 들고 타협하고 싶어질 것이다.
- 둘째, 다른 사람이 자신의 말을 듣고 있지 않다는 징후(signs)를 찾아본다. 두리번거리는 눈, 산만함, 옆길로 센 대화, 지루함, 동시에 두 가지 일을 하는 것 등이다. 집중하는 것을 연습하고 경청에 힘쓴다. 주제는 손에, 그리고 제일 중요한 주제는 마음에 두도록 한다. 특히 눈을 지속적으로 맞추도록 한다.
- 셋째, 이야기하지 않는다. 30초, 또는 1분 동안 아무 말도 하지 않겠다고 자신과 약속해 본다. 시도해보기 전까지는 그것이 그리 길게 느껴지지 않는다.
- 넷째, 반응하지 말고 경청한다. 상대방이 말하자마자 말끝을 잡아 무언가를 말하고 싶어질 때가 있다. 대답, 말대꾸와 정정 등이다. 기다리면서 간략한 기록을 한다. 상대방이 끝날 때까지 대답을 명확히 하는 것조차 참는다. 그리고 돌이켜 생각해보면 대부분의 경우 당신이 방금 전까지 말하려 했던 것은 다음에 말하려고 하는 것과는 다르다. 즉 흥적으로 반응하지 않은 것이 잘했다는 생각이 들것이다.
- 다섯째, 주의가 산만해질 수 있는 요소는 제거해 나간다. 사무실 문을 닫고 전화는 다른 쪽으로 돌려놓는다. 전화를 하고 있을 때에는 책상 위의 서류와 컴퓨터모니터 같이 주위를 산만하게 할 수 있는 요소들을 제거해 나간다.
- 여섯째, 과장해서라도 집중하는 태도를 보인다. 상대방이 말하고 있는 것에 흥미 있는 태도를 취하고 행동하면 실제 놀라운 일이 가끔 일어나며 실제로 흥미로운 세계로 빠질 수 있다.

일곱째, 상대방이 더 많은 이야기를 할 수 있도록 질문을 한다. 질문을 통해 아무것도 하지 않고도 많은 정보를 얻을 수 있다.

여덟째, 경청이 자동적으로 끝날 수 있도록 한다. 상대방의 문제점을 잘 듣는 것으로도 협상의 해결책을 찾을 수 있을 뿐만 아니라, 그 자체가 해결책이 될 수도 있다. 사람은 단지 내말을 상대방이 들어주기를 원할 수도 있다.

아홉째, 경청을 절대 멈추지 않도록 한다. 듣고 있는 모든 것은 모두 정보가 될 수 있으므로 상대방으로부터 배출되는 모든 정보를 자신에게 입력해 둔다.

(4) 경청을 방해하는 6가지 요인

대부분의 사람들은 좋은 경청자가 되려고 노력하고 또 그 노력이 성공적이라고 평가한다. 그러나 "당신은 내 이야기에 귀를 기울이고 있지 않아요!"라는 비난은 여전히 받을 수 있다. 불행하게도 경청에 있어서 모든 사람들이 겪을 수 있는 몇 가지 방해요인이 있다. 물론 사람이 선천적으로 경청을 잘하는 행운의 사나이라면 상관없지만 만약 다른 사람이 효과적으로 경청하게 하려면 다음을 유념할 필요가 있다.

■ 방어 메커니즘 (The defense mechanism)

사람들이 협상을 하면서 주의 깊게 듣지 않는 한 가지 요인은 순전히 심리적인 것이다. 일반적으로 사람들은 나쁜 소식을 듣기를 꺼려한다. 어떤 사람은 이것을 "어! 그는 단지 듣기 원하는 것만을 듣는군!" 이라며 조롱하듯 말한다. 여기에는 핵심적인 진실이 담겨 있다. 모든 사람은 정도의 차이는 있지만 나쁜 이야기는 걸러서 듣는다.

모든 동물은 생존 메커니즘에 있어서 놀라운 구조를 가지고 있다. 제일 중요한 생존 메커니즘 중 하나는 위험, 즉 천적이 다가오는 것을 듣는 것이다. 포식동물은 불이나 폭풍 등의 위험을 피할 수 있도록 사전적으로 위험 신호를 감지할 수 있는 능력을 갖고 있다.

인간도 위험이 닥치면 육체적인 반응, 예를 들면 눈을 감는다든지, 몸을 움츠린다든지, 등을 뒤로하고 구부린다든지 하는 유용한 방어 장치를 갖고 있다. 그러나 매우 중요한 방어 장치라고 할 수 있는 '듣는 능력'을 잃어버린다면 아주 위험한 상황에 직면할 수 있다. 어쩌면 위험은 듣고 고심하는 것보다 차라리 듣지 않는 것이 낫다고 생각할 수도 있다.

그러나 그렇지 않다. 이 위험 감별능력이 인간보다 다른 동물이 더 발달해 있는 능력이라고 보기 어렵다. 위험은 듣고 제대로 가늠할 수 있어야만 피하거나 제거할 수 있다. 나쁜 소식이 잠복해 있다는 것을 알아차린다면 오히려 이를 더 깊이 알려고 해야 할 것이다.

■ 초조함

너무 말이 많은 것은 초조함 때문이다. 초조함은 경청을 방해한다. 다른 사람이 이야기할 때 어떤 사람은 초조함 때문에 자기 마음속으로 미리 해답을 구하고 뜯어보고 숨겨진 내용을 찾겠다는 생각에 여념이 없다. 마음의 움직임은 입의 움직임처럼 듣는 것을 방해한다. 말이 많은 사람은 아마 자신이 무슨 이야기를 하는지 잘 듣지 못할 것이다.

협상 중에 마음이 분주하면 좋지 않은 부수적인 결과가 생길 수 있다. 침묵하고 있다고 해서 상대방은 자신이 딴 생각을 하는 것으로 간주하지는 않는다. 그렇지만 부적절한 잘못된 대답을 하거나 대화에 끼어든다면 상대방은 당신을 무시할 것이다. 초조함에는 반드시 그 이유가 있으며, 초조함은 비싼 대가를 치르게 한다.

■ 피로감

가끔은 너무 피곤하거나 업무에 지쳐서 들리지 않는 경우도 있다. 듣는 것은 에너지를 요구한다. 누구나 지쳐 있을 때는 다른 사람의 말을 제대로 들을 수 없다. 그럴 경우 노련한 협상가는 "좀 천천히 말해요. 오늘 나는 지옥 같은 하루를 보냈거든요"라고 말한다. 이처럼 충분히 생각하면서 주의를 기울이기 위해서 상대방이 천천히 말해주기를 바란다면 의사표현을 하는 것이 좋다.

■ 습관(Habit)

어쩌면 오래전부터 경청을 해야 할 때 먼저 이야기를 하거나 생각하는 습관을 길러 왔는지도 모른다. 담배 피우는 버릇처럼 이런 습관은 스스로 고쳐야 하는 것이기 때문에 바꾸기가 쉽지는 않다. 그러나 이 습관은 결코 효과적인 듣기에 도움이 되지 않는다.

좋은 청취자가 되기 위해서는 소리 내어 말하지 말고 머릿속으로 이야기 하는 것이 필요하다. 이 기술이 직접적으로 듣기에 유용한 것이 아니지만 말을 줄임으로써 결과적으로 상대의 말을 잘 들을 수 있게 된다는 것이다. 사람들은 생각하면서 말하는 것에 능숙하다. 그러나 듣는 입장에서는 어떤 사람이 말하는 것보다도 빨리 생각할 수 있기 때문에 상대의 말을 중간에 자를 수 있다. 협상의 성공을 위해서는 상대방에게 초점을 맞추어야 한다.

■ 편견

편견을 경계해야 한다. 편견은 마음을 열지 못하게 하는 경향이 있다. 편견과 가정을 둘 다 조심해야 한다. 편견은 단지 예전에 경험했던 어떤 사람의 행위나 경향 또는 비슷한 외모를 보고 같은 행위를 할 것이라 생각을 갖는 것이다.

예를 들면 어떤 사람이 전에 부끄러워서 얼굴이 붉어졌다면 다음에 그 사람의 얼굴이 붉어질 때에 부끄러워서 그렇다는 결론에 도달할 수 있다. 그러나 진실은 그가 너무 화가 나서 얼굴이 붉어졌다면 그 협상은 실패할 것이다.

■ 어떤 가치를 기대하지 않음

일반적으로 다른 사람이 가치 있는 이야기를 할 것이라고 기대하지 않기 때문에 잘 듣지 않는다. 그러나 모든 사람에게는 도움이 될 무언가가 있다. 그 무엇인가를 찾아내려 한다면 그 나름의 정보와 통찰력이 있는 법이다. 협상에서 상대방은 정도의 차이는 있어도 누구나 자신에게 유용한 정보를 가지고 있다. 그러나 '저 사람은 별로 도움이 안 되겠다'라고 생각하면 효과적으로 듣는 것은 불가능한 일이다.

듣는 것은 백사장의 모래를 거르는 것과 비슷하다. 협상테이블에서 보다는 칵테일 파티장 같은 곳에서는 더더욱 그렇다. 협상에서 최고의 청취자가 되려면 파티장 같은 곳에서 듣는 연습을 해본다. '이 잡담 속에도 도움이 되는 어떤 것이 숨어 있다'고 되뇌어라. 당신이 찾고자 하면 찾을 것이다.

2) 좋은 청취자가 되는 방법

(1) 추측은 금물

협상 상대방이 원하는 것을 확신하지 못하고 추측만 한다면 협상을 망칠 수도 있다. 물론 상대가 말하기 전까지는 필요로 하는 것을 알 수 없다. 올바른 질문을 하고 자신에게 득이 되는 정보를 찾아내도록 한다. 확신을 가지고 이용할 수 있는 유일한 정보는 그들이 말해 주는 정보뿐이다. 기록을 하면서 설명하고 협상하는 동안 그들이 말하는 의도를 알아내도록 한다. 그들이 원하는 것을 상의해 오면 협조적으로 반응한다.

(2) 상대방이 원하는 방향을 향해라

그들이 원하는 것이 무엇인지를 이해할 때, 협상상대방이 향하고 있는 방향으로 향할 수 있다. 말이 가고 있는 방향으로 말을 타라는 뜻이다. 일단 말 위에 오르면 새로운 질문과 정보를 제공함으로써 방향을 바꿀 수도 있다. 너무 위협적인 질문을 삼가하고 능동적으로 열심히 경청한다면, 협상파트너는 방어만 하지는 않을 것이다.

(3) 대화의 주도권을 장악하라

경청자는 대화를 통제할 수 있다. 경청자는 다음에 무엇을 질문할지를 결정할 수 있다. 질문을 하는 사람은 대화의 방향을 결정한다. 질문할 내용을 잘 구상하면 협상상대방이 생각하고 있는 방향을 알아낼 수 있다.

(4) 가능한 한 빨리 목표를 달성하라

해결책에 초점을 맞추고 상대의 말을 들어보면 자연스럽게 해결책에 빠르게 도달할 수 있다. 상대가 말하는 내용을 잘 듣고 의견을 제시한다면 협상상대방에게 저항 없이 받아들여지고 실행될 것이다.

(5) 무엇을 놓치고 있는가?

주어진 정보가 쓸모 있다면 가능한 선에서 최고의 선택이 가능하다. 새로운 정보를 더 추가하면 협상에 있어서 새로운 대안을 만들어 선택을 할 수도 있다. 만약 스스로 결정을 할 수 없다면 자신이나 상대방은 어떤 것을 놓치고 있는 것이다. 그러므로 스스로 질문을 해본다. "나는 혼란스럽다. 어떤 정보를 놓치고 있는지 아니면 무엇을 오해하고 있는지?"

(6) 오해(Misunderstandings)

오해는 어떤 정보가 빠져 있을 때나 양측이 다른 정보를 가지고 있을 때 발생한다.

3) 경청의 기본 원칙

경청은 3가지 원칙으로 이루어져 있다. 듣기, 이해하기 그리고 기억하기이다.

(1) 듣기
- 협상 상대방의 말을 명확하게 들어야 한다.
- 집중한다.
- 빠르게 메모하고 다시 경청한다.

(2) 이해하기
- 협상상대방의 의견을 이해했다는 것을 피드백 시킨다.
- 언어적인 참여를 통해서 보여주거나 비언어적인 참여를 효과적으로 이용한다.
- 이해한 부분을 재확인해야 한다.

(3) 기억하기
- 정확하게 기억할 것을 요구한다.
- 재생 (recall) : 자극을 통하여 기억이 회복되는 것이다. 상황의 인지를 통해서 가능하다.
- 기억하기(remembering) : 생각이 없이도 능동적으로 알고 있는 것이다.
- 혼자 기억하는 것에 절대적으로 의지하지 말아야 한다.
- 재빠른 재생을 위해 기록을 하고, 이용할 수 있는 세부사항을 녹음한다.

(4) 경청자에 의해 만들어진 장벽
- 태도(attitude)
- 주의 산만한 것들(distractions)
- 방해(interruptions)
- 개인적인 집착(personal tics)
- 건강(health)
- 가족적인 문제(family issues)
- 무반응(unresponsive counterpart)
- 타이밍(timing)
- 압박(pressure)
- 생각의 속도(speed of thought)
- 말할 필요성(need to speak)
- 전달 vs. 내용(delivery vs. content)
- 만약 ~라면(what if)
- 복잡성(complexity)
- 실언(misstatement)

(5) 이야기하는 사람(speaker)에 의해 만들어진 장벽
- 모호한 진술(ambiguous statements)
- 가정(assumption)
- 불합리한 추론(non-sequitur)
- 부정확한 해석(incorrect interpretation)
- 중간 생략(deletion)
- 일반화(generalization)
- 특별히 명시되지 않은 대명사(unspecified pronouns)
- 비교(comparisons)
- 모순(inconsistent)
- 판단(judgment)
- 왜곡(distortion)

04 협상스타일 이해

"둘 다 사람들이 놀라는 걸 좋아해"… 김정은·트럼프 '협상스타일'

미국 워싱턴DC의 싱크탱크 전략국제문제연구소(CSIS) 한국석좌 빅터 차는 북미정상회담을 앞두고 "놀랄 준비 하라. 두 지도자는 사람들이 놀라는 걸 좋아한다"고 말했다. 도널드 트럼프 미국 대통령과 김정은 북한 국무위원장의 몇 가지 '공통점' 중 하나는 이것이다.

북미정상회담을 향해 달려온 과정에도 두 사람의 이런 공통점이 그대로 투영되었다. 전격적인 회담 성사부터 턱없이 짧았던 준비기간에 롤러코스터를 탄 듯 회담 취소와 복원을 거듭한 장면까지 지켜보는 이들은 매번 놀라야 했다.

이 때문에 '세기의 담판'을 자신 있게 예측하는 전문가는 거의 없다. 일치된 관측은 '예측불허'라는 한마디로 압축된다. 정상회담은 결코 실패로 끝나지 않는다는 속설이 있지만, 이번 정상회담은 그 속설을 뒤집을 수도 있고, 또 모두가 어렵다고 말해 온 비핵화 합의를 전격적으로 끌어낼 수도 있다.

싱가포르 더스트레이트타임스는 북미정상회담을 앞두고 트럼프 대통령과 김 위원장 모두 불같은 성격에 자기주장이 강하고 주목받기를 좋아하며 벼랑끝 전술을 구사한다는 점에서 협상스타일이 비슷하다고 분석했다.

트럼프 대통령은 사업가로서 다양한 협상 경험을 자랑하고 있다. 베스트셀러 '거래의 기술'을 펴낼 만큼 협상 전문가라는 자부심을 갖고 있다. 트럼프 대통령은 평소 지인들에게 문을 닫아걸고 1대 1 대화를 하면 김 위원장을 설득시키고 원하는 것을 얻어낼 수 있다고 장담했다.

그러나 전문가들은 김 위원장이 나이는 어리지만 집권 7년차에 접어들 만큼 국정운영 경험이 많아 결코 호락호락하지 않을 것으로 전망하고 있다. 그의 집권 이후 미국과의 협상에서 북한이 별로 밀린 적이 없었다는 관찰도 이런 전망에 한몫 하고 있다. 두 사람은 '말(言)의 전쟁'에서도 위험수위를 넘나들 만큼 난타전을 주고받았지만 어느 한 쪽이 물러서지 않았다.

반면 둘의 차이도 뚜렷하다. 싱가포르국제문제연구소 니콜라스 팡 국장은 "트럼프 대통령은 변덕스러운 리더십을 구사하고 직감을 중시하는 스타일인 반면 김 위원장은 냉정한 실용주의자이며 교활한 협상가"라고 비교했다.

트럼프 대통령의 변덕은 타의 추종을 불허한다. 그의 측근들도 속내를 짐작하지 못하는 경우가 많다. 북한 김계관 외무성 제1부상, 최선희 외무성 부상 등의 비난성명이 잇따르자, 정상회담을 취소한다고 발표한 것이 대표적이다. 예상을 뒤엎는 카드로 판을 깨겠다고 나서자 김 위원장은 매우 당황했다. 부랴부랴 문재인 대통령에게 도움을 요청하고, 김 제1부상에게 유감을 표시하는 성명을 내도록 했다. 트럼프 대통령은 이후 회담 복원을 선언하면서 완전히 주도권을 되찾았다.

김 위원장은 협상 상대에 따라 여러 가지 면모를 드러낸다. 시진핑(習近平) 중국 국가주석과의 정상회담에서는 시 주석의 말을 받아 적는 공손한 태도를 보였고, 문 대통령과의 만남에서는 친척 아저씨나 형을 만난 것 같은 친밀감을 표시했다. 시 주석이 북한의 혈맹인 중국의 지도자이고, 문 대통령은 북한에 고향을 두고 있는 한국의 대통령이라는 점에서 김 위원장이 더욱 가까운 사이라고 여겼겠지만 손윗사람에게 예의를 지켜야 한다는 동양 문화의식이 작용했기 때문이라는 분석도 있다.

싱가포르 라자라트남 국제연구소의 그레이엄 옹웹 박사는 김 위원장이 트럼프 대통령에게는 다른 협상 태도를 보일 것이라고 예상했다. 옹웹 박사는 "김 위원장이 트럼프 대통령에게는 대등한 관계라는 걸 과시하기 위해 의식적으로 당당하게 나올 가능성이 있다"고 말했다.

자료 : 국민일보, 2018. 6. 11 (http://news.kmib.co.kr/article/view.asp?arcid=0012429488&code=61111611&cp=du)

당신은 반드시 당신이 가지고 있는 밀가루로 빵을 구워야 한다.

(Danish Folk Saying)

개인적인 협상 스타일은 협상테이블에서 중요한 변수로 작용한다. 만약 협상의 어떤 상황에서 자신의 본능과 직감이 어떤 일을 저지를지 잘 모른다면, 효과적인 전략과 대응방안을 계획하는 데 있어서 아주 큰 문제가 될 것이다.

기본적으로 호의적이고 친절한 사람이라면, 협상테이블에서 경쟁적으로 보일 필요가 없다. 그리고 경쟁적인 사람이라면 성인처럼 보이려고 협상상대방을 속이는 데 시간을 낭비할 필요는 없다. 그냥 있는 그대로의 자신을 보여주면 된다. 그리고 자신의 본래 천성을 효과적으로 이용하여 성공적인 협상스타일을 만들려고 노력하는 것이 좋다.

1) 기본적인 협상스타일

애덤스(Jay Adams)는 어떤 문제에 대해 인간이 접근하는 방법을 다음과 같이 분류했다.

첫째, 해결하라 : 모든 것은 문제가 되지 않으며 힘들지 않다고 생각하고 단순히 부딪혀서 해결해 보려는 태도이다.

둘째, 다른 방향으로 가라 : 어떠한 이유로든 원하는 방향도 아니고 경로도 잘못되었다고 생각하는 태도이다. 편향된 시각으로 문제를 해결하려고 시도하기 때문에 더 잘못된 문제를 생산하기도 한다.

셋째, 물러서라 : 간단하게 해결할 수 없고, 또한 불가능하기 때문에 희망도 없으며, 그러므로 나는 포기한다는 태도이다.

넷째, 통과하라 : 신이 나를 도와서 해결하여 줄 것이므로 '나는 할 수 있다'는 돈키호테형 태도이다.

심리학자들은 상호 갈등이 있을 경우에 사람이 선호하는 갈등을 다루는 기본 협상유형을 다섯 가지로 구분하기도 한다. 5가지 유형은 다음과 같다. 경쟁자(competitors), 문제해결자(problem solvers), 타협자(compromisers), 적응자(accommodators), 갈등 회피자(conflict avoiders)로 나눌 수 있다.

어떤 상황에서도 협상스타일과 관계없이 '당신은 당신이 가진 밀가루로 빵을 구워야 한다.'는 말처럼 결국 자신이 가진 직·간접적 요소를 활용하여 협상에 임하고 갈등을 풀어 나가야 한다.

2) 갈등을 대하는 유형

윌리암스(General R. Williams)의 연구에 의하면 갈등에 대한 태도에는 3가지 행태가 기본적으로 존재한다고 한다. 즉, 협상유형에 있어 가장 기본적인 유형은 협력형, 경쟁형 그리고 무패턴형으로 나눌 수 있다.

협력형은 전형적인 'Win-Win 협상가'이다. 경쟁적 협상가는 전형적인 'win as much you can' 협상가이다. 그리고 무패턴형은 패턴을 구별하지 않는다는 의미이다. 물론 다수의 협상당사자는 혼합된 어떤 스타일을 가지고 있지만, 순수한 형태를 먼저 보고 나중에 정교하게 구분하는 것이 중요하다. 또한, 윌리암스는 3가지 기본적인 스타일을 증명한 것뿐만 아니라 각각의 범주 안에 부수적인 범주(유능함, 평균 그리고 무능함)가 존재한다고 기록했다. 그러므로 우리의 스타일이 무엇인지 아는 것만으로는 충분하지 않고, 우리가 이용하는 스타일이 얼마나 효과적인지 또한 알아야만 한다. 예를 들어, 윌리암스는 협력적인 사람들의 3%가 유능하지 않다고 단정 지었다. 그들은 잘 속고 순진하며 종종 남에게 이용을 당한다고 하였다.

결국, 우리가 이러한 스타일과 그에 따른 두 가지 유형 이상의 특성을 사용하는 사람들과 효과적으로 협상하기 위해서는 협력적인 협상가와 경쟁적인 협상가 사이의 중요한 차이점을 인지할 필요가 있다. 협상에 따라 두 가지 유형을 조합한 부수적인 협상스타일 범주는 아래와 같이 요약할 수 있다.

(1) 유능한 협력자(Effective cooperatives)

유능한 협력자는 전략적 협력자로 상호 간의 이익에 초점을 맞추는 전형적인 'Win-Win 협상가'이다. 창조적으로 문제를 해결하고자 노력하고, 협상 관계자들이 공평하게 대우 받았다고 생각할 수 있는 좋은 결과를 원한다. 그들은 양측 모두 결과와 그 결과에 도달하기 위해 협상 당사자와 기획된 그 협상 과정이 효율적이기를 원한다. 효과적인 협력은 가치를 창조하고 서로에게 더 큰 이익을 요구할 수 있으며 탄력적이다. 그리고 필요하다면 권력을 이용할 수 있다. 즉, 유능한 협력자는 '전략적 협력자'이다.

(2) 무능한 협력자(Ineffective cooperatives)

유능한 협력자가 전략적 협력자라면, 무능한 협력자는 무조건적인 협력자이다. 다른 말로 무능한 협력자는 이치에 맞든 아니든 협력적이다. 무능한 협력자는 시종일관 지나치게 상대방을 신뢰한다. 지나치게 신뢰한다는 말은 잘 속는(gullible), 순진한(naïve), 쉽게 이용당하는(easily exploited) 등과 동의어이다.

무능한 상대를 구별하는 중요한 요소는 지나치게 친절하고 예의가 바르고 참을성이 있고 관대하다는 것이다. 어떤 일이 발생해도 정중하게 그리고 사이좋게 지내려 노력할 것이다. 즉, 무능한 협력자는 클레임을 거는 것에 능하지 않고, 상대에게 아주 신뢰적이고 관대하기 때문에 본인에게 클레임을 걸도록 상대의 용기를 북돋운다. 그러므로 무능한 협력자는 이용을 당하기가 매우 쉽다.

(3) 유능한 경쟁자(Effective competitives)

유능한 경쟁적 협상가는 전형적으로 얼마든지 승리할 수 있는 협상가이다. 그들은 승자가 되기를 원하고, 그리고 이익의 전부가 아니라면 대부분은 클레임을 건다. 유능한 경쟁자는 놀랄 정도로 잘 준비하고 승자를 위한 요구치를 더 강조하지만 상황에 따라서는 가치창조의 융통성을 가지고 협상테이블에 임한다.

비록 그들이 공격적이고 철저한 준비를 통하여 협상에서 승자가 되려고 노력하지만, 만약 상대편이 유능한 협상가여서 거래를 위한 준비 전략이 잘 통하지 않는다면 거래를 무산시키기보다는 융통성을 발휘하여 합작 또는 협력할 수 있는 능력을 발휘한다. 즉, 유능한 경쟁자는 요구치를 더 강조하지만, 만약 상황에 정당한 이유가 있다면 그들은 가치를 창조하기에 충분할 만큼 융통성이 있다.

(4) 무능한 경쟁자(Ineffective Competitives)

무능한 경쟁자는 사실 준비를 제대로 하지 않았기 때문에 겁주고 허세를 부리기 위해 협상 전반에 걸쳐 그들의 스타일을 단독으로 이용한다. 무능한 경쟁자는 아주 작은 융통성을 가지고 있고, 전략이 잘 통하지 않을 때 공격적으로 일관하거나 증가시킨다. 무능한 경쟁자는 '도 아니면 모' 양자택일의 협상전략을 구사한다.

협상이 결렬될 때의 결과는, 거래는 이루어지지 않은 상태로 남아 있고, 그리고 당사자들의 관계는 손상된다. 그들의 경직성은 세상을 오직 적대적인 관계로만 본다. 그들은 단지 어떻게 가치에 클레임을 거는지 만을 알고 있고, 전체나 틀 밖에서 해결책을 찾아보는 것에는 약하다. 따라서 그들은 가치를 창조하는 것에는 약하다.

사실, 윌리암스는 무능한 경쟁자의 요구가 지나쳐서 일반적으로 상대방이 불쾌해하기 때문에 가능하다면 그들과 협상을 하는 것보다는 전적으로 피하는 경향이 있다고 했다. 따라서 윌리암스는 "우리는 의식적으로 협상가의 협상 패턴을 인식하고, 어떻게 조정하는지 배우고, 언제 생산적이고 비생산적인지 알아야 하며 그리고 제일 중요한 것은 이런 각각의 패턴을 이용하는 협상에서 어떻게 합의에 이를 것인지 정확하게 대응하라"고 권고한다.

우리가 협상스타일을 이해하고 의식적으로 협상에 임해야 하는 이유는 우리의 본연의 성향을 바로잡고, 모든 협상가가 가정의 흐름을 인식하고 이에 의거해서 노력한다고 보기 때문이다.

■ 협상의 배합(Negotiating Combinations)

이러한 패턴들을 더 시험해 보는 한 가지 방법은 협상가들의 다양한 유형이 짝을 이루어 협상할 때 무슨 일이 일어나는지 보는 것이다. 다음과 같은 배합을 생각해 보자.
- 유능한 협력자들끼리의 협상(effective cooperative negotiating with same)
- 유능한 경쟁자들끼리의 협상(effective competitive negotiating with same)
- 유능한 협력자와 유능한 경쟁자(effective cooperative and effective competitive)

3) 유능한 협상가가 되기

(1) 최고의 협력적인 사람을 위한 7가지 팁

기본적으로 협력적이고 합리적인 협상가는 협상에서 더욱 더 유능해지기 위해서 단호함, 자신감 그리고 신중함을 유지해야 한다. 어떻게 이렇게 할 수 있을까? 잠재적으로 대립적인 협상을 준비하는 것이 세상에서 가장 어려운 일이다. 협상 실적을 향상하기 위한 7가지의 특별한 도구를 소개하면 다음과 같다.

■ 최저선에 집중하는 것을 피하라

협상의 목표를 준비하고 높은 기대치를 개발하기 위해 충분한 시간을 갖는다. 협력적인 사람은 다른 사람들의 요구를 먼저 걱정하는 경향이 있다. 자신의 최저선을 확인하고 그것보다는 조금 더 높이려고 노력한다. 협상에서 대부분의 협상가가 얻게 되는 결과를 보면 정확하게 자신의 최저선이다. 여러 연구결과는 기대치가 높은 사람이 더 많은 것을 가져간다고 확신한다. 목표치와 기대치에 대한 자신의 생각에 다시 초점을 맞추어 본다. 무엇을 왜 원하는지 신중하게 생각하고 충분한 시간을 보내야 한다.

■ **협상이 실패했을 때의 대비책으로 구체적인 대안을 개발하라**

협력적인 사람들은 협상테이블에서 선택의 여지가 없는 상태가 되면 너무 쉽게 자신을 방치한다. 그러나 협상에 실패했을 경우를 대비하여 계획된 대안을 가지고 있다면 달라질 것이다. 항상 대안은 존재하므로 그 대안이 무엇인지 찾아내고 협상테이블에 가지고 가면 되는 것이다. 자신감을 가지고 말이다.

■ **대리인을 고용하고 협상 임무를 위임하라**

■ **자신이 아닌 그 밖의 누군가 혹은 어떤 것을 위하여 흥정하라**

■ **청중을 만들어라**

■ **"당신은 그것보다 더 잘해야 할 것이다. 왜냐 하면…" 라고 말하라**

협력적인 사람들은 누군가 흥정을 하기 위해 만들어 놓은 거의 모든 그럴듯한 제안들에 대해 항상 "yes"라고 말하도록 준비되어 있다.

■ **계약뿐만 아니라 기여도 강조하라**

(2) 대단히 경쟁적인 사람을 위한 7가지 팁

경쟁력 있고 합리적인 협상가는 다른 사람이 정당한 요구를 해올 때 이를 인지하고 받아들일 줄 안다. 협상에서 상대방에 대한 의구심을 극복하는 일은 쉽지 않다. 순진한 척하면서 협상에 임하는 사람들의 각종 유혹을 떨쳐 내기란 정말 어려운 일이다. 협상성과를 높여 줄 수 있는 7가지 팁을 소개한다.

- 단지 이기는 것이 아닌, Win-Win을 생각한다.
- 자신이 해야 한다고 생각하는 것보다 더 많이 질문한다.
- 기본에 의존한다.
- 관계 관리자를 고용한다.
- 당신이 말한 약속을 지켜서 마음으로부터 신뢰하도록 만든다.
- 협상에서 말다툼하지 않는다.
- 상대방의 존재를 항상 인정한다. 자존심을 지켜 준다.

제3장
협상과정 관리

01 협상과정 관리의 목표

볼턴 "북한과의 핵 협상 실무자들 몽상적이지 않다"

　미국 내 대북(對北) 강경파로 분류되는 존 볼턴 백악관 국가안보보좌관이 북한이 비핵화 협상 과정에서 미국으로부터 핵 물질 및 핵 시설을 숨길 수 있다는 언론 보도에 대해 "북한이 과거에 행한 일을 알고 있다"라며 미국 측 협상 실무자들 사이에는 "몽상적인 감정이 없다"라고 주장했다.
　볼턴 보좌관은 1일(현지시간) 미국 CBS방송 일요일 토크쇼 '페이스 더 네이션'에 출연해 "우리(미국)는 지난 수십 년간 북한이 미국과 협상하면서 보인 행동 양상을 알고 있다. 협상으로 시간을 지연하면서 핵무기와 생·화학무기, 탄도미사일을 개발해 온 것을 알고 있다"고 강조하며 "협상 실무를 이끄는 이들에게는 몽상적인 감정이 없다"고 말했다.
　볼턴 보좌관은 뒤이어 "싱가포르에서 김정은(북한 국무위원장)은 자신이 (북한의) 이전 정권(지도자)들과 다르다는 점을 수차례에 걸쳐 강조했다"라면서 "이제는 행동으로 말하게 할 때"라고 말했다. 이는 북한이 미국을 속이고 핵개발 성과 일부를 은닉할 수 있다는 미국 정보기관 발(發) 보도에 따른 우려를 진화하기 위한 발언이자, 동시에 북한에 비핵화를 위한 무기 내역 공개를 압박하려는 발언으로 풀이된다.
　볼턴 보좌관은 같은 날 폭스뉴스의 '폭스뉴스 선데이'에서는 북미 정상회담에 있었던 뒷이야기도 공개했다. 볼턴 보좌관에 따르면 김 위원장은 싱가포르 정상회담 도중 도널드 트럼프 미국 대통령과 함께 배석한 볼턴 보좌관에게 함께 사진을 찍자고 제안하며 "내가 (북한에 있는) 나의 강경파들에게 당신이 그리 나쁜 사람이 아니란 걸 보여줄 필요가 있다"고 말했다. 볼턴 보좌관은 북미 정상회담에 대해 "일대일 회담이 예상치 못한 긍정적 결과를 가져올 수 있다는 걸 보여준 증거"라고 말하기도 했다. 이 발언은 트럼프 대통령이 블라디미르 푸틴 러시아 대통령과의 정상회담을 추진하는 것을 볼턴 보좌관이 옹호하는 과정에서 나왔다.
　볼턴 보좌관은 이날 CBS 인터뷰에서 북한 핵 계획 대부분을 1년 내에 해체 가능하다는 주장도 폈다. 그는 "마이크 폼페이오 국무장관이 조만간 북한과 대화해 대량살상무기와 탄도미사일 개발 계획을 연내에 해체할 수 있는 방안을 논의할 것"이라고 말했다. 그는 "우리(미국) 전문가들은 북한이 무기 내역을 공개한다면 이를 1년 내에 완수할 수 있을 것"이라고 설명했다.
　볼턴 보좌관은 "(비핵화를) 가능한 한 빨리 진행하자는 것은 시진핑(習近平) 중국 국가주석도 우리에게 조언한 것"이라고 주장했으며 "(북한 무기 개발 계획의) 해체가 빠르면 빠를수록 북한

> 에 이득이다. 한국과 일본 등이 제재를 해제하고 경제지원과 거래 흐름을 개시할 수 있기 때문"이라고 말했다.
>
> 인현우 기자 inhyw@hankookilbo.com

자료 : 한국일보, 2018. 7. 1, (https://www.hankookilbo.com/News/Read/201807012369731091)

'협상은 제안과 역제안을 통한 타협과 창의력을 의미한다. 결과에 대해 지나치게 걱정하는 것보다는 협상의 과정에 초점을 맞추는 것이 좋은 협상결과를 가져올 수 있다. 즉, 일단 협상의 결과를 얻게 되면 그것이 어떤 결과라 하여도 수정하기에는 너무 늦다. 그래서 결과보다는 그 결과에 도달하는 과정의 전문가가 되기를 여러분께 권하고 싶다.'

대부분의 협상은 서로 다르고 각본을 만들 수 없다. 협상은 사람들이 진정으로 원하는 바를 만족스럽게 대체할 만한 적절한 타협을 받아들이는 법을 배우는 과정이라고 할 수 있다. 협상의 묘미는 협상의 과정에서 발견하는 정보에 있다. 그것이 자신에 관한 것이든 협상 상대방에 관한 것이든 말이다. 이는 마치 퍼즐의 완성도와 조각의 총 개수 및 형태와 색깔도 알지 못한 상태에서 퍼즐 맞추기를 하는 것과 같다. 바로 그렇다. 협상은 오감과 더불어 지력과 논리를 필요로 한다.

1) 가치 있는 결과를 위한 협상과정 관리

협상이란 여러 가지 가능성의 영역을 지속적으로 탐색하는 것이다. 대부분 성공여부는 역발상 능력에 달려 있다. 협상에서 상대에게 과도한 제안을 하게 되면 협상상대방은 합의를 받아들일 여지가 없어지게 된다. 이 때 역발상의 능력이 필요하다. 자신의 제안을 입장을 바꾸어 생각해보고 상대가 받아들이기 쉽게 제안을 수정하는 것이다. 서로가 수용할 만한 해결책이 떠오를 때는 다양한 경우의 수를 고려해야 한다. 물속에 미끼를 많이 던질수록 물고기를 낚을 확률은 더 높아진다. 훌륭한 협상가가 되고 싶다면 창의력, 비판적인 태도, 정보수집능력 그리고 다양한 경우의 수를 고려하여야 한다.

(1) 협상에 임하는 태도

협상을 이해하려면 다음의 세 가지를 알아야 한다. 첫째, 협상은 과학이 아니다. 둘째, 협상은 오직 승리가 전부는 아니다. 셋째, 협상은 연속성이 적용되는 하나의 사건이 아니다. 협상에 참여하는 이해당사자들의 동기와 목표는 모두 다르며, 협상이 진행되는 동안에는 어느 순간이 모든 것이 뒤 바뀔 가능성이 있다.

모든 사람이 협상에서 꼭 얻고자 하는 바는 최종결과에 대한 만족감이다. 협상에서 성공하려면 상대를 설득하고 이끌어서 양측이 함께 만족을 얻도록 해야 한다. 그러나 만족감이라는 것은 주관적인 감정 상태이기 때문에 사람의 성격과 직접적인 관련이 있다. 협상에서 완벽하게 구체적이고 측정 가능한 증명될 수 있는 결과를 얻기란 쉽지 않다. 협상에서는 절대적으로

옳거나 틀린 답은 있을 수 없다.
 어떤 협상 과정에서는 자신의 기대나 바람과 완전히 다른 결과가 도출되기도 한다. 하지만 자신이 치른 대가보다도 자신이 느낀 마음의 만족감과 평안이 더욱 중요하다는 사실을 발견하게 된다. 편안한 느낌은 최상의 가격을 얻는 것보다도 더 큰 의미를 지닐 수 있다. 만족감을 협상의 진정한 목표로 삼아야지 최고가격 혹은 자신의 모든 요구를 관철시키는 것을 목표로 삼아서는 안 된다. 협상은 상호작용에 의한 것이며 상호작용은 단순히 비용이나 성과에서 의견일치를 이루었다고 해서 충족되는 것은 아니다.
 협상은 단순한 승패의 개념을 넘어서서 훨씬 더 많은 것들이 개입된다. 승패의 개념은 아주 구체적인 목표를 정하고 협상에 임해 극단적으로 '모'아니면 '도'라는 사고방식에 기초한 이분법적 접근이다. 협상에는 반드시 승자와 패자가 있다는 이러한 관점은 근시안적일 뿐더러 실패할 수밖에 없다. 진실로 성공적인 협상을 원한다면 자신의 신뢰와 우호적인 관계를 형성해야 한다. 그것은 협상과정의 한 부분인 동시에 협상결과의 중요한 요소이다.
 협상은 그 각각이 다양한 규모와 모양새를 가진 개별 협상들이 모여 구성된다. 협상은 시작과 끝이 명확한 담판의 토론이거나 회의가 아니다. 따라서 어떤 협상이든 과정에서 상황이 변하기 마련이다. 또 다른 요인으로 인해 이전과 다른 태도를 취할 수도 있다. 항상 어제 들은 이야기가 오늘도 유효할 것이라고 가정할 수는 없다.

(2) 협상을 성공으로 이끄는 요소

 협상을 통해 어떤 성과를 거둘지는 확신할 수 없다. 하지만 어떤 협상이든지 목표를 상정하는 것은 매우 중요하다. 아마 다음과 같은 협상요소들을 제대로 인식한다면 협상을 성공으로 이끄는 데에 많은 도움이 될 것이다.

■ 협상을 통해 이익을 얻어라
 이익은 금전적인 이윤만을 뜻하는 것은 아니다. 협상을 통해 얻는 이익은 처음에 전혀 예상하지 못했던 것도 포함된다. 그러므로 개방적인 태도가 필요하다. 뜻밖의 필요한 정보나 결과를 얻을 수 있으므로 가능성을 염두에 두고 준비된 태도로 협상에 임하면 훨씬 더 많은 것을 배울 수 있다.

■ 가능한 한 상대에 대해 확실히 파악하라
 협상참가자들은 누구나 성격적 특성, 협상참가 이유, 방식 등을 가지고 있다. 만약 상대를 알고 협상과정을 유도한다면 협상은 자신에게 매우 유리하게 전개될 것이다. 협상상대의 성격, 협상주제에 대한 상대편의 지식정도, 교육배경, 협상능력 등을 최대한 많이 알아내야 한다. 이를 통하여 상대의 욕구를 충족시켜 줄 접근법을 선택한다면 그들과 신뢰를 바탕으로 한 우호적인 관계를 형성하게 되는데, 이는 바로 협상의 중요한 요소이다.

■ **최소한의 요구조건을 파악하라**

상대편이 협상에서 결코 물러설 수 없다고 생각하는 한계선이 무엇인가? 그 요구조건에 대하여 최대한 어디까지 허용할 수 있는가? 이 양극단 사이에 존재하는 모든 것들은 협상의 여지가 있다. 효과적으로 협상을 하고 싶다면 상대편에게 가장 중요한 조건이 무엇인지를 알아내고 불확정 지대가 어디인지를 바로 파악하는 것이 필수적이다.

그러나 협상상대방은 가장 중요한 최소한의 요구조건을 솔직하게 이야기하지 않는다는 사실을 명심해야 한다. 대다수의 사람은 상대편의 가장 중요한 조건이 무엇인지 정확히 알지 못하며, 안다고 주장하는 이들도 항상 정확한 것은 아니다. 따라서 상대편의 가장 중요한 조건이 무엇인지는 토론과 관찰을 통해서 파악하는 것이지 단순히 상대의 진술에서 파악할 수 있는 것은 아니다.

■ **자기 협상팀에 대해 파악하라**

협상과 관련하여 이익을 얻을 수 있는 모든 사람을 철저하게 파악하여 효과적으로 대처해야 한다. 그렇지 않으면 협상을 하는 과정에서 본인이 직접 타협을 이끌어 낼 수 없는 경우에 팀원 중 다른 사람이 협상타결을 이끌어 낼 수 있는 기회도 잘라 버리는 셈이 된다. 협상팀이 서로 수긍할 타협점을 찾기 위해서 서로 이견을 줄일 방법을 찾아야 한다. 만약 협상테이블에서 협상팀원 사이에 의견대립이 발생한다면 협상에서 자신의 위치를 약화시키는 것이다.

무엇이 공정하고 합리적인지 파악한다. 협상에 참가하는 사람들은 모두가 협상과정이 공정하고 합리적이기를 바란다고 한다. 하지만 협상당사자들은 특정이슈를 해결하는 데 적용할 '공정하고 합리적인 것'이 무엇인지에 관해 서로 다른 의견을 가지고 있다. 상대편이 인지하는 공정하고 합리적인 것이 무엇이며, 그것이 자신의 의견과 어떻게 다른지 분석해야 한다.

2) 협상과정에서 신뢰와 우정 그리고 만족을 주어라

일반적으로 협상을 하면 요구사항을 목록으로 만들어 상대가 이에 동의하도록 설득한 후 서류를 주고받고 일찍 귀가하는 것이라고 생각한다. 하지만 협상이란 그런 것이 아니다. 이런 식의 협상은 바람직하지 않으며 수준 높은 협상에는 충분한 시간이 필요하다. 협상이란 상대방에게 다가가서 이해하고, 양측 모두 진정한 이익을 창출해야만 하는 것이다. 일방적인 의사소통으로는 결코 좋은 협상을 이룰 수 없다.

(1) 협상의 목적

협상의 목적은 신뢰, 교감, 만족이라고 할 수 있다.

첫째, 신뢰는 사람들 사이에 이루어지는 모든 선의의 거래를 단단히 묶어 주는 요소이다. 믿을 수 없는 사람과 거래하겠다는 생각은 추호도 하지 마라. 도둑으로부터 자신을 보호하는 일이 어디쉽겠는가? 서로 신뢰할 수 있는 분위기는 거래에 대한 의심과 회의를 떨쳐 버릴 수 있게 해준다.

둘째, 상대방과의 교감은 얼핏 보기에는 협상과 무관해 보일 수 있다. 서로 친근감을 느끼지 못하면 성공적으로 협상할 수 없다. 교감을 할 수 있는 여러 가지 기법을 개발할 필요가 있다. 집으로 초대를 한다거나 상대의 어떤 협상결과나 성과를 찾아내어 찬사를 보낸다거나, 상당히 존중하는 태도를 보이면 보상을 받게 될 것이다.

셋째, 만족이다. 협상에 임하면서 냉혹한 목표, 유일한 목표인 승리를 쟁취한다고 생각한다면 결과가 좋을까? 이는 커다란 오해이다. 협상의 진정한 목표는 협상 쌍방이 함께 받아들일 수 있는 만족감을 성취할 때 훌륭한 협상이 되는 것이다. 협상을 마쳤는데 상대방이 배신당하고, 무시당하고, 부당하게 이용당했다고 느낀다면 앞으로 다가올 수 있는, 예상하지 못할 큰 협상의 기회를 잃게 되는 것이다.

(2) 신뢰, 교감, 만족을 위한 팁

- 상대편과 공통분모를 찾아라.
- 좋은 교감을 형성하라.
- 거래하고 싶은 사람이 되라.
- 적절한 수준의 커뮤니케이션 방식을 찾아라.
- 상대편과 그들의 요구를 이해하라.
- 신뢰감을 탄탄히 구축하라.
- 융통성을 익혀라.
- '딜 브레이커'가 아니라 '딜 메이커'라는 평을 듣도록 하라.

(3) 협상테이블에서 알아야 할 것들

협상을 할 때 협상테이블 맞은편에 앉은 사람을 움직이게 만드는 동기가 무엇인지 찾아내고자 노력해야 한다. 상대는 성공적인 결과를 얻을 것이라고 확신하는 낙관론자일 수도 있고 또는 속임수를 통해서 거래를 형편없이 마무리할 것이라고 믿는 비관론자일 수도 있다. 상대방의 요구를 인지하고, 약점을 떨쳐 버리고, 중요한 정보를 찾아내는 것이 우선이다. 이를 위해서는 다음과 같은 규칙이 필요하다.

- 그 어떤 것도 보이는 대로 받아들이지는 않는다.
- 누군가가 준 정보를 있는 그대로 믿지는 않는다.
- 비관적인 소망은 협상쌍방에 불리하게 작용한다.
- 자신이 아는 것을 상대방도 알 것이라는 생각은 버린다.
- 그럴듯한 분위기를 경계한다. 협상의 함정 가운데 최악이다.
- 협상의 핵심인물을 파악한다.
- 상대방의 숨은 약점과 정보를 찾아낸다.

02 전술의 유지 및 지침 요약

1) 협상전술과 대응전술

협상과정에서 협상의 분위기와 속도를 조절할 수 있는 전술들에 대하여 살펴볼 필요가 있다. 아무리 비슷한 협상이라고 하여도 동일한 전술이 모든 상황에서 효과적일 수 없다. 또한 협상의 당사자들은 각양각색이다. 그리고 아무리 강력한 전술이라고 해도 윤리와 비윤리의 경계를 따져야 한다. 끝으로 모든 강력한 전술들에는 그에 상응하는 효과적인 대응전술이 있다는 사실이다.

(1) 압박전술 : 그보다 더 좋은 조건을 제시하시오.

협상을 하다 보면 양측의 의견 차이는 확인했으나 이를 어떻게 좁혀야 할지 확신이 서지 않는 경우가 있다. 이런 상황에서 활용할 수 있는 훌륭한 기교 중 하나가 압박전술이다. 이 전술은 상대방이 최대한의 양보를 제시한 시점에서 가장 좋은 효과를 거둘 수 있다. 쌍방의 의견차이로 인하여 협상이 교착 상태에 빠졌을 때 협상을 중단하지 않고 더 많은 양보를 얻어내고 싶다면 이때 압박전술을 동원한다. "그 보다 좀 더 좋은 조건을 제시하시죠."

이러한 압박전술은 두 가지 구체적인 목표를 달성하기 위한 수단이 된다. 첫째, 더 좋은 조건으로 거래를 성사시키는 것이다. 둘째, 상대의 협상 최저선이 어디까지인지를 확인할 수 있다. 그 다음에 그 거래를 받아들이거나 또는 교착 상태 활용과 같은 또 다른 전술을 시도할지를 결정해야 한다. 다시 압박전술을 재차 사용하는 것은 별로 의미가 없다.

그런데 만약 협상상대방이 오히려 압박전술을 사용하려고 한다면 어떻게 해야 할까? 그럴 때는 반격전술을 쓰면 된다. "저는 이미 정말 좋은 가격을 제시했습니다. 어째서 이보다 더 좋은 조건을 제시해야 하는지요? 저는 이미 다른 사람들에게 제시했던 가격보다 훨씬 낮은 가격을 제시했습니다. 제가 가격을 낮추는 대신 당신이 가격을 올려 주셔야 되겠군요."라고 반격할 수 있다.

(2) 협상 중단전술 : 이게 저의 최선입니다.

협상상대를 기분 나쁘지 않게 대화를 중단하는 방법이다. 최선을 다하여 협상을 했고 이제 양보의 한계점에 이르렀다는 뜻을 상대방에게 표현하고 싶을 때 이렇게 말하면 된다. "이게 저의 최선입니다. 이 제안을 받아들일지 말지 결정하셔야 합니다. 제가 할 수 있는 것은 모두 했습니다."

이 전술은 선을 긋는 훌륭한 방법이다. 적대적이고 공격적으로 말하는 대신 더 이상의 양보는 불가능하다는 선을 그으면서도 좋은 인상을 주는 것이다. 협상을 반드시 끝낼 필요는 없다. 이것은 일종의 전술로서, 상대방이 양보하지 않으면 거래가 성사되지 않을 것이라는 생각을 심어 주는 것이다. 하지만 좀 더 대화할 의지가 있다면 거래를 다시 시작할 수 있도록 상대방에게 희망을 줄 수 있다.

(3) 니블링(nibbling) 전술 : 티끌모아 태산

니블링 전술은 양측의 합의 이상으로 내가 원하는 것을 추가로 얻어 오는 것을 말한다. 계약서에 서명을 한 이후에도 여러 가지를 니블링할 수 있다. 자동차를 구입하고 나서 세일즈맨에게 이렇게 말할 수 있을 것이다. "물론 깨끗이 세차하고 기름을 가득 채워서 넘겨주실 거죠?"

추가적인 것을 요구하는 것이 상도의나 협상 윤리에 어긋나는 것은 아니다. 또 다른 특혜를 강요하는 것이 아니라 그저 부탁하는 것이기 때문이다. 우호적으로 요구한다면 해가 될 일은 아무것도 없다. 계약이 완료된 후에 "제가 요청한 이런 사소한 것들을 제공하지 않으신다면, 이 거래를 이행하지 않을 것입니다"라고 친근하게 말할 수 있을 것이다.

협상 상대방이 니블링 전술을 사용할 때 활용할 수 있는 효과적인 반격전술이 있다. 니블링 전술에 가격을 매기는 것이다. "물론 그렇게 해 드리지요. 하지만 세차비 3만 원, 유류비 5만 원이 추가됩니다."라고 말하는 것이다. 니블링 전술은 여러 문화권에서 받아들여지는 관행이다. 노련한 협상가들은 대부분의 협상에서 니블링 전술을 효과적으로 활용하고 있다.

(4) 데코이(Decoy) 전술 : 미끼 전술

협상목표를 숨겨 놓고 그 목표를 달성하기 위해서 중요하지 않은 요구사항을 무리하게 요구하는 것이다. 이로 인해 자연스레 협상은 교착상태에 빠지게 되고, 이후 미끼들을 차례로 양보함으로써 진짜 목표를 상대가 양보하도록 유도하는 것이다. 예를 들면 협상초기부터 과도한 것을 요구하기 시작하면서 상대의 힘을 빼고, 협상이 어느 정도 진전이 되어 갈 때 처음 요구를 철회하고 대신 진짜 목표를 상대가 받아들이도록 하는 전략이다.

(5) 지연 전술

여러 가지 이슈에 대한 논의가 진행되고 협상양측이 서로 특혜를 제공하는 일이 많아지는 상황이 올 수 있다. 이런 경우, 나중에 기꺼이 포기할 만한 것에 대해 시간을 끌고 고집을 부리면서 페이스를 조절하는 것도 훌륭한 전술이다. 이렇게 하는 것은 협상진행의 통제권을 쥐고 있는 동안 전반적인 진행 속도를 지연하는 전술이다.

이러한 페이스 조절은 상대방의 균형을 깨뜨릴 수 있으며 협상은 확실히 유리하게 진행된다. 이처럼 페이스 조절은 협상에서 유용하게 활용할 수 있는 강력한 전술의 하나이다. 상대방으로서는 협상에 어떤 패턴이 있는지 알아내지 못한다면 승산 있는 전략을 세우기 어려울 것이다.

페이스를 조절하는 또 다른 방법은 애초에는 다룰 사안이 결코 아니었던 어떤 것을 복잡한 논의 속에 던져 넣는 것이다. 이런 사안에 관하여 논의하면서 페이스를 충분히 늦추다가 못이기는 척 그 사안을 포기하고 상대방에게 넘겨주면 된다. 그 목적은 협상이익을 얻는 데 있는 것이 아니라 협상 페이스를 조절하고 논의 주제를 늘리는 데 진정한 목적이 있는 것이다.

그렇다면 상대방이 페이스를 조절하려고 하면 어떻게 반격할 것인가? 이에 대한 반격전술은 바로 상대방에게 뭘 하고 있는지 묻는 것이다. 협상이 잠시 중단되어도 괜찮다. 중요한 것은 상대방이 달라진 이유가 무엇인지 알아내는 것이다. 그들이 거래에서 손을 떼려 하는지? 다른 구매자와 거래를 하고자 하는지? 아니면 또 다른 이유가 있는지? 상대방이 페이스를 조절하려고 하면 반드시 이의를 제기해야 한다. 허락이나 동의 없이 상대방이 페이스를 조절하지 못하도록 유념한다.

2) 협상 지침 요약

- 협상의 기본원칙과 지침에 대한 동의
- 생각보다 더 많은 시간이 소요될 것에 대한 대비
- 필요이상으로 조심스러운 문구
- 올바른 결정을 내렸는지 확인 (협상 사례를 간결하게 정리)
- 도움이 되는 모형을 이용할 수 있도록 협업모형 구축
- 협상과정에 유머를 활용
- 협상가로서의 융통성과 적응력을 향상
- 체면 유지의 중요성을 기억
- 계약을 이행하겠다는 약속에 동의했는지 확인
- 판례의 위력을 활용

03 확립된 기준과 일관성 유지

대기업에 합격했는데 졸업시험 탈락, "너무 한다" vs. "특혜 없다"

A씨(59)는 서울 동대문구 한국외국어대 정문 앞에서 1인 시위를 했다. 그가 몸에 걸친 알림판에는 '청년실업시대에 제자들의 아픔을 외면하는 교수는 사라져야 한다' 등의 문구가 적혀 있었다.

이 학교 B학과에 재학 중인 A씨의 아들 C씨(28)는 졸업을 앞둔 2018년 5월 국내 모 대기업에 합격했다. 하지만 지난달 학과 졸업시험에서 떨어졌다. 회사는 졸업을 못하면 입사 취소라고 전했다. A씨는 아들이 교수를 설득했지만 잘 안 돼 본인이 직접 나섰다고 했다.

A씨는 "졸업시험 탈락 시 구제 절차가 없고 교수 1명만 평가하는 것도 이해하기 어렵다"며 "교수 선호로 달라질 수 있는 것 아니냐"고 말했다. 이어 "어느 학과에서 졸업시험을 50% 이상 불합격시키느냐"며 "시험 탈락이 학생들 탓이라기엔 문제가 있다"고 주장했다.

반면 담당교수인 D교수는 "4학년 1학기부터 시험을 볼 수 있어 학생들에겐 준비할 시간을 충분히 보장했다"는 입장이다. 또 "시험은 전공교수가 전문적으로 채점을 해야 하지 타 전공교수가 간섭할 수 없다"고 했다. 학과 측도 "16명이 응시해 8명이 탈락했지만 졸업대상자가 아닌 학생들을 빼면 5명만 탈락했다. 30% 수준"이라고 반박했다.

A씨는 또 졸업규정이 지켜지지 않았다는 주장도 내놨다. 한국외대 졸업시험 시행규정 제10조 2항은 '졸업시험은 학과에서 정한 방법으로 시행하되, 어문계열의 경우 FLEX시험(외국어인증제)으로 대체함을 원칙으로 한다'고 규정한다. A씨는 "FLEX로 대체하라는 원칙이 있는데도 졸업시험을 (따로) 봤다"고 했다.

하지만 학교 측은 "해당 규정은 졸업시험은 기본적으로 학과에서 정한 방법을 우선하고 추가로 어문계열은 FLEX로 대체한다는 것"이라며 "학과에선 이미 지난 3월 공지사항에 미리 공지했다"고 설명했다.

이번 건을 바라보는 시각은 엇갈렸다. 취업준비생들은 현실적으로 청년취업이 어려운 상황에서 아쉽다는 반응이었다. 취업준비생 우모(24)씨는 "졸업시험은 실제 필요보다는 단지 졸업을 위해 치른다는 느낌을 받는다"며 "어렵게 취업이 됐는데 입사가 취소되면 또 힘들게 준비를 해야 하니 대체시험 등 대안이 있었으면 좋겠다"고 말했다.

반면 '취업'이 어렵다는 이유로 특혜를 줄 수 없다는 목소리도 있다. 설동훈 전북대 사회학과 교수는 "취업이 어려운 현실 때문에 학생들에게 편의를 제공해 왔지만 '정유라 사건'을 계기로 대학들이 학사관리를 엄격히 한다."며 "자격이 안 되면 졸업을 못 시키는 건 정당하다"고 밝혔다.

자료 : 권중혁 기자, green@kmib.co.kr, 국민일보, 2018. 7. 5.

"전광판 없이는 경기를 할 수 없다."

- 스포츠계의 격언-

아무리 철저하게 협상을 준비한다 할지라도 협상상대방의 중요한 모든 요소를 파악할 수는 없다. 이러한 경우 확립된 기준이나 규칙을 설정하는 데 초점을 맞추어야 한다. 이런 기준은 개인적 경험을 바탕으로 만들어질 수도 있지만 특정한 협상상대에 대한 정보를 파악하기 위해 동료에게 의존하는 경우도 있다. 또는 상대 회사의 재무제표나 자산 상태 및 그 회사가 발간하는 출판물 등을 통해 확립된 기준에 맞는 정보를 얻을 수도 있다.

반면 다양한 가정을 세울 여유가 있다면 관련자의 이익뿐만 아니라 협상상대방의 실질적인 이익을 파악함으로써 각각의 기준들을 세밀히 검증해야 한다. 이러한 기준을 중심으로 한 협상 준비는 전략을 발전시키고 가정의 현실성을 점검하기 위한 수단을 제공하는 기초단계이다. 정보는 협상에 있어서 중요한 요소이기 때문에 기준에 맞추어 정확성을 검증하게 되면 모든 협상가에게 현명하고 이행 가능한 합의에 필요한 전략을 제공할 것이다.

1) 이해관계자 집단

협상에는 단지 둘 또는 그 이상의 직접적인 이해관계자만 존재할 때가 있다. 그러나 사업상의 협상에서 이러한 경우는 거의 일어나지 않는다. 일반적으로 협상을 할 경우 직접적으로는 알 수 없지만 협상성과와 관련된 이차적 이해관계자들이 존재한다. 따라서 협상을 할 때 우리가 이끌어 낸 합의의 결과를 통해 이익을 취하는 사람들이 누구인지, 이중 이차적인 이해관계자의 이익은 발생할 수 있는지 항상 고려해야 한다. 만약 우리가 이차적인 이해관계자의 이익을 무시한다면 예상치 못한 순간 엄청난 피해를 입을 수도 있다.

2) 직접적 이해관계자들

협상에서 누가 직접적인 이해관계자인지를 파악하기 위해서는 상상력을 조금 동원해 볼 필요가 있다. 여러 이해관계자들 중 충분한 조사를 거쳐 협상 주제와 관련이 없거나 협상 성과로부터 아무런 손실 관계가 없는 이해관계자라는 판단이 서면 이러한 관계자들을 언제든지 제외시켜 버릴 수 있다.

3) 이익지도 만들기

협상 결과로부터 영향을 받는 이해관계자가 누구인지 파악하기 위하여 이익지도를 만들어 보는 것이 좋다. 궁극적으로 이해관계자와 연관관계를 찾고 가능한 한 이해관계자들의 이익을 충족시키며 합의에 도달하기 위해 이익지도를 활용하는 것이 효과적이다. 이익지도의 목적은 이해관계자들에게 그들이 원하는 모든 것을 보장하기 위한 것이 아니라 단순히 현실적으로 협상에서 취할 수 있는 최선의 목표를 성취하기 위한 보조수단일 뿐이다.

- **주위로부터 조언을 구한다** : 동료들과 함께 이익지도를 만들고 수정한 다음 협상 전반에 관련된 사람들의 이익항목들을 살펴보고 검토한다.
- **저비용 해결책** : 다른 이해관계자들의 이익을 가능한 범위에서 최소의 비용(현금 이외의 비용)으로 충족시키는 방법을 찾는 데 이용할 수 있다.

다음은 이익지도를 만들고 활용하는 방법을 기술한 것이다.

- 예상되는 이해관계자들의 명단을 만든다.
- 동료들의 의견을 들어보고 작성된 이해관계자들의 명단에서 필요한 경우 이해관계자의 일부를 추가하거나 삭제하도록 한다.
- 가능하다면 큰 도표 속에 다양한 이해관계자들을 이해의 동질성에 따라 집단화하여 표기한다.
- 다양한 이해관계자들의 이익이 무엇인지 추정해 본다.
- 각각의 이해관계자들 밑에 추정한 이익 내용을 기입한다.
- 최대한 예측력을 발휘하여 이해관계자들의 이익에 우선순위를 부여한다.
- 이해관계자 간의 이해관계를 보여주는 선을 그려 넣는다.
- 이익지도를 활용하여 가정의 현실성을 점검해 본다.
- 합의에 도달하는 데에 필요한 정보가 무엇인지 파악하기 위해 이익지도를 활용해 본다.
- 이해관계자들에게 이익지도를 보여줄 것인지 아니면 자신이 추정한 이익에 관해 그들에게 직접적으로 질문을 할 것인지에 대하여 판단한다(이를 이행할 때는 상대가 흥미 없는 정보를 과다하게 접할 위험이 있으므로 상대가 부담을 가질 경우 어떻게 대응할 것인지도 생각해 둔다).

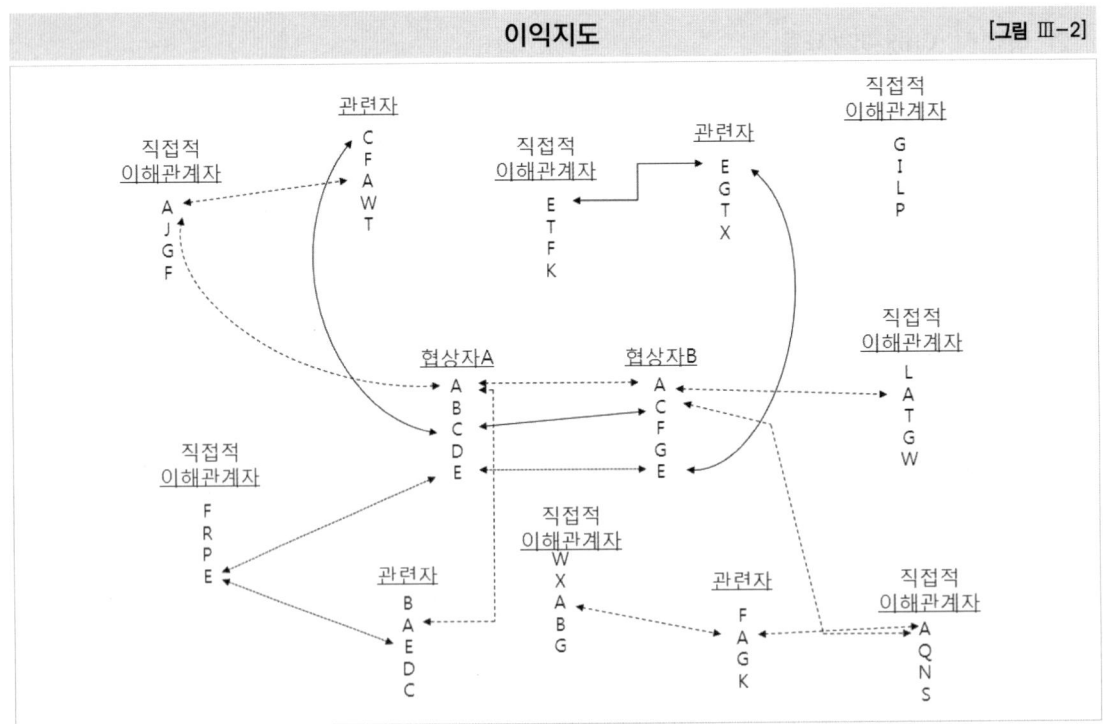

[그림 Ⅲ-2] 이익지도

* 각각의 집단 아래 표시한 기호는 우리가 가정한 당사자들의 이익을 나타낸다.

위의 이익지도를 통해서 합의에 도달하게 되면 이해관계자들에게 이익지도가 어떻게 자신과 상대의 이익을 반영하고 있는지 보여주도록 한다.

제4장
협상의 기법

01 이익에 포커스

'할 수 있다' 현대!

　어떠한 어려운 상황 속에서도 포기하거나 절망하지 않고 끝까지 밀어붙이는 현대의 '할 수 있다.', '무에서 유의 창조' 정신은 정주영 회장의 성공한 기업가적 기질을 그대로 보여주는 대표적인 예일 것이다. 이러한 태도는 상대적으로 어려운 입장에 처한 상황의 협상에서 상대를 설득하고 함께 이익을 창출할 수 있는 파트너로써의 능력을 보여주는 것이 중요하며, 정주영 회장의 조선관련 협상에서의 활약으로 확인할 수 있다.

　자기 능력에 대한 강한 믿음, 성공적인 결말을 가져올 수 있다는 긍정적인 사고, 전혀 새로운 방법으로 상대를 설득시키는 창의적인 방안 제시 등은 사업상 뿐 아니라 협상의 연속인 일상생활 속에서 우리에게 성공적인 관계를 얻게 하는 방법이 될 수도 있을 것이다.

　협상은 상대와 정보의 교류인 동시에 하나의 인간적인 교감이기도 하다. 그러기에 상대에 대한 배려는 보다 신뢰할 만하고 오래 지속가능한 관계를 위해서라도 꼭 필요한 것이다. 정주영 회장의 개인적인 역량은 기업가로써 놀라우리만치 뛰어난 것이지만, 오히려 그 뛰어남으로 인해 생길 수 있는 자만과 주위 충고와 조언의 수용성 축소 등이 자신에게 해가 될 수 있었다. 이것은 바로 상대에 대한 무시로 이어질 수 있고, 가전산업에서의 협상실패와 같은 사례를 만들었다고 볼 수 있다. 자신의 뛰어남으로 인해 절대적인 권력을 가지면, 조직은 스스로 움직일 수 있는 자생력을 잃게 되고, 자신이 쓰러지면 조직도 쉽게 무너지게 되는 결과를 불러온다. 정주영 회장의 타계 이후 현대그룹의 행보가 그것을 잘 보여주고 있는 것이다.

　따라서 협상에서는 무엇보다도 상대에 대한 고려와, 독단과 주관의 무리한 관철 등을 피해야 상호이익적인 결과에 보다 가까이 다가 갈 수 있다고 생각한다.

자료 : 정주영 창업 리포트, 현대그룹 홈페이지

> "입장이 아닌 이익에 초점을 맞추어라(Focus on Interests, not Positions)"

협상해야 할 문제가 사업상의 계약, 가정의 불화 혹은 국가 간의 평화 조약이든 간에 사람들은 모두 판에 박은 듯 입장을 근거로 거래한다. 양측이 각각 입장을 내세우고 그것을 가지고 다투다가 결국 양보하고 타협을 본다. 이러한 고전적인 협상의 예는 골동품 상점에서 고객과 주인 사이에 벌어지는 실랑이에서도 볼 수 있다. 어떤 식의 협상방법이든 다음의 세 가지 기준으로 판단해야 한다.

첫째, 만약 합의가 가능하다면 현명한 합의점을 찾을 수 있어야 한다.

둘째, 효율적인 방법이어야 한다.

셋째, 협상당사자 쌍방의 관계를 개선시켜야 하며 최소한 그 관계를 손상시키는 것이어서는 안 된다(현명한 합의란 가능한 한 양측의 합법적인 이해관계를 최대한 충족시켜 주며, 상충되는 이해관계는 공정하게 해결해 주고, 오랫동안 지속되며, 공동체의 이해관계도 고려한 것이라고 정의할 수 있다).

즉, 입장(position)은 "당신이 무엇을 원하는가?" 하는 질문의 마지막 대답이며, 이익(interest)은 "왜 원하는가?" 하는 질문의 대답이다.

■ 입장을 놓고 다투면 현명한 합의를 보기 어렵다

협상가는 입장을 중심으로 거래하게 되면, 자신을 그 입장 안에 가두어 버리기 쉽다. 처음 입장을 확고히 하고 그것을 방어하려고 하면 더욱더 그 입장에 매몰될 수밖에 없다. 또한 입장을 바꾸는 것이 불가능하다는 것을 상대방에게 확신시키려고 하면 할수록 결국 자존심 싸움이 되고 만다. 이렇게 되면 과거의 입장과 앞으로 취하게 될 행동 간의 조화를 맞추어 '체면을 유지해야 한다'는 또 하나의 이해관계를 갖게 된다. 따라서 협상 당사자들이 목표했던 이해관계에 부응하는 합의점에 이르기 어려워진다.

입장에 근거한 협상이 중요한 거래를 좌초시킨 사례로 케네디 대통령 정부의 포괄적 핵실험금지 회담의 결렬을 들 수 있다. 당시 다음과 같은 중대한 문제가 제기되었다. 구소련과 미국은 핵실험에 의한 것으로 의심되는 지진조사를 위해 상대방 영토에서 현장조사를 1년에 몇 차례나 허용할 것인가? 하는 문제를 다루고 있었다.

소련은 최종적으로 3차례 현장 조사에 동의했다. 그러나 미국은 10차례 이상이어야 한다는 주장을 굽히지 않았고, 바로 그 점 때문에 회담은 결렬되었다. 한 번의 조사가 단 한 사람이 단 하루 동안 주위를 돌아보는 것인지, 아니면 1백여 명이 한 달 동안 샅샅이 조사하는 것인지는 거론조차 되지 않았다. 양측이 주장하는 '주권 침해의 최소화'와 '핵실험의 검증'을 원했던 미국의 요구를 동시에 충족시킬 수 있는 조사 방안을 고안하고자 하는 시도는 전혀 없었.

각자의 입장에 주의가 집중되면 될수록 양측이 갖고 있는 근본적인 이익에는 접근조차 할 수 없다. 그렇게 되면 합의를 보기가 더욱 어렵다. 물론 합의를 본다 해도 그것은 서로의 합리적

이해관계를 충족시켜 주는 해결책이 되지 못하고, 최종 입장의 차이를 놓고 입씨름한 흔적만 남기게 된다. 그 결과 더 나은 합의를 볼 수 있음에도 불구하고 만족스럽지 못한 결과로 끝나는 것이다.

■ 입장을 놓고 다투는 것은 비효율적이다

입장에 근거하여 거래를 하면 합의를 저지하려는 동기가 생겨난다. 이러한 갈등은 유리한 결과를 얻어내기 위해 극단적인 입장에서 출발하게 되고, 그 입장을 고수하게 되며, 자신의 속마음은 숨긴 채 협상을 유지하기 위한 양보만 허용하는 경향이 있다. 상대방도 마찬가지다. 이러한 요소들이 신속한 문제해결을 저해한다. 처음에 취한 입장이 극단적이고 양보가 적을수록 합의의 가능성은 멀어지게 되고 더 많은 시간과 노력만이 요구된다. 더욱이 이러한 전형적인 방법의 협상에서는 무엇을 제안하고 무엇을 거절할 것이며, 어느 정도 양보해야 할 것인가 등등 수많은 결정을 수시로 내려야 한다.

따라서 결정 과정이 어렵게 되고, 타결이 된다고 해도 너무 많은 시간이 걸린다. 또한, 어떤 결정이 상대방의 굴복을 의미할 뿐 아니라 더 큰 양보를 강요당할 가능성이 있는 상태에서는 협상가가 신속히 해결책을 찾고자 하는 동기를 갖기 어렵다. 시간을 끌거나, 퇴장하겠다고 위협하거나, 외고집을 부리거나 하는 전술들이 흔히 등장하게 된다. 이러한 협상은 합의를 불가능하게 할 위험요소가 될 뿐만 아니라 합의에 이르는 시간과 비용을 증가시킨다.

■ 입장을 놓고 다투면 앞으로의 관계가 위태롭다

입장에 근거한 거래는 점차 의지의 대결로 번진다. 협상가는 각자의 입장에서 주장하게 된다. 함께 타당한 해결책을 찾고자 하는 일이 전투가 되고 만다. 각자 상대방의 입장을 바꾸어 놓기 위한 의지력을 시험하게 된다. 한쪽이 다른 쪽의 강경한 의지에 굴복했다 생각하고 또 자신의 정당한 관심사는 말해보지도 못했다고 느껴 화를 내고 앙심을 품게 된다.

따라서 입장에 근거한 거래는 긴장을 고조시키고 양측의 관계를 해친다. 오랫동안 함께 사업을 해 왔던 합작기업이 등을 돌리고 사이좋은 이웃이 원수가 되고 협상에서 생긴 좋지 못한 감정이 평생 없어지지 않을 수도 있다.

■ 다자간 협상일 때 입장에 근거한 거래는 더욱 나쁘다

여기에서는 편의상 '일방의 협상당사자'와 '상대방' 두 사람이 협상하는 경우를 주로 상정하고 있지만, 사실 협상은 둘 이상의 이해관계자가 관련되는 경우가 많다. 여러 협상측이 협상테이블에 함께 앉게 될 수도 있고, 또 각 협상측이 의식해야 하는 선거구민, 고위층, 이사회, 위원회 등을 갖고 있을 수 있다. 협상에 관련된 사람의 수가 많을수록 입장에 근거한 거래의 결함은 더욱 심각하다.

WTO 각료회의의 예에서 보듯이 거의 130개에 달하는 국가가 협상할 때는 사실상 입장에 근거한 거래는 불가능하다. 전부가 "Yes"인데 오직 한 나라만이 "No"를 할 수도 있는 것이다. 상호 양보 또한 대단히 어렵다. 도대체 누구에게 양보할 것인가? 그렇기 때문에 다자간 협상은 수천 번의 쌍무적 교섭에도 불구하고 성사되지 못하는 경우가 비일비재하다.

그러한 상황에서 입장을 근거로 거래를 한다면, 실질적이기 보다는 상징적인 이해관계를 공동으로 가진 참가자들이 연합체를 결성할 가능성이 크다. 유엔에서 그런 연합체들 간에 대표적인 협상이 바로 북미, 남미, 유럽공동체 및 아세안 등 그룹 간의 협상이다. 한 그룹 안에 많은 회원국들이 있기 때문에 공동의 입장을 발전시키고 합의를 보고 나면, 그것을 바꾸는 것은 더욱 어렵다. 협상테이블에 모습을 나타내지는 않지만 합의를 위해 협상가들이 승인을 받아야 하는 고위층이 있을 경우도 입장을 바꾸는 일은 역시 어렵다.

■ 신사적 대응이 해결책은 아니다

강경한 입장에 근거한 거래는 비싼 대가를 요구한다. 특히 협상당사자 간의 관계를 크게 손상시키기 쉽다. 그래서 협상가는 상대방을 적으로 보기 보다는 친구이기를 원하며, 승리라는 목표를 강조하기 보다는 합의를 이끌어 낼 필요성을 강조한다. 호의적 협상게임일 경우에는 제안하고, 양보하고, 상대방을 신뢰하고, 우호적이 되며 대결을 피하기 위해 항복하는 것이 일반적이다. 〈표 Ⅲ-1〉은 입장에 근거한 거래에서 협상가를 '순응형'과 '강성' 두 유형으로 비교한 것이다. 우리는 순응형의 부드러운 협상법을 택해야 할 것인가? 아니면 강성의 강경한 협상법을 택해야 할 것인가? 혹은 그 중간에 있는 전략을 택해야 할 것인가?

협상 전략 문제 〈표 Ⅲ-1〉

문제 : 당신은 어떤 협상 전략을 사용할 것인가?	
순응형	강 성
• 참여자가 친구이다.	• 참여자가 적이다.
• 목표는 합의를 보는 것이다.	• 목표는 승리하는 것이다.
• 관계를 증진시키기 위해 양보를 한다.	• 관계 유지의 조건으로 양보를 요구한다.
• 사람과 문제를 모두 부드럽게 대한다.	• 문제와 사람을 모두 엄격하게 대한다.
• 다른 사람을 믿는다.	• 다른 사람을 불신한다.
• 손쉽게 입장을 바꾼다.	• 입장을 철저히 고수한다.
• 제안을 한다.	• 위협을 한다.
• 자신의 최저선을 공개한다.	• 자신의 최저선을 숨기고 호도한다.
• 합의를 위해 일방적인 손실도 감수한다.	• 합의의 대가로 일방적인 자신의 이득만을 요구한다.
• 상대방이 받아들일 수 있는 해결책만을 추구한다.	• 받아들일 수 있는 해결책만을 추구한다.
• 합의를 보는 데만 집착한다.	• 자신의 입장만 고집한다.
• 의지의 대결을 피하려 한다.	• 의지의 대결에서 이기려 한다.
• 압력에 굴복한다.	• 압력을 사용한다.

순응형의 협상 전략은 상대방과의 관계를 수립하고 유지하는 것을 중시한다. 가족이나 친구들 간의 협상은 대체로 이러한 방식을 따른다. 이 과정은 적어도 신속히 결과를 볼 수 있다는 점에서 효율적이다. 양측이 경쟁적으로 상대방보다 더욱 관대하려고 노력하기 때문에 합의에 이르기가 대단히 쉽다.

그렇다고 해서 그것이 꼭 현명한 방법은 아니다. 물론 아래의 이야기처럼 항상 비극적이지도 않을 것이다. 아내는 남편에게 시계 줄을 사주기 위해 자신의 머리카락을 잘라서 팔고, 그 사실을 모르는 남편은 아내에게 줄 아름다운 머리 장식 핀을 사기 위해 자신의 시계를 팔았다. 이처럼 상대방과의 관계에 일차적 관심을 두는 협상은 엉성한 합의를 낳을 위험이 있다.

더 나아가서 입장에 근거한 거래에서 강성의 협상을 하려는 사람에게 부드럽고 우호적인 거래 방식을 적용한다면 심각한 타격을 받을 수도 있다. 입장에 근거한 거래에서는 강성의 협상법이 순응형의 협상법을 지배한다. 강성의 협상가가 양보를 강요하고 위협할 때 순응형의 협상가가 대결을 피하기 위해 항복하고 합의한다면 협상은 강성의 협상가에게 유리해진다. 현명한 합의라고는 할 수 없을지 모르지만 어쨌든 이런 과정으로도 합의를 볼 수는 있다. 이 경우 틀림없이 강성의 협상가가 순응형의 협상가보다 더 큰 이익을 챙길 것이다. 강성의 협상가에게 부드럽게만 대응한다면 전부 손해만 보는 협상이 될 것이다.

■ 다른 대안이 있다

입장에 근거한 거래에서 순응형의 방법을 선택할까 아니면 강성형의 방법을 선택할까 하는 물음에 대한 답은 '둘 다 아니다'이다. 게임의 형식을 변화시키는 일이 더 중요하기 때문이다. 즉, 효율적이며 우호적이고 현명한 협상 결과를 낳을 수 있는 방법으로 우리는 이것을 '기본원칙 협상' 또는 '이점에 근거한 협상'이라고 부른다.

이 방법은 다음의 4가지 기본항목으로 요약될 수 있다. 네 가지 항목으로 구분되는 이 협상 방법은 거의 모든 경우에 적용될 수 있다. 각 항목은 협상의 기본 요소를 다루고 있으며, 그와 관련해서 우리가 무엇을 해야 하는지 알려준다.

- **사람** : 문제와 사람을 분리시킨다.
- **이해관계** : 입장이 아닌 이익에 초점을 맞춘다.
- **옵션** : 무엇을 할 것인지 결정하기 전에 다양한 대안을 만들어 낸다.
- **기준** : 객관적 자료에 근거한 확립된 기준을 가지고 결과를 주장한다.

첫 번째 항목은 인간은 AI가 아니라는 사실에 기인한다. 사람은 근본적으로 서로 다른 가치관을 가지고 있고, 명확한 의사소통에 어려움을 겪는 피조물이다. 감정은 전형적으로 문제의 객관적인 이점과 뒤얽히게 된다. 어떤 입장을 취하는 경우 인간의 자아는 그 입장과 일체가 되기 때문에 이러한 현상을 더욱 악화시킨다. 따라서 실질적 문제에 들어가기 전에 문제와 뒤얽혀 있는 '사람과 문제'를 분리시켜 별도로 다루어야 한다. 비유적으로 말해 협상당사자들은 한편이 되어 나란히 문제를 공략해야지 서로를 공략해서는 안 된다. 그러므로 첫 번째 명제는 '사람과 문제를 분리시키는 일'이다.

두 번째 항목은 협상의 목적이 드러나지 않은 이해관계를 충족시키는 것이므로, 상호 공언한 입장에 초점을 놓고 협상하면 자신이 정말 원하는 것을 모호하게 만드는 일이 발생한다. 입장을 놓고 타협하면 진정으로 원하는 이익을 효율적으로 충족시킬 합의를 이끌어 내기 어렵다. 따라서 이 협상 방식의 두 번째 명제는 '입장이 아닌 이익에 초점을 맞추는 일'이다.

세 번째 항목은 압력을 받으면서 최적의 해결책을 고안해낼 때의 어려움에 관한 것이다. 적을 눈앞에 두고 결정을 하려고 하면 시야가 좁아진다. 많은 이해관계가 걸려 있을 때에는 창의성을 발휘하기 어렵고, 올바른 해결책을 찾는 것 또한 어렵다. 이러한 제약 조건들을 상쇄시키기 위해 넉넉한 시간을 가지고 공동의 이해관계를 증진시키고, 상반된 이해관계를 창의적으로 조정해줄 다양한 BATNA를 연구해야 한다. 따라서 세 번째 명제는 '합의를 보기 이전에 상호 이익이 되는 대안을 창출해 내는 일'이 되는 것이다.

끝으로 이해관계가 완전히 상반될 때 무조건 완강하게 대처함으로써 유리한 결과를 얻을 수도 있다. 그러나 이 방법은 상대방에게도 비타협적인 태도를 갖도록 하고, 협상 결과를 예측하기 어렵게 만든다.

그런 협상가에게 대처하는 방법은 그의 독단적인 결정만으로는 충분치 않으며, 양측의 본래 협상 목표와는 무관하다는 것을 주장해야 한다. 시장 가격, 전문가의 의견, 관습, 법률 등과 같이 객관적인 자료를 제시하고 공정한 기준을 근거로 주장하라는 것이다. 양측이 원하는 것과 원하지 않는 것에 대해 논의하는 대신 공정한 기준에 입각해 협상한다면 어느 쪽도 상대방에게 굴복할 필요가 없다. 그러므로 네 번째 명제는 '객관적 자료와 확립된 기준을 사용할 것을 주장'하라는 것이다.

다음의 〈표 Ⅲ-2〉에서 보듯이 기본원칙 협상 방법은 순응형 또는 강성형의 입장에 근거한 거래 방식과는 대조가 된다.

<표 Ⅲ-2>

기본원칙 협상 방법

문제 : 당신은 어떤 협상 전략을 선택할 것인가?   해결 : 협상을 변화시켜라. 즉, 이점을 놓고 협상하라.

순응력	강 성	기본원칙 방법
• 참여자들이 친구들이다.	• 참여자들이 적들이다.	• 참여자는 문제 해결자들이다.
• 목표는 합의를 보는 것이다.	• 목표는 승리하는 것이다.	• 목표는 효율적이며, 우호적으로 현명한 결과를 얻는 것이다.
• 관계를 증진시키기 위해 양보를 한다.	• 관계 유지의 조건으로 양보를 요구한다.	• 문제와 사람을 분리시킨다.
• 사람과 문제를 모두 부드럽게 대한다.	• 문제와 사람을 모두 엄격하게 대한다.	• 사람에게는 부드럽게, 문제에는 강경하게 대한다.
• 다른 사람을 믿는다.	• 다른 사람을 불신한다.	• 신뢰도와 무관하게 진행한다.
• 손쉽게 입장을 바꾼다.	• 입장을 철저히 고수한다.	• 입장이 아닌 이해관계에 초점을 맞춘다.
• 제안을 한다.	• 위협을 한다.	• 이해관계를 조사한다.
• 자신의 최저선을 공개한다.	• 자신의 최저선을 숨기고 호도한다.	• 되도록이면 최저선에 집중하지 않는다.
• 합의를 위해 일방적인 손실도 감수한다.	• 합의의 대가로 일방적인 자신의 이득만을 요구한다.	• 상호 이익이 되는 옵션을 개발한다.
• 상대방이 받아들일 수 있는 해결책만을 추구한다.	• 자신이 받아들일 수 있는 해결책만을 추구한다.	• 많은 옵션을 개발하고 결정은 나중에 한다.
• 합의를 보는 데만 집착한다.	• 자신의 입장만 고집한다.	• 객관적 기준의 사용을 주장한다.
• 의지의 대결을 피하려 한다.	• 의지의 대결에서 이기려 한다.	• 의지와는 무관하게 객관적 기준에 근거한 결과를 얻기 위해 노력한다.
• 압력에 굴복한다.	• 압력을 사용한다.	• 마음을 열고 이성적이 된다. • 압력이 아닌 원칙에 양보한다.

    기본원칙 협상의 네 가지 명제는 협상을 준비할 때, 협상 과정의 전 기간에 걸쳐 유용하다. 협상은 분석, 계획, 토론의 세 단계로 나눌 수 있다.
    분석 단계에서는 정보를 모으고, 모은 정보를 평가하고 체계화하여 상황을 진단한다. 이로써 자신과 상대방의 이해관계를 확인할 뿐만 아니라 파벌의식, 적대감정, 나아가 의사전달 등의 장애와 같은 문제를 고려한다. 이 단계에서 이미 협상테이블 위에 오른 옵션에 주목하고, 합의의 근거로 이미 제시한 모든 기준을 재확인 한다.
    계획 단계에서는 여러 가지 아이디어를 생각해 내고 무엇을 할 것인가를 결정하기 위해 다시 위의 네 가지 요소를 고려한다. 사람 문제를 어떻게 다룰 것인가? 이해관계 중에서 어느 것이 가장 중요한가? 실질적으로 실현성 있는 목표는 무엇인가? 선택과 기준의 문제에서 이미 제시된 선택과 기준들 외에 또 다른 선택과 기준을 합의할 수 있는가?

토론 단계에서 합의를 기대하면서 서로 의견을 주고받을 때 가장 진지하게 토론해야 할 주제는 바로 이 네 가지 요소들이다. 인식의 차이나 실망, 분노 등의 감정 그리고 의사전달의 어려움이 확인되어야 협상이 제대로 이루어질 수 있다. 각자 상대방의 이익을 이해하는 수준에 이르러야 한다. 그래야만 비로소 함께 상호이익이 되는 방법을 생각해내고, 상반된 이익을 해결할 객관적 기준에 대해서도 의견 일치를 볼 수 있다.

요약하면, 입장에 근거한 거래와는 대조적으로 이익에 초점을 맞춘 협상은 기본적 욕구와 상호 만족스러운 합의, 그리고 공정한 기준에 초점을 맞추어 효율적인 협상결과를 얻어낸다. 또한 이 방법은 어떤 입장을 고수하거나 그 입장을 포기해야 되는 상당한 대가를 치르지 않고도 효율적으로 공동 의사결정을 통해 효과적 합의에 이르는 것을 가능하게 해준다.

02 문제로부터 사람을 분리하라

에린 브로코비치의 협상사례

에린 브로코비치라는 영화를 통해서 협상에 관해 생각해 볼 수 있었다. 영화 속의 에린 브로코비치라는 여주인공이 겪는 아주 사소한 일들의 협상부터 크게는 PG&E라는 거대한 기업의 협상 등이 잘 나타나 있다.

영화에서의 에린 브로코비치의 성격은 조용하고 차분한 성격은 아니다. 하지만 솔직하고 꾸밈없는 직설적인 성격이며 고집이 있고 뭔가 목표가 있다면 직진으로 나아가는 스타일의 소유자이다. 그리고 편견일지 모르지만 복장과 말투와는 어울리지 않게 일에 있어서는 섬세하고 꼼꼼하며 성실한 모습을 보여준다. 일에 부딪쳤을 때 대응이 민첩하며 도전적이고 당당하지만 사람들에게 있어서는 정이 많고 마음을 나눌 줄 아는 사람으로 묘사되어 보인다. 이러한 에린 브로코비치가 겪은 여러 가지 사건을 처리하는 방식은 협상을 모르는 데서 어렵게 꼬인다.

영화에서 보이는 첫 번째 협상 사례로는 시작하자마자 일어나는 교통사고에서부터 시작된다. 교통사고로 인한 가해자와의 재판에 들어갔다. 피해자인 에린이 확실히 유리한 상황에서 시작하지만 에린의 잘못된 협상으로 인해 완벽히 지고 만다.

모든 협상이 때와 장소에 따라 다르고 재판이라는 판결 앞에서도 그곳에 맞는 적절한 협상의 원칙이 있다. 재판은 객관적이고 인과 관계가 분명하며 재판관에게 타당한 이유를 제시해야 하는 원칙이 분명히 존재한다. 그러나 여기서 에린은 이러한 사고의 상황에 대한 설명은 하지

> 않고 '자신은 빚이 있어서 파산 직전이며, 아이 셋이 있는데 잘 키우고 싶고, 또 교통사고 때문에 실직자가 됐다.'는 동정의 호소에 의한 주장과 함께 사고에 대한 경위는 설명 없이 돈이 필요하다는 말만을 하게 된다.
>
> 하지만 상대방 쪽에서는 위급한 환자를 구하기 위해서 급히 가야만 했던 의사로서의 직업 윤리상 어쩔 수 없는 상황을 설명하고 그렇게 밖에 할 수 없었던 행동에 대한 이유를 분명히 제시를 하게 된다. 이로써 에린의 첫 번째 협상은 완벽히 실패하고 만다.

1) 문제와 사람

문제를 다룰 때 오해를 불러일으키거나 화를 내고 토라지거나 아니면 모든 것을 개인의 문제로 삼으면서 일과 문제를 분리하여 처리하지 않으면 얼마나 어려운 상황에 직면하는지 알아야 한다. 이 장에서는 이런 문제와 사람에 대해 알아보도록 하겠다.

■ 협상가는 사람이라는 것을 먼저 생각해야 한다

기업이나 국가 간의 거래에서 잊기 쉬운 협상의 기본은 협상을 다루고 있는 주체가 '추상적인 대표'가 아니라 사람이라는 점이다. 사람은 감정이 있고 가치관을 가지고 있으며, 다른 사람과는 다른 배경과 견해를 갖고 있다. 그래서 늘 협상에서 상대를 예측하기는 어렵다. 우리 또한 마찬가지다. 협상의 이런 인간적 측면은 협상에 도움이 될 수도 있고 해가 될 수도 있다. 또한 의사전달의 문제로 인해서 상대방이 오해와 편견을 가질 수 있고, 결국 합리적인 해결책은 불가능해지고 협상은 실패로 끝나는 경우가 많다.

■ 모든 협상가는 두 종류의 이해관계를 갖고 있다 : 협상 내용과 인간관계이다

모든 협상가는 실질적인 이익을 만족시키는 협상을 원한다. 그것이 바로 협상을 하는 이유이다. 그러나 그것 외에 협상가는 상대방의 이익에도 관심을 가져야 한다. 단 한 차례뿐인 거래는 드물다. 대부분의 협상은 상대방과의 관계가 지속될 것이라는 전제 하에 각각의 협상을 끌고 가는 것이 중요하다. 사실 오랜 고객, 동업자, 가족 구성원, 직장 동료, 정부 관리 혹은 외국과의 거래에서 볼 수 있듯이 지속적인 인간관계가 한 번의 협상 결과보다 훨씬 중요하다.

■ 인간관계가 협상문제와 뒤섞이는 경향이 있다

협상은 인간관계와 실질적인 문제가 한데 얽히기 때문에 협상에서 '사람 문제'는 매우 중요하다. 우리는 말과 행동을 주고받는 사이에서 자신도 모르게 사람과 문제를 하나로 보기 쉽다. 예를 들어 "부엌이 엉망이군." 또는 "통장 예금이 바닥났어?"라는 말들은 단지 문제를 지적하기 위해 한 말인데도 불구하고 상대방은 그것을 인신공격으로 여기곤 한다. 상황에 대한 분노는 그 상황과 관련된 사람에 대한 분노로 연결된다.

실질적인 문제가 심리적인 문제와 뒤섞이게 되는 또 다른 이유는 사람의 추측이 아닌 실질적인 사실에 대한 의견이 상대방의 의도나 태도를 지적한 것처럼 여기지기 때문이다.

■ **입장에 근거한 거래는 인간관계와 거래 내용을 대립 시킨다**

협상과정을 서로의 입장을 내세우는 의지의 대결로 끌고 가면 이 둘은 더욱 뒤얽힌다. 만약 협상에서 자신의 입장을 강력하게 고수하거나 희망하는 협상 결과를 먼저 선언해 버리면 상대방은 무시당했다고 생각하고 관계를 끝낼 수 있다. 이런 입장에 근거한 협상은 거래 내용과 인간관계라는 협상가의 두 이해관계 중 하나를 선택하게 만든다.

■ **인간관계와 협상의제는 분리시키되, 사람 문제는 직접 다루어라**

협상의제를 분리시켜 각각의 이익에 근거해서 다룰 의지가 뚜렷하고 심리적인 준비가 되어 있다면, 인간관계와 협상의제가 반드시 상충되는 목표는 아니다. 인간관계의 정확한 인식, 명료한 의사전달, 적절한 감정, 그리고 미래지향적이고 목적의식적인 전망을 근거로 인간문제를 직접적으로 다루어야 한다. 실질적 문제를 양보하는 것으로 인간문제를 해결하지 말아야 한다.

2) 분리의 Key

협상을 할 때에 상대방의 인간문제뿐만 아니라 분노와 좌절이 혼재되면 유리한 협상을 좌초시킬 수도 있다. 협상가가 협상을 일방적인 승리로 인식하거나 상대방의 말을 귀 기울여 듣지 않고 감정적으로 흐르게 되면 적절하게 의사전달을 못할 수도 있다. 따라서 사람과 문제를 분리시키는 중요한 키는 인식, 감정, 의사전달이라고 할 수 있다.

(1) 인식

상대방의 사고방식을 이해한다는 것은 단지 문제 해결에 도움이 되는 단순한 행위만은 아니다. 상대의 사고방식이 바로 문제다. 거래를 하거나 논쟁을 할 때 드러나는 서로의 차이점은 사고방식의 차이점이라고 정의할 수 있으며, 다음에 유의해야 한다.

- 상대방의 입장이 되어야 한다.
- 자신의 공포심이 상대방 때문이라고 생각하지 않는다.
- 자신의 문제로 상대방을 비난하지 않는다.
- 문제를 다룰 때 이야기하고 있는 사람과 문제를 분리한다.
- 상대방이 갖고 있는 인식과 다르게 행동할 수 있는 기회를 찾는다.
- 상대방으로 하여금 결정 과정에 동참했다는 확신을 갖게 만들고 협상 결과에 그들의 몫이 반영되도록 한다.
- 상대방의 체면을 세워 준다.

(2) 감정

협상, 특히 치열한 언쟁이 오가는 협상에서 감정은 대화 그 자체보다 더 중요할 수 있다. 양측은 공동의 문제에 대해 협력해서 해결책을 찾기 보다는 싸울 준비만 하고 있을 수도 있다. 협상의 승패가 너무 중요한 나머지 두려움을 갖고 협상에 들어가게 되면 한쪽의 감정은 다른 쪽의 감정에 영향을 준다. 두려움이 분노를, 분노가 다시 두려움을 낳는다. 감정은 곧바로 협상을 교착 상태에 몰아넣거나 아니면 협상에 종지부를 찍을 수 있다.

- 무엇보다 먼저 상대방과 자신의 감정을 인정하고 이해한다.
- 감정을 숨기지 말고 그것이 정당한 것임을 인정한다.
- 상대방이 감정을 분출시키도록 해준다.
- 감정의 폭발에 맞서지 않는다.
- 상징적인 제스처를 사용한다.

(3) 의사 전달

의사전달이 없는 협상은 없다. 협상이란 친밀도를 높이면서 서로의 이익을 극대화하는 공동 의사결정의 과정이다. 의사전달은 공동의 가치관을 갖고 경험을 함께 나눈 사람들 사이에서도 결코 쉬운 일이 아니다. 의사전달에는 다음과 같은 세 가지 큰 문제가 있다.

첫째, 상대방을 상대로 이야기하지 않거나, 이해시킬 수 있는 방법으로 의사소통을 하지 않는다는 것이다.

둘째, 자신이 직접적으로 분명하게 이야기하고 있을 때에도 상대방이 꼭 그 말에 귀를 기울인다는 보장은 없다.

셋째, 오해는 상대방이 한 말의 의미를 잘 이해하지 못하는 것에서 비롯된다.

위의 문제를 해결하기 위한 방법은 다음과 같다.

- 적극적인 태도로 듣고 상대방의 의견을 인정한다.
- 자신의 주장이 이해될 수 있도록 말한다.
- 상대방이 아니라 자신에 대해 말한다.
- 필요한 말만 한다.

(4) 예방이 최선의 치료

인식, 감정, 의사 전달의 문제를 다루는 위의 기법들은 보통 어디에서나 효과가 있다. 하지만 사람 문제를 해결할 수 있는 최선의 시기는 그 문제가 발생하기 전이다. 이 말은 난국에 봉착하는 것을 막아 주는 안전판으로 상대방과 사적이고 조직적인 관계를 쌓아 두라는 뜻이다. 이것은 또한 문제의 내용과 대인 관계를 분리하는 방법으로 협상게임을 조직하고 협상가의 자존심이 본질적 문제와 얽히지 않도록 유의하는 것이다.

- 우호적인 관계를 수립해 둔다.
- 사람이 아니라 문제와 맞선다.

사람을 문제와 분리시키는 것은 한 번 하고 나서 잊어버려도 되는 그런 성질의 것이 아니다. 그 일은 부단한 노력을 필요로 한다. 상대방을 인간적으로 대하고, 문제를 서로의 이익에 입각해서 생각하는 것이 협상의 기본원칙이다.

03 창의력 발휘

선생 김봉두의 창조적 사고

조금 오래된 영화중에 "선생 김봉두"라고 있다. 영화배우 차승원이 시골학교 선생님으로 나오는 약간 코믹하면서도 감동적인 영화이다. 여기 한 장면이 창조적인 대안을 제시하고 있다. 시골 농부 한 분이 양수기를 이용하여 논에 물을 대고 있었다. 길 위로 호스를 연결해 물을 논으로 흘려보내고 있는데 같은 마을에 사는 분이 급히 경운기를 몰고 시장에 가기 위해 길 위에 놓은 호스를 밟고 지나가야 할 상황에 처했다. 시장가는 길은 이 길 하나뿐이라서 다른 곳으로 돌아갈 수도 없는 상황이다. 두 사람 간에 다툼이 시작됐다. 농부는 호스를 밟고 지나가면 터져서 안 된다고 하고 다른 사람은 경운기를 타고 급하게 시장에 가야 한다고 하면서 다툼이 이루어졌다.

그 때 선생 김봉두가 등장해서 간단하게 문제를 해결했다. 물을 대고 있는 호스 밑을 조금 파서 호스를 묻으니까 경운기가 지나가도 문제가 없게 된 것이다. 서로 조금씩 양보해서 길 밑에 호스를 묻으니 서로가 원하는 것을 달성한 셈이다. 물론 땅을 파느라고 시간이 조금 걸리긴 했다. 하지만 결국 선생 김봉두가 두 사람이 원하는 것을 정확히 파악했기 때문에 일종의 창조적 대안을 제시할 수 있었던 것이다.

이처럼 요구만 가지고 이야기하면 점점 감정만 상하고 상대방 이야기를 들어주지 않게 된다. 하지만 상대가 정말로 무엇을 원하는 지(욕구)를 정확하게 파악한다면 양측이 완전 만족하지는 않더라도 어느 정도 받아들일 만한 대안, 즉 창조적인 대안을 제시할 수 있는 것이다. 창조적인 대안이 제시되면 대부분 서로 조금씩 양보하여 받아들일 수 있게 되는 것이다.

(이미지 출처 : 강아지를 키우기 위한 협상법, 네이버 블로그, 네이버 이미지)

정주영 회장의 도전

정주영 회장이 현대중공업을 창업할 당시 국내의 조선 사업은 형편없었고, 대형 조선소를 건립할 수 있는 자금도 전무하였다. 그래서 백사장 사진 한 장만으로 대규모 조선소를 건설하겠다는 그의 말에 아무도 귀를 기울여 주지 않았다. 결국 미국과 일본에서 차관을 도입하는 협상에서 실패한 그는 유럽으로 눈을 돌릴 수밖에 없었다.

그러나 유럽의 어느 은행도 차관을 해 주려 하지 않았기 때문에 고전하다가 1971년 (제2차 경제개발 5개년계획) 9월, 어렵사리 A&P애플도어의 롱바톰 회장을 만났다. 그러나 한국의 상환 능력과 기술적인 잠재력 자체에 의문이 많아서 곤란하다는 롱바톰 회장의 반응으로 협상은 곤란한 상황에 처하게 되었다.

곤란하다는 롱바톰 회장과의 협상 테이블에서 순간 정주영 회장은 주머니에서 5백 원짜리 지폐를 꺼낸다. 이 지폐 한 장을 얼른 꺼내 놓고 롱바톰 회장에게 이야기하기를 "이 돈을 보십시오. 이것은 거북선입니다. 우리에게는 1500년대에 이미 철갑선을 만들었던 실적과 두뇌가 있습니다. 다만 쇄국 정책으로 산업화가 늦어졌으나 잠재력은 여전히 갖고 있습니다."라 하였다. 이런 그의 말 한마디로 다시 버클레이즈 은행과 차관도입 협의가 시작되었다.

이미지 출처 : 정주영 창업 리포트, 네이버 블로그 이미지

> "오늘날 세상에 존재하는 문제는 그것을 만들어 낸 수준의 사고로는 해결할 수 없다."
> - Albert Einstein

> "파이를 크게 만들수록 더 많이 공유할 수 있다."
> - old fork saying

협상 관계자의 요구와 이익을 합리적으로 만족시킬 수 없는 협상은 대부분 좌절된다. 따라서 해결할 수 없는 것처럼 보이는 많은 문제에 대해 창조적인 해결책을 만들어야 한다. 성공적인 협상가는 이러한 노력을 통해 많은 문제들을 해결한다. 또한 이익을 더 키우기 위해서 협상가들은 가능한 한 창조적인 마인드를 가지고 협상에 임해야 하며, 틀에서 벗어나 생각하고 다른 사람들의 창조적인 생각을 활용하여 보다 큰 이익을 얻기 위해 노력한다.

틀을 벗어난 대범함은 혁신과 융통성을 가져오고 이는 협상에 있어서 협상가의 중요한 문제해결 도구이다. 다행히도 이런 도구를 익힐 수 있는 기술이 있다. 협상이 막다른 골목에 이르렀을 때 틀에서 벗어나 생각할 수 있도록 도울 수 있는 5가지 방법이 있다.

■ 과거의 창조적 해결책을 분석한다

글로벌 시대에 치열한 경쟁 시장에서 잡지를 발행하는 것은 누구나 할 수 있는 제일 쉬운 사업 중의 하나이다. 그러나 출판업이 성공하기란 매우 어렵다. 애틀란틱 프로그래스(Atlantic Progress)가 성공한 이유 중 하나는 출판사 사장인 네빌 길포이(Neville Gilfoy)가 틀에서 벗어나 생각하는 능력을 가지고 있었기 때문이다.

애틀란틱 프로그래스는 캐나다의 비즈니스 분야에 영향력을 미치는 정기간행물로 경영, 기업과 정치적 이슈에 초점을 맞춘 비즈니스 전문잡지이다. 이 잡지의 9월호는 7,8월에 편집을 구상하며, 이 시기는 대부분의 사람이 휴가를 떠나기 때문에 광고를 끌어오기가 지옥처럼 힘들었다.

그러나 네빌 길포이는 9월호를 제일 인기 있는 이슈와 더불어 제일 많은 광고 수입을 모을 수 있는 전략을 구상했다. 이 불가능해 보이는 문제의 해결책은 "애틀란틱 캐나다에 있는 Top 101 회사들"을 9월호에 싣는 것이었다. 자연스럽게 본인의 회사와 경쟁자 회사의 순위가 어디에 올라 있는지 보기를 원했다.

9월호는 이제 애틀란틱 프로그래스의 가장 거대하고, 이익을 가장 많이 창출하는 상품이 되었다. 좋은 아이디어를 한 가지에만 활용하지 않고, 이 잡지는 또한 3월호에 "애틀란틱 캐나다에서 제일 빠르게 성장하는 100대 회사들"을 발행하였고, 또한 "애틀란틱은 캐나다에서 일하기 제일 좋은 100대 회사들"의 내용을 담은 에디션(edition)을 런칭하였다.

이처럼 어려운 문제의 해답을 찾으려 노력하다가 프레임에 갇혀서 꼼짝 못하게 된다면, 과거에 있었던 같은 유형의 문제를 찾아서 해결책을 분석하고, 만약 그 해결책의 어떤 요소가 지금의 상황을 해결하는 데에 적용될 수 있는지 생각해볼 필요가 있다.

■ 다른 창조적인 협상가와 상담해 본다

우리는 같은 방법으로 문제를 보는 데 익숙해져 있고, 특정한 문제로부터 스스로 만든 경계에서 벗어나지 못한다. 예를 들어, 안경이나 열쇠를 잃어버렸을 때 방안을 샅샅이 수색하지만 어디에서도 잃어버린 물건을 찾을 수 없었던 경험이 있다. 이때 다른 사람에게 한번 찾아봐 줄 것을 부탁하면 짧은 시간 안에 잃어버린 물건을 찾아 주는 경우가 많다. 이처럼 새로운 관점에서 문제를 보게 되면 풀리지 않던 실마리를 쉽게 푸는 열쇠가 되기도 한다.

■ 적극적인 활동은 창조적인 해결책을 찾아낸다

창조적인 해결책에 관한 자료를 많이 읽고 가장 유용한 창조적 해결책을 정리하여 리스트를 작성해 두면 좋을 것이다. 이에 관련된 각종 협상자료들은 하버드 대학 프로그램을 검색해보면 쉽게 찾을 수 있다.

■ 창조적인 해결책을 도출했던 멘탈모델(Mental Model) 분석

　1994~1995년에 232일 동안 지속된 메이저 리그 야구의 동맹파업은 해결될 기미가 보이지 않았다. 협상 해결을 위해 진행된 하버드 대학의 프로그램에서 내세운 창조적 해결책의 하나는 "가상 동맹파업"을 하는 것이었다. 가상 동맹파업 중에 선수들은 경기를 계속하지만, 단지 기본 경비에 해당하는 만큼의 돈만을 받았다. 그리고 선수와 구단주 사이의 중립적 입장에 있는 은행은 그 외 모든 여분의 돈을 보유한다. 만약 선수들과 구단주가 분쟁을 해결하지 못하면 그 기간 중에 모인 막대한 돈은 자선단체에 전달하는 것이었다. 이 돈이 5천만 달러까지 축적되었을 때 그 금액의 반을 자선단체에 넘겨주기로 한 것이다. 이 때문에 선수와 구단주는 분쟁 해결을 위한 엄청난 압박을 받을 수밖에 없었을 것이다.

　향후에 이와 유사한 창조적 해결책을 찾아내는 방법 중에 하나는, 어떤 문제를 해결하기 위한 해결책에 어떻게 도달했는지를 세부적으로 천천히 분류하면서 파악하는 것이다. 앞의 야구단 동맹파업의 사례에서처럼 '무엇을 보고 어떻게 볼 것인가'(What to see, How to see)는 매우 중요하다. 파업 초기에 상황이 전개되어 감에 따라 선수와 구단주 쌍방은 일반대중들에게 탐욕스럽게 보였을 것이고, 탐욕스러운 이미지를 어떻게 긍정적으로 재구성할 수 있을까 하는 문제를 두고 고민했다. 즉, 부정적인 것을 긍정적인 것으로 재구성하는 방법을 고민함으로써 창조적인 해결책을 찾아낼 수 있었던 것이다.

■ 향상된 브레인스토밍을 활용한다

　틀에서 벗어나 사고하도록 도와주는 방법 중의 하나가 브레인스토밍을 활용하는 것이다. 브레인스토밍의 기본원칙은 정해진 시간을 가지는 것이다. 예를 들어 30분 동안 떠오르는 아이디어를 말하고 전혀 비판 없이 정리하는 것이다. 발상이 나빠 보이는 아이디어라 할지라도 문제에 혁신적인 해결책이 되거나, 혁신적인 아이디어로 인도하거나, 다른 아이디어와 연결되어 문제의 해결을 도울 수 있다. 그러나 전통적 브레인스토밍 원칙은 보다 혁신적으로 개선될 필요가 있다.

　첫째, 브레인스토밍 과정에서 약간의 비판을 허용하게 한다. 사람들은 늘 많은 생각을 가지고 있으나 의견 제시를 꺼려하는 속성이 있다. 그러면서도 다른 누군가가 제시한 의견에 대해서는 마음속으로 비판하려는 성향이 있다. 그러므로 자유로운 아이디어 개진을 위하여 브레인스토밍 과정에는 다른 사람의 의견에 대해 직접적으로 비판하는 일을 금기시하고 있는 것이다. 그러나 타인의 의견에 약간의 생각을 더하면 아이디어 완성에서도 브레인스토밍 효과를 크게 향상시킬 수 있다.

　둘째, 제시된 아이디어에 차별을 두지 않는다. 누가 아이디어를 제시 또는 발언하는지에 따라서 가중치를 두는 경우가 있다. 예를 들어 캐나다 군대에서는 e-메일을 통해 브레인스토밍 회의를 관리하고 있다. 이런 방법으로 대령과 병사의 아이디어에 같은 무게를 두고 있다. 즉, 아무도 누구의 아이디어인지 모르고, 계급에 따라 아이디어가 더 중시되거나 등한시 되는 일 없이 모든 아이디어들이 충분하게 검토될 수 있다.

04 상대방의 이익 확인

300만 달러에서 250달러 사이

제 2차 세계대전 전에 대통령이 되어 미국 역사상 유일무이하게 3번이나 대통령에 당선되었던 루즈벨트가 대통령 선거 운동의 막바지에 이르렀을 때의 일이다. 루즈벨트는 선거운동의 일환으로 사진이 실린 선거 팸플릿을 3백만 부를 만들었다. 그런데 이미 인쇄가 다 된 후에 큰 문제가 하나 발견되었다. 루즈벨트 사진에 그 사진을 찍은 사진사의 이름이 같이 인쇄된 것이다. 그런 경우 법적으로 사진사에게 인쇄된 사진 한 장당 1 달러씩 지불하게 되어 있다. 합계 300만 달러라는 거액이다. 이 문제는 선거 운동 자체에 큰 지장을 초래할 수도 있기 때문에 루즈벨트로서는 커다란 위기를 맞은 것이다. 이 문제를 어떻게 해결해야 할까?

선거 운동 매니저 조지 퍼킨스(George Perkins)는 시카고에서 일하는 바로 그 사진사에게 전보를 쳤다. "우리 팸플릿에 당신의 이름을 넣으려고 하는데 이에 대한 대가로 얼마를 지불하면 되겠습니까?" 사진사는 자신의 이름이 나오는 것을 마다할 이유는 없었지만 자신은 시카고에서 일하기 때문에 전국적인 선전은 필요가 없었다. 따라서 많은 돈을 받을 의사는 전혀 없었다. 사진사의 대답은 겨우 250 달러였다.

출처 : 한겨레신문, 다음 블로그

협상에서 기본적인 문제는 입장이 아닌 각 측의 요구, 바램, 걱정 그리고 두려움 사이에서 갈등이 존재한다는 것이다.

협상에서 입장을 설정하고 확인한다는 의미는 "당신은 무엇을 원하는가?"의 질문에 대한 당사자의 대답이다. 만약 협상 초기에 입장을 정하여 견해를 바꾸지 않겠다고 선언하면 협상의 과정에 따라 입장을 바꾸어야 할 경우 체면을 잃을 수 있다. 협상에서 승낙 가능한 결론에 도달하는 더 효과적인 방법은 관계 당사자들의 관심사를 들여다보는 것이다. 누구든 협상에서의 관심사는 곧 "당신은 왜 원하는가(특정한 결과)?"라는 이익에 대답이 있다.

■ 협상파트너의 이익을 분석한다

협상에서는 "왜?"라고 물을 때 많은 문제들이 발생한다. 그 대답은 달성될 필요가 있는 이익의 기대보다는 당사자의 입장에 대한 정당화일지도 모른다. 만약 "당신은 왜 원하는가?"에 대한 대답이 "회사의 최고 관심사이기 때문이다."라고하면 그 대답은 입장을 정당화시키지만 그것이 사실상 내재된 이익을 설명하지는 못한다.

어떤 이익이 중심에 있는지를 알기 위한 접근법으로 "당신이 찾고 있는 이익에 어떻게 달성할 것인가?" 하는 방식으로 질문을 할 필요가 있다. 이러한 접근법을 통해 협상파트너와 연관된 이익에 비추어 볼 때 어떤 접근 방법이 더 많은 약속을 제공해 주는지를 들여다 볼 필요가 있다. 만약 협상파트너의 이익을 만족시켜 주기로 했다면 어떤 목표로 그것을 만족시킬 것인가?에 대한 고민을 해야 한다.

■ 자신의 이익을 분석한다

협상에서 자신의 이익을 분석하는 것은 매우 어려운 일이다. 누구나 자신을 가장 훌륭한 사람이라고 생각하는 경향이 있기 때문에 "만약 내가 원하면, 그것은 최고의 해답이 되어야만 한다."는 함정에 빠지기가 쉽다. 그러나 무언가를 할 때 정말 자신이 선택한 그 방식이 최고의 접근법인지, 또는 다른 접근법이 있는지, 어느 것이 더 나은 결과로 이끌어 줄지를 끊임없이 자신에게 질문할 필요가 있다. 하지만 이것은 쉽지 않다.

예를 들어 냉장고를 살 때 자신의 기준에 맞는 한 가지 모델만을 찾지만 사실 더 나은 것이 있을 수도 있다. 한 가지의 특정한 기준만을 들여다보는 것보다는 여러 가지 접근방법을 가지고 비교·분석하여 이익을 극대화시킬 수 있는 방법을 모색하여야 한다. 그러기 위해서는 열린 마음을 가지고 협상의 목적을 이루는 데에 여러 가지 접근방법이 있다는 것을 알아야 한다.

■ 공동의 이익을 분석한다

우리는 어떻게 이익을 인지할 수 있을까? 이익을 키우는 것은 협상에서 제일 힘든 부분 중 하나이다. 이익을 키우는 것은 도전일 뿐만 아니라 이성과 지력이 협상 능력의 열쇠이다. "내 목적을 이루기 위해서 얼마나 많은 방법이 있는지, 그리고 이 대안에는 어떤 원하는 결과가 공통적으로 있는지?" 자신에게 물어본다. 희망했던 결과들 중에서 공통된 특징을 찾아내면 자신의 관심사에 관하여 더 많은 것을 이해할 수 있다. 다른 접근법은 목표가 달성되지 않을 경우에 대비하여 긍정적인 요소와 부정적인 요소들을 찾아서 추구하는 이익의 명확한 그림을 그려야 한다. 이런 분석이 있을 때 놓치고 있는 긍정적인 결과를 정확하게 판단할 수 있다.

결국 이익을 키우기 위해서는 공동의 이익을 키워야 한다는 것이다. 협상은 방직으로 직물을 짜는 것처럼 씨실과 날실이 서로 균형을 맞추어 엇갈리면서 더 큰 강도와 내구성을 가지듯이 협상 쌍방이 서로의 이익을 키우기 위하여 협력하고 기여할 때에 이익의 파이를 키우고 서로 만족할 만한 윈-윈의 결과를 얻게 되는 것이다.

05 고유한 BATNA 개발

제멋대로인 직원 휘어잡으려면...

대기업 은퇴 후 집 근처에다 꿈에 그리던 이탈리안 레스토랑을 오픈한 김 사장. 규모가 크진 않지만, 분위기 있는 인테리어에 친절한 서비스까지, 여기에 맛깔나는 파스타가 소문이 나면서 개업 6개월 만에 완전히 자리를 잡았다.

김 사장이 운영하는 이탈리안 레스토랑의 인기 메뉴는 단호박 치즈 파스타. 달콤하면서도 부드러운 맛, 여기에 사진 찍기 좋은 비주얼이 어우러져 젊은 여성 고객이 많이 찾는다. 이제는 각종 블로그와 SNS 상에 널리 알려져 주말에는 먼 곳에서도 이 메뉴를 맛보기 위해 손님들이 찾아올 정도로 인기다. 지인들은 대기업 은퇴 후 성공적으로 제2의 삶을 사는 김 사장을 부러워한다. 하지만 김 사장은 메인 쉐프인 박 쉐프와의 갈등으로 속이 새까맣게 타들어 가고 있다.

김 사장은 메인 쉐프와 보조 쉐프를 포함해 모두 6명 직원과 함께 이탈리안 레스토랑을 운영하고 있다. 다른 직원들과는 비교적 원만하게 지내는데, 유독 박 쉐프는 컨트롤이 되지 않는다. 다른 직원들보다 월급도 월등히 많고, 근무시간, 유급휴가 등 여러 가지 면에서 배려를 해주고 있다. 그런데도 박 쉐프는 항상 불만거리를 찾아내 투덜거린다. 다른 5명의 직원과는 달리 김 사장이 박 쉐프에게는 큰소리를 치지 못하고 이렇게 끌려 다니는 근본적인 이유가 무엇일까?

협상력의 차이를 결정짓는 비밀, BATNA

보통 사람들은 협상력이 자신의 경제력이나 정치력, 인맥, 외모 등의 요인으로 결정된다고 생각한다. 그러나 상호 간 협상력의 차이를 결정짓는 가장 핵심적인 요인은 '배트나(BATNA, Best Alternative to a Negotiated Agreement)'다. 배트나는 '이번 협상이 결렬되었을 경우에 내가 취할 수 있는 최선의 대안'이란 의미의 협상학 용어다. 해당 거래가 결렬되었을 때 각자에게 얼마나 매력적인 대안이 확보되어 있는 지에 따라 협상의 승패가 좌우된다.

다시 김 사장의 예로 돌아가자. 김 사장이 운영하는 레스토랑의 6명의 직원 중 나머지 5명은 김 사장이 마음만 먹으면 언제든지 BATNA를 마련할 수 있다. 따라서 김 사장은 굳이 직원들에게 끌려 다니지 않아도 된다.

그러나 메인 쉐프는 다르다. 김 사장의 레스토랑은 규모가 크거나 이름이 알려진 곳이 아니다. 근무지가 서울이 아니라 일산이라는 점도 실력 있는 쉐프들이 선호할 만한 조건이 아니다. 특히 현재 근무하는 박 쉐프가 개발한 단호박 치즈 파스타는 박 쉐프 이외에는 제대로 된 맛과 비주얼을 내기가 쉽지 않다. 박 쉐프가 일을 관두면 매출에 직격탄이 될 수도 있는 상황이다. 그리고 이러한 상황을 박 쉐프 본인도 너무 잘 알고 있다.

즉, 김 사장 입장에서는 박 쉐프가 일을 그만두었을 때 이를 대체할 수 있는 더 매력적인 BATNA를 찾기가 현실적으로 힘든 상황에 부딪혀 있다. 그러나 박 쉐프는 김 사장과 일을 하지 않더라도 선택할 수 있는 매력적인 BATNA들이 적지 않다. 결국 김 사장과 박 쉐프가 보유한 BATNA의 차이로 협상력의 차이가 결정났다.

BATNA의 관점에서 볼 때, 자신의 협상력을 극대화시키는 방법은 단순하다.

상대방을 압박할 수 있는 매력적인 BATNA를 확보하라.

그리고 상대방이 나를 대체할 수 있는 BATNA를 찾기 힘들게 하라.

이런 관점에서 본 다면 김 사장이 선택할 수 있는 카드는 두 가지다. 어떻게든 박 셰프를 대체할 수 있는 능력 있는 다른 쉐프를 찾아내든가, 아니면 박 쉐프가 선뜻 포기하기 어려운 파격적 대우를 해주든가. 비즈니스 상황이 아니더라도 우리는 일상생활 속에서 BATNA의 유무에 따라 결정되는 협상력의 차이를 수도 없이 겪고 있다.

단적인 예를 들어보자. 대학가에는 "싸가지 없는 맛집"들이 있다. 필자가 대학생활을 할 때도 대학로 주위에 기가 막힌 닭볶음탕집이 있었다. 이 닭볶음탕집을 운영하는 할머니는 학생들이 들어와도 본체만체한다. 뭘 주문할 건지 묻지도 않는다. 본인 마음대로 적당량의 닭볶음탕을 요리해서 내어 온다. 물론 물, 반찬 등은 모두 셀프다. 할머니 컨디션이 좋지 않은 날에 가면 경상도 특유의 걸쭉한 욕지거리도 들을 각오를 해야 한다.

그럼에도 학생들은 꾸역꾸역 그 집에 가서 닭볶음탕을 먹는다. 할머니 눈치를 살피며 불편하게 닭볶음탕을 먹어야 하는 것을 잘 알면서도 학생들이 이 집에 가는 이유는 뭘까? 그것은 맛에 있어서만큼은 이 닭볶음탕집보다 더 나은 대안을 찾는 것이 불가능하기 때문이다. 한마디로 대체 불가능한 존재다.

이 세상의 모든 위대한 것들, 잘 팔리는 것들의 공통점은 바로 '대체 불가능성'에 있다. 협상학적으로 설명하자면 'BATNA를 찾기 힘든 존재'들은 필연적으로 '슈퍼울트라甲'이 될 수밖에 없다.

자료 : 중앙일보, [더,오래] 류재언의 실전협상스쿨(2) "제멋대로인 직원 휘어잡으려면…"

상대방이 협상에서 더 유리한 입장에 있다면 이해관계, 옵션, 기준 등에 관해 이야기하는 것이 무슨 소용인가? 상대방이 더 부자이거나 더 좋은 연줄을 가지고 있거나, 혹은 더 많은 참모나 더 강력한 무기를 가지고 있으면, 우리는 어떻게 해야 하는가?

상대방이 가진 영향력이 훨씬 더 크다면 어떤 협상 방법도 성공을 보장할 수는 없다. 상대방이 가진 강한 힘에 대항하여 협상에서 최선의 성과를 얻기 위해서는 다음의 두 가지 목표를 성취해야 한다.

첫째, 거절해야 할 합의는 하지 않도록 자신을 보호하는 것이고, 둘째, 자신이 갖고 있는 유리한 조건들을 이용해서 타결된 합의가 가능하다면 자신의 이해관계에 부합하도록 하는 것이다. 그럼 이 두 가지 목표를 차례로 살펴보자.

■ 거절해야 할 합의를 하지 않도록 자신을 보호하라

비행기를 놓치지 않고 타려고 절실히 원할 때 그 목표는 매우 중요해 보인다. 그렇지만 다시 생각해 보면 다음 비행기를 탈 수도 있음을 알 수 있다. 이와 같은 상황은 협상에서도 자주 나타난다. 예를 들면, 많은 돈을 투자한 중요한 사업 거래에서 오히려 협상에 실패하지나 않을까 더 많은 우려를 하게 된다. 이 상황에서 가장 큰 위험은 상대방의 의견을 지나치게 호의적으로 받아들이는 것이다. 즉, 너무 급하게 동의해 버리는 것이다. 이 경우 "여기서 끝냅시다." 하는 요청의 목소리가 오히려 설득력 있게 들리고, 거절했어야만 할 계약을 거절하지 못하고 체결해 버리는 경우도 있다.

■ 최저선을 택하는 대가

협상가는 흔히 협상 전에 받아들일 수 있는 최악의 결과(그들의 최저선)를 설정함으로써 위험으로부터 자신을 보호하려고 한다. 만약 구매자의 입장이라면 최저선이란 자신이 지불할 최고가이고, 판매자라면 최저선은 받아들일 수 있는 최저가일 것이다. 예를 들어, 집을 팔려고 할 때 집값으로 20억 원을 정해 놓고 16억 원 이하는 받지 말자고 합의할 수도 있다.

최저선을 정해 놓으면 압력이나 순간의 유혹에서 쉽게 벗어날 수 있다. 집을 파는 예에서 구매자는 14억 4천만 원 이상 지불하는 것이 불가능할지도 모르고, 이 일에 관계된 사람들 모두가 작년에 이 집을 살 때 13억 5천만 원을 주고 샀다는 것을 알고 있을 수도 있다. 이런 상황에서 합의를 이끌어 낼 힘을 가지고 있는 판매자의 결정에 매달리게 될 것이다. 물론 미리 최저선을 정해 놓음으로써 나중에 후회할 결정을 하지 않을 수 있다.

그러나 최저선을 정하여 자신을 보호하는 데는 많은 대가가 따른다. 즉, 협상 과정을 통해 배울 수 있는 여러 가지 이점을 배울 수 없게 된다는 뜻이다. 분명히 최저선은 변경될 수 없는 입장이라고 정의할 수 있다. 최저선을 정하면 상대방의 어떤 말도 이미 결정해 놓은 최저선을 더 이상 낮출 수 없다고 미리 단정하기 때문에 그만큼 상대방의 말에 귀를 막게 된다.

최저선은 또한 상상력을 방해한다. 그것은 자신과 상대방 모두에게 유리한 방법으로 서로 다른 이해관계를 조정하여 더 멋진 해결책을 창조할 가능성을 감소시킨다. 거의 모든 협상에는 하나 이상의 대안이 있을 수 있다. 땅을 단순히 16억 원에 파는 것보다는 마감을 연기해 주고 2년 간 헛간을 창고로 사용할 권리를 보장받거나, 인접부지를 다시 살 수 있는 옵션을 제안함으로써 자신의 이해관계를 더욱 충족시킬 수 있다. 그러나 계속하여 최저선 만을 고집한다면, 이와 같은 상상력이 풍부한 해결책을 찾아낼 수 없을 것이다. 결국 최저선이란 그 자체가 "지나치게 경직된 것"임에 분명하다.

게다가 최저선을 너무 높게 설정하기 쉽다. 간단히 말해서, 최저선은 협상에서 매우 불합리한 합의를 받아들이지 않게 해주는 이점이 있는 반면, 더 나은 해결책을 창안해내는 일과, 적정선에서 받아들일 수 있는 더 현명한 해결책에 동의하는 일, 이 두 가지를 다 방해할 수도 있다. 임의적으로 선택한 수치는 자신이 무엇을 또는 얼마나 받아야 하는가에 대한 궁극적 척도가 될 수는 없다.

최저선의 대안이란 무엇인가? 거절해야 할 합의를 받아들이는 것과 받아들여야 할 합의를 거절하는 것으로부터 자신을 보호할 수 있도록 합의 가능한 척도를 결정했는가? 그 척도는 존재한다.

■ 자신만의 차별적인 BATNA를 찾아라

가족들이 식탁에 모여서 매매할 집의 최저가를 결정할 때 숙고해야 할 문제는 '무엇을 얻을 수 있는가'가 아니라, 만약 집을 팔지 못했을 때 '어떻게 할 것인가'하는 것이다. 기약 없이 부동산 시장에 내놓아 둘 것인가? 아니면 땅을 임대할 것인가? 건물을 부수고 땅을 주차 부지로 만들 것인가? 아니면 주차장을 만들어 임대할 것인가? 페인트를 칠하는 조건으로 다른 사람에게 임대료 없이 살게 할 것인가? 아니면 또 다른 무엇을 할 것인가? 모든 것을 고려할 때 대안들 중에 가장 매력적인 것은 무엇인가? 그리고 그 대안은 지금까지 집값으로 제안 받은 최고의 가격과 비교할 때 어떠한가?

어떤 대안은 16억 원에 집을 파는 것보다 더 매력적일 수 있다. 한편 12억 4천만 원 밖에 안 되는 적은 액수에 집을 파는 것이 무한정 지키려는 것보다 나을 수도 있다. 임의대로 선택한 최저선은 진정으로 가족들의 이해관계를 반영하지 못할 가능성이 크다.

협상을 하는 이유는 협상 없이 얻을 수 있는 결과보다 더 나은 무엇을 얻기 위한 것이다. 협상 없이 얻을 수 있는 결과란 무엇인가? 무엇이 그 대안인가? 자신만의 고유한 BATNA (Best Alternative To Negotiated Agreement : 협상 합의안이 아닌 최상의 대안)는 무엇인가? 이것이 제안된 합의안을 측정해줄 기준이다. BATNA란 매우 불리한 조건을 받아들이거나 받아들일 만한 유리한 조건을 거절하는 잘못을 막아 줄 수 있는 유일한 기준이다.

BATNA는 더 나은 척도일 뿐만 아니라 풍부한 상상력을 가지고 해결책을 찾아 볼 수 있을 만큼 융통성이 있다. BATNA는 최저선에 못 미치는 어떤 해결책도 배제시키고, 상대방의 제안과 자신의 BATNA 중에서 어느 것이 이익을 더 만족시켜 주는지 비교해 볼 수 있도록 한다.

■ 알려지지 않은 BATNA의 위험성

협상이 결렬된다면 어떻게 할 것인지 깊이 생각해보지 않으면 눈을 감고 협상하는 것과 마찬가지다. 어떤 협상가는 지나치게 낙관적이어서 협상테이블에서 다른 많은 선택을 할 수 있을 것이라고 생각하고 협상에 임할 수도 있다.

팔려고 내놓은 다른 집, 중고차를 살 만한 다른 구매자, 다른 배관공, 다른 가능한 직업, 다른 도매업자 등, 심지어 협상 대상이 고정되어 있을 때에도 협상 합의에 실패할 경우 초래할 결과에 대해서 낙관적인 전망을 가질 수도 있다. 혹은 이혼 소송, 파업, 무기 경쟁, 또는 전쟁 등이 안고 있는 고통을 제대로 평가하지 못하고 있을 수도 있다.

흔한 실수 중 하나는 심리적으로 자신의 여러 가지 대안을 총체적으로 보는 것이다. 가령, 직장에서 임금 협상에서 합의하지 못한다면 타 지역으로 전근을 가거나, 학교로 돌아가거나, 책을 쓰거나, 농장에서 일을 하거나, 이민을 가 버리거나 그 밖에 다른 일을 할 수 있을 것이라고 스스로에게 말할지도 모른다. 어디에 가더라도 현재 일하고 있는 것보다는 낫겠지 하고 맹목적으로 생각하기 쉽다. 문제는 자신이 이 모든 대안을 동시에 다 이룰 수는 없다는 것이다. 합의에 실패한다면 그 중 단지 하나만을 선택해야 할 것이라는 점을 잊지 말아야 한다.

그러나 협상에서 더 위험한 행위는 합의를 보는 데 너무 집착한다는 것이다. 협상을 통한 해결책에 대한 대안을 미리 생각해보지 않은 채, 협상이 결렬되었을 때 벌어질 일들에 대해 지나치게 비관적인 태도를 취하는 것이다.

이렇게 성공적인 협상을 위하여 BATNA가 가치 있다는 것을 아는데도 불구하고 대안을 마련하는 데 주저할 수 있다. 단지 이번 사람이나 혹은 다음 사람이 더 매력적인 가격을 제안할 것이라고 기대할 수 도 있다. 그리고 합의가 이루어지지 않았을 때, 비로소 "무엇을 해야 할 것인가?"하는 질문을 할 수도 있다. 그리고 마음속으로 이렇게 말할 것이다. "우선 협상부터 하고 난 후에 일은 그때 가서 보자, 일이 뒤틀리면 그때 해결책을 찾도록 하자."

그러나 협상을 현명하게 처리하고자 한다면, 최소한 그 문제에 대한 임시 대안이라도 가지고 있는 것이 절대적으로 필요하다. 협상에서 어떤 것에 동의해야만 하는지 또는 동의해서는 안 되는지는 전적으로 BATNA가 얼마나 매력적인가에 달려 있다.

■ 대안을 체계적으로 세워라

BATNA는 제안된 합의를 판단하는 데 쓰여야 할 최선의 척도임에도 불구하고, 현재 협상의 내용을 별로 매력적이지 못하게 만드는 올가미가 될 수 있다. 부동산 매매의 경우 "내가 지불했던 가격에 이자를 합친 15억 8천만 원보다 낮은 금액에 나와 상의 없이는 절대로 팔지 마시오." 이 경우 대안은 올가미가 되어 버린다. 협상에서는 예비로 얼마만큼의 여지를 열어 놓고 있어야 한다. 그래야만 중재자가 당신의 편에서 작업을 할 수 있다.

■ 협상자산을 최대한 이용하라

불리한 합의로부터 스스로를 보호하는 것과 유리한 합의를 도출하기 위해서 자신의 협상자산을 최대로 이용하는 것은 별개의 일이다. 어떻게 이렇게 할 수 있는가? 이것 역시 해답은 자신의 협상자산을 활용하여 준비한 BATNA에 달려 있다.

■ BATNA가 좋으면 좋을수록 협상력은 강해진다

사람들은 협상력이 재산, 정치적 연줄, 물리적 힘, 친분관계 그리고 군사력 등과 같은 자원에 의해 결정된다고 생각한다. 사실상 양측의 상호 협상력은 주로 합의에 실패할 경우에 사용할 수 있는 옵션이 각자에게 얼마나 매력적이냐에 달려 있다.

벼룩시장의 노점 상인으로부터 작은 놋쇠 항아리를 적당한 가격에 사려는 한 부유한 구매자를 생각해 보자. 노점 상인은 아마 가난할 것이다. 하지만 그는 시장의 원리를 알 것이고, 비록 그 항아리를 이번 손님에게 팔지 못해도 다른 손님에게 팔 수 있을 것이다. 언제, 얼마에 다른 사람에게 그것을 팔 수 있을지 경험으로 어림짐작할 수 있다. 그 구매자는 부유하고 협상에서 우세해 보인다. 그러나 만일 그 항아리를 구하는 것이 얼마나 어려운지 정확하게 알지 못한다면 정보를 협상력으로 전환시키기 위해서 그 항아리와 똑같거나 더 관심을 끄는 놋쇠 항아리를 어디에서 얼마에 살 수 있는지 알아야 한다.

다른 어떤 취직자리도 제안 받지 못하고 단지 확실하지도 않은 가능성만 가지고 취업 면접 시험장에 들어갈 때의 기분을 잠시 생각해보자. 그리고 이제 자신이 두 개의 취직 제안을 받은 상태에서 면접을 볼 때의 상황과 비교해 보자. 임금 협상이 어떻게 진행되겠는가? 그 차이가 곧 협상력이다.

개인 간의 협상에 적용되는 것은 조직 간의 협상에도 똑같이 적용된다. 공장에 대한 세금을 인상하려는 작은 도시 행정당국과 어느 글로벌 기업 간의 상대적인 협상력은 각각의 예산이나 정치적 힘에 의해서가 아니라 각자가 가진 최고의 대안에 의해서 결정된다. 한 예로, 어느 중소도시 행정당국은 경계선 바로 밖에 있는 한 글로벌 기업과 세금 협상에서 일 년에 30억 원에서 무려 230억 원에 이르는 '선의의 세금'에 합의를 보았다. 어떻게 이것이 가능했을까?

시 당국은 만일 어떠한 합의에도 이르지 못할 경우에 무엇을 해야 할지 정확하게 알고 있었다. 시 당국은 그 공장을 포함할 수 있을 만큼 시의 경계선을 확장하고 그 공장에 1년에 250억 원에 상당하는 지방세를 부과할 예정이었다.

글로벌 기업은 그 공장을 유지하기로 결정했다. 그러나 그 기업은 합의를 보는 것 외에 어떤 대안도 생각하지 않고 있었다. 얼핏 보아서 그 회사는 대단한 힘을 가진 듯해 보였다. 회사는 경제적으로 어려움을 겪고 있는 그 시에 많은 일자리를 제공하고 있었다. 공장의 폐업이나 이전은 그 도시를 황폐화시킬 수도 있다. 더구나 회사가 이미 지불하고 있던 세금은 더 많은 세금을 필요로 하는 그 도시 지도자들의 임금 지불에 일조를 하고 있었다.

그러나 이런 모든 유리한 점을 가지고 있었음에도 불구하고 그런 것들을 훌륭한 BATNA로 전환시키지 못했기 때문에 쓸모없는 것이 되고 말았다. 반대로 그 시 당국은 매력적인 BATNA를 가지고 협상을 준비했기 때문에 세계에서 가장 큰 회사와의 협상에서 좋은 결과를 얻었다.

■ BATNA 개발방법

만약 협상에서 합의에 이르지 못했을 때 무엇을 해야 할 것인지 열심히 찾아본다면 자신의 입지를 상당히 강화시킬 수 있을 것이다. 관심을 끌만한 좋은 대안들은 가만히 앉아서 기다려주지 않는다. 많은 경우의 수에 입각하여 BATNA를 개발해야 한다. 가능한 BATNA를 개발하는 것은 다음과 같은 세 가지 작업을 요한다. ① 합의에 이르지 못할 경우 취할 수 있는 행동 목록을 작성하는 것, ② 가능성 있는 아이디어를 개선해서 그것들을 실용적 대안으로 전환시키는 것, ③ 시험적으로 최고의 대안을 고르는 것 등이다.

첫 번째 작업은 목록을 작성하는 것이다. 만약 월말까지 X회사에서 자신에게 만족할 만한 일자리를 제공하지 못한다면 무엇을 해야 할 것인가? Y회사에서 직장을 구할 것인가? 그 외에 무엇을 할 것인가? 노동조합의 경우 그들에게 협상된 합의 이외의 대안으로는 아마도 파업결의, 재계약 없이 계속하는 노동, 60일 간의 파업 통보, 중재 요청 그리고 조합원들에게 요구하는 준법 투쟁 등이 있을 것이다.

두 번째 단계는 자신의 아이디어 가운데 가장 좋은 것을 더욱 발전시켜 그 중 가장 유망한 아이디어를 실현 가능한 대안으로 바꾸는 것이다. 만약 서울 거주자가 부산에서 일할 것을 생각하고 있다면, 적어도 그 곳에서 일자리 하나를 실제로 제안 받는 것으로 바꾸도록 노력하는 것이 더 낫다. 자신의 손에 부산에서 일자리 제의를 받아 쥐고 있다면(또는 반대로 직장을 구할 수 없음을 알았을 경우) 서울에서의 일자리에 대한 장점을 더 잘 평가할 준비가 되어 있는 구체적인 작전상의 행동으로 전환해야 한다.

BATNA를 개발하는 세 번째 단계는 여러 대안들 중에서 가장 좋은 것을 선택하는 일이다. 만약 협상에서 합의에 이르지 못한다면, 지금 자신이 갖고 있는 실현 가능한 대안들 중 어떤 것을 추구할 계획인지 고민해보고 이러한 노력을 거친 후에 이제 하나의 BATNA를 갖게 되는 것이다. 모든 제안을 이 BATNA에 비교해서 판단하는 것이 좋다. 자신의 BATNA가 좋으면 좋을수록 협상에서 합의의 조건을 개선할 수 있는 협상 능력은 더욱 커질 것이다. 만약 협상이 합의로 귀결되지 못했을 때 무엇을 해야 할지를 안다는 것은 협상 과정에서 더 많은 자신감을 줄 것이다. 또 원하는 것이 무엇인지를 정확히 안다면 협상을 결렬시키기가 더욱 쉽다. 협상을 중단해도 좋다는 의지가 크면 클수록 합의안에 반영되어야 할 이해관계와 근거를 더욱 강하게 제안할 수 있을 것이다.

■ 상대방의 BATNA를 고려하라

상대방의 BATNA도 생각해 보아야 한다. 상대는 합의가 이루어지지 않을 경우도 할 수 있는 것이 많다고 지나치게 낙관적일 수 있다. 어쩌면 그는 매우 많은 대안을 가지고 있고, 또 대안의 총체적인 영향에 대해 과신하고 있을 지도 모른다.

상대방의 대안에 대해 많이 알수록 협상을 더 잘 준비할 수 있다. 상대방의 대안을 알면 협상을 통해 얻을 수 있는 이익을 현실적으로 평가할 수 있다. 만약 협상파트너가 BATNA를 과대평가한다면 그의 기대치를 낮추어 주어야 할 것이다. 상대방의 BATNA는 상상하는 어떤 공정한 해결책보다 더 훌륭할 수 있다.

지금 건설 중에 있는 전력회사가 향후에 유해한 독가스를 방출할 것이 걱정되는 지역공동체의 한 사람이라고 가정해 보자. 그 전력회사의 BATNA는 지역공동체의 항의를 전적으로 무시하거나 공장이 다 지어질 때까지 계속 항의하도록 내버려두는 것이다. 전력회사가 지역공동체의 관심사를 진지하게 받아들이도록 하려면 건설허가가 취소되도록 탄원서를 제출해야 할지도 모른다. 다시 말해서 만약 그들의 BATNA가 너무 좋아서 협상의 필요성을 느끼지 못할 때 우리는 그들의 생각을 바꾸기 위해 할 수 있는 모든 것을 고려해야 한다.

만약 양측이 모두 매력적인 BATNA를 가지고 있다면, 가장 좋은 협상 결과는 합의에 도달하지 않는 것이다. 그런 경우 자신과 상대가 우호적이고 능률적으로 서로의 이익을 증진시키는 가장 좋은 방법은 합의에 도달하려는 노력을 중단하고 각자 다른 방법을 찾는 일이 될 것이다.

■ **상대방이 우세할 경우**

만약 상대방이 강력한 협상 무기를 갖고 있다면 협상에서 정면 대결을 피하고 싶을 것이다. 상대방이 물리적 또는 경제적 측면에서 강하면 강할수록 이익에 근거해 협상하는 것이 우리에게 더 유리할 것이다. 상대가 강한 협상력을 가지고 있고 우리가 원칙을 가지고 있는 경우라면 협상에서 원칙의 역할이 크면 클수록 우리의 상황이 더 나아질 것이다.

좋은 BATNA를 갖는 것은 협상에서 유리한 위치를 차지하도록 도와준다. BATNA를 개발하고 개선함으로써 가지고 있는 유리한 조건을 효과적인 협상력으로 전환시킬 수 있다. 상대방의 동의에 상관없이 지식, 시간, 돈, 사람, 연줄 그리고 지혜 등을 활용하여 최선의 해결책을 찾는 데 투자해야 한다. 그러면 협상테이블에서 보다 쉽게 협상과정을 즐길 수 있고 행복한 협상결과를 얻을 수 있다.

BATNA를 개발하는 것은 단지 자신이 수용할 수 있는 저항선을 결정하도록 할 뿐만 아니라 그 저항의 수준을 높여 줄 수 있으며, 아마 겉보기에 자신보다 더 강력해 보이는 상대방을 다루는 가장 효과적인 방법이 될 것이다.

06 휴식의 타이밍 활용

감정노동자

감정노동을 사전적 정의로 해석하자면 누구나 감정노동자에 포함되지 않을 확률이 높다. 하지만 자신의 감정과 표현을 고객에게 맞추며 일하는 서비스산업 영역은 콜센터나 판매직에 국한되지 않는다. 개봉 직전 '홍보 기간'인 열흘 안에 50개 이상의 인터뷰를 소화하며 똑같은 말을 수백 번 반복하고 사진 촬영에 임하는 영화배우도 감정노동자다. 아버지가 위독하여 입원하신 날 예능 프로그램에서 사람들을 웃겨야 하는 개그맨도 감정노동자다.

감정노동으로 스트레스를 받는 사람에게서 가장 먼저 나타나는 증상은 '공격성'이다. 특히 자기보다 약한 사람에게 심하고 못되게 굴며 화풀이를 하게 된다. 우리가 가장 싫어하는 '강자에게 약하고, 약자에게 강한' 인간형이 되는 것이다. 증상이 심해져 '내가 능력이 없으니 참아야지.' 식의 자기비하가 강해지게 되면 정말로 우울증, 화병이 생길 수 있다. 그리고 '가짜 감정 표현'에 휘둘려, 진짜를 보여줘야 할 가족, 친구, 지인들에게 조차도 자신의 진짜 감정을 제대로 표현하지 못하게 된다. 반대로, 감정노동으로 인한 스트레스를 무심코 지인에게 풀어 버리면서 인간관계가 틀어지는 결과를 초래하기도 한다.

> 그러므로 쉬는 시간을 지켜야 한다. 스스로를 한계까지 밀어붙이는 일이 없도록 해야 한다. 육체적으로도, 심리적으로도 휴식 시간을 지켜 주지 않으면 어느 날 갑자기 한 번에 감정이 북받쳐 올라 터져 버릴 수 있다.
>
> 출처 : 매일경제 , 네이버 블로그 이미지

협상 과정에서 의사소통의 결렬, 분노와 불신의 확대, 입장의 대립과 타협 거부, 최후통첩의 제시 등 양쪽 모두에게 불만족스러운 상황에 봉착할 수 있다. 이렇게 되면 생산적인 대화는 중단된다. 협상가들은 계속 대화를 하지만 상대가 받아들이기 힘든 입장과 비협력적인 행위에 대해서만 말하게 된다. 그리고 위기상황이 도래하면 협상가는 협상을 멈추고 잠시 휴식을 갖거나 흥분을 진정시키고 다음 날 다시 만나기로 해야 한다. 이런 휴식이 없이 협상을 계속 진행하다 보면 만족할 수 있는 합의점을 찾기 어렵다.

그러나 이들이 휴식 후 다시 논의할 방법이 있다고 개인적으로 생각할지 모르나 화해 방법을 알지는 못한다. 이 장에서는 외부의 도움 없이 협상가 스스로 시도할 수 있는 방법을 통해 생산적인 대화로 복귀하는 과정을 검토해 보자.

- 격한 감정을 냉각시키기 위해 시간을 두거나, 감정과 느낌에 대해 말하거나, 갈등을 단계적으로 축소시킴으로써 자신과 상대를 격리하여 긴장을 완화한다.
- 역할 바꾸기를 통해 상대의 입장이 되어 봄으로써 의사소통의 정확성을 향상시킨다.
- 새로운 쟁점이 추가되지 않도록 쟁점의 수를 통제하고 큰 쟁점은 작게 나눈다.
- 공통적인 입장, 양쪽의 협상가가 자신의 목적을 성취할 수 있도록 쟁점을 정의하는 방법(호혜적 틀), 협상가를 공동의 목적으로 통합할 수 있는 상위의 목적을 다시 한 번 상기시킨다.
- 각자 자신이 원하는 선택사항을 다시 구성함으로써 상대의 마음에 더 들도록 한다.

여기서 우리가 제안하는 수단들을 폭넓게 응용할 수 있을 것이다. 교류가 정지되었거나 쟁점이 지나치게 많을 때 협상가들은 이런 수단들을 사용할 수 있다.

이들 대처 방법과 처방 중에 어느 하나도 만병통치약과 같은 것은 없다. 각각 주요 상황과 관련된 협상가의 요구사항과 한계에 따라 적절히 선택해야 하고 응용해야 한다. 대립에 따른 협상결렬, 특히 영향력이 크거나 중요한 합의에서 협상이 결렬되는 경우 휴식을 취해야 한다는 것을 반드시 기억해야 한다.

협상과 발코니(Don't React : Go to the Balcony)

어려운 상황에 맞닥뜨렸을 때 합리적인 생각을 거치기도 전에 즉각적으로 반응하며 반사적으로 거부하게 된다. 이런 반사적 반응은 크게 세 가지 유형으로 나눌 수 있다. '이에는 이, 눈에는 눈'이라는 식으로 상대의 반응에 대해 그에 상응하는 극단적인 입장(되받아치기)을 보이거나, 협상 결렬을 의식해 차라리 상대의 의견을 따르거나(양보하기), 아예 상대하기 어려운 사람이나 조직과 관계를 끊어 버리는 것이다(단절하기).

그러나 반사적으로 반응하면 결국 작용과 반작용의 비생산적인 악순환의 고리가 만들어지게 된다. 이를 끊어 버려야 한다. 발코니(잠시 떨어져서 혼자만의 시간을 가질 수 있는 공간)로 갔다고 상상하고, 제 3자가 되어 쌍방의 갈등을 차분하게 평가할 수 있게 해라. 잠시 말을 멈추고 침묵해라. 그리고 이전에 한 말을 음미해 보면서 대화의 속도를 늦추라. 생각할 시간이 더 필요하다면 휴식시간을 가져라. 그리고 중요한 결정은 즉석에서 내리지 마라. 협상에서 가장 큰 적은 바로 나 자신의 성급한 반응이다. 나중에 후회할 양보를 하는 사람은 다름 아닌 나 자신이기 때문이다.

제5장
협상의 기본 전략

01 전략과 전술

1) 전술 이전에 전략

전략(strategy)과 전술(tactics)은 협상에 있어서 성공을 위해 서로 다른 역할을 수행한다고 할 수 있다. 전술이나 전략이나 둘 다 유사한 뜻으로 보이지만 엄연하게 말하자면 전술이 전략의 하위개념이라고 할 수 있다.

보트 경기에서 전략과 전술의 역할을 비교해 보면, 전략은 방향타에 해당하며 보트의 진행 방향을 결정한다. 반면 전술은 보트가 목적지로 나아가게 하는 추진력에 해당한다.

Mahan 제독은 그의 저서 「Sea Power」에서 '접촉'은 아마 전술과 전략 사이의 경계선을 가리키는 가장 훌륭한 단어라고 표현하였다.

모든 계획 활동은 전략이다. 접촉을 필요로 하는 모든 실행활동은 전술이다. 만약 사람들과의 개인적인 접촉을 통해 새 직원을 찾는 전략을 세웠다면 전술은 사람들과의 실제적인 접촉을 만드는 과정이다. 회사의 대표가 행동 범위를 결정할 때 그 활동을 전략이라 하며, 고객과 대화를 하고 있을 때 그 행동은 전술이라고 한다. 즉, 전략은 목적달성을 위한 계획, 정책, 방침이다. 전술은 방법, 수단 도구라고 할 수 있다.

외관상 사소한 행동이든 중요한 행동이든 어떠한 행동에는 반드시 계획이나 의도가 따른다. 전략은 정당한 행동의 창조이며, 항상 전술 이전에 수립되어야 한다.

전략과 전술의 차이를 보면 다음과 같다([그림 Ⅲ-3]참조).

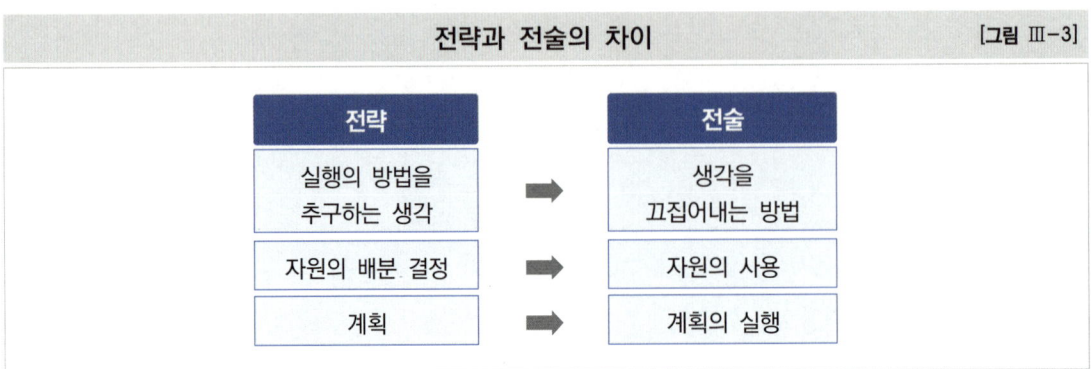

[그림 Ⅲ-3] 전략과 전술의 차이

2) 협상에서 전략과 전술의 의미와 윤리성

협상에서 전략은 목적을 달성하기 위한 계획에서 기본적인 방향, 정책이나 방침을 포괄한다. 전술은 전략을 성취하게 해주는 방법, 수단과 도구이다. 전략은 일관되어야 하고 하나 또는 두 개, 많아야 세 개를 넘어설 수 없고 규모가 큰 것이어야 한다. 아울러 변화가 없어야 하고 변화를 갖고자 한다면 목적의 변화가 전제되어야 한다. 반면에 전술은 다양해야 하며 변화무쌍해야 한다. 뿐만 아니라 전술과 전술 간에는 서로 모순되고 충돌하여 상대방이 도무지 감을 잡을 수 없다면 전술은 탁월하고 효과가 클 수 있다. 교묘하면 할수록 전술은 빛이 나게 마련이다. 상대방에게 가장 잘 먹히는 전술이 무엇인지 협상 전에는 잘 파악할 수 없기 때문에 가능하다면 많이 그리고 교묘하게 준비하여 시험해보라. 그래야 상대방을 혼란에 빠뜨리는 데 유용하다.

협상의 규모에 따라 전술이 전략이 될 수도 있다. 규모를 크게 하면 전술이던 것이 정책이나 방침이 되기 때문에 전략이 되어 버린다. 전략과 전술은 고정되어 있는 것이 아니다. 목적을 달성하기 위한 전 과정에서 크게 보면 한두 개 또는 두 세 개의 전략이 존재할 수밖에 없고, 중간 과정에서 작은 목표를 세우고 그 목표를 달성하기 위한 전략을 세우다 보면 전 과정에서 크게 보았을 때 전술이던 것이 중간 과정에서 작은 목표를 달성하는 데는 전략이 될 수 있다. 협상에서 전략의 유형은 크게 몇 가지로 나누어 볼 수 있다.

(1) Not to give now and take now 전략

아예 주지 않거나 주더라도 가능한 한 적게 주려고 하는 약자의 생떼와 억지, 똥배짱, 거부 등 얻기만 하려하는 전략이다. 예를 들면 어린아이의 협상방식이나, 우루과이라운드에서 미국의 영화개방 압력에 대해 프랑스가 완강하게 거부했던 협상 등이다.

(2) Give now and take now 전략

한 마디로 타협이 빈번한 거래를 말한다. 온갖 술수와 술책, 속임수가 횡행하는 아수라장의 비즈니스 세계를 말할 수 있다. 대부분의 협상이 여기에 해당된다. 미국, 중국, 일본, 북한 등의 협상 방식으로부터 적극적으로 배워야 할 필요가 있다.

(3) Give now and take later 전략

한 마디로 투자를 말한다. 장래의 이익, 관계 활용을 위한 배려, 양보와 타협, 혜택 부여 등이 이에 속한다. 고차원적인 계산과 모험이 전제가 되어야 하며, 거래와는 전혀 다른 모습을 보인다. 비즈니스와 국제관계에서는 그리 흔하지 않으며, 정책적, 정치적 고찰이 전제 되어야 한다.

(4) Give now and take all later 전략

사랑과 박애, 자비가 전제 되어야 하며 승화하면 종교가 된다. 일상생활과 보통 사람들의 인간관계에서는 수용하기 어렵고 기대하기도 어렵다. 거래와 투자보다 훨씬 고차원적이다. 극히 작은 일면에서 보면 최상의 사기이며 리더십이 해당될 수 있다.

전술(tactics)은 전략을 성공시키기 위한 속임수, 술수·술책, 책략 등 모든 수단과 방법, 도구들을 총체적으로 말한다. 협상에서 속임수란 마치 마술사가 부리는 마술과 같다고 생각하면 된다. 마술사가 주머니에서 비둘기를 꺼내고 만 원짜리를 줄줄이 꺼내는 것을 보고 그대로 믿는다면 믿는 사람이 바보라고 말할 수 있다.

그러나 협상에서는 속임수, 즉 전술의 사용은 비윤리적이라고 보기 어렵다. 무식과 탐욕, 어리석음과 초조함 때문에 이러한 속임수를 간파하지 못하는 것은 전적으로 간파하지 못한 사람의 책임일 뿐이다. 협상에서 전술로서 윤리적으로 허용되는 속임수에는 다음과 같은 것들이 있다.

- Trick(술수)
- Intrigue(음모)
- Wiles(간계, 농간)
- Cheat(속임수)
- Feint(양동작전, 견제행동)
- Juggle(조작, 획책)
- Fetch(홀리기)

그러나 협상에서 원천적으로 허용이 안 되는 비윤리적인 것이 있다. 처음부터 고의적으로 또는 계획적으로 허위(거짓)를 바탕으로 상대방으로부터 이익을 편취(일방적으로 속여서 빼앗는 것)하는 것이다. 결국 이는 위법한 행위이기 때문에 원천적으로 허용되지 않는 협상 전술이라 할 수 있다. 다음과 같은 전술들이 여기에 해당하는 것들이다.

- Fraud(사기)
- Swindle(야바위)
- Imposture(협잡)

02 BATNA 개발

　BATNA(Best Alternative to Negotiated Agreement)는 성공적인 협상을 위하여 당사자들이 선택할 수 있는 최선의 대안을 말하며, 협상의 성공여부를 판단할 수 있는 기준을 제공한다. 협상에서 BATNA가 협상의 질을 좌우하는 필수적인 협상도구로 가장 중요한 힘의 원천이라고 할 수 있다.

　협상을 시작하기 전부터 BATNA를 명확히 하여 상대방의 제안을 수용할 것인지 아니면 거절할 것인지에 대한 기준을 세울 필요가 있다. 합의를 하는 것이 꼭 최선의 방법은 아니며 BATNA 보다 안 좋을 경우 합의를 거절하는 것이 나을 수 있다.

　BATNA를 기초로 유보가치를 계산한다. 협상안의 가치가 유보가치에 미달하면 합의를 하지 않고 협상을 중단하거나 새로운 합의점을 모색하기 위해 협상을 재시도한다. 협상안의 가치가 유보가치보다 높을 때에만 합의를 한다. 특히 자신의 BATNA 뿐만 아니라 상대방의 BATNA도 파악하도록 노력한다. BATNA가 좋을수록 보다 유리한 입장에서 협상을 할 수 있으며, 협상력을 키워야 한다.

　다음은 BATNA에 대한 사례이다.

> 　칠레에서 세 번째로 규모가 큰 전력생산업체 콜번 SA(Colbun SA)는 1, 2위 업체와는 달리 자체 송전 시설을 가지고 있지 않았다. 따라서 1위 업체의 송전 시설을 이용하여 전력을 공급할 수밖에 없었다. 그 결과 콜번 SA는 송전 협상 테이블에서 늘 불리한 위치에 있었고, 송전 용량과 사용료 결정에 대해 전적으로 1위 업체의 요구에 따랐다. 콜번 SA에게는 다른 대안이 없었기 때문이었다.
> 　이와 같은 상황 속에서 콜번 SA의 최고 경영자는 송전과 관련한 협상력(bargaining power)을 키우지 않고서는 더 이상 사업을 지속시키는 것이 어렵다는 결론에 이르렀다. 따라서 뭔가 새로운 대안을 찾기로 결정하였다. 그것은 자체적으로 송전 시설을 갖추는 것이었다. 1위 업체와의 협상을 계속 진행하면서도, 콜번 SA는 내부적으로 송전선 구축 계획을 구상하였고, 그 실행 방법을 검토하였으며, 심지어 건설 계약까지 입찰에 부쳤다. 이러한 콜번 SA의 움직임이 가시화되면서, 1위 전력생산업체는 점차 거래 가격을 낮추고 송전 용량을 늘려 주는 데 기꺼이 합의하기 시작하였다.

　이와 같이 최선의 대안을 설정하여 협상을 진행한다면 보다 훌륭한 협상을 진행할 수 있을 것이다. 그러나 사전준비도 충실했고 협상기술도 좋았지만 주요 사안에서 기대한 합의를 이끌어 내지 못하는 경우도 있다. 그런 경우에는 어떻게 해야 할까? 아무런 성과 없이 빈손으로 돌아가야 할까? 아마 초보 협상가라면 그렇게 할 것이다.

이런 상황에 대비하기 위해 BATNA를 마련해 놓을 필요가 있다. BATNA는 로저 피셔와 윌리엄 유리가 그들의 저서 『YES를 이끌어 내는 협상법』에서 만들어 낸 용어로, 가장 중요한 사안이 합의되지 못하는 경우를 대비해 미리 정해 놓는 최선의 대안이다. BATNA는 협상 준비의 질을 좌우하는 필수적인 협상 도구인 것이다.

■ BATNA를 세울 때의 유의 사항

일반적으로 BATNA의 뜻이 문제에 대한 차선책이라는 의미가 함축되어 있다고 생각하는데, 이것은 틀린 생각이다. BATNA는 원래의 이익을 가장 근접하게 달성시켜 주는 또 다른 해결 방법이다. 따라서 협상의 최종 결과가 아닌, 합의에 도달하지 못할 경우의 위험에 대비한 가상의 해결책인 것이다.

BATNA를 세우면 한 계획이 실패해도 다른 복안이 준비되어 있기 때문에 차선이 아닌 강점을 바탕으로 협상에 임할 수 있다. 뒤에서 든든한 대안이 되는 BATNA는 강력한 협상 도구가 될 수 있으며, BATNA는 합의 여부에 지나치게 집착하지 않게 해 준다. 협상에서는 제2의 입장을 마련해 놓지 않으면 반드시 합의를 도출해야 한다는 심한 압박에 시달리게 된다. 또한 협상에서 빈손으로 물러나고 싶지 않은 절박한 마음에 쉽게 동의하게 되고, 결국에는 후회하게 되는 것이다.

BATNA는 인생의 다양한 상황에서 적절히 사용될 수 있다. 다시 한 번 연봉협상의 예를 들어 보자. 당신에게 연봉 4천만 원의 취업제의가 들어왔다. 한 동안 실업 상태에 있었고, 갚아야 할 빚도 있기 때문에 반드시 직장을 잡아야 하는 처지이다. 하지만 취업을 제안한 회사는 사실 원하는 직장은 아니다. 게다가 그 회사에서 똑같은 일을 하고 있는 사람이 5천만 원의 연봉을 받는다는 사실도 알고 있다. 자신도 똑같은 연봉을 받아야 한다는 생각에 연봉 5천만 원을 요구했지만, 4천만 원 이상은 거절했다. 이럴 경우 어떻게 하겠는가?

BATNA가 없다면 취할 수 있는 방법은 두 가지밖에 없다. 4천만 원의 제안을 그대로 수락하든지, 아니면 연봉이 만족스럽지 않으므로 다른 직장을 알아보는 것이다. 그러나 BATNA가 있으면 불만족스런 두 가지 방법 중에 하나를 선택해야만 하는 곤경을 피할 수 있다. 연봉 협상 전에 BATNA를 준비하면 유리한 위치에서 협상에 임할 수 있다. 다음과 같이 BATNA를 설정하여 협상에 접근한다면 좀 더 유리한 결과를 도출할 수 있다.

연봉 4천만 원으로 그 취업 제안을 수락하되, 6개월 후에 연봉 재협상을 위한 실적 평가를 한다는 조건을 제시한다. 그 일을 잘 수행할 자신이 있으며, 일에 대한 열정으로 6개월 후에는 매우 좋은 실적을 올릴 수 있다고 제시하거나, 다음 달에 면접 볼 곳이 있다고 말한다. 사실 이 회사가 속한 업계는 확장 추세에 있고, 더 높은 연봉을 받을 수 있는 기회가 많다. 반드시 이 직장에서 일을 해야 할 필요는 없다는 정보들을 숙지하고 있다면 협상을 훨씬 더 유리하게 이끌 수 있다.

- **합의에 도달하지 못할 경우에 취할 행동을 세워라**

대안을 미리 생각해 둔다. 그렇다고 무조건 반대의 입장으로 대응하라는 의미가 아니다. 자신의 이해관계를 만족시킬 수 있는 다른 방법을 생각하라는 것이다.

- **자원을 활용하라**

BATNA를 세우는 일은 시간이 걸릴 수 있다. 협상에서 활용할 수 있는 자원들을 사용해 최대한 많은 방법을 검토해 둔다. 협상상대가 매우 강할 때는 특히 더 주의해야 한다. 최선의 BATNA를 세우기 위해 지식, 경험, 정보, 돈, 시간, 인맥 등 모든 자원을 투입해야 한다. 좋은 아이디어만으로는 충분하지 않다.

- **현실적으로 생각하라**

대안이 많을 수도 있고, 하나밖에 없을 수도 있다. 어느 경우이든, 각 대안의 성공 가능성에 대해 너무 비관적이거나 낙관적으로 생각하지 말고 현실적으로 접근해야 한다. 따라서 사전준비를 철저히 해야 한다. 자신의 BATNA가 한 편의 얘깃거리로 끝나지 않도록 하기 위해서는 계량적 수치와 정확한 사실을 분석하고, 객관적인 데이터를 근거로 결정을 내려야 한다.

- **최선의 대안을 선택하라**

수집한 자료를 근거로 결정을 내려야 한다. 그러나 성공 가능성은 가장 낮지만 자신이 좋아하는 대안을 선택하고 싶은 유혹이 생길 수 있다. 따라서 자신에게 최대한 솔직해야 하고, 다른 사람의 제안을 판단할 때처럼 객관적으로 보아야 한다. BATNA가 좋을수록 실제로 실행할 수 있는 가능성도 높고, 압박 때문에 불리한 조건을 수락하는 경우도 줄어든다.

- **BATNA를 상대방에게 알려라**

BATNA는 협상에서 파트너의 제안보다 더 매력적인 다른 대안이 있는지 찾아봄으로써 불리한 조건을 수락해야 할 상황을 피하게 해 주는 도구이다. 자신에게 강력한 BATNA가 준비되어 있다면 상대방에게 알려주는 것이 좋다.

- **입지를 강화시켜라**

협상파트너가 나에게 강력한 BATNA가 있다는 점을 알게 되면 협상 입지는 한층 강화될 수 있다. 앞의 예에서 최선의 BATNA는 경쟁회사로부터 취업 제안을 받았다는 사실이다. 4천만 원으로 연봉을 제안하는 회사에 대항해 다른 경쟁회사가 더 높은 연봉을 기꺼이 제시할 것이라는 말보다 더 강력한 무기가 있겠는가? 자동차 영업사원에게 그가 판매하는 자동차보다 더 낮은 가격으로 판매하는 영업사원이 있다거나, 부동산 개발업자에게 그가 현재 거래하는 은행보다 더 낮은 이자율로 대출해주겠다는 투자은행이 있다면 이보다 더 좋은 BATNA는 없을 것이다.

■ 허세부리지 마라

협상의 핵심은 상대에게 좋은 대안을 가지고 있으며, 그 대안을 실행할 의사가 있다는 사실을 알리는 데에 있다. 그러나 허세를 부리는 수단으로 사용해서는 안 된다. 자신에게 BATNA가 있고 필요하다면 그것을 실행할 준비가 되어 있다는 진정한 의사표현을 해야 한다. 예를 들어 협상테이블에 변호사를 동반하여 필요하다면 법적 조치를 취할 수 있다는 점을 암시하거나, 협상을 중지하여 다른 대안이 있고 그것을 실행하겠다는 인상을 주는 것이다.

■ BATNAs의 구성요소
- 마감시간(Deadlines)
- 대안(Alternatives)
- 활용 가능한 자원(Your own resources)
- 상대방의 자원(Other parties resources)
- 정보(Information)
- 경험(Experience)
- 관심사(Interests)
- 지식(Knowledge)

03 이익 가치 강조

1) 협상이익 극대화를 위한 가치 창조

협상을 통해서 이익, 즉 목적을 극대화시키기 위한 가치 창조 방법에는 공동의 이익을 추구하거나 상호 이익이 되는 것을 교환하는 방법이 있다. 공동의 이익을 추구하는 방법으로는 서로 유사한 자원을 합쳐 규모의 경제를 실현하거나 서로 보완적인 자원을 결합하여 범위의 경제를 실현할 수 있다. 상호이익이 되는 교환을 위해서는 자기보다 상대방에게 더 가치가 있는 것을 파악하고, 이를 상대방보다 자기에게 더 가치가 있는 것과 교환하는 것이다. 그러기 위해서는 협상의 각 이슈별로 양쪽이 생각하는 상대적 중요도 및 우선순위를 평가하여 이슈 간의 교환을 통한 가치 창조 가능성을 모색할 수 있다.

협상당사자 간의 시간, 리스크, 관점의 차이 및 미래에 대한 기대에 있어서 서로 차이가 존재하고, 이를 감수할 의향이 있으며, 미래에 대해 보다 낙관적인 기대를 갖고 있다면, 협상가는 보다 많은 리스크를 감수하고 미래성과에 따라 보상이 지급되는 불확정 성과급 계약을 체결할 수 있다. 물론 이때에 협상가는 리스크 감수에 대한 반대급부로 다른 거래에서 양보를 요구함으로써 상호이익이 되는 협상안을 타결할 수 있다([그림 Ⅲ-4] 참조).

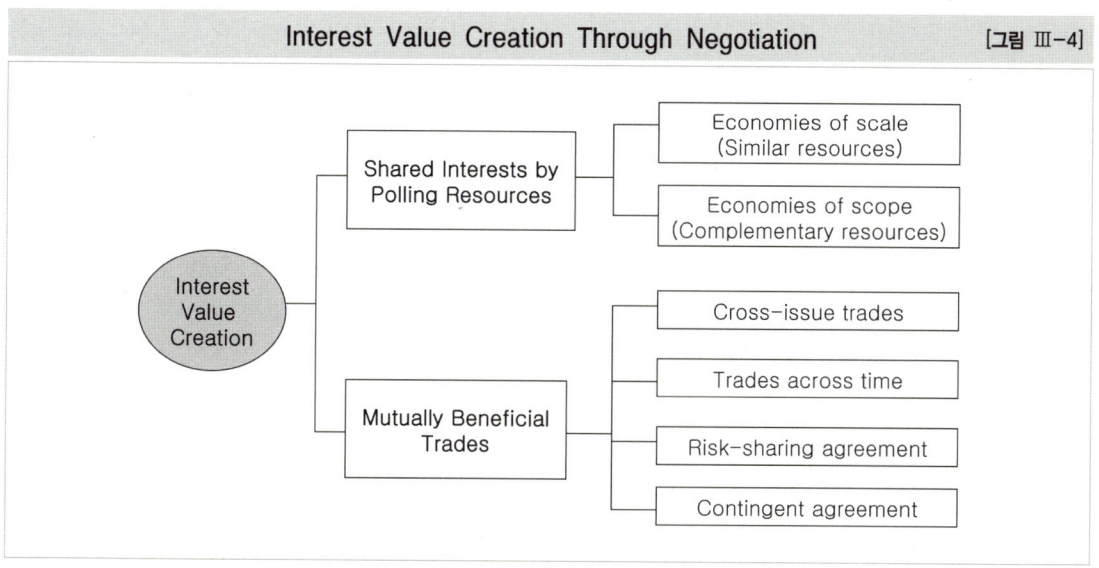

자료 : Lax & Sebenius(1986), Watkins(2002)

2) 이익의 3Cs

협상에서 상호 수긍할 만한 결론을 도출해내는 것보다 효과적인 방법은 협상 당사자들이 생각하는 이익, 즉 목적을 우선 검토해 보는 것이다. 협상의 이익은 '왜 협상을 원하는가?'에 대한 답변을 말한다. '왜'라는 질문을 할 때 직면하는 문제 중의 하나는 다음과 같다.

협상에서는 충족하고자 하는 자기의 이익보다는 협상상대방의 입장을 합리화해주는 답을 해 줄 수도 있다. 만약 '왜 그것을 원하는가?'에 대한 답변이 단순히 회사에게 최대의 이익이 되기 때문이라면 그것은 하나의 입장을 합리화해 줄 수 있겠지만 보다 근본적인 이익을 이해하고 있지는 못한 것이다.

이익의 핵심 내용을 이해하고 단순한 합리화를 극복하기 위해서는 자신이 추구하는 이익을 협상을 통하여 결과적으로 '어떻게 성취할 수 있을지', '이로부터 어떠한 목적을 충족할 수 있는지'도 스스로에게 물어보아야 한다.

■ 이익을 분석하고 이해

이익을 분석하고 이해한다는 것은 매우 어려운 일 중의 하나다. 상대방과 각자 서로 좋은 사람으로 협상에 임하였기 때문에 다음과 같이 함정에 빠질 위험이 있다. '내가 원하면 그것은 상대에게도 최선의 해결책이 되어야 한다.' 그러나 힘든 일이긴 하지만 자신이 원하는 것이 진정 최선의 방식인지 또는 상대편의 입장을 고려하는 것이 모두에게 더 나은 결과를 낼 수 있는지 자문해 볼 필요가 있다.

상품을 구매하고자 할 때 우선 상품의 모델을 결정하는 경우가 있다. 결정된 특정 모델을 구매하고자 하는 것이 첫 번째 입장이 될 것이다. 입장이 결정된 상황에서 방문한 상점에 구입하고자 하는 모델이 없다면 그 모델을 구하는 데 많은 시간이 낭비될 것이고 반드시 그 모델을 구비하고 있는 다른 상점을 찾게 될 것이다. 또는 구매하고자 하는 물건이 그렇게 값어치가 없는 것이라면 입장에 충실함으로써 얻어지는 효용보다 사전 조사비용이 더 많이 소요될 것이다.

대부분의 협상에서 이익에 초점을 맞춘다면 결과에서 엄청난 차이를 보이게 될 것이다. 예를 들면, 냉장고를 구매하는 경우에 특정한 사이즈, 색깔 그리고 내부의 위치를 바꿀 수 있는지의 여부 등은 이익을 반영하는 항목들이다. 조사를 통해서 이러한 기준을 충족하는 어떤 모델을 발견할 수도 있지만, 이러한 기준보다 더 만족할 수 있는 냉장고를 협상을 통해서 얻을 수 있다. 즉, 냉장고를 왜 구매하는지에 대한 이익을 먼저 검토하고 그 이익을 충족할 수 있는 방식에 대해서도 개방된 마음을 가진다면 최선에 이를 수 있는 여러 가지 대안을 발견할 수 있을 것이다.

■ 일차적(근본적) 이익과 이차적(파생적) 이익

자동차 구입을 생각해 보자. 자동차를 구매하는 데는 수많은 이유가 있다. 현재 타고 다니는 차보다 좀 더 좋은 차로 바꾸고 싶어서, 동료 또는 이성 친구에게 잘 보이기 위해서, 새 직장으로 출퇴근하기 위해서 또는 자신이 성취한 어떤 일을 자축하기 위해서 새 차를 구입하기도 한다. 이러한 이유 중의 일부는 신뢰할 만할 운송수단이나 출퇴근의 목적과 같이 실제적인 문제를 해결하기 위한 것일 수도 있다. 또 다른 이유들은 잠재적인 욕구충족이나 다른 사람에게 좋은 인상을 심어 주고자 하는 명분을 위한 구매가 있다.

기대하는 가장 중요한 이익이 운송과 관련되어 있다면 새 차의 조건은 안전이나 연료 당 주행거리 또는 다른 현실적인 요인이 될 것이다. 그러나 만약 나의 잠재적 욕구가 자존감을 드러내 보이는 것이라면 아마도 차의 브랜드나 모델 또는 화려한 옵션이 부착된 자동차가 보다 중요한 선택 요인이다.

하나의 이익을 위해 협상이 진행되는 경우는 거의 없다. 일반적으로 일차적인(근본적인) 이익을 위해서 협상은 이루어진다. 때로는 근본적인 이익을 획득하기 위해서 파생된 이익을 충족하기 위한 거래가 이루어질 필요도 있다. 만약 내면적인 이유에서 새로운 차를 구입하고자 한다면 보다 멋진 차를 구입할 수 있도록 기존의 부채를 청산하거나 보다 충분한 자금을 모으는 일이 이차적 이익이 될 것이다. 반대로 보다 안전하고 신뢰할 만한 차량이 주요한 이익이더라도 내면적인 이유에서 새로운 차를 구입하는 것과 동일한 이차적인 이익을 구성할 수 있을 것이다. 내가 소비할 수 있는 돈이 많으면 많을수록 보다 안전하고 좋은 조건으로 차를 살 수 있는 가능성은 높아질 것이기 때문이다.

새 차를 구매하는 예에서 그것이 운송수단이든 내면적인 이유에서든 간에 근본적인 이유가 다르더라도 파생적인 이익이 같을 수 있다는 점은 흥미로운 사실이다. 자신의 재정적인 상황을 개선하는 작업은 운송을 위한 것이든 내면적인 이익을 위한 것이든 동일하게 차를 사는 것과 아무런 관계없는 협상을 하게 될지도 모른다. 그러나 자신의 재정적인 지위를 개선하는 방향으로 노력하지 않는다면 후에 일차적 이익을 추구하기 위하여 자동차 판매상과 협상을 벌일 수조차 없을지도 모른다.

이러한 간단한 상황에서도 우리는 다음 단계의 행동을 취하기 위해서 이익의 우선순위를 부여하는 것이 얼마나 중요한지를 알 수 있다. 근본적인 이익이 멋진 차를 통해서 동료에게 긍정적인 인상을 남기는 것이 자신의 이미지를 높이는 것을 일단 가정해 보자. 이러한 경우 적절한 차를 구매하는 것 자체는 근본적인 이익을 실현하는 데 도움을 주는 파생적인 이익에 불과하다. 또한 재정적인 상황을 개선하기 위해서 연봉인상이 필요할 수도 있다. 연봉을 인상하기 위해서 직장에 큰 기여를 하거나 특정한 과업에 대한 추가적인 보너스를 받을 수 있거나 직장에서 근속에 대한 인정을 받아 내야만 할 것이다. 우리는 자신의 일차적인 이익에 협상의 초점을 맞추기 전에 이차적인 욕구를 충족할 수 있도록 다양한 상대와 서로 다른 것을 우선 협상해야만 한다.

흔히 우리는 자신의 협상행동을 지배하는 확고하고도 근본적인 이익을 가지고 있지만 실제로는 당구게임을 하는 것과 같이 세 개의 볼을 당장 측면의 홈에 집어넣기 전에 볼의 다양한 움직임을 생각하듯이 협상전략을 세워야만 한다.

만약 자신의 이익 항목에 우선순위를 부여할 수 있다면 최종적인 이익을 성취할 수 있도록 보다 장기적인 전략을 수립해야 한다. 협상가는 이익을 실현하기 위해 어떤 단계를 어떤 순서로 거쳐야 할지 먼저 이해할 필요가 있다. 우선 자신이 가지고 있는 관심을 잘 파악하여 그것이 일차적인 것인지 아니면 일차적인 이익을 충족하기 위한 이차적인 이익인지를 먼저 분별해야만 한다.

■ 개인적인 이익 그 이상을 검토하라

협상할 때 협상가는 자신의 이익을 먼저 고려해 볼 필요가 있다. 자신의 이익에 먼저 초점을 맞춤으로써 우리는 경쟁적인 마음을 갖지 않도록 조심할 수 있다. 경쟁적인 마음가짐은 상대를 이기기 위해 보다 중요한 이익을 희생시키게 되는 결과를 낳는다. 만약 우리가 상대를 이기려고만 한다면 우리는 자신의 이익을 제대로 헤아리지 못하게 되고 자신의 이익에 해로운 결정까지도 하게 될 것이다.

그러나 자신의 이익을 헤아려 보는 것만이 협상의 유일한 요소는 아니다. 협상가는 회사나 가족, 또는 직장에서의 팀 동료와 같은 관련자들의 이익도 생각해 보아야 한다. 관련된 사람들의 이익은 일차적인 것인가 아니면 이차적인 것인가? 이러한 이익은 현재의 협상에서 우리의 접근방법을 어떻게 변화시키고 있는가?

만약 동료들을 곤경에 빠트릴 수 있는 약속을 한다면 예컨대 비현실적으로 빠른 인도 날짜를 약속하거나 한다면 곧 문제에 봉착하게 될 것이다. 이것은 항상 자신의 어깨너머를 바라보는 편집적인 협상가가 되라는 것을 의미하지는 않지만 적어도 현재의 협상결과에 다양한 집단의 사람들이 이해관계를 가지고 있다는 사실을 헤아리는 것만으로도 우리는 상황에 적절한 조치를 취할 수 있다. 그럼으로써 보다 넓은 시각을 가지거나 아니면 다른 협상관계자들의 이익에 부합되는 합의점에 도달할 가능성을 높일 수 있다.

협상관계자의 이익을 파악하는 것뿐만 아니라 협상의 상대방이 목적하는 이익에도 주의 깊게 주목할 필요가 있다. 자동차 구매의 예를 보자. 만약 우리가 장소의 이동보다 내면적인 이유에서 자동차를 구매하려는 누군가에게 자동차를 팔려고 한다면 어떠한 관점에서 거래를 바라보는 것이 상대가 결정을 내리는 데 도움이 될 것인지 알 수 있다. 정보는 일을 더 잘 해낼 수 있도록 도움을 주며 그 이상으로 보다 유리한 거래를 성사시킨다. 이러한 상황에서 세일즈맨은 멋진 차를 사려는 사람의 지위나 외모 또는 특징들에 초점을 맞추어야 할 것이다. 만약 장소의 이동이 차를 사는 이유라면 우리는 연료효율성이나 서비스, 또는 안전상의 특성에 초점을 맞추어 판매하면 성공의 가능성이 높아질 것이다.

유사한 이유에서 우리는 협상파트너의 관계자들이 원하는 이익에 대해서 되도록 많은 무엇을 알아내야 한다. 이러한 이익이 상대방의 결정에 영향을 미칠 것이고 따라서 상대방의 이익과 관련해서 이들의 전략과 전술을 더 많이 이해할수록 협상관계자들에게 원하는 것을 돌려줄 수 있는 합의안을 만들 수 있다.

■ 이익의 3Cs

공통의 이익에 근거한 협상이 공동의 이익을 보장해줄 합의안에 이를 것이라고 오해하는 경우가 있다. 공통의 이익이란 협상의 각 당사자가 동일한 결과와 이유를 가지고 있는 경우에 실현될 수 있는 이익이라고 볼 수 있다. 그러나 협상과정을 통해서 공통의 이익을 발견하는 것이 가능하기는 하지만 합의안에 이르기는 쉽지 않다. 그 이유는 협상의 해결안을 통한 충족과 이익은 보완적인 성격을 가지기 때문이다.

동일한 공통된 이익을 실현하기 위해 당사자는 합의의 성격(다른 선호도에 관한 것)과 이익 및 비용의 분할(이익이 대개 충돌하는 경우)에 합의해야 한다. 공동으로 댐을 건설하는 두 국가와 단일 회사로 합병하는 두 기업은 공통의 이익에 의한 협상이다.

보완적인 이익은 서로 연결될 경우에만 작용할 수 있다. 즉, 누구나 자신의 이익을 생각하고 각자의 이익을 위해서 행동할 때에 나타난다. 보완적인 이해관계는 상호 관세양허에 관한 물물교환, 판매 또는 합의를 통해 실현된다. 대부분의 국제 협상은 동일한 공통 관심사와 보완적인 이익의 결합을 포용하는 반면, 비즈니스 협상은 주로 보완적 이익과 관련이 있다.

당사자들은 분쟁과 공동이익을 명시적 또는 암묵적으로 관련시킬 수 있다. '협상'이라는 용어는 일반적으로 제안과 역제안을 포함한 명시적 프로세스를 말한다. '암묵적인 교섭'은 당사자들이 계약조건을 명시적으로 제시하지 않고도 힌트와 추측을 통해 의도적으로 공통의 이해관계와 상충하는 이해관계의 새로운 조합을 마련한 경우에 발생한다.

암묵적인 교섭은 양립할 수 없는 전쟁 목표, 국내의견 또는 외교관계의 부재로 인해 협상이 어려울 수 있는 군사대결에서 매우 중요하다. 암묵적인 교섭은 적대행위 영역을 제한하고, 무력사용을 억제하고, 적대 행위를 종식시키기 위한 협상의 근거를 마련하는 것을 돕는다. 이러한 암묵적 교섭의 기능은 제한된 전쟁, 군비통제, 군사억지력에 관한 분야에서 많이 나타난다. 대조적으로, 협상은 보다 복잡한 형태의 협업, 대부분의 교환 및 명시적 합의가 필수적인 모든 협약에 필요하다.

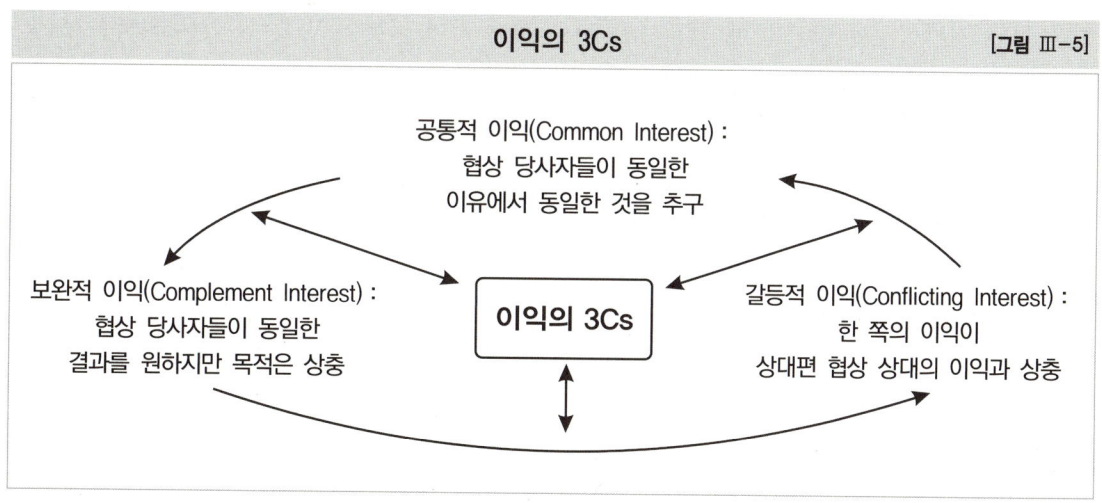

■ 타협이 적절한 경우는 언제인가

타협이라는 개념은 앞서 설명한 3Cs에 포함되지 않았음을 주목해야 한다. 타협은 중도적인 해결안을 만들어 내는 매커니즘으로 양자가 서로 같은 몫의 희생을 감수하는 경우를 말한다. 타협은 교섭의 재료가 한정되어 있을 경우 가장 효과적인 방법이다. 교섭의 재료란 협상당사자들이 서로 거래할 수 있는 일종의 자산을 말하는 것이다. 이를테면 돈 자체가 협상당사자 간에 분배되어야 할 대상이고 내가 어떤 상품에 대해서 상대방에게 200만 원을 요구하면 상대방은 이에 대해서 100만 원을 제시하고 다시 요구액과 제시액의 차이(100만 원)를 분할하여 150만 원에 상품의 가격을 결정하듯이 각자가 50만 원을 양보하게 되는 것이다. 때로는 상호 간의 이익이 서로 상충되는 경우를 발견하기도 한다. 양자가 서로 공통의 이익이 없고 합의에 쉽게 도달할 수 있는 보완적인 이익도 없어 보일 경우가 있다.

이익이 서로 상충되는 것처럼 보일 경우 협상당사자들은 자신들이 택할 수 있는 선택을 다시 제고해 보아야만 한다. 또한 특정한 상대와 협상을 계속하는 것이 이익이 되는지의 여부와 다른 해결안을 찾는 것이 보다 유리한지도 살펴보아야 한다. 현실적인 대안이 없는 경우도 적지 않을 것이다. 문제에 봉착하면 양자는 표면적으로 또는 보다 은밀하게 문제를 부각시킬 필요가 있다. 현재의 문제를 보다 작은 부분으로 나누어 해결하거나 질문과 경청의 기술을 활용한다면 갈등으로 인한 도전적 문제들을 줄여 나갈 수 있다.

■ **이익이 서로 상충될 경우**

만약 협상 상대와 이익이 상충되어 해결안을 찾을 수 없다면 처음부터 합의 가능성을 다시 생각해 보아야 한다. 동의할 수 있는 작은 항목부터 살펴보아야 한다. 그리고 시간이나 장소, 어떠한 주제가 토의의 대상이 될 수 있는지, 또한 협상이 진행되는 순서, 스포츠, 정치, 음식 등의 협상과 관련 없는 주제들이더라도 상대편과 함께 공유할 수 있는 이익이 있을 것이다. 예를 들면 저녁식사를 함께할 때 참석자가 서로 돌려 가며 나누어 먹을 수 있는 외국음식전문점을 미팅장소로 정하는 것도 좋은 방법이다.

상대방과 함께 서로 수긍할 수 없는 작은 차이라도 그것들을 찾아내서 해결하려는 진정한 노력을 기울이도록 한다. 문제를 규정하는 용어들을 재 정의하고 합의가 어려운 이슈에 대한 해결안을 찾아보고 서로가 인정한 부차적인 문제들에 대한 여러 가지 대안까지도 검토해 보아야 한다.

국제적 외교 장에서 이러한 방법들은 흔히 신뢰를 쌓기 위한 조치들이라고 한다. 갈등관계에 있는 양자는 협력을 통해서 합의안을 도출하기 이전에 서로 신뢰를 쌓을 필요가 있다. 협상 일시와 장소, 협상의제 또는 협상테이블 세팅 등의 사항에 대하여 사전적으로 상호동의를 구함으로써 서로 간의 신뢰가 개선될 수 있다.

그러나 문제의 전체적인 내용을 작은 단위로 나누고 신뢰 쌓기의 조치를 하더라도 해결안은 신속하게 도출되지 않을 수도 있다. 특히 협상 당사자의 갈등이 장기적인 상황에 처해 있었다면 합의에 이르기는 더욱 어렵다. 그렇다 하더라도 이러한 노력들은 갈등으로 인한 감정적 앙금을 줄이고 서로가 온건한 방식으로 의사를 표현할 수 있도록 도움을 줄 것이다. 상당한 노력이 없다면 문제는 좀처럼 해결되지 않을 것이다.

04 Pause Button 누르기

모든 협상가들은 협상과정에서 상대방을 침몰시키는 조치를 취하거나, 친밀하게 대하거나, 또는 경외심을 고무시킬 수 있는 확실한 기술을 소유하고 있다. 이런 근원적인 협상기술은 다른 협상가와 앉아 있을 때에는 바로 식별하기 힘들다. 토론이 진행되고 있는 어떠한 주제로부터 감정적인 거리를 유지할 수 있는 능력을 통하여 최악의 협상가인지 아니면 최고의 협상가인지를 구별할 수 있다. 협상에서 우리가 알고 있는 이런 감정적인 거리를 유지하는 가장 좋은 방법은 '일시정지 버튼 누르기'라고 부르는 기술을 통해서이다. 언제, 어떻게 일시정지 버튼을 눌러야 할지를 아는 것은 협상에 임할 때 평정심과 자신감을 가져다 줄 뿐만 아니라, 우리에게 협상의 모든 한계점을 통제할 수 있게 해 준다.

1) 협상 일시정지 버튼

협상에서 많은 스트레스를 받는 상황이라면 일시정지 버튼을 누르는 것이 감정적인 거리를 유지하는 방법이다. 집에서나 직장에서나 자신의 내부에서 솟구치는 감정을 조절하고 분통을 터뜨리는 대신에 평정심을 얻기 위해서는 조금의 여유를 가지고 기다리는 것이 가장 좋은 방법이다. 때로는 아무것도 하지 않는 것이 올바른 행동일 경우가 있다. 즉, 일시정지 버튼을 누른다는 것은 단지 무엇인가를 정리하는 동안, 잠깐, 한 시간, 또는 하룻밤 정도 협상을 중지한다는 것을 의미한다.

다시 말하자면, 모두가 일시정지 버튼을 가지고 있고, 그리고 다른 여러 가지 방법으로 그 버튼을 누른다. 일시정지 버튼을 누를 경우, 리모트 컨트롤을 가지고 TV 스크린의 비디오 프레임을 정지하는 것처럼 협상의 프레임을 정지시킬 수 있다. 그리고 지금까지 해온 것을 검토하고 남아 있는 협상의 과정을 다시 점검하기 위하여 또는 육체적 혹은 정신적으로 거리를 두고 떨어져서 상황을 살펴보는 것이다. 그리고 휴식을 취하거나 또는 순수하게 정신적인 것일 수도 있다. 상대방이 의식하지 않을 수도 있지만 협상을 계속하기 전에 스스로에게 문제를 검토할 수 있는 필요한 만큼의 시간을 갖는 것이 중요하다.

이렇게 일시 정지는 협상을 재편성하도록 하고, 숨을 고르고, 협상에서 어떤 것도 놓치지 않도록 확인하는 기회를 준다. 일시정지 버튼은 일상적 비즈니스뿐만 아니라 삶에 있어서도 우리가 원하는 결정을 잘 하도록 이끌어 준다. 아주 작은 감정에 의해 흔들릴 수 있거나 실패할 수 있는 것을 일시정지 버튼을 누르는 것으로 자신에게 협상의 모든 과정을 검토하도록 하고, 그리고 어떤 것도 간과하는 것이 없도록 확인할 수 있는 기회를 준다. 또한 협상에서 궁지에 몰리는 것을 피하게 한다. 일시정시 버튼을 누름으로써 지나치게 지배당하거나 망치는 것을 막고 자신의 감정을 통제하고 평정심을 유지할 수 있다.

2) 일시정지 버튼 활용법

(1) 일시정지 타이밍
- 양보 전에 일시정지
- 압박을 받는 상황에서 일시정지
- 화가 났을 때 일시정지
- 선호를 표현하기 전에 일시정지
- 무거운 주제를 다룰 때 일시정지

(2) 휴식 시간 요청
- 화장실에 간다고 양해를 구한다. 누가 그 부탁을 거절하겠는가?

- 짧은 휴식시간 동안 의자에 등을 기대고 "잠깐, 나는 이 문제를 고려해 보겠다."고 말한다. 극적인 감동을 위해 눈을 감거나 턱을 문지르려고 노력한다.
- 협상에 대해 곰곰이 생각해보기 위해 하룻밤의 시간을 줄 것을 부탁한다. 대부분의 사람들은 생각할 시간을 달라는 요구를 존중할 것이다.
- 비즈니스 협상에서 마지막 대답을 하기 전에 상담해야만 할 누군가가 있다는 것을 알려둔다. 일시정지 버튼을 누르는 편리한 방법이다.
- 기록을 하는 것은 협상과정에서 많은 도움이 된다. 펜을 꺼내야 하는 제일 좋은 시간 중의 하나는 일시정지가 필요한 때이다. 혼란스럽거나 화가 날 때 진술을 받아 적는 것도 일시정지 버튼을 누르는 훌륭한 방법이다.

05 까다로운 협상 다루기

협상가들이 일반적으로 투쟁적 협상 상황에서 갈등을 줄일 수 있는 전략에는 다음 다섯 단계가 있다.
- 1단계 - 긴장감을 줄이고 적대감을 단계적으로 완화시킨다.
- 2단계 - 의사소통을 강화한다. 특히, 서로 바라보는 방법에 의해서 이해력을 높인다.
- 3단계 - 논의하고 있는 쟁점의 수와 규모를 조정한다.
- 4단계 - 합의 근거를 찾을 수 있는 공통점을 확립한다.
- 5단계 - 서로 제시할 수 있는 바람직한 옵션과 대안을 강화한다.

위에 제시한 각 단계에 대해 구체적으로 설명하기 전에 미리 몇 가지 코멘트를 하면 도움이 될 것이다.

첫째, 분쟁 해결을 위한 기술이 몇 개나 되는지 정확하게 정해져 있지는 않다.

둘째, 분쟁을 조정하고 줄이고자 하는 과정에서 반드시 피해야 하는 극단적이고 소모적인 갈등 요소들은 다음의 특성을 지닌다.
- 분위기가 분노, 좌절, 적대감으로 가득 차 있다. 상대를 불신하고 적대시한다.
- 정보를 교환하고 서로의 입장을 지지해 주던 의사소통의 통로가 현재 봉쇄되어 있거나 제한되어 있다. 또는 의사소통을 하는 데 있어서 상대에 대한 비난을 하거나 동시에 상대가 비난할 수 있는 의사소통 경로로 이용된다.
- 원래 다루려고 했던 쟁점은 모호해지고 정확히 정의되지 않으면서 새로운 쟁점들이 추가된다. 쟁점에 대한 서로의 입장만 확인하고 갈등은 개인적인 문제로 변질된다. 한쪽이 양보를 하더라도 다른 쪽은 상대에 대한 강력한 혐오감 때문에 양보하지 않는다.

- 협상가들은 서로의 입장에 큰 차이가 있다고 인식한다. 갈등은 이런 입장의 차이를 확대하고 인식적 공통성과 합의영역을 최소화시킨다. 협상가들은 서로가 추구하는 바가 너무나 다르기 때문에 쉽사리 합의점을 찾을 수 없을 것으로 생각한다.
- 분위기가 악화되고 긴장 상태가 지속될수록 협상가들은 협상초기에 정해 놓은 입장을 더욱 고집한다. 합의를 위해 양보할 수 있는 방법을 찾기보다 자신의 초기 요구를 더 강하게 주장한다. 나아가 상대에게 자신의 요구 조건을 강요하기 위해 위협 또는 거짓말을 하거나 왜곡한다. 이에 상대는 역 위협과 보복으로 대응한다.
- 공동의 생각을 가진 사람을 만나게 될 경우 이들은 자신의 편에 있는 사람들이 최고라고 생각하고, 서로의 어떤 차이에도 이를 신경 쓰지 않는다. 이들은 팀원들에게 순응하도록 요구하며, 강력하고 독재적인 지도력을 받아들인다. 그룹 내에서 이의가 있을 경우에도 이를 상대에게 숨긴다. 그룹구성원들은 상대에 대해서는 항상 단합된 태도를 보인다.

이렇게 갈등 축소 및 갈등 해소를 위한 기술을 사용한다면 위의 문제들에 잘 대응할 수 있을 것이다. 위에서 제시한 순서에 따라 갈등관리를 단계별로 추진해 나갈 것을 제안한다.

물론 갈등해결이 항상 위의 순서대로 일어나지는 않는다. 각 단계는 얼마든지 다른 순서로 적용할 수 있다. 여기에 제시된 순서는 제3자가 분쟁을 해결할 때 많이 사용하는 방식이다. 갈등이 적절히 해소되지 않으면 어쩔 수 없이 제3자가 개입해야 하고 제3자는 아래에 제시된 기술을 효과적으로 사용하여 갈등을 해결할 수 있을 것이다.

1) 1단계 : 긴장완화 및 적대감의 단계적 완화

협상가는 감정적인 논쟁이 계속되면 좌절하고 화를 내며 당황한다. 이들은 자신의 관점에 대해 확고한 원칙을 가지고 있기 때문에 서로의 관점에만 집착하며 자신이 선호하는 대안만을 강력하게 주장한다. 반면 똑같이 행동을 하는 상대를 고집이 세고 우둔하며 유연하지 못하고 불합리하다고 생각한다. 양쪽의 논쟁이 길어질수록 이성보다 감정에 앞서게 된다. 다시 말해 논리와 이성적인 말보다 비난과 모욕적인 말을 하게 된다. 논쟁의 대상이 상대의 개인적 인격에 집중되면 협상은 개인 사이의 승패상황으로 변해 버린다. 결국 생산적인 협상에 대한 희망은 모두 사라져 버린다. 따라서 갈등관리를 위해 사용되는 여러 가지 방법들은 다음과 같이 변덕스러운 감정을 진정시키는 데 초점을 맞춘다.

■ 긴장 완화

협상을 하다 보면 긴장이 될 수밖에 없고 긴장은 협상의 자연스러운 부산물이다. 따라서 협상가는 협상 중에 긴장감이 심해지는 상황이 되면 이를 이완시킬 수 있는 방법을 알아야 한다. 긴장감을 잘 다루는 협상가는 상대를 웃기거나 긴장을 줄일 수 있는 재미있는 말이나 농담 등 위트 있게 상황을 전환시킨다. 상대와 똑같이 대응하지 않으면서 상대가 울분과 좌절을 느끼게 하는 것이 때때로 적절하다는 것 또한 알고 있다. 상대가 이런 카타르시스를 느끼도록 하는 것이 협상분위기를 정화하고 협상을 더욱 차분하게 한다는 것도 알고 있다.

■ 상대의 감정 인정하기(적극적인 듣기)

만약 자신의 의견에 대해 상대가 확실히 동의하지 않는다면 어떻게 할까? 상대가 동의를 표하지 않는 것만으로도 단순한 의견차이 이상의 것으로 생각하거나 거의 인신공격 수준으로 받아들이게 될 수도 있다.

이것이 의도적인지 여부는 중요하지 않다. 이런 상호 간의 오해는 갈등을 고조시킬 뿐이다. 따라서 협상가는 서로가 상대에게 전달하고자 하는 의미의 실체를 알기 위해 노력해야 하고 이것을 받아들이는 방식도 신중하게 고려해야 한다.

상대의 말을 있는 그대로 경청하는 것과 상대의 의견에 동의하는 것은 별개의 문제다. 문제의 내용과 중요성을 정확히 듣고 충분히 이해했다고 해서 그 문제에 꼭 동의해야 할 필요는 없다. 이러한 협상기술을 '적극적인 듣기'라고 부르며, 종종 면접을 할 때나 치료할 때 사용된다. 이 방법은 상대가 더 자유롭게 말할 수 있도록 해준다.

■ 상대와 분리하기

갈등을 조금씩 축소시키는 가장 일반적인 방법은 서로 대면하지 않는 것이다. 휴식을 취하거나 회의를 중단시키거나 혹은 회의를 연기하고 편안한 상태가 된 이후에 다시 협상을 진행하는 것이 좋다. 양쪽 실무자간의 만남을 추진하는 것 역시 감정을 누그러뜨리고 대화를 차분히 진행하기 위해 새로운 노력을 기울여야 한다. 회의에 임할 때는 평정심을 되찾으려고 노력하며, 분노를 일으켰던 쟁점을 다룰 때는 항상 새로운 방법을 시도해야 한다.

■ 갈등 축소의 동기화

오즈굿(Osgood)은 「냉전과 군비축소」에 대한 책을 썼다. 그는 갈등을 축소하기 위한 일방적인 전략을 '긴장 축소의 점진적이고 호혜적인 주도권'으로 부르자고 제안했다. 갈등을 줄이고자 하는 쪽에서 대화를 주도하자는 것이다. 갈등을 축소하려는 바램과 상호신뢰감이 있음을 보여주기 위해 각자가 최선의 양보를 하는 것이다. 이 양보는 관계를 변화시키고자 하는 바램을 명확하게 보여줄 수 있어야 하지만, 입장이 약화되거나 치명적이 될 정도로 많이 양보해서는 안 된다.

이런 과정을 거친 후, 단계적인 갈등축소 방안을 주도한 쪽이 양보를 해야 한다. 상대가 반응하지 않더라도 크게 달라질 것은 없다. 이를 주도하는 협상가는 정해진 단계에 따라 행동을 취하며 단순하고 위험률이 낮은 양보 순으로 반복한다.

만일 상대가 반응한다면 이를 주도하는 협상가는 이전보다는 더 위험한 두 번째 행동을 제안하고 일련의 과정을 되풀이 한다. 동시에 단계적으로 축소가 진행됨에 따라 양쪽에 협상가들은 생산적인 협상관계로 되돌아갈 수 있는 좀 더 크고 위험한 양보를 서로에게 제안할 수 있다.

2) 2단계 : 의사소통 강화

갈등을 축소하기 위한 두 번째 단계는 양쪽의 협상가가 서로의 입장을 정확하게 이해하는 것이다. 앞서 살펴보았듯이 갈등이 고조된 상황에서 의사소통을 원활히 하려면 감정을 다스리는 동시에 상대에 대한 비난을 삼가 한다. 그렇지 않으면 점차 서로의 말을 귀 기울여 듣지 않게 될 것이다.

상대가 말하려고 하는 것을 우리가 미리 알고 있다고 가정해 보자. 그러면 그 말을 더 이상 주의 깊게 들으려고 하지 않을 것이다. 갈등이 심할 때 상대의 말을 경청하지 않으면 협상가들은 서로가 갖고 있는 많은 공통점을 깨닫지 못한다. 어떤 협상전문가는 이를 '관련성에 대한 장애'라고 정의한다. 왜냐 하면 이것이 신뢰의 발전과 쟁점의 해결과정을 억제하기 때문이다.

■ 역할 바꾸기

협상을 제3자의 입장에서 보면 갈등에 처해 있는 협상가의 논리, 합리성, 잠재적인 공통성을 쉽게 알 수 있다. 그러나 일단 갈등에 연루되면 사정이 달라진다. 그러므로 역할 바꾸기는 상대의 입장에서 생각하도록 도와주고 상대의 관점에서 쟁점을 볼 수 있도록 해준다. 실제로 경영자는 직원의 입장에서, 판매자는 고객의 입장에서, 구매자는 공급자의 입장을 취할 수 있다.

예컨대 자신의 상상력을 동원해서 시나리오를 작성한 후, 친구나 동료에게 상대의 역할을 연기해 달라고 부탁할 수 있다. 효과적인 협상을 위해서는 혼자서 협상전략을 준비하는 것보다 역할을 바꾸어 연기해 보면 많은 도움이 된다.

역할 바꾸기를 한다고 해서 상대의 생각과 느낌을 정확하게 파악할 수는 없지만 유용한 통찰력을 제공함에는 틀림이 없다.

■ 상상해 보기

역할 바꾸기처럼 '상상하기'도 상대의 관점에 대한 통찰력을 얻을 수 있는 방법이다. 갈등관계에 있는 협상가는 다음의 과정을 통해 상상하기를 실천할 수 있다.
- 자신이 상대를 어떻게 보는가에 대해 설명한다.
- 상대가 자신을 어떻게 보는가에 대해 설명한다.
- 자신이 생각하기에 상대가 자신을 어떻게 보는지에 대해서 말한다.
- 자신이 생각하기에 스스로를 어떻게 보는지에 대해 말한다.

협상가들은 순서대로 이러한 정보를 교환해야 한다. 그러면 이제 교환된 정보를 통해 서로의 차이점을 발견할 수 있다. 상상하기를 통해 협상가들은 자신이 말하거나 들은 것을 구체화함으로서 생생한 토론이 형성될 수 있다. 협상가들은 서로의 극명한 차이와 갈등이 무의미함을 알게 될 것이다. 그 결과 상상속의 미팅은 두 협상가의 인식을 크게 바꾸어 협상이 성공적으로 마무리 될 것이다. 협상가들이 역할 바꾸기 혹은 상상하기를 끝마치고 나면 다음과 같은 성과를 얻을 수 있다.

첫째, 잘못된 생각과 오해를 바로잡을 수 있다.

둘째, 서로의 한계뿐만 아니라 이해관계, 목적, 우선순위를 명확하게 함으로써 문제해결 과정을 용이하게 만들 수 있다.

셋째, 서로의 정확한 요구사항을 이해하게 됨은 물론이고 이 과정을 통해 협상을 위한 긍정적인 분위기가 형성될 수 있다.

협상가들은 이런 과정이 요구사항을 자유롭게 이해하는 데 도움을 주어 방어적 태도를 줄이고 상대의 의견에 귀를 기울이게 된다. 대부분의 사람들은 자신이 필요로 하는 것에 대해서만 명확하게 생각하고 협상에 임한다. 그러나 상대의 말을 경청함으로써 상대가 필요로 하는 것에 대해 더 많은 것을 알 수 있다. 요컨대 공동의 쟁점 해결을 통해 달성할 수 없는 목표를 성취 가능한 것으로 변화시킨다.

3) 3단계 : 쟁점의 수와 규모 조정

갈등해결을 저해하는 세 번째 어려움은 갈등이 격화될 때 쟁점의 범위와 쟁점의 수가 확대된다는 것이다. 갈등은 마치 눈덩이처럼 불어난다. 다른 쟁점들 중에서 자질구레한 것들이 하나하나 쌓여서 크고 다룰 수 없을 정도로 큰 쟁점으로 변모하게 된다.

사실 작은 쟁점들은 단 한 번에 만족스럽게 다룰 수 있다. 그러나 커져 버린 볼품없는 갈등은 다루기가 쉽지 않다. 협상가들은 논쟁이 격화될 때 쟁점이 확산되는 것을 막고, 갈등을 다룰 수 있을 정도로 축소시킬 수 있는 능력이 있어야 한다.

피셔는 다음과 같이 큰 갈등을 좀 더 작은 부분으로 나누는 방식, 즉 갈등의 세분화를 통해 쟁점을 좀 더 효과적으로 관리하는 전략을 사용하라고 한다.

- **협상 참여자의 수를 줄여라**

갈등이 단계적으로 확대되면 양쪽 협상가는 세력을 강화시키기 위해 동맹을 맺거나 협력자를 논쟁 안으로 끌어들이려 한다. 협상참여자의 수를 증가시키거나 협상 장소에 더 큰 세력을 끌어들인다. 이렇게 되면 법률가, 전문가, 그 방면의 권위자 등이 추가로 투입되어 여러 사람이 제공할 수 있는 정보나 지렛대를 갖고 협상에 개입하게 된다.

협상 참여자의 숫자만으로도 협상을 더욱 복잡하게 만들 수 있다. 참여자가 많아질수록 쟁점에 대한 관점이 늘어나고 각자의 말을 듣는 시간도 더 많이 필요하게 된다. 동시에 불일치도 많이 발생할 가능성이 커진다. 따라서 규칙을 만들어서 협상 장소에 추가로 참여할 인원을 제한해야 한다.

사실 단계적으로 확대되는 갈등을 통제하는 방법 중에 하나는 논쟁을 원래의 범위로 되돌리는 것이다. 이것은 여러 쟁점에 대해 핵심적인 논쟁들만 협상 테이블에 남게 해야 함을 의미한다. 협상 참여자의 수를 줄이거나, 갈등을 두 사람에게만 제한함으로써 우호적인 결과가 나올 가능성을 높일 수 있다.

■ **관련된 실질적인 쟁점의 수를 통제하라**

갈등을 세분화하는 두 번째 방법은 쟁점의 수를 다룰 수 있을 정도로 유지하는 것이다. 갈등이 단계적으로 확대되면 쟁점의 범위와 수는 당연히 확장된다. 어떤 갈등들은 쟁점이 너무나 많아서 건설적으로 다룰 수 없다. 동시에 협상에서 다룰 쟁점을 너무 작게 한정하는 것도 문제를 일으킨다. 하나의 쟁점만 다루는 것도 쉽지 않다. 쟁점이 승자와 패자처럼 극단에 빠질 수 있기 때문에 이럴 경우 양쪽 협상가는 쟁점의 수를 확대하는 것이 바람직하다. 협상가 스스로 무엇인가를 쉽게 얻은 것으로 생각하여 윈-윈의 해결을 이룰 수 있기 때문이다.

해결책이 양쪽 모두에게 적어도 한 가지 쟁점에 대해서는 원하는 결과를 얻을 수 있도록 쟁점을 정리함으로써 협상의 쟁점을 단순화할 수 있다.

■ **일반 원칙보다 구체적인 용어로 쟁점을 말하라**

어떤 사건이나 쟁점을 원칙의 문제로 다루면 갈등적인 쟁점을 통제하기 어렵다. 고립되어 있는 작은 갈등을 일반적인 정책이나 원칙을 적용하게 되면 이 작은 갈등은 아주 빠른 속도로 처리하기 어려운 분쟁으로 변해 버린다.

협상가들은 정책의 방향이 조금이라도 변경되면 이것이 정책에 위험이 된다고 생각한다. 어떤 하나의 쟁점에 대해 양보해주는 것보다 명백한 정책을 변화시키는 것이 훨씬 어렵기 때문이다. 이렇게 된다면 협상은 바로 위기를 맞는다.

가령 어떤 회사의 직원이 근무시간에 아이를 병원에 데리고 가는 이유로 회사에 외출을 허가해 달라고 요청했다고 가정해 보자. 회사는 이와 같은 이유로 직원에게 시간을 내주는 경우가 없었기 때문에 그의 상사가 아픈 아이를 그냥 놔두거나 아니면 휴가를 이용하라고 했다고 가정해 보자. 상관은 "그것은 원칙의 문제"라고 말할 것이다. 원칙과 정책의 논법에 호소하는 것은 현재의 상태가 조금이라도 변하는 것에 대해 거부하는 것으로, 높은 지위에 있는 사람들이 흔히 사용하는 전략적 방어수단이다.

그러나 어떤 문제에 대한 토론이 정책이나 원칙의 수준에서 오랫동안 진행되면 진행될수록 문제가 성공적으로 해결될 가능성은 점점 줄어든다.

물론 어떤 사건이 새로운 원칙이나 정책을 표방하는 경우가 있다. 이 경우 협상은 그러한 정책이나 원칙을 구체적으로 다룰 수 있어야 한다. 많은 사람들은 원칙에 근거한 협상이 어렵고 오래 걸린다는 것을 알고 있기 때문에 원칙을 다루는 것을 꺼려한다. 그러나 협상에서 좀 더 명백한 원칙을 다룰 필요가 있는데도 구체적인 쟁점에 대해서만 협상하려고 한다면 좌절하고 공허함만 남게 된다. 만일 이런 일이 발생한다면 관련된 쟁점을 솔직하게 제기하는 것이 나을 것이다. 이때 사용할 수 있는 전략은 두 가지가 있다.

첫째, 그 쟁점을 원칙이나 정책에 따라 다룰 필요가 있는지 검토하는 것이다. 양자 간의 연결고리가 존재하지 않는데도 정책이나 원칙 차원에서 문제에 접근하려는 협상가가 생길 수 있다. 이때는 당면한 쟁점이 원칙이나 정책과는 별도로 다루어지고 논의되어야 함을 주지시켜야 한다. 하지만 필요에 따라 특별한 경우에만 당면과제에 위와 같은 방식으로 접근할 수도 있다. 물론 이때 확립한 정책이나 원칙들을 선례로 삼아 향후에 유용하게 활용할 수 있을 거라는 기대는 접어야 한다.

둘째, 모든 정책에는 예외가 있음을 지적해 둔다. 특별한 상황에서 조금이라도 방향을 변경하는 것은 합의가 된다 하더라도 원칙과 정책이 유지될 수 있다고 다시 환기시키는 것이 중요하다. 그렇다면 협상가는 이런 독특한 사례를 특별한 상황에서 나타날 수 있는 것 중 하나라는 데 동의할 것이다.

■ 절차적 선례와 본질적 선례에 구속받지 마라

협상가들이 하나의 쟁점에 대한 양보를 절차적이고 본질적인 선례에 어긋나는 것으로 여기게 되면 다른 유형의 쟁점 확대가 발생한다. 본질적 선례가 문제되는 상황은 한쪽이 양보할 때 차후의 일을 지나치게 우려하기 때문에 발생한다. 쟁점의 본질에 관하여 한번 양보를 하게 되면 앞으로 있을 비슷하거나 유사한 쟁점에 대해서 계속 양보만 해야 할지도 모른다는 생각을 하게 된다.

이를 앞의 근무상황 이야기에 적용해 보자. 여기서 지배인이 우려하게 되는 것은 그에 관한 일관된 정책이 없는 상황에서 특별한 결근을 허용할 경우, 이것이 선례가 되어 차후의 유사한 요구를 그냥 허용해야 하는 상황이 될지도 모른다는 점이다. 이런 도미노현상이 벌어질 것이라는 예측은 가능하다.

선례를 지지하는 다수의 협상가는 이렇게 하나의 요구에 대해 양보하게 되면 앞으로 직면하게 될 모든 종류의 쟁점에 대해 양보해야 한다고 생각한다. 반면 협상가들이 기존의 절차와는 다른 방식을 채택하기로 합의한 경우에는 절차적 선례의 문제가 대두된다.

동일한 예에서 지배인은 피고용자가 실제로 아이를 데리고 병원에 갔었다는 증거가 없으므로 유상결근을 인정하지 않을 수도 있는데, 이때 이들은 의사가 방문했다는 사실을 피고용자가 직접 증거 제시를 하는 것으로써 합의를 볼 수 있다.

선례에 관한 쟁점은 보통 원칙에 관한 것만큼이나 통제를 어렵게 만드는 요소이다. 말하자면, 갈등을 단계적으로 축소하고 해결하고자 하는 협상가는 단일한 쟁점을 선례와 관련된 여타의 쟁점으로 바꾸지 않도록 해야 한다. 중요 쟁점에 대한 대화에 주목하고 이번 쟁점에서의 양보가 필연적으로 절차 혹은 본질적 내용에서 선례가 되지 않는다는 것을 지속적으로 강조해야 한다.

■ 큰 쟁점을 세분화하는 방법을 찾아라

피셔는 이처럼 큰 쟁점을 더 작은 조각으로 잘게 썰어 내는 방법을 '살라미(salami) 전술'이라고 부른다. 사실 수량화할 수 없는 쟁점을 잘라 내는 것은 쉬운 일이 아니다. 그러나 보상을 요구하는 쟁점은 시간당 금액의 증가분으로 세분화할 수 있고, 임대료 쟁점은 평방미터당 금액으로 환산할 수 있다. 원칙이나 선례의 쟁점을 세분하고자 할 때 지속 시간(원칙이 영향을 미치는 때 혹은 그것이 지속하는 기간)을 이용하거나 원칙이 적용되는 방법의 수를 조절할 수 있다.

회사는 직원들이 자신의 가족 중에 응급환자가 있는 경우 한 달에 한 번 그리고 3시간 이하는 월차를 쓸 수 있는 가족 응급휴가 제도를 고안할 수 있다.

■ 쟁점을 객관화하라

쟁점과 그 지지자를 분리해서 생각한다. 입장에 근거한 협상은 쟁점에 대한 갈등을 낳고 협상가들 간의 긴장감을 높이는 경향이 있다. 한쪽은 자신을 쟁점에 대한 입장과 동일시하며 다른 쪽도 마찬가지다.

효과적인 협상은 협상가들 사이에 생산적인 관계를 마련하고자 하는 것뿐만이 아니라(쟁점에 대한 갈등은 제쳐 두고), 갈등국면에 놓인 협상가들과는 별도로 공정하고 편향되지 않은 방식으로 쟁점을 해결하려는 것이다. 따라서 협상가와 쟁점을 분리하는 것이 필요하다. 효과적인 호혜적 협상은 협상쟁점에 대해서는 강력하게 대하지만 정작 협상가들에 대해서는 부드럽게 대한다.

4) 4단계 : 합의 근거를 위한 공통점 확립

앞에서 살펴본 것처럼 심각한 갈등 상황에서 협상가는 서로의 차이점을 부각시키는 반면, 공통점에 대해서는 잘 보려고 하지 않는 경향이 있다. 이들은 서로에게 공통점보다는 차이점이 훨씬 더 많다고 생각한다. 협상가는 갈등을 단계적으로 축소할 수 있는 네 번째 주요 행위는 공통의 기반을 마련하거나 혹은 공통적인 목표에 주목하는 것이다.

여기서는 여러 가지 방법이 가능하다. 공통적인(상위의) 목표를 마련하는 것, 공통적인 적에 대항하는 전선 구축, 공통적인 절차를 따르는 것, 협상 쟁점에 접근하는 공통적인 틀을 설계하는 것 등이다.

■ 상위의 목적

상위의 목적이란 궁극적인 목적을 말한다. 양쪽의 협상가 모두 이것을 원하며 이를 위해 서로 협력해야 한다. 한 기업에서 사람들은 서로 다른 일(영업, 생산)을 하지만 동시에 협력(제품을 고객에게 전달해주는 일)하여 회사를 운영해야 한다. 가령 지역 도시위원회의 경우라면 예산운용방안에 대한 의견은 매우 분분할 수 있다. 그러나 위원들은 모두 목적을 달성하는 데 충분할 정도의 기금을 조성할 수 있는 결합보조금 제안서를 제출하는 것에는 동의할 수 있다.

또 다른 예로 두 기업가가 신제품 디자인에 대해 열띤 논쟁을 벌인다고 하자. 이들이 해당 프로젝트에 자금을 대는 투자자에게 논의 결과를 정해진 시간 안에 제출해야 한다는 공통의 목표를 인식한다면 이들은 해결책을 찾을 수 있는 가능성은 높아진다.

■ 공동의 적

공동의 적은 상위 목적의 반대 개념이다. 협상가는 제3자의 개입을 회피하기 위해 자신의 차이를 해결하려고 하거나, 공동의 적을 물리치기 위해 모든 수단을 동원하려 한다.

예컨대 정치지도자들은 자신의 지지층을 결집시키기 위해 외부의 적(다른 정치정당)을 만들어 낸다. 사내에서 갈등에 처한 임원들은 서로의 갈등을 스스로 해결하지 못한다면 다른 누군가(사장)가 결정해 버릴 것임을 알고 있다. 노사는 제약적인 중재, 시장점유율의 하락, 외부와의 경쟁 혹은 정부개입의 위협 등을 받을 때 좀 더 협력적이게 된다.

■ 규칙과 절차에 대한 동의

협상가들이 공통의 기반을 마련할 수 있는 세 번째 방법은 협상규칙에 대해 동의하는 것이다. 갈등이 점차 확대되어 서로가 용인할 수 있는 한계를 넘어설 수 있다. 이때 협상가들은 점점 더 흥분할수록 상대를 꺾을 수 있는 다른 더 많은 방법을 동원하려 한다.

갈등의 효과적인 완화와 통제를 위해 협상가들은 논쟁 관리방법에 대한 기본적인 규칙을 따르도록 노력해야 한다. 기본적인 규칙을 확인한다는 것은 다음과 같다.

- 회의 장소를 결정한다(위치를 다시 설정하거나 중립적인 장소 찾기).
- 논의할 것 혹은 논의하지 않을 것을 구별한다.
- 회의에 참석할 사람을 결정한다(협상가나 협상대표를 바꾸는 것은 협상에 대한 방법을 바꾸기 위한 의도를 보여주는 신호이다).
- 개별회의와 전체협상의 기한을 정한다(시간을 정해 놓는 것이 때로는 협상의 진행을 돕는다. 그러므로 협상기한을 정하는 것은 정하지 않은 경우보다 협상을 더 쉽게 진전시킬 수 있다).
- 누가 말할 것인지, 얼마나 오래 말할 것인지, 쟁점에 어떻게 접근할 것인지, 어떤 사실들을 제한할 것인지, 회의기록은 어떻게 할 것인지, 합의사항은 어떻게 발표할 것인지, 회의 진행을 위한 어떤 서비스가 필요한 것인지 등과 같은 절차적 규칙을 정한다.

5) 5단계 : 바람직한 옵션과 대안 강화

합의 가능성을 제고하기 위해 협상가가 사용할 수 있는 마지막 방법은 바람과 선호를 상대의 마음에 들 수 있도록 하는 것이다.

갈등이 단계적으로 확대될 때, 협상가는 쟁점에 대해 경직된 입장을 고수하게 된다고 설명했다. 만일 상대가 자신의 입장이나 정책을 기꺼이 받아들이지 않는다면, 더 많은 요구를 할 것이고 상대가 요구에 응하지 않은 데 대해 좀 더 강력하게 위협할 것이다. 이런 행위들은 갈등을 더욱 심화시킨다.

피셔에 따르면 대부분의 설득 상황은 요구와 제안 그리고 위협으로 특징지을 수 있다고 하였다. 그는 이런 설득 과정을 누가, 무엇을, 언제, 왜 하는지를 설명한다. 피셔는 협상 상황에서 대부분의 협상가는 자신들의 요구사항을 강조하며 상대를 위협하려는 경향이 있다고 지적한다.

그러나 협상가는 다음의 질문에 관심을 기울여야 한다. "서로의 이해관계가 다른 상태에서 어떻게 양쪽에게 이익이 되는 선택을 하도록 할 것인가?" 그러려면 자신보다는 상대의 이익에 주목해야 한다.

역할 바꾸기와 같이 이는 협상가에게 자신의 입장에 대해서는 덜 주목하는 반면 상대의 요구사항에 대해서는 정확하게 이해하고 더욱 주목할 것을 요구한다. 또한 일단 그 요구사항을 이해한 뒤에 상대를 위협하기보다는 오히려 유리한 제안을 해야 한다. 피셔는 이와 관련하여 여러 가지 전략들을 제시하고 있다.

■ 상대가 "예스"할 수 있는 제안을 하라

자신의 입장만을 내세우고 상대가 제시하는 대안에 대해서는 평가만 하기 보다는 상대의 요구와 이를 충족시키는 대안을 만드는 노력을 기울여야 한다.

피셔는 이것을 '동의할 수 있는' 제안으로 규정하는데, 이는 "예, 그건 받아들일 수 있습니다!"라는 답이 나오게끔 하는 것이다.

■ 요구 사항을 구체화 하라

자신의 정책을 포괄하도록 뭉뚱그려서 요구하기보다는 요구사항을 구체화해야 한다. 협상가들은 자신의 요구사항 중에서 어떤 구체적인 요소들이 상대의 마음에 들고 안 들 것인지를 결정해야 한다. 그 결정을 통해 요구사항을 세부적으로 다듬어야 한다.

피셔는 이때 "다른 대답을 요구하라!"고 주장한다. 다시 만들고, 다시 결합시키고, 다시 조직하고, 다시 말하되, 세분하고, 쪼개고, 분리하고 더욱 구체적으로 하라는 것이다.

■ 위협만 할 것이 아니라 달콤한 제안도 하라

훌륭한 협상가는 대안을 제시하면서 상대가 취할 수 있는 이득을 극대화함으로써 상대가 이를 기꺼이 받아들이도록 할 수 있다. 재차 강조하지만 이것은 부정적인 측면보다는 긍정적 측면을 강조하는 것이다. '당근과 채찍'의 측면에서 보면 이런 접근은 채찍을 보다는 당근에 초점을 맞추는 것이다.

다음과 같은 여러 가지 방법을 동원하여 더 매력적으로 협상에 따르는 약속과 제안을 할 수 있다.
- 이익을 극대화하고 부정적인 특성을 최소화하기
- 상대의 요구 사항이 제안을 통해 거의 완벽하게 충족됨을 드러내기
- 제안을 수락하는 경우 상대가 감수해야 할 불이익을 줄이기
- 제안에 동의할 수 있는 시한을 두기

■ **적법성과 객관적 기준으로 해결책을 평가하라**

끝으로 협상가들은 공정성과 적법성을 보장할 수 있는 객관적 기준에 의해 대안들을 평가해야 한다.

협상가는 제시된 요구조건이 확실한 사실 혹은 계산이나 정보에 기반하고 있으며, 이의 해결책이 객관적인 것임을 입증할 수 있어야 한다. 당연히 그러한 사실과 정보는 숨겨지고 왜곡될 것이 아니라, 공개되어 모두와 공유되도록 해야 한다. "이렇게 해서 우리는 이런 제안을 하게 되었습니다.", "이런 것들이 우리가 대안을 제시하는 데 근거로 삼은 사실들이고, 우리가 산출한 결과입니다.", "이런 자료에 의해서 이것들이 증명되었으니 확인하셔도 좋습니다." 등이다.

이들 자료가 공개적으로 검증되고 공정성과 적법성을 구비했다는 것이 입증된다면 누가 대안을 제시하든지 협상가와 그 대안은 지지를 받을 것이고, 각각이 독립적이라는 것이 확실해진다. 그러므로 양쪽의 분쟁을 해결하는 것 또한 수월해진다.

하지만 여러 번 설명했듯이 협상을 통해 합의에 도달하는 것은 그리 쉬운 일이 아니다. 경쟁적 관계의 당사자들, 아니 협력하기를 원하는 당사자들이라도 실제 협상 과정에서 성공적인 협상을 이루려면 많은 문제를 넘어서야 한다.

제6장
협상전술과 피드백

01 협상의 7가지 전술

1) 차이를 인정하라

협상가는 다른 문화권의 파트너와도 협상을 한다. 해외에서 모임을 갖거나, 다른 국가에서 온 사업파트너를 접대하거나, 국적은 같지만 다른 국가에 사는 사람과 협상할 때도 있다. 문화의 차이는 시간 및 전술까지 협상의 모든 측면에 영향을 미친다. 따라서 문화적 차이를 고려하지 않으면 협상에 실패할 수밖에 없다.

문화적 차이로 인한 오해를 방지하고 목표를 달성하려면 상대방의 문화를 이해하고 감각적으로 대응해야 한다. 그러기 위해서는 철저한 사전준비가 필수다. 협상 전에 문화적 차이를 파악할 수 있는 방법은 많다. 몇 가지 예를 들어보면 도서관, 신문, 잡지, 인터넷 등을 이용하거나, 관련 문화권에 대해 경험이 있는 동료 및 친구에게서 정보를 얻는 방법이 있다. 물론 관련 문화권을 전문으로 다루는 컨설팅 회사를 이용하는 것도 한 방법이다.

협상을 준비할 때는 다음과 같은 질문에 대한 답을 미리 생각해 보는 것도 좋은 방법이라고 할 수 있겠다.

- 인사법과 선물, 시간 약속 등 상대 문화권의 사회관습 및 행동규범은 어떤가?
- 상대 협상가를 불쾌하게 만들 수 있는 비언어적 표현이 있는가?
- 협상에 돌입하기 전에 어느 정도의 관계형성 시간을 가져야 하는가? 각 국가마다 친밀도에 의해 협상이 진행되는 경우도 있기 때문이다.
- 협상에 대한 태도는 어떻게 다른가? 각각 다른 국가 출신의 협상가에게 어떠한 태도로 협상에 임하는 것이 좋은지 고려하면 협상을 좀 더 쉽게 이끌어 갈 수 있다.
- 상대방의 종교가 협상에 어떤 영향을 미칠 것인가? 대부분의 이슬람 국가에서는 금요일에는 일을 하지 않는다.

협상 도중에 뜻하지 않게 협상 상대방에게 불쾌감을 주었거나 오해가 발생했을 경우 재빨리 상황을 바로 잡아야 한다. 서로간의 차이를 인정하고 먼저 용기 있게 사과하고, 상대방의 문화를 잘 알지 못하지만 배우고 싶다고 말해야 한다. 실수를 먼저 인정하고 상대방의 문화를 배우고 싶다는데 불쾌감을 드러내는 협상가들은 없기 때문이다.

2) 특별한 기록을 가져라

어디에서 어떤 협상을 하든지 더 철저히 준비하는 쪽이 승리할 가능성이 높다. 상대방 협상가가 나중에 새로운 대안 혹은 이전에 언급한 것과 상반된 정보를 제시할 때 협상 중에 제시되었던 제안을 기록하였다면 이에 대해 철저히 방어할 수 있을 것이다. 여기에 구체적인 협상 논의 날짜와 내용을 함께 제시할 수 있다면 보다 더 나은 설득력 있는 주장을 펼 수 있을 것이다.

3) 자신만의 서류 형식을 개발하여 그럴듯한 분위기를 연출하라

서류에 어떤 내용을 포함시키고 제외시킬지를 결정하는 쪽은 바로 서류를 준비하는 쪽이다. 서명 받을 서류를 구비하여 협상한다면 그럴듯한 분위기를 연출할 수 있다. "GM과 이와 유사한 거래를 했을 때도 이 서류를 사용했습니다. 그들이 승인하고 서명한 서류라면 믿을 만할 것입니다"라는 말을 꺼낼 수 있다.

계약서, 지원서, 합의서, 혹은 기타의 모든 문서의 존재는 그럴듯한 분위기를 연출하여 보다 더 효과적인 분위기를 연출할 수 있다. 이런 존재만으로도 사람들은 문서에 쓰인 기록을 보고 믿는 경향이 있다.

4) 회사 방침을 협상 도구로 사용하라

협상에서 자신의 회사를 대표하는 경우 "이것이 우리 회사 방침입니다"라고 주장을 함으로써 많은 협상 논쟁을 잠재울 수 있다. 아무튼 회사방침은 어떤 방침과도 바꿀 수 없는 사실이 아닌가. 상대 협상가는 회사방침 같은 변경 불가능한 방침을 바꾸려는 시도가 부질없다는 것을 깨달을 가능성이 크다. 그것이 정말로 회사의 방침인지 혹은 그 방침을 정말로 변경할 수 없는지에 대해 상대방이 조사하는 경우는 거의 드물기 때문이다.

5) 예상된 리스크를 기꺼이 감수하라

협상은 이익을 얻기 위해서 하는 것이다. 협상에 따르는 리스크와 보상을 미리 예측하지 않고 무작정 달려드는 모험을 감행하는 것은 무모한 일이다. 결과를 기꺼이 받아들이고 이를 감당해낼 수 있다면 예상된 리스크는 감수할 만하다. 예를 들어, 누군가 협상의 최종 단계를 연장하려 한다고 하자. 이때 협상이 결렬되면 상대방이 더 많은 손실을 입을지 더 적은 손실을 입을지 미리 계산해볼 수 있다. 따라서 "이것이 최선의 제안입니다. 받아들이든지 말든지 마음대로 하십시오."라고 말하는 것은 리스크를 감수할 만한 가치가 있는 것이다.

협상에 성공하는 협상가는 예상된 리스크를 기꺼이 감수한다. 만약 "제가 이 동전을 던져서 또 다시 앞면이 나온다면 10월짜리 동전 100개를 드리겠습니다."라고 제안했다고 하자. 확률이 50대 50이라는 것을 알고 있기 때문에 이러한 기회를 잡고 싶을 것이다.

이제 시나리오를 살짝 바꿔 보자. 가진 돈이 전부 200만 원뿐인데, 만약 상대방이 "제가 200

만 원을 걸겠습니다. 앞면이 나오면 당신의 200만 원을 제게 주시지요."라고 제안했다고 하자. 확률은 변하지 않았으나 리스크의 부담 정도가 달라졌다. 한순간에 모든 것을 잃어버릴 수도 있는 상황이 된 것이다. 이때 우리는 '운이 나쁘면 또 앞면이 나올 것이고 그럼 나는 빈털터리가 되겠지'라고 생각을 하게 된다.

따라서 이 게임에서 아무리 계산된 확률이 같다고 해서 리스크가 커졌으므로 거절하는 편이 낫다. 위험을 감수할 수 있는 용기를 지닌 협상가들은 그렇지 않은 사람들보다 더 유리한 위치를 차지하기 마련이다.

6) 시간을 최종적인 협상 무기로 사용하라

모든 협상의 진행 단계에는 시간적인 요소가 포함된다. 마감 기한을 정해서 협상을 진행해야 하는 압력만 없다면 시간을 무기로 활용하여 협상을 조종할 수 있다. 상대방이 특정한 시간과 장소의 제한 아래에서 협상을 반드시 끝내야 하는 상황이라면 가능한 한 마지막 순간에 이르기 전까지는 최선을 다하여 협상하지 않는 것이 좋을 것이다. 마지막 순간이 오면 상대방은 극도로 협상력이 약해지기 때문에 협상 제안을 쉽게 받아들일 수 있는 상황이 된다.

협상 일정을 효과적으로 연기하거나, 혹은 상대방이 기다림에 지치게 하여 자신의 제안에 합의하게 만들 수 있다. 마감 기한, 교착 상태 등은 시간과 관련된 협상기술들이다. 적절한 시기에 이 방법들을 활용하는 법을 익혀 협상력을 높여 나간다. 그리고 상대방이 시간을 무기로 활용해 대항하는 것은 무슨 수를 써서라도 피해야 한다.

7) 일반적인 약속을 활용하여 특혜를 얻어내라

협상 과정에서 유리한 이점을 얻기 위해 상대방과 일반적인 약속을 할 수 있다. 예를 들어 "합의할 때까지 지켜볼 것을 약속합니다."라고 말할 수 있다. 이는 협상 중간에 하차하지 않겠다는 도덕적 약속이다. 이때 협상 상황이 여의치 않게 진행될 때에는 도덕적 약속을 꼭 지키지 않아도 됨을 기억해 둔다. 하지만 반대로 상대방이 약속을 이행하지 않을 때에는 맨 처음 동의한 사실을 상기시켜 협상을 지속할 수 있다는 점을 활용한다.

결국 협상이란 여러 가지 전술과 전략을 통해 상대방에게 자신의 의사를 전달하고 자신에게 유리한 결과를 이끌어 내는 것이다. 어떤 사람들은 효과적으로 협상을 이끌지만 어떤 사람들은 그렇지 못하다. 어떤 사람들은 옷깃 속에 비장의 카드를 숨겨 놓고 언행에 신중을 기울여 상대방에게 좋은 인상을 준다. 미숙한 협상가들은 유리한 상황 혹은 불리한 상황에 처하면 말이나 글 그리고 행동을 통해 이를 훤히 드러낸다. 또한 숙련된 협상가들은 협상파트너가 거래하기 쉽다고 느끼게 해주지만 그들은 협상을 통해 자신이 원하는 것을 얻어낸다.

기본적으로 협상의 기술과 전술을 잘 알고 있어야 이를 활용하여 협상의 전 과정을 효과적으로 이끌어 갈 수 있다. 물론 누구나 불리한 처지에 놓이고 싶지 않을 것이다. 혹시라도 그런 상황에 놓인다면 협상의 진행과정을 연기할 수 있는 방법을 찾아서 상황을 역전시키는 계획을 세울 수 있도록 시간을 벌어야 한다.

협상력은 어떤 상황, 산업 혹은 조직에서도 빛을 발휘할 수 있는 능력이다. 이러한 협상 능력은 직업을 뛰어넘어 개인적인 삶에도 영향을 미친다. 사람들이 무언가를 말할 때 실제로는 어떤 생각을 하고 있는지 꿰뚫게 된다면 세일즈맨, 친구, 배우자, 그리고 자녀들과 협상할 때 보다 잘 대처할 수 있을 것이다. 또한 사람들이 저지르는 일반적인 오류와 인간의 본성을 파악할 수 있다면 모든 면에서 훌륭한 협상가가 될 것이다. 우리 주변에는 수많은 협상이 진행되고 있으며, 이들 협상은 언제까지나 계속될 것이다.

02 협상평가와 기준

협상의 결과가 성공적인지 아닌지를 평가하기 위해서는 다음과 같은 평가의 기준이 필요하다.

1) Interests
자신과 상대방의 이익을 동시에 만족시키는 Win-Win협상안을 만들었는가?

2) Options
상호이익이 되는 혁신적이고 효율적인 대안을 개발하였는가?

3) Alternatives
최선의 대안(BATNA)을 설정하고, 이를 기준으로 협상안을 평가하였는가?

4) Legitimacy
대안을 평가하고 선택하는 데에 있어서 객관적인 기준과 원칙을 적용하였는가?

5) Communication
상대방과 문제해결을 위한 건설적인 대화를 하였는가?

6) Relationship
상대방과 상호 신뢰할 수 있는 관계를 구축하였는가?

7) Commitment

양쪽이 실행에 옮길 수 있는 구체적인 합의가 이루어졌는가?

[그림 Ⅲ-6] **Key Criteria for Evaluating the Success of Negotiation**

Interests	Have we crafted a win-win deal that satisfy both parties' interests?
Options	Have we searched for innovative and efficient solutions that offer joint gains?
Alternatives	Have we measured the proposed deal against our BATNA?
Legitimacy	Have we used objective criteria to evaluate and choose an option?
Communication	Have we engaged in constructive conversations aimed at solving problems?
Relationship	Have we developed a trust-based relationship?
Commitment	Have we generated a workable commitment that both sides are prepared to implement?

자료 : Ertel, "Turning Negotiation into a corporate capability," HBR, May-June 1999.

에필로그
호랑이와 함께 춤을! 더 신나게!

2020년 글로벌 비즈니스 환경의 핵심은 무엇보다 코로나19(COVID-19) 팬데믹 상황으로 세계가 몸살을 앓고 있는 상황이다. 더불어 융복합 기술이 주도하는 4차 산업혁명이 가속화되고 있고, 미중 무역갈등으로 인한 세계질서 재편 움직임이 가시화되고 있다. 한반도 상황에서는 그동안 대화의 기조가 유지되던 분위기가 돌변하여 남북한 강대강 대치국면에 접어들었다. 이들 환경변수는 모두 국제협상의 문제와 직결된 것들이다.

우선 코로나19 글로벌 감염병 상황은 '방역'과 '경제'라는 두 가지 활동의 상충관계를 만들어 모든 국가들을 딜레마에 빠뜨리고 말았다. 비즈니스를 비롯한 사회활동의 많은 부분이 비대면 방식으로 자리 잡는 새로운 일상(New Normal, Next Normal)으로 이행되고 있고, 디지털 전환을 앞당기는 계기를 제공했다는 점에서 코로나19의 의미를 부여하고 있기는 하다. 그러나 코로나19가 유행하고 있는 현재 상황에서는 그 어떤 나라도 방역활동 우선과 멈춰진 경제의 가동이라는 상충관계를 풀어낼 효과적인 해법을 찾지 못하고 있다.

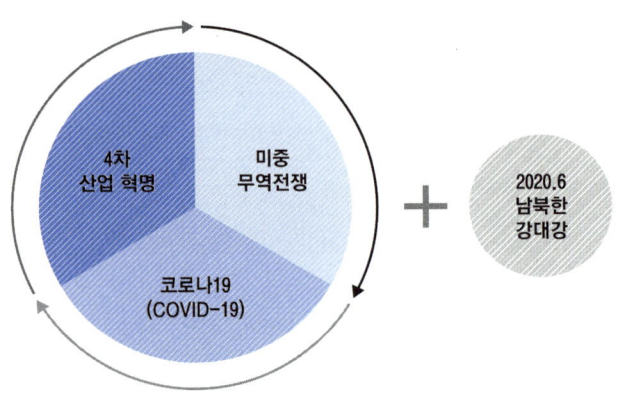

2020년 글로벌 비즈니스 환경(요약)

사회적 거리두기(social distances)를 강화하면 경제가 멈추게 되고 완화하면 방역이 어렵게 된다. 여기에 국제협상의 기법들을 그대로 적용하기에는 다소 무리가 따른다는 뜻이다.

2020년 6월 북한이 남북연락사무소를 파괴하면서 남북한 관계는 강대강 상황으로 치닫고 말았다. 북미 간 대화가 더 이상 진전 없는 상태가 되었지만 이전까지 북한의 김정은 위원장과 미국 트럼프 대통령 사이에는 세계가 주목받는 협상이 진행되고 있었다. 양측 모두 협상의 귀재로 알려져 있고 '벼랑끝 전략'을 염두에 두고 있는 상황이다. 비록 북미 및 남북한 간 대화가 중단되었긴 하지만 우리는 여전히 향후 이들이 풀어 나가는 북미관계 및 한반도 대화를 주목하면서 협상기술을 배워 볼 필요가 있다.

또한 세계패권 또는 기술패권을 두고 미중 간 G2 갈등이 심화되고 있는 양상도 진행형이다. 여러 갈등요인들은 차치하고 코로나19에 대한 중국책임론이 불거지면서 미국의 대중국 압박이 가중되고 있기 때문이다. 미국이 주도하는 중국 진출 기업에 대한 리쇼어링 요구에 따라 탈중국 러시 조짐을 보이고 있고, 글로벌 기업들은 공급사슬(supply chain)과 가치사슬(value chain)에 대해 고민하기 시작한 것이다. 단순한 가치사슬 재편에서 끝나는 것이 아니라 미국과 중국을 각각의 축으로 하는 글로벌 신냉전 시대의 국제질서 재편과정에 들어선 것으로 판단된다.

무엇보다 융복합 기술 이용에 따른 4차 산업혁명 시대가 가속화되고 있는 글로벌 비즈니스 환경은 국제협상의 과정에도 적잖은 영향을 미칠 것으로 보인다. 플랫폼 비즈니스가 자리 잡는가 하면 인공지능(AI) 및 빅데이터 시대가 비즈니스 일상으로 자리매김하고 있고, 초연결에 따라 자원활용 및 글로벌 경쟁이 한계상황에 이르렀다. 스마트사회가 정착되면서 정보활용의 문이 활짝 열리게 되었다. 이로 인해 비즈니스 현장에는 투명성이 최고점에 이르렀고 신뢰야말로 이 시대의 보이지 않는 가치로 인식된다. 한편으로는 정보활용의 대문이 열릴수록 보안에 대한 우려와 위기 역시 가중되고 있다.

협상 프로세스를 인공지능에게 맡긴다면? 바둑대결에서 이미 인간의 지식수준을 뛰어 넘어섰고 투자자문이나 창작활동에서도 사람을 대신하는 인공지능이 과연 국제협상마저 대신해 줄 것인가? 이제 이 문제에 대해 고민하지 않으면 안 되었다는 뜻이다. 데이터 기술(data technology, DT)이 글로벌 가치사슬 재편과정에 뛰어들어 새로운 가치를 설계(value design)하는데, 이는 곧 협상의 기술이 변화하지 않으면 안 될 상황임을 암시하고 있지 않은가? 융복합 기술은 나날이 진화하고 있다. 국제협상에 이들 융복합 기술들이 마냥 뒷짐 지고 있을 리는 없으므로 국제협상을 공부하는 우리는 우선적 관심분야가 되어야 할 것이다.

전통적으로 인식 및 활용되고 있는 국제협상의 기법들은 당분간은 유효할 것이다. 그러나 모든 협상과정에는 최선의 기법들만이 존재하는 것이 아니다. 글로벌 비즈니스 환경은 언제나 변화하기 마련이다. 이들 환경이 변화할수록 협상기법들도 진화되어야 한다. 그동안의 협상기법이나 기술들이 현실에 부합하지 않는다면 협상에 실패하는 빈도가 많아질 것이다. 이는 협상기술의 변화를 요구한다는 의미이니 협상을 준비하고 임하는 위치에 있다면 누구나 4차 산업혁명 등 글로벌 환경변화를 예의주시하고 미래지향적인 협상 역량을 길러 나가야 한다.

강원국의 말같은 말 : 협상에 관한 몇 가지 오해들

> 협상에 관해 잘못 생각하고 있는 것들을 살펴보겠습니다. 먼저 협상이라고 하면 보통 국가 간 노사 간에 진행하는 것을 떠 올립니다. 왠지 무겁게 느껴지고 특별한 일로 여겨지는데요. 그렇지 않습니다. 연인이나 친구 사이에 혹은 부자간에 뭔가를 결정하기 위해 상의하는 것이 모두 협상입니다.
> 협상에 관한 두 번째 오해는 이성적으로 접근해야만 성공한다는 고정관념입니다. 그러나 이성적 기교는 한계가 있습니다. 때론 진정성으로 승부해야 합니다. 베스트셀러 블링크[11]의

---

11) 원제는 'Blink : The Power of Thinking Without Thinking'(Malcolm Gladwell, 2005)이다.

저자 말콤 글래드웰은 환자에게 진료시간을 충분히 할애하고 제대로 설명해 신뢰를 쌓은 의사는 의료사고가 나더라도 소송당할 확률이 현저히 줄어든다고 했습니다. 논리나 이성보다 열정과 인간적 신뢰가 협상의 성공여부에 더 큰 영향을 미친다는 겁니다.

협상을 쉬운 것부터 하라는 말도 있는데요. 저는 동의하기 어렵습니다. 껄끄럽고 어려운 사안을 뒤로 미뤄 두면 막판에 아주 골치 아파집니다. 모든 게 물거품이 될 수도 있고요. 그러나 어려운 것을 먼저 해결하면 거기에 들인 노력이 아까워서라도 쉬운 것은 서로 양보하며 결론을 내게 되어 있습니다.

또한 협상은 역지사지가 중요하다고들 합니다. 입장을 바꿔 생각해야 좋은 결과를 낼 수 있다고요. 그러나 역지사지는 생각보다 어렵습니다. 전문가들은 입장보다는 이해관계를 근거로 협상하라고 합니다. 자신의 이해를 분명히 하고 상대의 숨겨진 이해를 찾는 노력을 하는 것이 중요하다는 얘기입니다.

끝으로 협상할 때는 히든카드를 준비하라고도 합니다. 그 말속에는 협상은 승부라는 인식이 깔려 있는데요, 협상은 이기고 지는 게임이 아니라 서로 원하는 것을 주고받는 거래입니다. 차라리 툭 까놓고 말하는 게 낫습니다. 이쪽에서 비밀을 가지면 저쪽도 비밀을 만드니까요. 저는 아내와의 협상에서 이런 원칙을 충실히 지키려고 노력합니다. 그리고 대부분 만족스러운 결과를 얻어내지요. '협상이란 솔직과 진정성으로 조금 어렵게 원하는 것을 얻는 일'입니다.

자료 : KBS 라디오, 강원국의 말같은 말, "Ep 24 협상에 관한 몇 가지 오해들", 2020. 3. 30 방송.
(https://audioclip.naver.com/channels/3770/clips/28)

인공지능(AI)에게 협상을 비롯한 모든 것을 맡기기에는 정해진 특정의 시점이 없다. 싱귤래러티(singularity, 기술적 특이점)[12]가 연월일시를 특정하여 예측되어 있지는 않다. 다만 '미래의 어느 시점'으로 예측되어 있을 뿐이다. 인공지능에게 협상을 맡기기에는 여전히 불완전한 환경이라는 뜻이다.

글로벌 비즈니스 환경 변화는 곧 비즈니스 프로세스 변화를 의미한다. 비즈니스 프로세스에는 글로벌 마케팅에 관한 폭넓은 지식, 국제계약에 관한 법률적 지식, 거래 절차에 관한 실무적 지식 등이 복합되어 있다. 따라서 국제협상을 잘 하려면 기본적으로 이러한 실무역량을 확충하는 일이 우선적임은 재차 강조할 필요조차 없다.

국제협상의 역량은 글로벌 환경변화를 끊임없이 잘 읽고, 고도의 데이터 기술에 기반을 둔 인공지능을 보조수단으로 활용하여 다양한 기법들을 학습하는 노력에서 배양될 것이라는 점에는 누구나 동의할 것이다. 협상은 여전히 호랑이와 함께 즐겁게 춤을 추는 일이다. 그것도 더 신나게 춤추는 일이어야 한다.

---

[12] 기술적 특이점(技術的 特異點, technological singularity, TS) : 인공지능(AI)의 발전이 가속화되어 모든 인류의 지성을 합친 것보다 더 뛰어난 초인공지능이 출현하는 시점을 의미한다. 즉, 특이점이란 미래학에서 문명의 미래발전에 가상지점을 뜻하는 용어로서, 미래에 기술변화 속도가 급속히 변함으로써 그 영향이 넓어져 인간의 생활이 되돌릴 수 없도록 변화되는 기점이다.

참고문헌
색인(Index)

Dance with the Tiger

참고문헌

KOTRA아카데미(2008), 「Kotra와 함께 하는 이것이 협상이다」 (형설라이프)
Roger A.McCain(2017), 「게임이론: 쉽게 이해할 수 있는 전략분석」 (시그마프레스)
게리 페라로(2004), 「지구촌 비즈니스 실전 테크닉」 (창해)
고범준(1992), 「현대경영인의 에티켓과 매너」 (제주대학교)
고병익(1872), 「동아시아의 전통과 변용」 (문학과지성사)
김광호(2018), 「게임이론: 전략적 사고와 분석의 기초」 (시그마프레스)
김기홍(2017), 「전략적 협상 : 한국과 한국인의 협상을 위한 조언」 (법문사)
김량희, "조직커뮤니케이션 유형이 기업경쟁력에 미치는 영향과 조직문화의 조절효과에 관한 연구", 이화여자대학교 대학원, 2014.
김영래(2009), 「글로벌경영」 (법문사)
김영세(2007), 「게임의 기술」 (웅진지식하우스)
김영세(2020), 「게임이론: 전략과 정보의 경제학」 (박영사)
김정기(2004), 「한국형 협상의 법칙」 (청년정신)
김중관(2002), 「21세기 핵심전술 국제협상」 (남두도서)
김진석, "상사의 커뮤니케이션 유형이 부하직원의 자기효능감에 미치는 영향", 고려대학교 교육대학원 석사학위 논문, 2007.
김현주, 「리더의 커뮤니케이션 유형이 조직원의 동기부여와 조직몰입에 미치는 영향」, 명지대학교, 2015.
김희철(2007), 「글로벌 시대의 국제 마케팅」 (두남)
대한무역투자진흥공사(1999), 「지구촌 비즈니스 실전 테크닉」 (청년정신)
로이 J. 레위키(2005), 「최고의 협상」 (스마트비즈니스)
로이 J. 레위키(2008), 「협상의 즐거움」 (스마트비즈니스)
류재언(2018), 「류재언 변호사의 협상바이블」 (한스미디어)
리 L. 톰슨(2006), 「지성과 감성의 협상 기술」 (한울아카데미)
마이클 C. 도날슨·미미 도날슨(1996), 「비즈니스 협상-협상에서 성공하기」 (펀앤런북스)
마이클 왓킨스(2007), 「협상 리더십」 (흐름출판)
맥스 베이저만·마가렛 닐(2007), 「협상의 정석」 (원앤원북스)
박건식(2015), 「국제협상」 (두남)
박영태·김진환(2007), 「무역계약과 상사중재론」 (한국방송통신대출판부)

박준형(2006), 「글로벌에티켓을 알아야 비즈니스에 성공한다」 북쏠레

박희권(2019), 「쉘 위 니고시에이트?」 (HUINE)

반병길(2008), 「글로벌마케팅」 (박영사)

방용태(2005), 「글로벌 매니지먼트 : 글로벌 문화와 비즈니스」 (청목출판사)

송이재(2019), 「협상의 정석: 비즈니스 협상전략상」 (경성대학교출판부)

심종석·오현석(2009), 「국제무역 분쟁 사례론」 (한올출판사)

안세영(2007), 「이기는 심리의 기술 트릭」 (한국경제신문사)

안세영(2009), 「글로벌 협상전략(협상사례중심)」 (박영사)

오명호(2020), 「협상이 이렇게 유용할 줄이야」 (애드앤미디어)

와타나베 타카히로(2014), 「도해 게임이론」 (에이케이커뮤니케이션즈)

우석봉(2020), 「설득」 (이너북스)

워렌 슈미트(2009), 「협상과 갈등해결 : 차이를 시너지로 바꾸는 관계의 기술」 (21세기북스)

윌리엄 유리(2003), 「YES를 이끌어 내는 협상법」 (장락)

윌리엄 유리(2007), 「돌부처의 심장을 뛰게 하라(고집불통의 NO를 YES로 바꾸는 협상 전략)」 (지식노마드)

윌리엄 유리(2016), 「하버드는 어떻게 최고의 협상을 하는가」 (트로이목마)

유시정, "조직내 의사소통 환경이 직무만족과 몰입에 미치는 영향 : 서비스 기업의 CEO 리더십 유형을 중심으로", 「서비스경영학회지」 제7권 제2호, 2006, pp. 31~56.

이건혁, "커뮤니케이션과 참여, 그리고 조직성과 - 지식공유와 신뢰의 매개 효과", 「언론과학연구」 제12권 제3호, 2012, pp. 268~300.

이선우(2004), 「협상론」 (한국방송통신대학교출판부)

이승영(1992), 「국제협상의 ABC-무역상담의 이론과 실체」 (일신사)

이승영(2006), 「비교문화경영」 (보명북스)

이승영·이종화(2006), 「글로벌 경영」 (보명북스)

이승영·최용록(1998), 「국제 협상의 이해」 (서울 : 법경사)

이승주(2005), 「전략적 리더십」 (시그마인사이트)

이제홍, "SNS 커뮤니케이션이 의사결정 준거점 결정요인에 관한 연구", 「e-비즈니스연구」 제13권 제3호, 2012, p. 342.

이종만, "업무 중 비공식적 커뮤니케이션의 워터쿨러 효과-스마트폰 사용자의 카카오톡을 중심으로", 「한국콘텐츠학회논문지」 제13권 제3호, 2013, pp. 367~397.

전성철(2009), 「협상의 10계명」 (개정증보판) (웅진윙스)

조동성(2007), 「21세기를 위한 국제경영」 (제2판) (서울경제경영)

조석홍(2007), 「국제 협상의 이해」 (두남)

체스터 L. 캐러스(2007), 「협상게임」 (21세기북스)

최정숙, "조직내 커뮤니케이션 유형에 따른 직무만족에 미치는 영향에 관한 연구 : 강원도 춘천시에 근무하는 초등교사를 대상으로", 강원대학교 대학원, 2010.

토머스 셸링(2013), 「갈등의 전략」 (한국경제신문사)

파리드 엘라시머위(1996), 「한중일 기업문화를 말한다」 (21세기북스)

파리드 엘라시머위(1996), 「해외비즈니스 문화를 알아야 성공한다」 (21세기북스)

피터 윙크(2004), 「부자들의 협상전략」 (기린원)

하버드 공개강의연구회(2018), 「하버드 협상 강의」 (북아지트)

하혜수(2019), 「협상의 미학」 (박영사)

한국외국어대학교 외국학교종합연구센터(2002), 「(한 권에 담은)지구촌 상관습」 (한국외국어대학교)

허브 코헨(2004), 「협상의 법칙 I·II」 (청년정신)

후쿠다 다케시(2005), 「세상을 움직이는 힘 협상기술」 (청림출판)

Agndal, H., Åge, L.-J. and Eklinder-Frick, J. (2017), "Two decades of business negotiation research: an overview and suggestions for future studies", *Journal of Business & Industrial Marketing*, Vol. 32 No. 4, https://doi.org/10.1108/JBIM-11-2015-0233

Arvind V. Phatak (1983), *International Dimensions of Management* (Kent Publishing Company : A Division of Wadsworth, Inc.)

Barnlund, D. C. (2008), "A transactional model of communication", in C. D. Mortensen (Eds.), *Communication theory* (2nd ed., pp. 47~57), New Brunswick, New Jersey : Transaction.

Berlew, Dave, Moore, Alex & Harrison, Roger (1983), *Positive Negotiation Programs* (Plymouth, MA : Situation Management System, Inc.)

Berlo, D. K. (1960), *The process of communication*, New York, New York : Holt, Rinehart & Winston.

Blaker, M. (1977), *Japanese International Negotiating Style* (Columbia University Press)

Chandler, Daniel (1994), *The Transmission Model of Communication*, University of Western Australia.

Chaney, Lillian H. & Martin, Jeanette S. (2004), *International Business Communication*, 3rd ed. (Upper Saddle River, NJ : Pearson Education, Inc.)

Chruden, H. & A. Sherman (1977), *Personal Management*, South-Western Publishing Co.

Crag, Robert T. (1999), *Communication Theory as a Field*, International Communication Association.

Dave Berlew, Alex Moore and Roger Harrison (1983), *Positive Negotiation Programs* (Plymouth, Mass : Situation Management System, Inc.)

Dean Tjosvold (1986), *Managing for Organizing for Organizational Productivity* (Lexington Books)

Deresky, Helen (2002), *Global Management : Strategic and Interpersonal* (Englewood Cliffs, NJ : Prentice Hall)

Druckman, D. (1977), "Social-Psychological Approaches to the Study of Negotiation." in D. Druckman (ed.) *Negotiation : Social-Psychological Perspectives* (London, Sage Pub.)

Fisher, Roger & Ury, William (1980), *Getting to Yes* (Boston, MA : Houghton Mifflin Company, and New York Press, Inc.)

Francesco, Anne Marie & Gold, Barry Allen (1998), *International Organizational Behavior* (Englewood Cliff, NJ : Prentice Hall)

Glenn, E.S., Witmeyer, D. & Stevenson, K.A. (1977), "Cultural Style of Persuasion", *International Journal of Intercultural Relations* (Vol. 1, No. 3, Fall) pp. 62-66.

Graham, J.R. & Sano, Y. (1991), 「미국, 일본 간의 교섭 전략」 HED 번역 (서울 : 한교원)

Graham, Jonn L. (1985), "Brazilian, Japanese and American Business Negotiations" *Journal of International Business Studies* (Vol. XIV No. 1, Spring) pp. 47-61.

Gudykunst, W., Stewart, L. and Ting-Toomey, S. (1985), *Communication, Culture, and Organizational Processes*, (Beverly Hills, CA : Sage Pub, Inc.)

Hawrysh, B. M. & Zaichkowsky, J. L., (1990), "Cultural Approaches to Negotiation : Understanding the Japanese", *International Marketing Review*, Vol.7 No.2.

Holt, David (2002), *International Management : Text and Cases* (Fort Worth TX : Dryden)

Howard Raiffa & John Richardson & David Metcalfe (2007), *Negotiation Analysis* (Printed in the United States of America)

James L. Bowdick and Anthony F. Buono (1985), *A Primer on Organizational Behavior*, New York : John Wiley & Sone.

Kaplan Thaler, Linda, Koval, Robin, Leno, Jay (2006), *The Power of Nice* (Oasis Audio)

Katz, D. & R. L. Kahn (1966), "Organizations and the system concept", *The social psychology of organizations* 1 : pp. 14~29.

Khakhara, P., & Ahmed, U. (2017). The Concepts of Power in International Business Negotiations: An Empirical Investigation. *Journal of Transnational Management*, 22(1), https://doi.org/10.1080/15475778.2017.1274613

Lax, David A. (1986), *The Manager as Negotiator* (A Division of Macmillan, Inc.)

Lewicki, Roy J. & Litterer, Joseph (1985), *Negotiation* (Homewood, IL. : Richard D. Irwin)

Lucian Pye. (1982), *Chinese Commercial Negotiating Style* (Cambridge, MA : Oelgeschlager, Gunn & Hain Publishers, Inc.)

Luthans, F., et al. (1985), "Organizational commitment : A comparison of American, Japanese, and Korean employees", *Academy of management journal* 28(1) : pp. 213~219.

McFarlin, Dean, B. Paul & Sweeney, D. (2006), *International Management : Trends, Challenges, and Opportunities* (Cincinnati, OH : South-Western College Publishing)

Michael C. Donaldson (2007), *Negotiating for Dummies* (Published by Wiley Publishing, Inc., Indianapolis, Indiana)

Nancy J. Adler, (1986), *International Dimensions of Organizational Behavior* (Kent Publishing Company)

Philip Kotler, *Marketing Management* (11th Ed.), Pearson Education, Inc., 2003.

Root, Franklin (1987), *Entry Strategies for International Market* (D. C. : Health and Co.)

Rubin, J.Z. & Brown, B. R. (1976), *The Social Psychology of Bargaining and Negotiation* (NewYork : Academic Press)

Rubin. J, Pruitt D. & S. H. Kim (2003), *Social Conflict : Escalation, Stalemate and Settlement*, 3rd ed. (McGraw-Hill Companies)

Schramm, W. (1954), "How communication works", in W. Schramm (Ed.), *The process and effects of communication* (pp. 3~26). Urbana, Illinois : University of Illinois Press.

Shannon, C. E. & Weaver, W. (1949), *The mathematical theory of communication*, Urbana, Illinois : University of Illinois Press.

Stoever, W. A. (1979), "Renegotiations : The Cutting Edge of Relations between MNCs and LDCs". *Columbia Journal of World Business*, Spring.

Thantida Wolf & Mehdi Alwan(2019), *Business culture impact upon the individual involving in the international business negotiation*, HKR, https://www.hkr.se

Thomas, K.W. (1976), "Conflict and Conflict Management." in M. D. Dunnette (Ed.), *Handbook of Industrial & Organizational Behavior* (Chicago, IL : Rand McNally), pp. 889-935.

Tylor, E. B., (1972), "Primilive Culture" John Murray.

Watkins, Michael (2002), *Breakthrough Business Negotiation* (Jossey-Bass).

Weiss, S. E. (1994), "Negotiating with "Romans"-Part I", *Sloan Management Review*, Winter

Yao, Esthe Lee (1988), "Bargaining Face-to-Face with the Chinese", *Business Marketing* (February), pp. 64-65.

참고사이트

한국무역보험공사 http://www.keic.or.kr

코트라 http://www.kotra.or.kr

http://blog.naver.com/ravit75/120006270781

색인(Index)

ㄱ

가치관 갈등	103
갈등	101
갈등과정	107
갈등이론	105
감정노동자	279
강경한 협상가	38
개인 의사결정	74
개인주의	164
게임이론	121
경쟁	109
경쟁형 협상가	37
고배경 문화	156
고정관념(stereotyping)	90
공감능력	32
공동의 적	304
공식적 커뮤니케이션	57
관계상의 갈등	103
구조적 갈등	103
국내협상	42
국제협상	42
권력 격차	164
글로벌 협상	133

ㄴ

니블링(nibbling) 전술	250

ㄷ

다자간 협상	41
단순성	32
데코이(Decoy) 전술	250
델파이기법	80

ㄹ

로져 피셔	38
루빈(Rubin)	37

ㅁ

만족모형(Satisfying Model)	70
무능한 경쟁자	241
무능한 협력자	241
무역	15
문제해결형 협상가	37
문화의 3국면	141

ㅂ

반발적 평가절하	97
벨로(Berlo)의 SMCR 모델	53

변증법적 토의(dialectical discussion)	84		위험 하의 의사결정	68
분석가형 협상가	38		윌리암 유리	38
불확실성 하의 의사결정	69		유능한 경쟁자	241
브레인스토밍	67, 269		유능한 협력자	240
브레인스토밍(brainstorming)	77		의사 전달	265
브렉시트	23		의사결정(decision making)	66
비공식적 커뮤니케이션	59		이기적인 편견	96
비정형적 의사결정	68		이익의 3Cs	289, 292
			이익지도	253
			이해관계 갈등	103
			인식	264
			인식과정(cognitive process)	87
			인식의 오류	89

ㅅ

사회적 비용이론	125
살라미(salami) 전술	302
상향적 커뮤니케이션	58
상호의존성	19
샤넌-웨버의 커뮤니케이션 모델	52
선택적 인식(Selective Perception)	92
수용	110
순응형 협상가	37
승자의 저주	96
시너지(synergy)	19
시네틱스(synetics)	83
쓰레기통 모형(Garbage Can Model)	72

ㅈ

저배경 문화	156
저항점	199
적극적 경청	230
전략(strategy)	282
전략적 의사결정	69
전술(tactics)	282
전술적 의사결정	69
점증모형(Incremental Model)	70
정보체크리스트	208
정책 델파이기법	80
정형적 의사결정	68
제로섬 게임	26
죄수의 딜레마	124
지연 전술	250
집단 의사결정	75

ㅇ

압박전술	249
역할 바꾸기	299
오펜하이머	219
온건한 협상가	38

ㅊ

최적모형(Optimal Model)	71
치킨게임	129

ㅋ

캔미팅(can meeting)	85
커뮤니케이션 유형	55
커뮤니케이션(communication)	50

ㅌ

타협형 협상가	37
투사(Projection)	92
투쟁적 협상	42

ㅍ

프레이밍(Framing)	93

ㅎ

합리모형(Rational Model)	69
허브 코헨	17
협동	109
협상	25
협상 체크리스트	208
협상과정	28
협상력	30
협상성과	30
협상스타일	238
협상의 목적	247
협상의 유형	34
협상전술	249
협상포지션	30
호혜적 협상	44
확실성 하의 의사결정	68
회피형 협상가	37
후광효과(halo effect)	91
휴먼 커뮤니케이션	50

A

A. F. Osborn	77
Anatol Rapoport	127

B

BATNA	15, 30, 272, 285

C

Christopher Moor	103
Claude Elwood Shannon	52

D

Daniel Chandler	53
David Berlo	53

F

F. Kluckhohn	167
F. Strodbeck	167
Franklin D. Roosevelt	197

G

Geert Hofstede	160
General R. Williams	240

H

Harold Innis	55

J

Jay Adams	239
Johann Ludvig von Neumann	121
John F. Nash	121

K

Kenneth Savitsky	62
Kincaid	51

L

Lewis Carroll	196
Lindblom	71

M

Mark A. Jankowski	25
Maya Angelou	63
Multi-Party Negotiation	41

N

Nancy J. Adler	168
Neville Gilfoy	268
Nicholson	51

O

O. Morgen	121

R

Robert Axelrod	126
Rogers	51
Ronald M. Shapiro	25

S

SMCR 커뮤니케이션 모델	53

T

Talcott Parsons	104

V

Van Zandt	147

W

W. D. Hamilton	126
Warren Weaver	52
Wilbur Schramm	54
Win-Lose	15
Win-Lose 협상	189
Win-Win	15
Win-Win 협상	189

Z

Zero-Sum 게임	127

저자약력

김 미 정(Mie Jung Kim) meajung@dongguk.edu

▶ 약 력
- 동국대학교 상경대학 글로벌경제통상학부, 교수
- IPFW University 초빙교수 역임
- 潍坊대학교, 청년간부대학교, 외국교수 역임
- 정부업무평가 일자리·국정과제 평가전문위원 역임
- 'GTEP(Glocal Trade Expert incubating Program)' 사업책임자, 산업통상자원부. 역임
- 국세심사위원회 위원, 경주세무서 역임
- 한국무역학회 부회장
- 국제e-비즈니스학회 부회장
- 한국통상정보학회 상임이사
- 국제통상의 이해, 보명북스
- 디지털 轉換과 企業의 e-Business 成功戰略, 大韓商工會議所
- IT中小벤처企業 經營事例, PICCA(IT中小벤처企業聯合會)
- 小商工人支援센터 Web Sever 構築, 中小企業廳
- 創業의 基礎, 中小企業廳

박 문 서(Moon-Suh Park)

▶ 약 력
- 동국대학교 대학원 무역학과 / 경영학박사
- 2018.5-현 호원대 경영학과 초빙교수
- 1991.9-2018.4 호원대 무역경영학부 교수 역임
- 2012.3-2015.2 호원대 기획조정처장 역임
- 2012 (사)국제e-비즈니스학회 회장 역임
- 2006 (사)한국통상정보학회 회장 역임
- 2018.8-2020.7 그린솔라사회적협동조합 이사장
- 저서 : "한국의 서비스무역 구조분석"(1990.8, 학위논문) 외

글로벌 비즈니스 협상 Dance with the Tiger

2020년 8월 27일 초판 인쇄
2020년 8월 31일 초판 발행

저 자 | 김미정, 박문서
발행인 | 최익영
펴낸곳 | 도서출판 책연
주 소 | 인천광역시 부평구 부영로 196
Tel (02) 2274-4540 | Fax (02) 2274-4542

ISBN 979-11-969639-6-5   93320   정가 23,000원

저자와 협의하에 인지는 생략합니다.
잘못 만들어진 책은 구입하신 서점에서 교환해 드립니다.